高顿财经 | 一路通关系列
GOLDEN FINANCE | YILUTONGGUANXIL

2019年会计专业技术资格考试

初级会计实务

一点一题一练

高顿财经研究院◎编著 周列平◎编

東方出版中心

图书在版编目(CIP)数据

初级会计实务·一点一题一练/高顿财经研究院编著;周列平著.—上海:东方出版中心,2018.12
ISBN 978-7-5473-1402-9

Ⅰ.①初… Ⅱ.①高… ②周… Ⅲ.①会计实务—资格考试—自学参考资料 Ⅳ.①F233

中国版本图书馆 CIP 数据核字(2018)第 295401 号

策　　划　李旭　刘鑫　程静
责任编辑　程静
封面设计　天行云翼—宋晓亮

初级会计实务·一点一题一练

出版发行:东方出版中心
地　　址:上海市仙霞路 345 号
电　　话:(021)62417400
邮政编码:200336
经　　销:全国新华书店
印　　刷:上海盛通时代印刷有限公司
开　　本:787×1092 毫米　1/16
字　　数:700 千字
印　　张:22
版　　次:2018 年 12 月第 1 版第 1 次印刷
ISBN 978-7-5473-1402-9
定　　价:60.00 元

东方出版中心邮购部　电话:(021)52069798

编委会成员名单

（排名不分先后）

主编

周列平　李光富

副主编

徐　文　魏奇慧　赵　毓　黄志芳　梅　林

参编人员

娄会娟　兰　霞　钟炎君　代志霞

前言

2017年会计从业资格考试正式取消。从2018年开始，初级会计资格证书事实上成为广大有志从事会计工作的人员证明自己具备相应知识和业务能力的起点“硬件”。原来暂时只想考取会计从业资格证书的百万考生直接转战初级会计职称考场，这无疑加大了初级会计资格考试的竞争性。基于我们对新考试趋势的研究，相较于之前的初级会计职称考试，未来初级会计资格考试的命题趋势是考试内容涵盖原从业考试的部分内容，试题难度会略有下降，但考核内容更全面、更细致！

现在，2019年初级会计职称复习备考正式拉开序幕。选择这套书，代表您已经顺利得到了备战的法宝；而翻开这本书，意味着您已经正式站在起跑线上！“一路通关”系列适用于备考的各个阶段。一本通，全过程，助您扫除备考中的一切障碍，“一路通关”超赞！

2019年全国会计专业技术资格考试教辅“一路通关”系列，由原会计从业资格考试和历年初级会计职称考试的专家组老师倾力打造，以多年教学经验、审题经验切实帮助考生通过初级考试为目标，对会计初级考试的所有知识点进行了精心梳理；同时结合近两年考试真题命题规律，细致全面地分析知识点，真正帮助考生掌握知识。

本系列主要包括：《初级会计实务·一点一题一练》《经济法基础·一点一题一练》《初级会计实务·考前六套卷》和《经济法基础·考前六套卷》。《一点一题一练》是编者团队在对考纲及教材仔细研究的基础上编写的。“一点”即知识点、考点，我们将按照考纲，结合教材对知识点进行讲解；“一题”即在每一知识点下增加的真题或经典例题，在此基础上设置精准到位的解析，帮助考生巩固新知，强化逻辑；“一练”即在章节结束后提供与真题同等难度的模拟题作为练习，题型全覆盖，让考生提前掌握考试逻辑。《考前六套卷》是编者团队根据多年研究真题的经验，为考生精心准备的六套模拟题。精心打磨的题目、详细精准的答案解析，是助您一路通关的必备武器！

全书主要结构以及使用方法如下：

考情分析。依据最新考纲、结合新教材，帮助考生系统梳理该章考点分布、权重和考试形式。

知识点精讲。2019年是初级会计考试改革第二年，在此模块中，本套书仍将会计从业考试和初级会计职称考试内容相结合，依据考情分析，具体讲解该章节知识点，然后以真题解析对知识点讲解到位，以“专家一对一”的栏目对重、难知识点进行归纳、整理、区分，帮助考生实现看完一点就掌握一点。“专家一点通”则是在每节学习结束后对本节及相关易错易混点进行梳理、归纳、总结，多以表格形式呈现，方便考生辨析记忆。

知识图谱。在每节的一轮学习结束后，我们的专家老师将以思维导图的形式，为考生绘制该节的知识图谱，帮助考生及时检测、记忆，更好地梳理学习逻辑。我们追求的不仅仅是通过考试，而且还要让考生真正拥有“会计”的逻辑。

节节测、章章练。初级考试要想过，章节练习别错过！本套书每个知识点都配有专项习题。除了知识点精讲中出现的经典例题和真题，本书在每节、每章后都配有大量难度层次鲜明的习题，将四大题型全覆盖，帮助考生提前适应考试，做到轻松自信上考场。

富媒体。独自备战总是显得有些寂寞，遇到一些复杂知识点，也许绞尽脑汁也无法理解。疑难点的掌握总是不那么容易，我们为此还特别邀请名师进行重点讲解，扫扫二维码就能观看课程视频。

最后，衷心祝愿广大考生在备考过程中一切顺利，一路通关！

本书编写组

2018年11月

PREFACE

目录

CONTENTS

01

第一章 会计概述

精准考点　提前了解

考情早知道 P3

会计的职能 P3

会计基础 P7

实质重于形式 P9

收入与利得的比较 P13

会计等式 P14

考情早知道

【考情分析】

2019年本章预计分值比重在6至8分左右，题量在4道左右，涉及单选、多选、判断题，基本不会在不定项选择题（大题）中出现。

本章共分7节。

【考题形式及重要程度】

节次	考试题型	重要程度
第一节　会计概念、职能和目标	单选、多选、判断	★
第二节　会计基本假设、会计基础和会计信息质量要求	单选、多选、判断	★★
第三节　会计要素及其确认与计量	单选、多选、判断	★★
第四节　会计科目与借贷记账法	单选、多选、判断	★★
第五节　会计凭证、会计账簿和账务处理程序	单选、多选、判断	★★
第六节　财产清查	单选、多选、判断	★★
第七节　财务报告	单选、多选、判断	★

第一节　会计概念、职能和目标

一、会计的概念

（一）定义（★）

会计是以货币为主要计量单位，运用专门的方法，核算和监督一个单位经济活动的一种经济管理工作。

（二）会计的基本特征（★）

1.会计是一种经济管理活动。

2.会计是一个经济信息系统。

3.会计以货币作为主要计量单位。

4.会计具有核算和监督的基本职能。

5.会计采用一系列专门的方法。

二、会计职能（★）

（一）会计的核算职能（做账）

会计核算职能，是指会计以货币为主要计量单位，对特定主体的经济活动进行确认、计量、记录和报告。

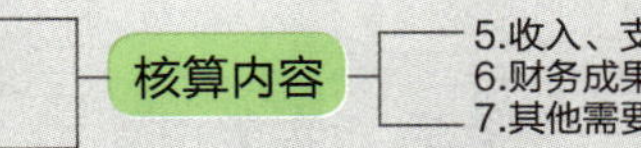

图1-1　会计核算内容

（二）会计的监督职能（查账）

会计监督职能，是指对特定主体经济活动和相关会计核算的真实性、合法性和合理性进行监督检查。两者相辅相成、辩证统一。核算是监督的基础，监督是核算的质量保障。

【例题·单选题】会计的基本职能包括（　　）。

A.核算与监督　　B.参与经济决策　　C.预测经济前景　　D.评价经营业绩

【答案】A

【解析】会计基本职能包括核算和监督，两者相辅相成、辩证统一。核算是监督的基础，监督是核算的质量保障。

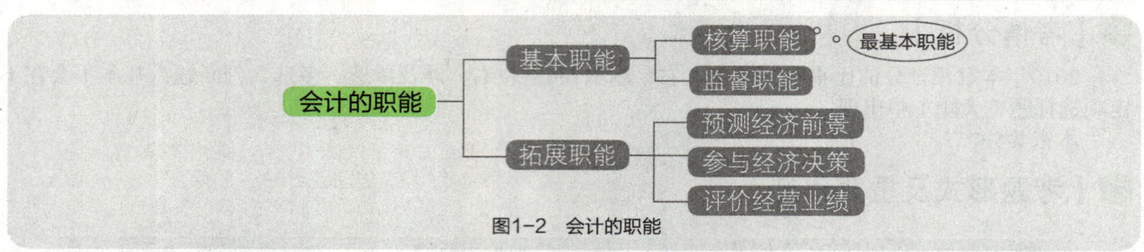

图1-2　会计的职能

【例题·多选题】下列各项属于会计事前监督的是（　　）。
A.为未来经济活动制定定额、编制预算
B.对正在发生的经济活动过程及其核算资料进行审查
C.对未来经济活动在经济上是否可行进行分析判断
D.对已经发生的经济活动及其核算资料进行审查
【答案】AC
【解析】事前监督发生在经济活动之前，对正在发生和已经发生的经济活动无法起作用。

三、会计对象和目标

（一）会计的对象（★）

会计对象是指会计核算和监督的内容，具体是指社会再生产过程中能以货币表现的经济活动，即资金运动或价值运动。

【例题·单选题】资金投入企业是资金运动的起点，主要包括（　　）。
A.对外销售产品　　B.向所有者分配利润　　C.购置固定资产　　D.接受投资
【答案】D
【解析】接受投资是筹资的一种形式，也是资金运动的起点。ABC是资金筹集之后才发生的资金运动。

（二）会计的目标（★）

会计目标也称会计目的，是要求会计工作完成的任务或达到的标准，即向财务报告使用者提供与企业财务状况、经营成果和现金流量等有关的会计信息，反映企业管理层受托责任履行情况，有助于财务报告使用者做出经济决策。

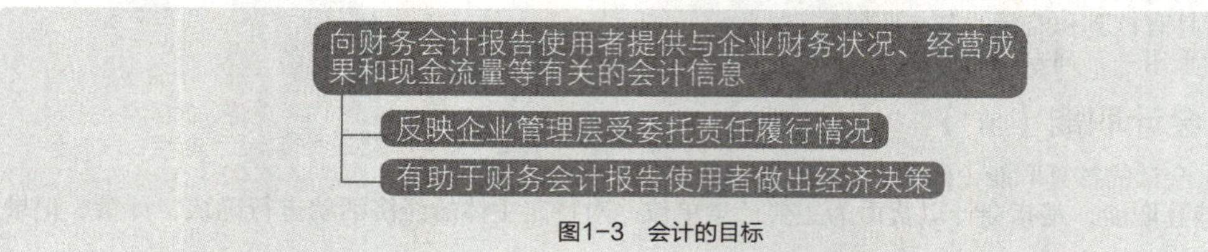

图1-3　会计的目标

从企业内部管理者和外部使用者来看：

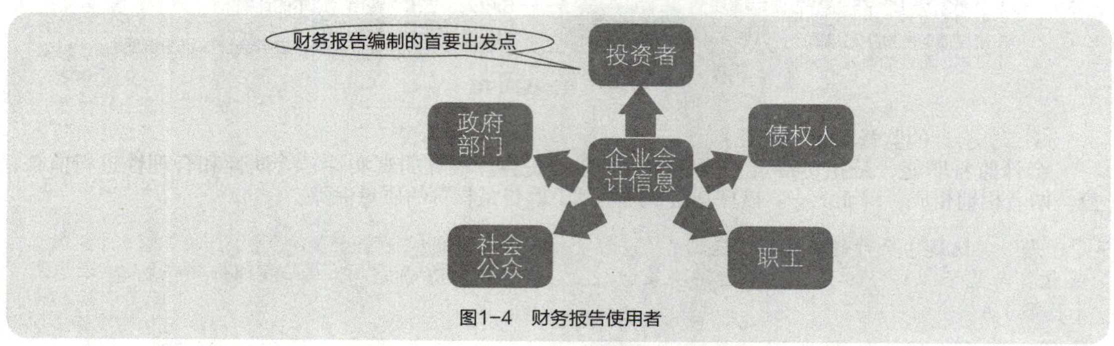

图1-4　财务报告使用者

【例题·多选题】下列关于会计目标的说法正确的是（　　）
A.会计目标是要求会计工作完成的任务或达到的标准
B.会计目标是向财务报告使用者提供会计信息
C.会计目标反映企业管理层受托责任的履行情况
D.会计目标是为了提高企业经济效益
【答案】ABC
【解析】会计的目标是向财务报告使用者提供与企业财务状况、经营成果和现金流量等有关的会计信息，反映企业管理层受托责任履行情况，有助于财务报告使用者做出经济决策。

知识图谱

节节测

一、单项选择题

1. 会计主要的计量单位是（　　）。
A.货币　　B.劳动力
C.实物　　D.时间
【答案】A
【解析】会计是以货币为主要计量单位，但货币不是唯一的计量单位。为了反映货币购买力的变化，也可以采用用购买力货币单位为计量单位。

2. 收付实现制和权责发生制这两种会计基础的产生，是基于（　　）基本假设。
A.会计主体　　B.持续经营
C.会计分期　　D.货币计量
【答案】C
【解析】有了会计分期这一假设，才产生了本期与非本期的区别，进而产生了权责发生制和收付实现制。

第二节 会计基本假设、会计基础和会计信息质量要求

一、会计的基本假设

会计基本假设是企业会计确认、计量和报告的前提，是对会计核算所处时间、空间环境等所作的合理假定。包括会计主体、持续经营、会计分期、货币计量，其关系如图：

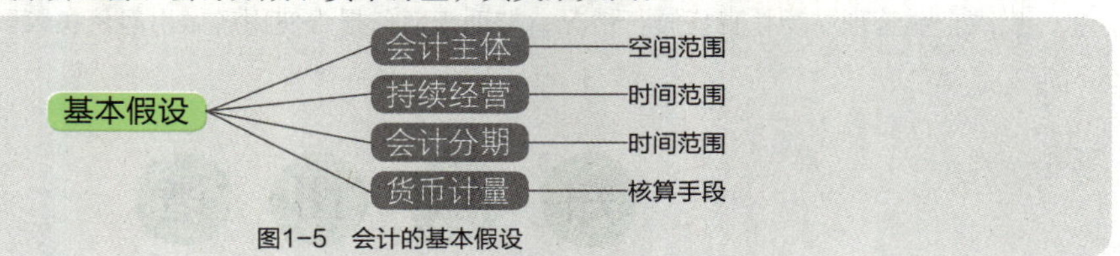

图1-5 会计的基本假设

（一）会计主体（为谁做账）（★）

会计主体是指企业会计确认、计量和报告的空间范围，即会计核算和监督的特定对象。

法律主体（法人）一定是会计主体，会计主体不一定是法律主体。

会计主体可以是法人，如某个公司，也可以是非独立法人，如独资企业、合伙企业、企业的分支机构（分公司、办事处、代表处）或企业内部的某一单位或部门、企业集团。

表1-1 会计主体vs法律主体

概　念	总公司	分公司	母公司	子公司
会计主体	是	是	是	是
法律主体	是	否	是	是

【例题·多选题】可以作为会计主体的有（　　）。

A.行政机关　　B.非法人单位　　C.企事业法人　　D.企业集团

【答案】ABCD

【解析】一般来说，法律主体必然是一个会计主体，但反之不一定成立。

【例题·判断题】甲公司是乙公司的全资子公司，甲公司是会计主体而非法律主体。（　　）

【答案】错误。

【解析】总公司是相对分公司来说的，分公司是总公司的分支机构，不具有独立法人资格，也就是说，总公司是法律主体，分公司不是；子公司是相对母公司来说的，母公司是子公司的股东，子公司具有独立的法人资格，也就是说，子公司是法律主体。

★【专家一对一】

一般来说，法律主体必然是一个会计主体，但反之不一定成立。

（二）持续经营（时间范围）

持续经营是指在可以预见的未来，企业将会按当前的规模和状态继续经营下去，不会停业，也不会大规模削减业务。

持续经营是会计分期的前提。

（三）会计分期（时间范围）

会计分期是指将一个企业持续经营的经济活动划分为一个个连续的、长短相同的期间，以便分期结算账目和编制财务会计报告。

会计期间分为年度和中期两种。会计年度采用的是公历年度，即从每年的1月1日到12月31日为一个会计年度。

中期的时间短于1年，分为月度、季度、半年度。（没有旬或半个月）

【例题·单选题】形成权责发生制和收付实现制不同的记账基础，进而出现应收、应付、预收、预付、折旧、摊销等会计处理方法所依据的会计基本假设是（　　）。

A.货币计量　　B.会计年度　　C.持续经营　　D.会计分期

【答案】D

【例题·判断题】中期财务报告是指以6月30日为资产负债表日编制的财务报告。（　　）
【答案】错误。

【例题·判断题】会计分期是对持续经营假设的有效延续。（　　）
【答案】正确。

★【专家一点通】

会计分期的目的，在于通过会计期间的划分，将持续经营的生产经营活动划分为连续、相等的期间，据以结算盈亏，按期编报财务报告，从而及时向财务报告使用者提供有关企业财务状况、经营成果和现金流量的信息。

另外，业务收支以外币为主的企业，可以选定某种外币作为记账本位币，但是编报的财务会计报告应折算为人民币。

（四）货币计量（空间环境）

货币计量是指会计主体在会计确认、计量和报告时以货币作为计量尺度，反映会计主体的经济活动。货币具有价值尺度、流通手段、贮藏手段、支付手段等特点。

在我国，会计核算一般应以人民币作为记账本位币。

【例题·多选题】下列关于会计核算的基本前提的描述正确的有（　　）。
A.会计核算的四项基本前提具有相互依存、相互补充的关系
B.没有会计主体，就不会有持续经营
C.没有持续经营，就不会有会计分期
D.没有货币计量，就不会有现代会计
【答案】ABCD

二、会计基础

会计基础是指会计确认、计量和报告的基础，包括权责发生制和收付实现制。

在我国，企业会计核算采用权责发生制，事业单位会计核算一般采用收付实现制。

《政府会计准则——基本准则》规定，政府会计由预算会计和财务会计构成。预算会计实行收付实现制（国务院另有规定的，依照其规定），财务会计实行权责发生制。

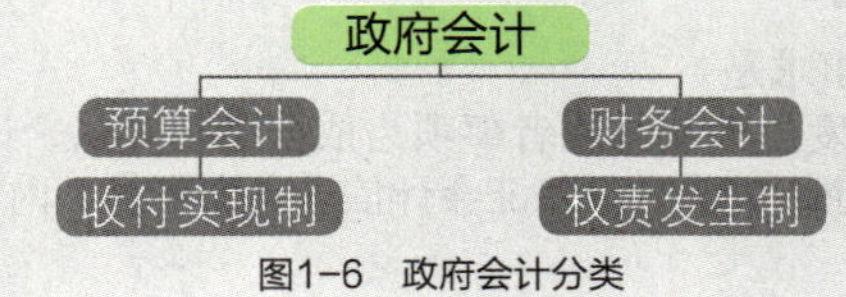

图1-6　政府会计分类

（一）权责发生制

权责发生制，也称应计制或应收应付制，是指收入、费用的确认应当以收入和费用的实际发生作为确认的标准，合理确认当期损益的一种会计基础。

1.收入的归属期：创造收入的时间，不管款项是否收到。

例如：2018年10月的销售款1万元分别在9月、10月、11月收到，这笔收入应如何确认？

结论：应收未收确认，预收未销售不确认，即只在10月确认收入。

2.费用的归属期：按照费用服务的期间来确定，不管款项是否支付。

例如：2018年10月的房租费，9月、10月、11月支付，这笔支出应如何确认？

结论：应付未付确认，预付未付不确认，即只在10月确认支出。

（二）收付实现制（“见钱眼开”，与常识一致）

收付实现制，也称现金制或实收实付制，是以实际收到或支付现金作为确认收入和费用的标准，是与权责发生制相对应的一种会计基础。

（三）权责发生制与收付实现制比较

表1-2　权责发生制vs收付实现制

项　目	权责发生制	收付实现制
概念	收入、费用的确认应当以收入和费用的实际发生而非实际收支作为确认标准	以实际收到或支付现金作为确认收入和费用的标准

项　目	权责发生制	收付实现制
说明	凡是当期已经实现的收入和已经发生或者应当负担的费用，无论款项是否收付，都应当作为当期的收入和费用计入利润表；同理，凡是不属于当期的收入和费用，即使款项已在当期收付也不应当作为当期的收入和费用	凡本期内实际收到的收入和支付的费用，无论其是否应归属本期，均应作为本期的收入和费用处理；凡本期未曾收到的收入和未曾支付的费用，即使应归属本期，亦不应作为本期的收入和费用予以处理
提示	企业会计的确认、计量和报告应当以权责发生制为基础	事业单位会计核算一般采用收付实现制

【例题·多选题】下列业务发生后，不应计入本期费用的有（　　）。

A.预付下季度报纸杂志费6 000元　　B.摊销费本月负担的杂志费2 000元

C.本月发生房屋租金1 000元，尚未支付　　D.支付上月水电费3 200元

【答案】AD

【解析】企业会计的确认和计量以权责发生制为基础。A选项的报刊杂志费是预付的下季度的，所以应当算下季度的费用，同理D也不应当计入本期费用。

【例题·多选题】下列单位的会计核算必须采用权责发生制的有（　　）。

A.某国有服务企业　　B.某民营工业企业

C.某房地产开发企业　　D.某事业单位

【答案】ABC

【解析】事业单位一般采用收付实现制核算。

【例题·单选题】甲公司确认办公用楼租金50万元，用银行存款支付10万元，40万未付。按照权责发生制和收付实现制分别确认费用为（　　）。

A.10万，50万　　B.50万，0　　C.50万，40万　　D.50万，10万

【答案】D

【解析】权责发生制应按50万确认，因为全部发生在当期；收付实现制只看实际支付的费用，即10万。

三、会计信息质量要求

（一）可靠性（客观性、实事求是）

可靠性要求企业应当以实际发生的交易或者事项为依据进行确认、计量和报告，如实反映符合确认和计量要求的各项会计要素及其他相关信息，保证会计信息真实可靠、内容完整。

（二）相关性（决策相关）

相关性要求企业提供的会计信息应当与财务会计报告使用者的经济决策需要相关，有助于财务会计报告使用者对企业过去和现在的情况作出评价，对未来的情况作出预测。

【例题·单选题】每个单位设置会计科目都应当遵循相关性原则，相关性原则是指（　　）。

A.所设置的会计科目应当符合国家统一的会计制度的规定

B.所设置的会计科目应当符合单位自身特点，满足单位实际需要

C.所设置的会计科目应当为提供有关各方所需要的会计信息服务，满足对外报告和对内管理的要求

D.所设置的会计科目便于不同企业的会计指标的可比性

【答案】C

【解析】相关性原则是指，所设置的会计科目应当为提供有关各方所需要的会计信息服务，满足对外报告和对内管理的要求。

（三）可理解性（决策有用）

可理解性要求企业提供的会计信息应当清晰明了，便于财务会计报告使用者理解和使用，为使用者提供对决策有用的信息。

（四）可比性

可比性要求企业提供的会计信息应当相互可比。

1.纵向可比：要求同一企业不同时期发生的相同或者相似的交易或者事项，应当采用一致的会计政策，不得随意变更。

2.横向可比：要求不同企业相同会计期间发生的相同或者相似的交易或者事项，应当采用规定的会计政策，确保会计信息口径一致、相互可比。

【例题·判断题】甲公司存货发出计价采用月末一次加权平均法，因管理需要将其改为移动加权平均法违背可比性原则。（　　）
【答案】错误。
【解析】此变更属于会计政策变更，若变更后的会计政策可以提供更可靠、更相关的会计信息则不违背可比性原则。

（五）实质重于形式

实质重于形式要求企业应当按照交易或者事项的经济实质进行会计确认、计量和报告，不应仅以交易或者事项的法律形式为依据。

如：承租人融资租入固定资产。

【例题·单选题】企业将融资租入固定资产按自有固定资产的折旧方法对其计提折旧，遵循的是（　　）要求。

A.谨慎性　　B.实质重于形式　　C.可比性　　D.重要性

【答案】B
【解析】实质重于形式原则要求企业按照交易或事项的经济实质进行会计确认、计量和报告，而不应当仅仅按照交易或者事项的法律形式作为会计确认、计量和报告的依据。

（六）重要性（与成本效益原则有关）

重要性要求企业提供的会计信息应当反映与企业财务状况、经营成果和现金流量有关的所有重要交易或者事项。

重要性的应用依赖于职业判断，从项目的性质（质）和金额大小（量）两方面判断。

【例题·单选题】在遵循会计核算的基本原则，评价某些项目的（　　）时，很大程度上取决于会计人员的职业判断。

A.真实性　　B.完整性　　C.重要性　　D.可比性

【答案】C

（七）谨慎性

谨慎性要求企业对交易或者事项进行会计确认、计量和报告时保持应有的谨慎，不应高估资产或者收益（不等于低估），不应低估负债或者费用（不等于高估）。

例如：计提资产减值准备、固定资产加速折旧、售出商品的保修义务确认预计负债、可能承担的环保责任确认预计负债等。

注意：不允许企业设置秘密准备（不能滥用谨慎性）。

【例题·判断题】企业为应对市场经济环境下生产经营活动面临的风险和不确定性，应高估负债和费用，低估资产和收益。（　　）
【答案】错误。
【解析】谨慎性要求企业对交易或事项进行会计确认、计量和报告应当保持应有的谨慎，不应高估资产或者收益，低估负债或者费用。

（八）及时性

及时性要求企业对于已经发生的交易或者事项，应当及时进行确认、计量和报告，不得提前或者延后。

会计核算过程中的及时性包括：

（1）及时收集会计信息；

（2）及时处理会计信息；

（3）及时传递会计信息。

【例题·单选题】甲企业2018年5月份购入了一批原材料，会计人员在7月份才入账，该事项违背的会计信息质量要求是（　　）要求。

A.相关性　　B.客观性　　C.及时性　　D.明晰性

【答案】C

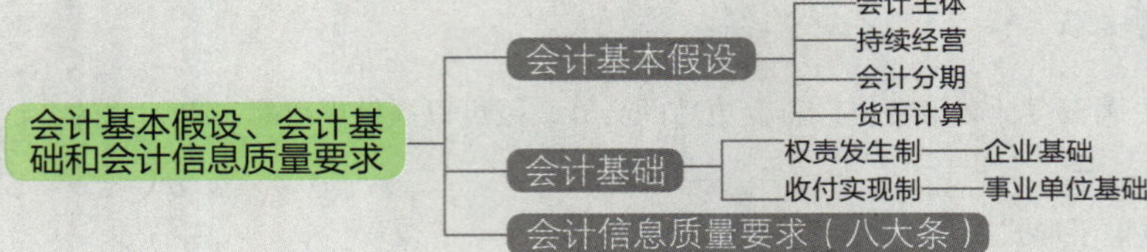

节 节 测

一、单项选择题

1. 收付实现制和权责发生制这两种会计基础的产生，是基于（　　）基本假设。

A.会计主体　B.持续经营　C.会计分期　D.货币计量

【答案】C

【解析】有了会计分期这一假设，才产生了本期与非本期的区别，进而产生了权责发生制和收付实现制。

2. 某企业对融资租入的固定资产视同自有固定资产进行管理并按月计提折旧，这种会计核算方法体现的是（　　）原则。

A.重要性　B.相关性

C.实质重于形式　D.可理解性

【答案】C

【解析】实质重于形式要求企业应当按照交易或者事项的经济实质进行会计确认、计量和报告。不应仅以交易或者事项的法律形式为依据。例如融资租入的固定资产，从法律上所有权仍属于出租人，按照实质重于形式的原则，融资租入固定资产应视为自由固定资产核算，列入承租企业的资产负债表中。

3. 企业本期购入一台设备，因暂时未投入使用，因此一直未登记入账，这违背了会计信息质量要求中的（　　）要求。

A.及时性　B.实质重于形式

C.客观性　D.重要性

【答案】A

【解析】及时性要求企业对于已经发生的交易或事项，应当及时进行会计确认、计量和报告，不得提前或者延后。

4. 对期末存货采用成本与可变现净值孰低计价，体现的会计信息质量要求是（　　）。

A.重要性　B.谨慎性　C.可靠性　D.可比性

【答案】B

【解析】谨慎性要求需要企业在面临不确定性因素的情况下做出职业判断时，应当保持应有的谨慎，充分估计到各种风险和损失，不高估资产或收益，也不低估负债或费用。对可能发生的各项资产损失计提资产减值或跌价准备（运用成本与可变现净值孰低确定），对固定资产采用加速折旧法。

二、多项选择题

1. 以权责发生制为核算基础，下列各项属于本期收入或费用的有（　　）。

A.支付本期房租

B.本期预收货款

C.本期支付上期房租

D.本期售出商品但未收到货款

【答案】AD

【解析】本期虽然未收到货款，但是在本期售出的，所以在本期确认为收入。

2. 下列各项中，关于会计职能关系表述正确的有（　　）。

A.会计核算职能是会计的首要职能

B.会计监督是会计核算职能的基础

C.会计拓展职能只包括预测经济前景

D.会计监督是会计核算的保证

【答案】AD

【解析】B，会计核算是会计监督的基础；C，会计拓展职能包括经济预测前景、参与经济决策、评价经营业绩。

3. 会计主体是指会计确认、计量和报告的空间范围，下列各项中可以作为会计主体的有（　　）。

A.合伙企业　B.独立核算的分支机构

C.非独立核算的分支机构　D.独资公司

【答案】ABD

【解析】C选项既不是独立的会计主体也不是独立的法律主体。

4. 下列各项中，关于会计信息质量要求的说法正确的有（　　）。

A.计提存货跌价准备体现谨慎性

B.融资租赁固定资产作为自由固定资产核算体现实质重于形式

C.企业前后各项应用的会计政策一致体现可比性

D.保证会计信息真实完整体现可靠性

【答案】ABCD

三、判断题

1. 会计核算的可比性要求会计核算方法前后各期应当保持一致，不得随意变更。（　　）

【答案】正确。

2. 根据收付实现制，凡是不属于当期的收入和费用，即使款项在当期收付，也不作为当期的收入和费用。（　　）

【答案】错误。

【解析】根据权责发生制，凡是不属于当期的收入和费用，即使款项在当期收付，也不作为当期的收入和费用。而收付实现制不看权责，只要当期收到或者支出都确认为收入和费用。

3. 我国企业应采用收付实现制作为会计核算的基础。（　　）

【答案】错误。

【解析】我国企业采用权责发生制，事业单位采用收付实现制。

第三节　会计要素及其确认与计量

一、会计要素

（一）会计要素的含义

会计要素是指根据交易或者事项的经济特征所确定的财务会计对象的基本分类。

（二）会计要素的分类

企业会计一共六要素，其中反映企业财务状况的要素为资产、负债和所有者权益；反映经营成果的要素为收入、费用和利润。

（三）会计要素的确认

1.资产。

（1）含义

资产是指企业过去的交易或者事项形成的、由企业拥有或控制的、预期会给企业带来经济利益的资源。

（2）特征

①过去：由企业过去的交易或者事项形成的。

【注意】不能是预期的资产。

②现在：企业拥有或者控制的资源。

【注意】拥有：所有权或控制权 。

③未来：预期会给企业带来经济利益。（本质特征）

（3）资产的确认条件

将一项资源确认为资产，不仅要符合资产的定义，还应同时满足以下两个条件：

①与该资源有关的经济利益很可能流入企业；

②该资源的成本或者价值能够可靠地计量。

5%	50%	95%	
极小可能	可能	很可能	基本确定

【例题·多选题】下列各项中，符合企业资产定义的有（　　）。

A.经营租出的设备　　B.经营租入的设备　　C.准备购入的设备　　D.融资租入的设备

【答案】AD

【解析】资产是指企业过去的交易或事项形成的、由企业拥有或者控制的、预期会给企业带来经济利益的资源。B是企业并不能拥有控制的；C不是企业过去的交易或事项形成的。

（4）资产的分类

资产按照流动性进行分类，分为流动资产和非流动资产。

①流动资产

货币资金（库存现金＋银行存款等），存货（原材料、库存商品），短期投资（交易性金融资产），债权（应收款项、预付款项）等。

②非流动资产（流动资产之外的资产）

车、厂房、设备（固定资产），专利权（无形资产），长期投资（长期股权投资、持有至到期投资），出租的房子和土地（投资性房地产）等。

【例题·多选题】下列项目中，属于资产要素特点的有（　　）。

A.预期能给企业带来未来经济利益的资源　　B.过去的交易或事项形成的

C.必须拥有所有权　　D.必须是有形的

【答案】AB

【解析】资产是指企业过去的交易或事项形成的、由企业拥有或者控制的、预期会给企业带来经济利益的资源。

【例题·单选题】下列项目不属于流动资产的是（　　）。

A.货币资金　　B.交易性金融资产　　C.存货　　D.固定资产

【答案】D

【例题·多选题】下列项目中，属于非流动资产的有（　　）。
A.存货　B.无形资产　C.预付账款　D.长期股权投资
【答案】BD

2.负债。
（1）含义
负债是指企业过去的交易或事项形成的，预期会导致经济利益流出企业的现时义务。
（2）特征（与资产对比来看）
①过去：由企业过去的交易或者事项形成的。
【注意】不能是预期的负债。
②现在：企业承担的现时义务（不是潜在义务）。
③未来：预期会导致经济利益流出企业。
（3）负债的确认条件（与资产比较）
将一项资源确认为负债，不仅要符合负债的定义，还应同时满足以下两个条件：
①与该义务有关的经济利益很可能流出企业；
②未来流出的经济利益的金额能够可靠地计量。

【例题·单选题】负债是指过去的交易或事项形成的、预期会导致经济利益流出企业的（　　）。
A.现时义务　B.推定义务　C.法定义务　D.潜在义务
【答案】A
【解析】起因是由过去的交易事项形成的，形成的义务是现时的。

3.所有者权益。
（1）含义
所有者权益是指企业资产扣除负债后由所有者享有的剩余权益。公司的所有者权益又称为股东权益。
所有者权益在数量上等于企业资产总额扣除债权人权益后的净额，即为企业的净资产，反映所有者（股东）在企业资产中享有的经济利益。
（2）特征
①除非发生减资、清算或分派现金股利，否则企业不需要偿还所有者权益；
②企业清算时，只有在清偿所有的负债后，所有者权益才返还给所有者；
③所有者凭借所有者权益能够参与企业利润的分配。
（3）所有者权益的内容
所有者权益的来源包括：
- 所有者投入的资本
- 其他综合收益：未在当期损益中确认的利得和损失
- 留存收益

构成内容有：实收资本（或股本）,资本公积（含资本溢价或股本溢价、其他资本公积）,其他综合收益、盈余公积和未分配利润。
（4）所有者权益的确认条件
所有者权益体现的是所有者在企业中的剩余权益，所以其确认、计量主要取决于资产、负债等其他会计要素的确认和计量。
4.收入。
（1）含义
收入是指企业在日常活动中形成的、会导致所有者权益增加的、与所有者投入资本无关的经济利益的总流入。
（2）特征
①收入是企业在日常活动中形成的；

★【专家一对一】
非日常活动（偶发事件）→利得（营业外收入）

②收入会导致所有者权益的增加；
③收入是与所有者投入资本无关的经济利益的总流入

★【专家一对一】

投资人投入资本不属于收入。

经济利益的净流入→利得

表1-3　收入vs利得

项　目	收　入	利得（仅指直接计入当期利润的利得）
经济活动	日常	非日常
经济利益	总流入	净流入
所有者权益的影响	增加	增加
当期损益的影响	计入	计入

（3）收入的确认条件

企业与客户之间的合同应同时满足以下条件（5条）：

- 合同各方已批准该合同并承诺将履行各自义务；
- 明确了合同各方的权利和义务；
- 明确的支付条款；
- 具有商业实质；
- 企业有权取得的对价很可能收回。

【例题·多选题】下列各项中，符合会计要素收入定义的有（　　）。

A.工业企业销售原材料　　B.4S店销售小汽车

C.商贸企业销售商品电脑　　D.无法查明原因的现金溢余

【答案】ABC

【解析】D选项属于“营业外收入”核算的范围，不属于企业的日常经营行为。

5.费用。

（1）含义

费用是指企业在日常活动中发生的、会导致所有者权益减少的、与向所有者分配利润无关的经济利益的总流出。

（2）特征

①费用是企业在日常活动中发生的；

★【专家一对一】

非日常活动→损失（如地震、罚款支出）。

②费用会导致所有者权益的减少；

③费用是与向所有者分配利润无关的经济利益的总流出。

★【专家一对一】

分配股利不属于费用。

损失是经济利益的净流出，请注意比较费用和损失的区别。

（3）费用的确认条件

费用的确认除了应当符合定义外，至少还应当符合以下条件：

➡
- 与费用相关的经济利益应当很可能流出企业；
- 经济利益流出企业的结果会导致资产的减少或者负债的增加；
- 经济利益的流出额能够可靠计量。

【例题·判断题】损失即费用，计入损失即计入当期费用。（　　）

【答案】错误。

【解析】费用，是指企业在日常活动中发生的、会导致所有者权益减少的、与向所有者分配利润无关的经济利益的总流出。

损失，是指企业在非日常活动中发生的、会导致所有者权益减少的、与向所有者分配利润无关的经济利益的流出。

6.利润。

（1）含义

利润是指企业在一定会计期间的经营成果，会使得企业的所有者权益增加。

（2）利润的分类

利润包括收入减去费用后的净额、直接计入当期损益的利得和损失等。

其中：

➡ 收入减去费用后的净额反映企业日常活动的经营业绩；
直接计入当期损益的利得和损失反映企业非日常活动的业绩。

（3）利润的确认条件

利润 = 日常活动 + 非日常活动
= 营业利润 + 营业外利润

利润的级次分为：营业利润、利润总额和净利润。

利润的确认主要依赖于收入和费用，以及直接计入当期利润的利得和损失的确认，其金额的确定也主要取决于收入、费用、利得、损失金额的计量。

【例题·多选题】下列属于利润表基本要素项目的有（　　）。

A.资产　　B.收入　　C.费用　　D.留存收益

【答案】BC

【解析】利润的形成包括收入和费用，均为动态会计要素，反映某个时间段的经营状况。

二、会计要素的计量

会计要素的计量是为了将符合确认条件的会计要素登记入账并列报于财务报表而确定其金额的过程。

会计计量属性包括：历史成本、重置成本、可变现净值、现值和公允价值等。

（一）历史成本

历史成本，又称为实际成本，是指为取得或制造某项财产物资时所实际支付的现金或其他等价物。

在历史成本计量下，资产按照购置时支付的现金或者现金等价物的金额，或者按照购置资产时所付出的对价的公允价值计量。

（二）重置成本

重置成本，又称现行成本，是指在当前市场条件下，重新取得同样一项资产所需支付的现金或现金等价物金额。

在重置成本计量下，资产按照现在购买相同或者相似资产所需支付的现金或者现金等价物的金额计量。

（三）现值

现值是指对未来现金流量以恰当的折现率进行折现后的价值，是考虑资金时间价值的一种计量属性。

在现值计量下，资产按照预计从其持续使用和最终处置中所产生的未来净现金流入量的折现金额计量。

（四）公允价值

公允价值是指市场参与者在计量日发生的有序交易中，出售一项资产所能收到或者转移一项负债所需支付的价格。

（五）可变现净值

可变现净值，是指在正常生产经营过程中，以预计售价减去进一步加工成本和预计销售费用以及相关税费后的净值。

其实质就是该资产在正常经营过程中可带来的预期净现金流入或流出（不考虑资金时间价值）。

三、会计等式

（一）会计等式的表现形式

会计等式，又称会计恒等式、会计方程式或会计平衡公式，是表明会计要素之间基本关系的等式。

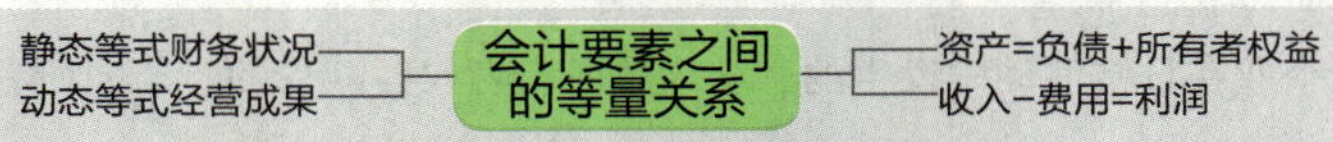

图1-7　会计要素之间的等量关系

（二）财务状况等式

财务状况等式，亦称最基本会计等式和静态会计等式（某一特定时点）。

即：资产＝负债＋所有者权益

或：资产＝权益（简写版）

或：资产＝债权人权益＋所有者权益

这一等式是复式记账法的理论基础，也是编制资产负债表的依据。权益是资产的来源，资产是权益的存在形态，两者之间必然相等。

（三）经营成果等式

经营成果等式，亦称动态会计等式，是用以反映企业一定时期收入、费用和利润之间恒等关系的会计等式。

即：收入－费用＝利润

该等式反映了利润的实现过程，是编制利润表的依据。

（四）财务状况等式和经营成果等式的联系

资产 ＝负债 ＋ 所有者权益＋利润

（2 000＝850＋1 150）　　：期初（静态）

（3 000＝850＋1 150＋1 000）　　：本期（动态）

（3 000＝750＋2 250）　　：期末（静态）

资产＝负债＋所有者权益＋（收入－费用）

费用＋资产＝负债＋所有者权益＋收入　　（动静结合会计等式）

（五）经济业务对会计等式的影响

资产＝权益 ➡ 资产＝负债＋所有者权益

表1-4　经济业务对会计等式的影响

经济业务		
（1）一项资产增加、一项负债等额增加的经济业务 （2）一项资产增加、一项所有者权益等额增加的经济业务	同加	总量增加
（3）一项资产减少、一项负债等额减少的经济业务 （4）一项资产减少、一项所有者权益等额减少的经济业务	同减	总量减少
（5）一项资产增加、另一项资产等额减少的经济业务	左增减	总量不变
（6）一项负债增加、另一项负债等额减少的经济业务 （7）一项所有者权益增加、另一项所有者权益等额减少的经济业务 （8）一项所有者权益增加、一项负债等额减少的经济业务 （9）一项负债增加、一项所有者权益等额减少的经济业务	右增减	总量不变

【例题·判断题】资产和负债不会发生同时一增一减的变化。（　　）

【答案】正确。

【例题·单选题】下列各项经济业务不会引起资产总额发生增减变动的是（　　）。

A.外购原材料，款项尚未支付

B.以银行存款偿还前欠货款

C.接受新投资者追加投资

D.从银行提取备用金

【答案】D

【解析】A选项，资产增加，负债增加；B选项，资产和负债同时减少；C选项，资产和所有者权益同时增加。

★【专家一对一】

每一项经济业务的发生，都必然会引起会计等式的一边或者两边有关项目相互联系的发生等量变化，即当涉及会计等式的一边时，有关项目的金额发生相反方向的等额变动；当涉及会计等式的两边时，有关项目的金额发生相同方向的等额变动，但始终不会影响会计等式的平衡关系。具体经济业务引起会计要素的9种变化情况见下图。

	资产 ＝	权益	
反方向	①↑↓	②↑↓	
同方向	③↑	↑	基本形式的四种
	④↓	↓	

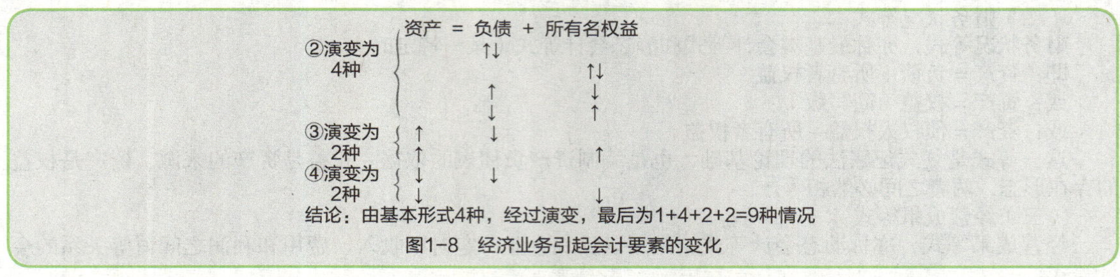

图1-8 经济业务引起会计要素的变化

知识图谱

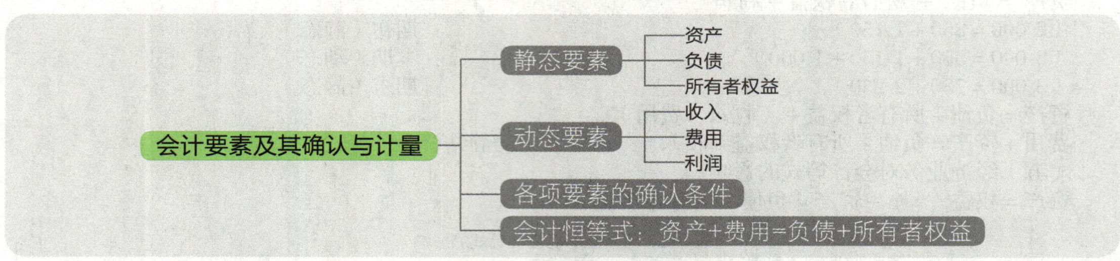

节节测

一、单项选择题

1. 下列各项中，不属于企业拥有或控制的经济资源是（　　）。

A.预付甲公司的材料款　B.经营租出的办公楼

C.融资租入的大型设备　D.临时租用的小汽车

【答案】D

【解析】临时租用的小汽车不属于企业拥有或控制的资源。

2. 对会计等式“资产=负债＋所有者权益”的描述中，不正确的是（　　）。

A.在某一特定时点企业财务的基本状况

B.在某一特定时期企业财务的基本状况

C.资产、负债、所有者权益是构成资产负债表的三个基本要素

D.反映了资金运动三个静态要素之间的内在联系

【答案】B

【解析】这一等式是静态会计等式，反映的是某一特定时间点企业资产和权益的基本状况。

3. 企业用银行存款购入原材料，原材料入库，表现为（　　）。

A.一项资产增加，另一项资产减少，资产总额不变

B.一项资产增加，另一项资产减少，资产总额增加

C.一项资产增加，另一项负债增加

D.一项资产减少，另一项负债减少

【答案】A

【解析】该项业务中变动的要素有银行存款和原材料：两者均为资产类，用银行存款支付，所以银行存款减少；购入原材料且入库，所以原材料增加。

4. 下列属于企业编制资产负债表依据的是（　　）。

A.收入–费用=利润

B.资产=权益

C.资产=负债＋所有者权益＋收入–费用

D.资产=负债+所有者权益

【答案】D

5. 银行将短期借款5万元转为对该公司的投资，则该公司的（　　）。

A.负债减少，资产增加

B.负债减少，所有者权益增加

C.资产减少，所有者权益增加

D.所有者权益内部一增一减

【答案】B

【解析】短期借款属于负债，对本公司的投资属于所有者权益。因此，银行将短期借款转为对公司的投资，使得公司的负债（短期借款）减少，同时所有者权益等额增加。

6. 下列各项中，不会引起企业资产总额发生变化的是（　　）。

A.购入原材料一批，款项尚未支付

B.接受新投资者货币资金投资

C.销售商品一批，款项尚未收到

D.从银行提取备用金

【答案】D

【解析】选项D属于资产内部一增一减，其总额不发生变化。

7. 某企业4月初的资产总额为15万元，负债总额为6万元。4月发生两笔业务取得收入共计7万元，发生费用共计5万元，则4月底该企业的所有者权益总额为（　　）。

A.11万元　B.15万元　C.16万元　D.10万元

【答案】A

【解析】收入会导致所有者权益增加，费用会导致所有者权益减少。4月底所有者权益总额=（15−6）+（7−5）=11万元。

8. 某公司资产总额为8万元，负债总额为5万元，以银行存款4万元偿还短期借款，并以银行存款25 000元购买设备，则上述业务入账后该公司的资产总额为（　　）。

A.3万元　　B.4万元　　C.2.5万元　　D.1.5万元

【答案】B

【解析】以银行存款偿还借款使资产减少，以银行存款购买设备，是资产内部一增一减，总额不变。因此资产总额=80 000−40 000=40 000元。

9. 下列经济业务中，应当采用重置成本核算的是（　　）。

A.固定资产盘亏　　B.固定资产盘盈

C.库存现金盘盈　　D.存货盘亏

【答案】B

【解析】由于盘盈的固定资产没有入账价值，应当以重置成本入账，即参照与该项资产规格型号相同、新旧程度相同的资产的目前市场价值入账。

10. 某公司期初资产总额为25万元，所有者权益总额为15万元，本月从银行借款3万元，以银行存款购买原材料5万元。不考虑其他因素，则上述业务发生后，该公司的负债总额为（　　）。

A.13　　B.15　　C.18　　D.25

【答案】A

【解析】从银行借款3万元，资产和负债同时增加3万；银行存款购买原材料属资产内部一增一减，总额不变；因此负债总额=25−15+3=13万元。

二、多项选择题

1. 下列各项中，属于负债特征的有（　　）。

A.由于过去交易或事项形成的

B.由企业拥有或控制

C.承担的潜在义务

D.预期会导致经济利益流出

【答案】AD

【解析】B是资产的特征；C应为企业承担的现时义务，而不是潜在义务。

2. 下列各项经济业务中，不会引起资产和负债同时增加的有（　　）。

A.以银行存款购买材料

B.以银行存款对外投资

C.以银行存款偿还前欠货款

D.取得银行借款并存入银行

【答案】ABC

【解析】AB均属于资产内部一增一减；C属于资产和负债同时减少，D选项中，取得借款使负债增加，将取得的款项存入银行，使资产增加，属于资产、负债同时增加。

3. 费用发生时，相关会计要素变化正确的表述有（　　）。

A.资产增加　　B.资产减少

C.负债的增加　　D.所有者权益减少

【答案】BCD

【解析】费用的增加，可能会导致资产的减少或负债的增加，最终会使所有者权益减少。

4. 某项经济业务的发生没有影响所有者权益，则可能导致（　　）。

A.资产和负债同时增减　　C.资产和负债一增一减

B.资产内部一增一减　　D.负债内部一增一减

【答案】ABD

【解析】要满足会计等式“资产=负债＋所有者权益”中所有者权益保持不变，必须是资产或负债内部一增一减，或二者同时增减。

5. 关于费用的说法不正确的是（　　）。

A.费用会导致资产的减少或负债的增加

B.企业处置非流动资产发生的净损失应确认为企业的费用

C.费用最终会导致所有者权益的减少

D.企业向投资者分配利润发生的现金流出应确认为企业的费用

【答案】BD

【解析】B选项：处置固定资产发生的净损失属于企业非日常活动产生的损失，不属于企业的费用；D选项：向投资者分配利润发生的现金流出不属于企业的费用。

第四节　会计科目与借贷记账法

一、会计科目和账户

（一）会计科目

对会计要素的具体内容进行分类核算的项目，称为会计科目。

1. 会计科目的分类。

（1）按反映的经济内容（即所属会计要素）分类

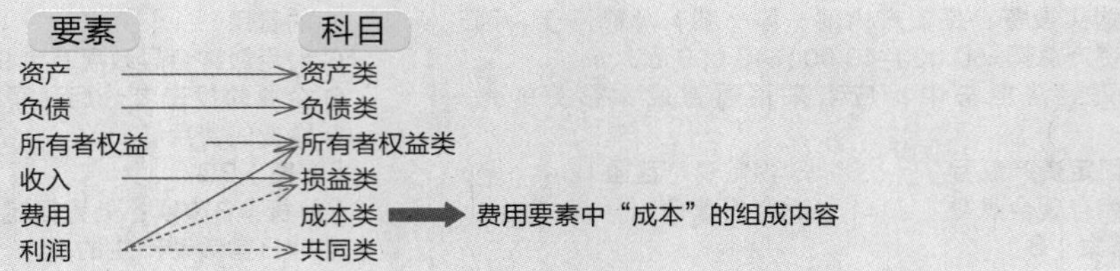

★【专家一对一】

初级会计职称考试常用科目。

分类		编号	会计科目名称	编号	会计科目名称
资产分类	非流动资产	1 501	持有至到期投资	1 601	固定资产
		1 503	可供出售金融资产	1 602	累计折旧（备抵资产）
		1 511	长期股权投资	1 604	在建工程
		1 521	投资性房地产	1 605	工程物资
		1 531	长期应收款	1 701	无形资产
				1 702	累计摊销（备抵资产）

分类		编号	会计科目名称	编号	会计科目名称
负债类	流动负债	2 001	短期借款	2 211	应付职工薪酬
		2 201	应付票据	2 221	应交税费
		2 202	应付账款	2 232	应付股利
		2 203	预收账款	2 241	其他应付款
	非流动负债	2 501		长期借款	
		2 502		应付债券	
		2 701		长期应付款	

分类	编号	会计科目名称
所有者权益类	4 001	实收资本
	4 002	资本公职
	4 101	应付账款
	4 103	盈余公积
	4 104	本年利润
	4 201	

分类	编号	会计科目名称
成本类	5 001	生产成本
	5 101	制造费用
	5 201	劳务成本
	5 301	研发支出

分类	编号	会计科目名称	编号	会计科目名称
损益类	6 001	主营业务收入	6 401	主营业务成本
	6 051	其他业务收入	6 402	其他业务成本
	6 101	公允价值变动损益	6 403	营业税金及附加
	6 111	投资收益	6 601	销售费用
	6 301	营业外收入	6 602	管理费用
			6 603	财务费用
			6 701	资产减值损失
			6 711	营业外支出
			6 801	所得税费用

【例题·单选题】会计科目按会计要素(即经济内容)分类，“本年利润”科目属于(　　)。
A.资产类科目　B.所有者权益类科目　C.成本类科目　D.损益类科目
【答案】B

【例题·多选题】按经济内容分类，下列科目属于损益类科目的有(　　)。
A.主营业务成本　B.生产成本　C.制造费用　D.管理费用
【答案】AD

(2)按提供信息的详细程度及其统驭关系分类

表1-5　总分类科目vs明细分类科目

分　类	科目类别	具体内容
按提供信息的详细程度及其统驭关系分类	总分类科目	又称总账或一级科目，是对会计要素的具体内容进行总括分类，提供总括信息的会计科目 (总分类科目一般由财政部统一制定)
	明细分类科目	又称明细科目，是对总分类科目的进一步分类，提供更为详细和具体会计信息的科目；可依次设置二级科目--三级科目 (并不是所有的总分类科目都有明细科目，如“本年利润”)

【例题·判断题】明细分类科目就是二级科目。(　)
【答案】错误。
【解析】明细分类科目可以设置三级科目。

(二)会计账户

1.会计账户的概念。

账户是根据会计科目设置的，具有一定格式和结构，用于分类反映会计要素增减变动情况及其结果的载体。

【注意】科目是账户的名称；账户是科目的具体表现形式。

表1-6　会计要素vs会计科目vs会计账户

项　目	关　系	举　例
会计要素	会计对象的细分	工具包
会计科目	会计要素的细分	工具
会计账户	科目的具体表现	使用工具

2.账户的分类(与会计科目分类对应)。

(1)根据提供信息的详细程度及其统驭关系分类

总分类账户 ⟹ 明细分类账户

(2)根据核算的经济内容分类

①资产类账户
②负债类账户
③所有者权益类账户
④成本类账户
⑤损益类账户
⑥共同类账户

3.账户的功能和结构。

(1)账户的功能

账户的功能在于连续、系统、完整地提供企业经济活动中各会计要素增减变动及其结果的具体信息。

(2)账户的结构

账户分为“左”“右”两边；
“本期增加发生额”“本期减少发生额”分别各计一边。

账户名称	
左方	右方

"T"型账户又称"丁"字账户

如：

借方（左方）	应收账款	贷方（右方）
期初余额 1 000		
增加额 6 000		减少额 4 000
期末余额 3 000		

本期期末余额＝期初余额＋本期增加发生额－本期减少发生额

【例题 多选题】账户中各项金额的关系可用（　　）表示。

A.本期期末余额＝期初余额＋本期增加发生额－本期减少发生额

B.期初余额＋本期增加发生额＝本期期末余额＋本期减少发生额

C.本期期末余额＝本期增加发生额＋本期减少发生额

D.本期期初余额＝上期期末余额

【答案】ABD

【解析】C选项漏记了期初余额。

（三）会计账户与会计科目的关系

会计科目与账户是两个不同的概念，二者既有联系，又有区别。

（1）会计科目是账户的名称，也是设置账户的依据；

（2）账户是会计科目的具体运用，具有一定的结构和格式，并通过其结构反映某项经济内容的增减变动及其余额。

会计科目与账户都是对会计对象具体内容的分类，两者核算内容一致，性质相同。

【例题·多选题】关于账户与会计科目的联系和区别，下列表述中正确的有（　　）。

A.会计科目是账户的名称，账户是会计科目的具体运用

B.会计科目与账户两者口径一致，性质相同

C.会计科目不存在结构，账户则具有一定的格式和结构

D.会计科目可以记录经济业务的增减变化及其结果

【答案】ABC

二、借贷记账法

（一）借贷记账法

借贷记账法是指以"借"和"贷"为记账符号的一种复式记账方法。

"借"和"贷"纯粹的记账符号，标明记账的方向，没有任何实质性含义。

（二）借贷记账法下的账户结构

1.借贷记账法下账户的基本结构。

借贷记账法是以"借""贷"两字作为记账符号，分别作为账户的左方和右方。账户左方为借方，账户右方为贷方。所有账户的借方和贷方按相反方向记录增加数和减少数，即一方登记增加额，另一方就登记减少额。

借	会计科目	贷

2.借贷记账法下各类账户的具体结构。

费用（+｜−）＋ 资产（+｜−）＝ 负债（+｜−）＋ 所有者权益（+｜−）＋ 收入（+｜−）

★【专家一对一】

等式左边增加记"借" ⟹ 等式右边增加记"贷"

⇓　　　　⇓

等式左边减少记"贷" ⟹ 等式右边减少记"借"

（1）资产类账户

借方登记增加额，贷方登记减少额，期末若有余额一般在借方。

增加额与余额方向相同

借	资产类 贷
期初余额	
本期增加额	本期减少额
期末余额	

期末借方余额＝期初借方余额＋本期借方发生额－本期贷方发生额

【例题】“库存现金”账户期初余额为800 000元，本期“库存现金”借方发生额合计为200 000元，本期“库存现金”贷方发生额合计为400 000元，则“库存现金”账户的期末余额为（　　）元。

A.1 000 000　　B.1 200 000　　C.600 000　　D.1 400 000

【答案】C

【解析】

	借	库存现金 贷
期初余额	800 000	
	200 000	400 000
期末余额	600 000	

资产类备抵账户

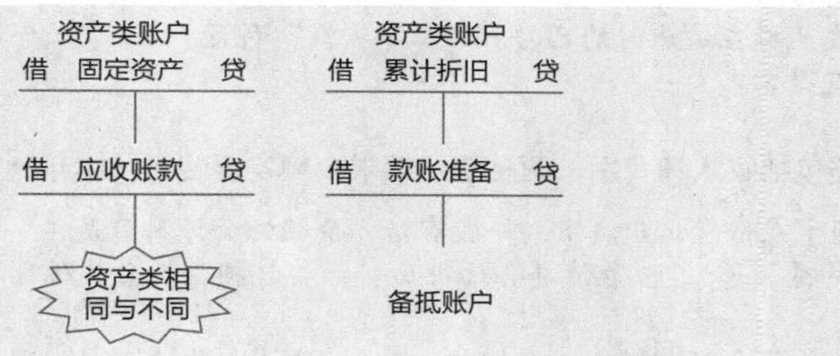

（2）成本类账户

与资产类账户结构相同。借方登记成本的增加额，贷方登记成本的减少额，若有余额应在借方，表示未完工在产品成本。

借	生产成本 贷
期初余额	
本期增加额	本期减少额
期末余额	

期末借方余额＝期初借方余额＋本期借方发生额－本期贷方发生额

（3）负债类和所有者权益类账户（权益类账户）

与资产类账户的结构相反，贷方登记增加额，借方登记减少额，期末若有余额一般在贷方。

借	权益类 贷
	期初余额
本期减少额	本期增加额
	期末余额

期末贷方余额＝期初贷方余额＋本期贷方发生额－本期借方发生额

【例题·单选题】应付账款账户期初贷方余额为1 000元，本期贷方发生额为5 000元，本期贷方余额为2 000元，该账户借方发生额为（　　）元。

A.借方4 000　　B.借方3 000　　C.借方2 000　　D.贷方2 000

【答案】A

【解析】应付账款属于负债类科目，贷方登记增加额，借方登记减少额，适用公式：期末贷方余额＝期初贷方余额＋本期贷方发生额－本期借方发生额。故本题借方发生额=1 000＋5 000-2 000=4 000元。

（4）损益类账户

收入类（利得）账户

与权益类账户结构相似。贷方登记收入的增加额，借方登记收入的减少额，期末本期收入净额转入“本年利润”账户，结转后无余额。

借　主营业务收入	贷
-500退货	+1 000 +2 000
-2 500转出	
	期末无余额

（5）费用类（损失）账户

费用类账户与资产类账户结构相似。借方登记增加额，贷方登记减少额，期末本期费用净额转入“本年利润”账户，结转后无余额。

借　财务费用	贷
+100 +200	50利息收入
	250转出
期末无余额	

【例题·单选题】年末所有损益类科目的余额均为零，表明（　　）。

A.当年收入一定为零

B.当年费用一定为零

C.损益类科目发生额在结账时均已转入“本年利润”科目

D.当年利润一定是零

【答案】C

【解析】损益类包括收入和费用，两种账户期末余额均要转入“本年利润”账户，所以无余额。

【例题·单选题】在借贷记账法下，一般有借方余额的会计科目是（　　）。

A.成本类会计科目　B.负债类会计科目　C.损益类会计科目　D.费用类会计科目

【答案】A

【解析】负债类科目余额在贷方（增加的一方），所以B选项错误；损益类和费用类科目没有余额，全部结转到“本年利润”账户，所以CD错误。

【例题·多选题】下列说法正确的有（　　）。

A.账户的期末余额等于期初余额　B.余额一般与增加额在同一方向

C.账户的左方发生额等于右方发生额　D.如果一个账户的左方记增加额，右方就记减少额

【答案】BD

【解析】选项A，期末余额=期初余额＋增加的部分-减少的部分，选项A错误；账户的左右两边发生额不一定相等，相等的话则期末余额=期初余额，选项C错误。

（三）借贷记账法的记账规则

记账规则：有借必有贷，借贷必相等。

★【专家一对一】

一项经济业务，记入一个账户的借方，同时也要记入另一个或几个账户的贷方；或者，记入一个账户的贷方，同时也要记入另一个或几个账户的借方。

记入借方的金额合计数必须等于记入贷方的金额合计数。

【例】甲公司购入原材料一批，价款5 000元，银行存款支付，会计分录为：

借：原材料　5 000　　　一借一贷

　贷：银行存款　5 000

若甲公司以银行存款支付4 000，库存现金支付1 000，则会计分录为：

借：原材料　5 000　　　一借一贷

　贷：银行存款　4 000

　　　库存现金　1 000

（四）借贷记账法下的账户对应关系与会计分录

1.账户的对应关系。

指采用借贷记账法对每笔交易或事项进行记录时，相关账户之间形成的应借、应贷的相互关系。存在对应关系的账户称为对应账户。

【例题】采购材料2 000元已入库，银行存款支付1 500元，余款未付。（假设不考虑相关税费）

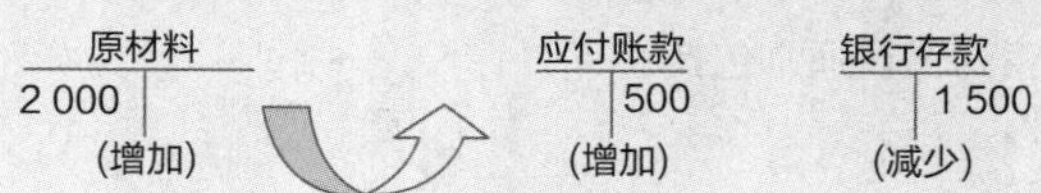

2.会计分录。

（1）含义

【例题】甲公司用银行存款1 000元购买原材料。（假设不考虑增值税因素）

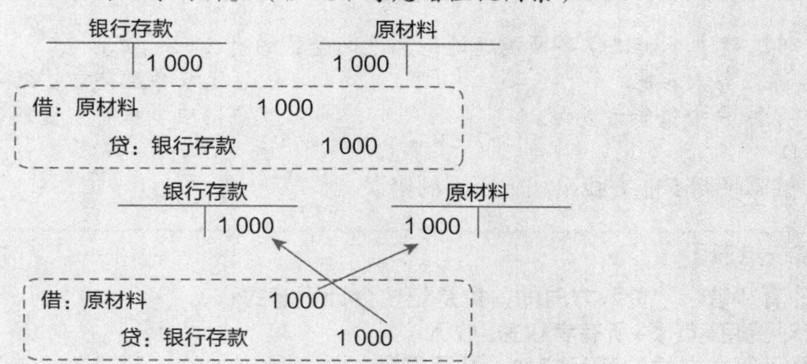

（2）会计分录的书写格式

先借后贷：借方在前，贷方在后；上借下贷，借贷错位；文字数字后退错格。

【例】

借：原材料 1 000

　　贷：银行存款 1 000

（3）会计分录的分类

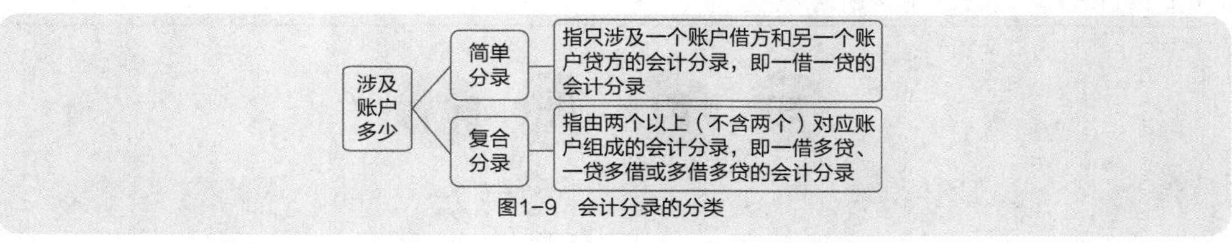

图1-9 会计分录的分类

（五）借贷记账法下的试算平衡

1.试算平衡定义。

试算平衡是指根据借贷记账法的记账规则和资产与权益的恒等关系，通过对所有账户的发生额和余额的汇总计算和比较，来检查记录是否正确的一种方法。

2.试算平衡分类。

（1）发生额试算平衡

依据：借贷记账法记账规则，“有借必有贷，借贷必相等”。

公式：全部账户本期借方发生额合计 = 全部账户本期贷方发生额合计

（2）余额试算平衡

依据：资产 = 负债+所有者权益（财务状况等式）

公式：全部账户借方期末（初）余额合计=全部账户贷方期末（初）余额合计

3.试算平衡表的编制。

试算平衡是通过编制试算平衡表进行的。试算平衡表通常是在期末结出各账户的本期发生额合计和期末余额后编制的。

【例题·单选题】余额试算平衡法下的平衡关系有（　　）。

A.全部会计科目的本期借方发生额合计=全部会计科目的本期贷方发生额合计

B.全部会计科目的期初借方余额合计=全部会计科目的期末贷方余额合计
C.借方科目金额=贷方科目金额
D.全部会计科目的期末借方余额合计=全部会计科目的期末贷方余额合计
【答案】D
【解析】选项A是发生额试算平衡法下的平衡关系，BC表述不完整。

不影响借贷双方平衡关系的错误通常包括：
（1）漏记某项经济业务；
（2）重记某项经济业务；
（3）某项经济业务记录的借贷双方金额同时多记或少记，且金额一致；
（4）某项经济业务记错账户；
（5）某项经济业务账户记账方向相反；
（6）某借方或贷方发生额中，偶然发生多记和少记并相互抵销。（极少见，碰运气出现）

【例题·单选题】下列错误事项能通过试算平衡查找的有（　　）。
A.某项经济业务未入账
B.某项经济业务重复记账
C.应借应贷账户中借贷方向颠倒
D.应借应贷账户中金额不等
【答案】D
【解析】试算平衡不能查找出如上所列的错误。

★【专家一点通】
要分清“借”“贷”方向的前提是记住会计恒等式：
资产+费用=负债+所有者权益+收入
当属于等式左边的科目增加，从而导致左边总数增加的，则记在“借”方；当属于等式右边的科目增加，从而导致右边总数增加的，则记在“贷”方。
对应反向来看，当属于等式左边的科目减少，从而导致左边总数减少的，则记在“贷”方；
当属于等式右边的科目减少，从而导致右边总数减少的，则记在“借”方。
值得注意的是，有一类备抵科目会产生相反的作用：
“累计折旧”本身属于资产类科目，但是当“累计折旧”增加时，资产总数减少，即等式左边总额减少。所以，“累计折旧”的增加记在“贷”方。

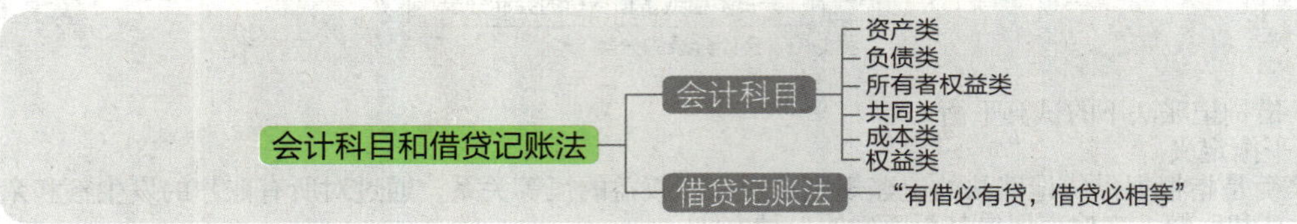

节节测

一、单项选择题

1. 下列属于借贷记账法的理论基础的是（　　）。
   A.复式记账法
   B.有借必有贷，借贷必相等
   C.资产=负债+所有者权益
   D.借贷平衡
   【答案】C
   【解析】借贷记账法是复式记账法的一种，它是以“资产=负债+所有者权益”为理论基础。
2. 会计科目按其所提供信息的详细程度及其统驭关系不同，分为（　　）。
   A.一级科目和二级科目　B.一级科目和明细科目
   C.总账科目和二级科目　D.二级科目和三级科目
   【答案】B
   【解析】会计科目按其所提供信息的详细程度及其统驭关系不同，分为总分类科目和明细分类科目。总分类科目又称一级科目，明细分类科目包括二级科目和三级科目。
3. 某企业“库存商品”总账下设“甲产品”和“乙产品”两个明细账户，“库存商品”总账余额为5万元，“甲产品”明细账户余额为4万元，则“乙产品”明细账户余额为（　　）元。
   A.50 000　B.90 000　C.40 000　D.10 000
   【答案】D
   【解析】总账与其所属明细分类账余额之和在总金额上应当相等，所以“乙产品”明细账户余额=50 000-40 000=10 000元。
4. 应收账款账户期初借方余额为2 000元，本期贷方发生额5 000元，本期末借方余额为3 000元，该账户借方发生额为（　　）。
   A.2 000元　B.4 000元　C.6 000元　D.7 000元
   【答案】C
   【解析】应收账款

	借方	贷方
期初	2 000	
	?	
		5 000
期末	3 000	

   从上述T形账可以看出，2 000+?-5 000=3 000，所以借方发生额（?）=6 000元。
5. 资产类账户的期末余额根据（　　）计算得出。
   A.借方期末余额=借方期初余额+借方本期发生额-贷方本期发生额
   B.借方期末余额=借方期初余额+贷方本期发生额-借方本期发生额
   C.贷方期末余额=贷方期初余额+借方本期发生额-贷方本期发生额
   D.贷方期末余额=贷方期初余额+贷方本期发生额-借方本期发生额
   【答案】A
   【解析】资产类账户在会计等式左边，故增加记在借方，且余额方向也在借方（增加方），其余额计算公式为A。
6. 某企业“累计折旧”科目的年初贷方余额为600万元，假设该企业“累计折旧”当年的借方发生额为200万元，贷方发生额为300万元，则该企业“累计折旧”的年末余额为（　　）。
   A.贷方500万元　B.借方500万元
   C.贷方700万元　D.借方700万元
   【答案】C
   【解析】累计折旧属于资产的备抵账户，其结构与一般资产类账户结构相反，贷方表示增加，借方表示减少，余额通常在贷方。期末贷方余额=600+300-200=700元。
7. 下列关于会计账户增减变化的表述中，不正确的是（　　）。
   A.资产增加，所有者权益增加
   B.负债减少，所有者权益增加
   C.所有者权益增加，负债减少
   D.资产减少，费用减少
   【答案】D
   【解析】资产减少不会导致费用减少，只能增加费用以保持会计等式平衡。
8. 下列关于成本类账户的表述中不正确的是（　　）。
   A.借方登记增加　B.贷方登记增加
   C.期末余额一般在借方　D.有些账户可能无余额
   【答案】B
   【解析】成本类账户和费用类相似，位于会计等式左边，贷方登记增加。

二、多项选择题

1. 下列会计科目中，属于资产类科目的有（　　）。
   A.坏账准备　B.存货跌价准备
   C.累计折旧　D.资本公积
   【答案】ABC
   【解析】资本公积属于所有者权益类科目。
2. 下列关于账户的说法正确的是（　　）。
   A.账户的期末余额等于期初余额
   B.余额一般与增加额在同一方向
   C.账户的左方发生额等于右方发生额
   D.如果一个账户的左方记增加额，右方就记减少额
   【答案】BD
   【解析】选项A，账户的期末余额等于下期的期初余额；选项C，单一账户的增加额和减少额不一定相同。
3. 下列各项中属于成本类会计科目的是（　　）。
   A.制造费用　B.生产成本　C.劳务成本　D.工程物资
   【答案】ABC
   【解析】工程物资属于资产类科目
4. 下列关于复式记账法的说法正确的有（　　）。
   A.以资产与权益平衡关系作为记账基础
   B.不能够全面反映经济业务内容和资金运动的来龙去脉
   C.对于每一项发生的经济业务，都要在两个账户中登记
   D.能够进行试算平衡，便于查账和对账
   【答案】AD
   【解析】选项B，复式记账法能够全面反映经济业务

内容和资金运动的来龙去脉；选项C，在复式记账法下，对于发生的每一项经济业务，都要在两个或两个以上相互联系的账户中进行登记。

5. 下列关于会计分录的表述正确的是（　　）。

A. 一笔会计分录主要包括三个要素:会计科目、记账符号和金额

B. 根据账户对应关系的不同情况，会计分录可以分为简单会计分录和复合会计分录

C. 存在对应关系的账户被称为总分类账户与明细分类账户

D. 不能将两项或以上不同类型的经济业务合在一起编制复合分录

【答案】AD

【解析】选项B，按照所涉及账户的多少，会计分录分为简单会计分录和复合会计分录；选项C，存在对应关系的账户称为对应账户。

6. 某企业为增值税一般纳税人，购入原材料一批，价款11万元，增值税进项税额17 600元，材料验收入库，以银行存款支付57 600元，其余暂欠，则用借贷记账法记账涉及的账户以及发生额有（　　）。

A. “原材料”账户借方110 000元

B. “应交税费”账户借方17 600元

C. “银行存款”账户贷方57 600元

D. “应付账款”账户贷方70 000元

【答案】ABCD

【解析】该笔业务的会计分录为：

借：原材料　　110 000

　　应交税费--应交增值税（进项税额）　17 600

　贷：银行存款　　57 600

　　　应付账款　　70 000

三、判断题

1. “收入-费用=利润”这一会计等式，是复式记账法的理论基础，也是编制资产负债表的依据。（　　）

【答案】错误。

【解析】“资产=负债+所有者权益”这一会计恒等式，是复式记账法的理论基础，也是编制资产负债表的依据

2. 在同一项经济业务中，资产和负债偶尔会发生一增一减的变化，但不会影响会计等式的恒等关系。（　　）

【答案】错误。

【解析】在同一项经济业务中，资产和负债在等式的两方，要保持等式的恒等关系，是同增同减的关系，不会出现一增一减的变化。

3. 在会计要素中，实收资本、资本公积和盈余公积均属于投资者投入企业的资本。（　　）

【答案】错误。

【解析】所有人投入的资本包括实收资本（股本）和资本公积。盈余公积与所有者投入资本无关，属于企业的留存收益。

4. 在会计恒等式“资产=负债+所有者权益”中，负债与所有者权益可以统称为权益，但是负债与所有者权益的性质不同。（　　）

【答案】正确。

5. 企业将短期借款展期，变更为长期借款,该项经济业务会引起会计等式左右两边会计要素发生一增一减的变化。（　　）

【答案】错误。

【解析】将短期借款展期为长期借款是负债一增一减的业务，只影响等式右边，不影响左边。

第五节 会计凭证、会计账簿和账务处理程序

一、会计凭证

（一）会计凭证概述

会计凭证是记录经济业务事项发生或完成情况的书面证明，也是登记会计账簿的依据。

1.会计凭证的种类。

会计凭证按照填制的程序和用途不同，分为原始凭证和记账凭证两类。

2.会计凭证的作用。

记录经济业务，提供记账依据；明确经济责任，强化内部控制；监督经济活动，控制经济运行。

【例题·判断题】会计凭证的作用是为编制会计报表，提供数据资料。（ ）

【答案】错误。

【解析】会计凭证的作用有：记录经济业务，提供记账依据；明确经济责任，强化内部控制；监督经济活动，控制经济运行。

（二）原始凭证

1.概念。

原始凭证，又称单据，是指在经济业务发生或完成时取得或填制的，用以记录或证明经济业务的发生或完成情况的原始凭据。

如：购货申请单、购销合同、计划、银行对账单、银行存款余额调节表等，在职工人名册、固定资产卡片、试算平衡表等。

【例题·判断题】企业在与外单位发生的任何经济业务中，取得的各种书面证明都是原始凭证。（ ）

【答案】错误。

【解析】原始凭证必须能够表明经济业务已经发生或其完成情况，凡是不能证明经济业务发生或完成情况的各种单证，不能作为原始凭证。

2.原始凭证的种类。

（1）按照取得的来源不同

①自制原始凭证：由本单位有关部门和人员，在执行或完成某项经济业务时填制的，仅供本单位内部使用的原始凭证。

②外来原始凭证：在经济业务发生或完成时，从其他单位或个人直接取得的原始凭证。

（2）原始凭证按照格式不同

①通用凭证：由有关部门统一印制、在一定范围内使用的具有统一格式和使用方法的原始凭证。如：发票、银行转账结算凭证。

②专用凭证：由单位自行印制、仅在本单位内部使用的原始凭证。如领料单、差旅费报销单、折旧计算表、工资费用分配表等。

（3）按照填制手续和内容不同

①一次凭证：一次填制完成，只记录一笔经济业务且仅一次有效的原始凭证。（收料单、领料单、报销凭单）

②累计凭证：在一定时期内多次记录发生的同类型经济业务且多次有效的原始凭证。（限额领料单）

累计凭证应在每次经济业务完成后，由相关人员在同一张凭证上重复填制完成。该凭证能在一定时期内不断重复地反映同类经济业务的完成情况。

限额领料单

2018 年 12 月

领料单位：生产车间编号：101

用途：生产甲产品材料单价：120

计划产量：200 单位消耗定额：0.6

材料名称及规格	计量单位	全月领用限额	全月实领	
			数量	金额
甲材料	吨	50	35	4200

领料日期	请领数	实发数	结余数	领料人	领料主管	发料人
12.12	20	20	30	周平	王蒙	王五
12.30	15	15	25	徐丹	王蒙	王五

供应部门负责人：张三　　生产计划部门负责人：王蒙　仓库管理员：王五

图1-10　限额领料单

①汇总凭证：对一定时期内反映经济业务内容相同的若干张原始凭证，按照一定标准综合填制的原始凭证。（发出材料汇总表、工资结算汇总表、差旅费报销单）

②汇总凭证应由相关人员在汇总一定时期内反映同类经济业务的原始凭证后填制完成。该凭证只能将类型相同的经济业务进行汇总，不能汇总两类或两类以上。

3.原始凭证的基本内容。

（1）凭证的名称；

（2）填制凭证的日期；（填制的实际日期）

（3）填制凭证单位名称或者填制人姓名；

（4）经办人员的签名或者盖章；

（5）接受凭证单位名称；

（6）经济业务内容；

（7）数量、单价和金额。

4.原始凭证的填制要求。

（1）记录真实：经济业务的内容、数字等必须真实可靠、符合实际情况。

（2）内容完整：填列的项目必须逐项填列齐全，不得遗漏和省略。

（3）手续完备：单位自制的原始凭证必须有经办单位负责人的签名盖章：

①对外开出的原始凭证，必须加盖本单位公章；

②从外部取得的原始凭证，必须盖有填制单位的公章；

③从个人取得的原始凭证，必须有填制人员的签名或盖章。

（4）书写清楚、规范

①文字：字迹清楚、不得使用未经国务院公布的简化汉字。

②数字和货币符号的书写要符合下列要求：

a.阿拉伯数字应当一个一个地写，不得写连笔字。特别在要连着写几个“0”时，也一定要单个地写，不能将几个“0”连在一起一笔写完。

b.阿拉伯金额数字前面应当书写货币币种符号或者货币名称简写，如人民币符号为“¥”。币种符号与阿拉伯金额数字之间不得留有空白。凡阿拉伯金额数字前写有货币币种符号的，数字后面不再写货币单位。所有以元为单位的阿拉伯数字，除表示单价等情况外，一律填写到角、分；无角、分的，角位和分位可写“00”或者符号“—”；有角无分的，分位应当写“0”，不得用符号“—”代替。

③汉字大写数字金额如零、壹、贰、叁、肆、伍、陆、柒、捌、玖、拾、佰、仟、万、亿等，应一律用正楷或行书体书写，不得用零、一、二、三、四、五、六、七、八、九、十等简化字代替。不得任意自造简化字。

大写金额前未印有“人民币”字样的，应加写“人民币”三个字，“人民币”字样和大写金额之间不得留有空白。大写金额数字到元或角为止的，之后应当写“整”字或者“正”字。大写金额数字有分的，分字后面不写“整”字或者“正”字。

（5）编号连续

一式几联的原始凭证，必须注明各联的用途，并且只能以一联用作报销凭证，作废时应加盖“作废”戳记，连同存根一起保存，不得撕毁。

（6）不得涂改、刮擦和挖补

原始凭证如有错误，应当由出具单位重开或更正，更正处应当加盖出具单位印章。

原始凭证金额有错误的，应当由出具单位重开，不得在原始凭证上更正。

（7）填制及时

原始凭证必须及时填写、及时送交会计机构、及时审核。

【例题·多选题】填制原始凭证时，符合书写要求的有（　　）。

A.阿拉伯金额数字前面应当填写货币币种符号　　B.币种符号与阿拉伯金额之间不得留有空白

C.大写金额有分的，分字后面要写“整”或“正”字　D.汉字大写金额可以用简化字代替

【答案】AB

5.原始凭证的审核。

（1）审核五个方面

A.真实性：原始凭证真实性的审核包括凭证日期是否真实的审核，以及业务内容、数据是否真实等内容的审核。对外来原始凭证，必须有填制单位公章和填制人员签章。此外，对通用原始凭证，还应审核凭证本身的真实性，防止以假冒的原始凭证记账。

B.合法性：原始凭证的合法性审核的内容包括：①是否符合国家有关政策、法规和制度等规定；②是否符合规定的审核权限；③是否符合规定的审核程序。

C.合理性：审核原始凭证所记录经济业务是否符合企业生产经营活动的需要；是否符合有关的计划和预算等。

D.完整性：对原始凭证的内容和填制手续的完整性进行审查,确认是否包含必须具备的基本内容，填写有无缺陷，有关人员签章是否齐全。

E.正确性：审核原始凭证的正确性，就是审核原始凭证各项金额的计算及填写是否正确，单位名称、金额、更正等是否正确。

【例题·单选题】下列不属于原始凭证审核内容的是（　　）。

A.凭证是否有单位的公章和填制人员签章　　B.凭证是否符合规定的审核程序

C.凭证是否符合有关计划和预算　　D.会计科目使用是否正确

【答案】D

【解析】会计科目的使用正确与否不属于原始凭证的审核内容。

【例题·单选题】会计机构和会计人员对不真实、不合法的原始凭证和违法收支，应当（　　）。

A.予以退回　　B.予以纠正

C.不予接受　　D.不予接受，并向单位负责人报告

【答案】D

（三）记账凭证

1.概念。

记账凭证又称记账凭单，是会计人员根据审核无误的原始凭证，对经济业务按其性质加以归类，并据以确定会计分录后所填制的会计凭证，是登记会计账簿的直接依据。

2.记账凭证的种类。

（1）收款凭证：用于记录现金和银行存款收款业务的记账凭证。

（2）付款凭证：用于记录现金和银行存款付款业务的记账凭证。

（3）转账凭证：用于记录不涉及现金和银行存款业务的记账凭证。

3.记账凭证的基本内容。

其基本内容包括7项，注意和原始凭证区分。

（1）填制记账凭证的日期；

（2）记账凭证编号；

（3）经济业务事项的内容摘要；

（4）经济业务事项所涉及的会计科目及其记账方向；

（5）会计科目的金额；

（6）所附原始凭证张数；

（7）会计主管、记账、审核、出纳、制单等有关人员签字或者盖章。

4.记账凭证的填制要求。

（1）记账凭证填制的基本要求

记账凭证根据审核无误的原始凭证或原始凭证汇总表填制。与原始凭证的填制相同，记账凭证也有记录真实、内容完整、手续齐全、填制及时等要求。

①记账凭证各项内容必须完整。

②记账凭证的书写应当清楚、规范。

③除结账和更正错误，记账凭证必须附有原始凭证并注明所附原始凭证的张数。

一张原始凭证如涉及几张记账凭证的，可以将该原始凭证附在一张主要的记账凭证后面，在其他记账凭证上注明该主要记账凭证的编号或者附上该原始凭证的复印件。

5.记账凭证的填制依据。

（1）记账凭证可以根据每一张原始凭证填制，或根据若干张同类原始凭证汇总编制，也可以根据原

始凭证汇总表填制，但不得将不同内容和类别的原始凭证汇总填制在一张记账凭证上。

（2）一笔经济业务需要填制两张或两张以上记账凭证的，可以采用分数编号法进行编号。

例如：第56笔经济业务需要填制2张记账凭证，凭证顺序号编成56 1/2号、56 2/2号，前面的数表示凭证顺序，后面分数的分母表示该号凭证共有2张，分子表示2张凭证中的第一张、第二张。

6. 记账凭证的更正。

（1）填制记账凭证时若发生错误，应当重新填制。（未入账的错误）

（2）已登记入账的记账凭证错误更正：

①在当年内发现填写错误时，有红字和蓝字之分；

②发现以前年度记账凭证有错误的，应当用蓝字填制一张更正的记账凭证。

记账凭证填制完成后，如有空行，应当自金额栏最后一笔金额数字下的空行处至合计数上的空行处划线注销。

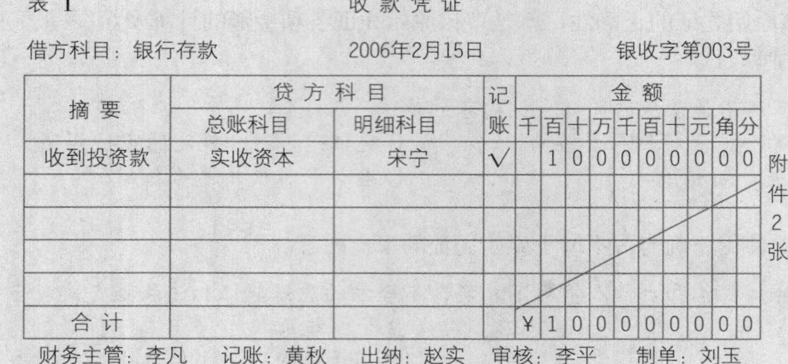

表 I　　　　收款凭证

借方科目：银行存款　　　　2006年2月15日　　　　银收字第003号

摘要	贷方科目		记账	金额									
	总账科目	明细科目		千	百	十	万	千	百	十	元	角	分
收到投资款	实收资本	宋宁	√		1	0	0	0	0	0	0	0	0
合计				¥	1	0	0	0	0	0	0	0	0

附件2张

财务主管：李凡　记账：黄秋　出纳：赵实　审核：李平　制单：刘玉

图1-11　收款凭证

【例题·单选题】可以不附原始凭证的记账凭证是（　　）。

A.更正错误的记账凭证　　B.从银行提取现金的记账凭证

C.以现金发放工资的记账凭证　　D.职工临时性借款的记账凭证

【答案】A

【解析】记账凭证都必须附原始凭证，只有在两种情况之下可以例外：

①结账的记账凭证；

②更正错误的记账凭证。（用红字冲销法，摘要写明冲销第**号记账凭证错误）

【例题·单选题】填制记账凭证时，错误的做法是（　　）。

A.根据每一张原始凭证填制

B.根据若干张同类原始凭证汇总填制

C.将若干张不同内容和类别的原始凭证汇总填制在一张记账凭证上

D.根据原始凭证汇总表填制

【答案】C

【解析】不同内容和类别的原始凭证不能汇总在一张记账凭证上。

7.记账凭证的审核。

（1）内容是否真实。

（2）项目是否齐全。

（3）科目是否正确。

（4）金额是否正确。

（5）书写是否正确。

（6）手续是否完备。

【例题·多选题】下列内容中属于审核记账凭证内容的是（　　）。

A.经济业务是否符合国家有关政策的规定　　B.凭证的金额与所附原始凭证的金额是否一致

C.经济业务是否符合会计主体经济活动的需要　　D.科目是否正确

【答案】BD

【解析】另外的A、C属于审核原始凭证的内容合法性、合理性。

二、会计账簿

（一）会计账簿概述

会计账簿是指由一定格式的账页组成的，以经过审核的会计凭证为依据，全面、系统、连续地记录各项经济业务的簿籍。

设置和登记会计账簿，是重要的会计核算基础工作，是编制会计报表的基础，是连接会计凭证和会计（财务）报表的中间环节。

（二）会计账簿的基本内容

1.封面：主要用来标明账簿的名称，如总分类账、各种明细分类账等。

2.扉页：账簿的扉页主要列明科目索引、账簿启用和经管人员一览表。

3.账页：账簿用来记录经济业务的主要载体，包括账户的名称、日期、凭证种类和编号栏、摘要栏、金额栏，以及总页次和分户页次等基本内容。

（三）会计账簿与账户的关系

账簿与账户的关系是形式和内容的关系。

账簿只是一个外在形式，账户才是它的实质内容。

【例题·多选题】账簿与账户的关系是（　　）。

A.账户存在于账簿之中，账簿中的每一账页就是账户的存在形式和载体

B.没有账簿，账户就无法存在

C.账簿序时、分类地记载经济业务，是在账户中完成的

D.账簿只是一个外在形式，账户才是它的真实内容

【答案】ABCD

（四）账簿的种类

1.会计账簿按用途分类。

（1）序时账簿

序时账簿，又称日记账，是按照经济业务发生时间的先后顺序逐日、逐笔登记的账簿。例如：库存现金日记账和银行存款日记账。

（2）分类账簿

分类账簿是按照会计要素的具体类别而设置的分类账户进行登记的账簿， 是会计账簿的主体，是编制财务报表的主要依据。

（3）备查账簿

备查账簿，又称辅助登记簿或补充登记簿，是指对某些在序时账簿和分类账簿中未能记载或记载不全的经济业务进行补充登记的账簿。

与其他账簿之间不存在严密的依存和勾稽关系。根据企业的实际需要设置，没有固定的格式要求。

2.会计账簿按账页格式分类。

（1）三栏式账簿

三栏式账簿是指设有借方、贷方和余额三个金额栏目的账簿。

总第________页　分第________页　　　　应付账款

____级科目编号及名称红星材料厂

____级科目编号及名称____________

2007年		凭证		摘要	日期	借方	贷方	贷或借	余额
月	日	种类	号数			百十万千百十元角分	百十万千百十元角分		百十万千百十元角分
7	1			期初余额				贷	1000000
7	3	记	6	续付前欠贷款		1000000		平	0
7	5	记	10	冲销7月3日多记金额		900000		贷	900000

图1-12　三栏式账簿

（2）多栏式账簿

多栏式账簿是指在账簿的两个金额栏目（借方和贷方）按需要分设若干专栏的账簿。

生产成本 明 细 账

用名：A产品 第 号

2007年 月	日	凭证字号	摘要	成本项目 直接材料	直接人工	制造费用			合 作
9	01		期初余额	24000.00	10000.00	6000.00			40000.00
	01	记06	须用材料	20000.00					20000.00
	30	记16	分配工资		19000.00				19000.00
	30	记17	结转制造费用			12900.00			12900.00
	30	记18	结转完工产品成本	36280.00	16000.00	10000.00			62280.00
9	30		月末余额	7720.00	13000.00	8900.00			29620.00

图1-13 多栏式账簿

（3）数量金额式账簿

数量金额式账簿是指在账簿的借方、贷方和余额三个栏目内，每个栏目再分设数量、单价和金额三小栏，借以反映财产物资的实物数量和价值量的账簿。

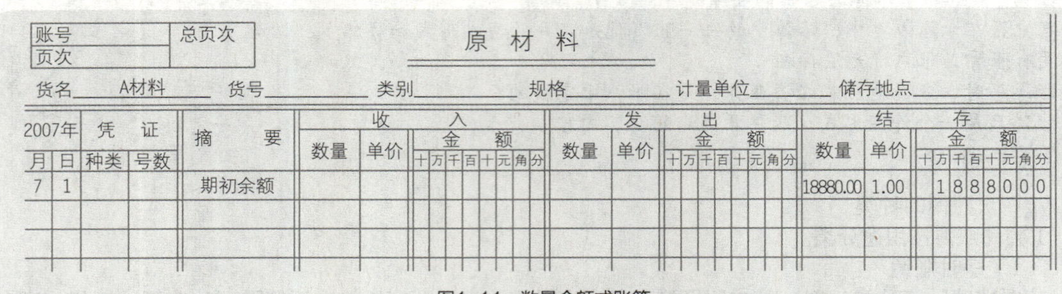

账号 页次 总页次

原 材 料

货名 A材料 货号 类别 规格 计量单位 储存地点

2007年 月	日	凭证 种类	号数	摘要	收入 数量	单价	金额（十万千百十元角分）	发出 数量	单价	金额（十万千百十元角分）	结存 数量	单价	金额（十万千百十元角分）
7	1			期初余额							18880.00	1.00	1888000

图1-14 数量金额式账簿

3.会计账簿按外形特征分类。

（1）订本账

订本式账簿，简称订本账，是在启用前将编有顺序页码的一定数量账页装订成册的账簿。

优点：能避免账页散失和防止抽换账页。

缺点：不便于记账人员分工记账。

适用范围：总分类账、现金日记账、银行存款日记账。

（2）活页账

活页式账簿，简称活页账，是将一定数量的账页置于活页夹内，可根据记账内容的变化而随时增加或减少部分账页的账簿。

优点：记账时可根据实际需要，随时将空白账页装入账簿，或抽去不需用的账页，便于同时分工记账。

缺点：账页容易散失或故意抽换账页。

适用范围：各种明细分类账一般采用活页账形式。

（3）卡片账

卡片式账簿，简称卡片账，是将一定数量的卡片式账页存放于专设的卡片箱中，可以根据需要随时增添账页的账簿。

在我国，企业一般只对固定资产的核算采用卡片账形式。

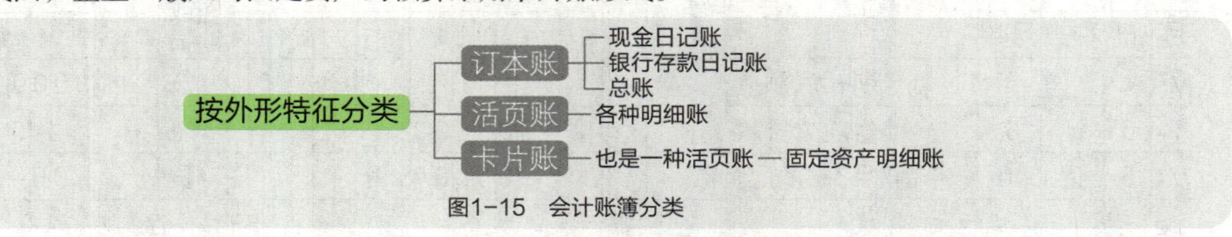

图1-15 会计账簿分类

【例题·单选题】账簿按（ ）分为序时账、分类账和备查账。

A.用途 B.经济内容 C.外表形式 D.会计要素

【答案】A

【例题·单选题】（　　）是对全部经济业务事项按照会计要素的具体类别而设置的分类账户进行登记的账簿。
A.序时账簿　　B.分类账簿　　C.备查账簿　　D.订本式账簿
【答案】B

（五）账簿的启用
启用会计账簿时，应当在账簿封面上写明单位名称和账簿名称，并在账簿扉页上附启用表。
启用订本式账簿应当从第一页到最后一页顺序编定页数，不得跳页、缺号。
使用活页式账簿应当按账户顺序编号，并须定期装订成册。
（六）账簿的登记要求
1.准确完整。
登记会计账簿时，应当将会计凭证日期、编号、业务内容摘要、金额和其他有关资料逐项记入账内，做到数字准确、摘要清楚、登记及时、字迹工整。
2.正常记账使用蓝黑墨水。
为了保持账簿记录的持久性，防止涂改，登记账簿必须使用蓝黑墨水或者碳素墨水并用钢笔书写，不得使用圆珠笔（银行的复写账簿除外）或者铅笔书写。
记账时使用红墨水的情况有：
（1）按照红字冲账的记账凭证，冲销错误记录；
（2）在不设借贷等栏的多栏式账页中，登记减少数；
（3）在三栏式账户的余额栏前，如未印明余额方向的，在余额栏内登记负数余额；
（4）根据国家规定可以用红字登记的其他会计记录。
会计记录中的红字表示负数。
3.顺序连续登记。
记账时，必须按账户页次逐页逐行登记，不得隔页、跳行。如果发生隔页、跳行现象，应当在空页、空行处用红色墨水画对角线注销，或者注明“此页空白”“此行空白”字样，并由记账人员签名或者盖章。
4.结出余额。
凡需要结出余额的账户，结出余额后，应当在“借”或“贷”等栏内写明“借”或者“贷”等字样，以示余额的方向；
没有余额的账户，应在“借”或“贷”栏内写“平”字，并在“余额”栏用“0”表示。
现金日记账和银行存款日记账必须逐日结出余额。
5.过次承前。
每一账页登记完毕时，应当结出本页发生额合计及余额，在该账页最末一行“摘要”栏注明“转次页”或“过次页”，并将这一金额记入下一页第一行有关金额栏内，在该行“摘要”栏内注明“承前页”，以保持账簿记录的连续性，便于对账和结账。
6.不得涂改、刮擦、挖补。

【例题·多选题】会计账簿的登记规则错误的是（　　）。
A.账簿记录中的日期，应该填写原始凭证上的日期
B.多栏式账页中登记减少数可以使用红色墨水
C.在登记各种账簿时，应按页次顺序连续登记，不得隔页、跳行
D.对于没有余额的账户，应在“借或贷”栏内写“0”表示
【答案】ABD
【解析】选项A，登记账簿的日期是填记账凭证日期，记账凭证的日期是业务发生时的时间；选项B，只有在不设借贷栏的多栏式账页中，登记减少数才使用红墨水；选项D，对于没有余额的账户，应在“借或贷”栏内写“平”字，并在“余额”栏“元”位处用“0”表示。

（七）账簿的格式和登记方法
1.现金日记账的格式和登记方法。
格式

现金日记账

年		凭证		摘要	对方种目	日期	借方金额	贷方金额	借或贷	金额
月	日	种类	号数				十万千百十万千百十元角分	十万千百十万千百十元角分		十万千百十万千百十元角分

财会主管 发核 记账

图1-16　现金日记账

由出纳人员根据库存现金收款凭证、库存现金付款凭证以及银行存款的付款凭证，按照库存现金收、付款业务和银行存款付款业务发生时间的先后顺序逐日逐笔登记。

不管三栏式还是多栏式日记账，必须采用订本账。

2.银行存款日记账的格式和登记方法。

银行存款日记账的格式与现金日记账相同，可以采用三栏式，也可以采用多栏式；无论采用三栏式还是多栏式现金日记账和银行存款日记账，都必须使用订本账。

（1）银行存款日记账应按企业在银行开立的账户和币种分别设置，每个银行账户设置一本日记账。

（2）由出纳员根据与银行存款收付业务有关的记账凭证，按时间先后顺序逐日逐笔进行登记。

根据银行存款收款凭证和有关的现金付款凭证登记银行存款收入栏，根据银行存款付款凭证登记其支出栏，每日结出存款余额。

【例题·单选题】现金日记账的登记方法错误的是（　　）。

A.每日终了，应分别计算现金收入和现金支出的合计数，结出余额，同时将余额同库存现金实有数核对

B.现金日记账可逐月结出现金余额，与库存现金实存数核对，以检查每月现金收付是否有误

C.凭证栏系指登记入账的收、付款凭证的种类和编号

D.日期栏系指记账凭证的日期

【答案】B

【解析】现金日记账必须按日结出余额。

【例题·多选题】出纳人员可以登记和保管的账簿是（　　）。

A.现金日记账　　B.银行存款日记账　　C.现金总账　　D.银行存款总账

【答案】AB

3.总分类账的格式和登记方法。

（1）总分类账的设置

每一企业都必须设置总分类账。总分类账必须采用订本式账簿。

（2）格式

总分类账最常用的格式为三栏式，设置借方、贷方和余额三个基本金额栏目。

（3）登记方法

总分类账的登记方法因登记的依据不同而有所不同。

经济业务少的小型单位的总分类账可以根据记账凭证逐笔登记；经济业务多的大中型单位的总分类账可以根据记账凭证汇总表（又称科目汇总表）或汇总记账凭证等定期登记。

4.明细分类账的格式和登记方法。

各企业单位在设置总账的同时，还应设置必要的明细账。

明细分类账一般采用活页式账簿、卡片式账簿。

明细分类账一般根据记账凭证和相应的原始凭证来登记。

（1）三栏式明细分类账

三栏式账页是设有借方、贷方和余额三个栏目，其格式与三栏式总账格式相同。

适用：只进行金额核算，不需要进行数量核算的债权债务科目，如“应收账款”“应付账款”账户。

（2）多栏式明细分类账

多栏式账页是将属于同一个总账科目的各个明细科目合并在一张账页上进行登记，即在这种格式账页的借方或贷方金额栏内按照明细项目设若干专栏。

适用：收入、成本、费用科目的明细核算，如生产成本、管理费用、营业外收入、利润分配等。

（3）数量金额式明细分类账

数量金额式明细分类账其借方（收入）、贷方（发出）和余额（结存）都分别设有数量、单价和金额三个专栏。

适用：既要进行金额核算又要进行数量核算的账户，如原材料、库存商品、周转材料等存货明细账户。

（八）总分类账户和明细分类账户的平行登记

依据相同：平行登记是指对所发生的每项经济业务都要以会计凭证为依据，一方面记入有关总分类账户，另一方面记入所属明细分类账户的方法。（3个相同）

1.方向相同：将经济业务记入总分类账户和明细分类账户时，记账方向必须相同。

2.期间一致（不是时间相同）：对每项经济业务在记入总分类账户和明细分类账户过程中，可以有先有后，但必须在同一会计期间全部登记入账。

3.金额相等：对于发生的每一项经济业务，记入总分类账户的金额必须等于所属明细分类账户的金额之和。

总账与其所属明细账之间在数量上存在如下关系：

（1）总分类账户本期发生额与其所属明细分类账户本期发生额合计相等；

（2）总分类账户期初余额与其所属明细分类账户期初余额合计相等；

（3）总分类账户期末余额与其所属明细分类账户期末余额合计相等。

如果总分类账户与明细分类账户的记录不相一致，说明账户平行登记中出现错误，应查明原因，进行更正。

（九）对账

对账一般可以分为账证核对、账账核对和账实核对。

1.账证核对：将账簿记录与会计凭证核对，核对账簿记录与原始凭证、记账凭证的时间、凭证字号、内容、金额等是否一致，记账方向是否相符，做到账证相符。

2.账账核对

同一会计主体
- 1.总分类账簿之间的核对
- 2.总分类账簿与所属明细分类账簿核对
- 3.总分类账簿与序时账簿核对
- 4.明细分类账簿之间的核对

其中：

（1）总分类账有关账户核对

主要核对总分类账各账户借方期末余额合计数与贷方期末余额合计数是否相等、借方本期发生额合计数与贷方本期发生额合计数是否相等。

（2）总分类账与其明细分类账核对

主要核对总分类账各账户的期末余额与所属各明细分类账户的期末余额之和是否相等，总分类账各账户的本期发生额与所属各明细分类账户的本期发生额之和是否相等。

（3）总分类账簿与序时账簿核对

检查现金总账和银行存款总账的期末余额，与现金日记账和银行存款日记账的期末余额是否相符。

（4）明细分类账簿之间的核对

会计部门有关实物资产的明细账与财产物资保管部门或使用部门的明细账定期核对，以检查其余额是否相符。

3.账实核对。

（1）库存现金日记账账面余额与库存现金实际库存数逐日核对是否相符；

（2）银行存款日记账账面余额与银行对账单的余额定期核对是否相符；

（3）各项财产物资明细账账面余额与财产物资的实有数额定期核对是否相符；

（4）有关债权债务明细账账面余额与对方单位的账面记录核对是否相符等。

【例题·单选题】（　　）是指核对不同会计账簿之间的账簿记录是否相符。

A.账证核对　　B.账账核对　　C.账实核对　　D.余额核对

【答案】B

（十）结账

1.结账的概念。

结账是一项将账簿记录定期结算清楚的账务工作。

在一定时期结束时（如月末、季末或年末），为了编制财务报表，需要进行结账，具体包括月结、季结和年结。

结账的内容通常包括两个方面：一是结清各种损益类账户，并据以计算确定本期利润；二是结出各资产、负债和所有者权益账户的本期发生额合计和期末余额。

2.结账的程序。

（1）结账前，将本期发生的经济业务全部登记入账，并保证其正确性。对于发现的错误，应采用适当的方法进行更正。

（2）在本期经济业务全面入账的基础上，根据权责发生制的要求，调整有关账项，合理确定应计入本期的收入和费用。

（3）将各损益类账户余额全部转入"本年利润"账户，结平所有损益类账户。

（4）结出资产、负债和所有者权益账户的本期发生额和余额，并转入下期。

3.结账的方法。

（1）总账的结账

总账账户平时只需结出月末余额。

年终结账时，为了总括地反映全年各项资金运动情况的全貌，核对账目，要将所有总账账户结出全年发生额和年末余额，在摘要栏内注明"本年合计"字样，并在合计数下通栏划双红线。

（2）对不需按月结计本期发生额的账户，每次记账以后，都要随时结出余额，每月最后一笔余额是月末余额，即月末余额就是本月最后一笔经济业务记录的同一行内余额。

月末结账时，只需要在最后一笔经济业务记录之下通栏划单红线，不需要再次结计余额。

（3）库存现金、银行存款日记账和需要按月结计发生额的收入、费用等明细账，每月结账时，要在最后一笔经济业务记录下面通栏划单红线，结出本月发生额和余额，在摘要栏内注明"本月合计"字样，并在下面通栏划单红线。

（4）对于需要结计本年累计发生额的明细账户，每月结账时，应在"本月合计"行下结出自年初起至本月末止的累计发生额，登记在月份发生额下面，在摘要栏内注明"本年累计"字样，并在下面通栏划单红线。

12月末的"本年累计"就是全年累计发生额，全年累计发生额下通栏划双红线。

主营业务收入——甲产品									账号	总
									页次	页

年		凭证		摘要	日期	金额	金额	借或贷	金额
月	日	种类	号数			百十万千百十元角分	百十万千百十元角分		百十万千百十元角分
				承前页		35721000	37491000	贷	1770000
11	24	记	60	销售产品，收到部分货款			375000	贷	2145000
	26	记	65	销售产品，款未收			375000	贷	2445000
	29	记	69	销售产品，货款收存银行			1200000	贷	3645000
	30	记	81	结转本月收入		3645000		贷	0
	30			本月合计		3645000	3645000	平	0
	30			本月累计		39366000	39366000	平	0
12	13	记	39	销售产品，货款收存银行			1584000	贷	1584000
	16	记	46	销售产品，款未收			540000	贷	2124000
	20	记	51	销售产品，款未收			540000	贷	2664000
	22	记	59	销售产品，收到部分货款			396000	贷	3060000
	26	记	65	销售产品，款未收			300000	贷	2445000
	28	记	72	销售产品，货款收存银行			1440000	贷	4860000
	31	记	81	结转本月收入		4860000		平	0
	31			本月合计		4860000	4860000	平	0
	31			本年累计		44226000	44226000	平	0

图1-17 总账结账

（5）结转下年

年度终了结账时，有余额的账户，应将其余额结转下年，并在摘要栏注明“结转下年”字样；

在下一会计年度新建有关账户的第一行余额栏内填写上年结转的余额，并在摘要栏注明“上年结转”字样，使年末有余额账户的余额如实地在账户中加以反映，以免混淆有余额的账户和无余额的账户。

库存现金									账号	总
									页次	页

年		凭证		摘要	日期	摘要	金额	借或贷	金额
月	日	种类	号数			百十万千百十元角分	百十万千百十元角分		百十万千百十元角分
				承前页		21744100	21711000	借	113000
11	20	记汇	32	11-20日发生额		1920000	21711000	借	23000
	30	记汇	33	21-30日发生额		101000		借	124000
12	10	记汇	34	1-10日发生额		108000	90000	借	142000
	20	记汇	35	11-20日发生额		1744100	1809000	借	61000
	31	记汇	36	21-31日发生额		90900		借	151900
				本年合计		25692000	25620000	借	151900
				结转下年					

图1-18 有余额账户结转下年

【例题·单选题】下列结账方法错误的是（ ）。

A.总账账户平时只需结出月末余额

B.12月末的“本年累计”就是全年累计发生额，全年累计发生额下通栏划双红线

C.账户在年终结账时，在“本年合计”栏下通栏划双红线

D.现金、银行存款日记账，每月结账时，在摘要栏注明“本月合计”字样，并在下面通栏划双红线

【答案】D

【解析】D选项，只在下面通栏画单红线。需要结出当月发生额的，应当在摘要栏内注明“本月合计”字样，并在下面通栏划单红线；需要结出本年累计发生额的，应当在摘要栏内注明“本年累计”字样，并在下面通栏划单红线。12月末的“本年累计”就是全年累计发生额。全年累计发生额下面应当通栏划双红线。年度终了结账时，所有总账账户都应当结出全年发生额和年末余额。

【例题·单选题】年终结账，将余额结转下年时，（　　）。

A.不需要编制记账凭证，但应将上年账户的余额反向结平才能结转下年

B.应编制记账凭证，并将上年账户的余额反向结平

C.不需要编制记账凭证，也不需要将上年账户的余额结平，直接注明“结转下年”即可

D.应编制记账凭证予以结转，但不需要将上年账户的余额反向结平

【答案】C

（十一）错账的更正方法

1.划线更正法。

在结账前发现账簿记录有文字或数字错误，而记账凭证没有错误的，采用划线更正法。

更正方法：

（1）数字错误

错误：89（盖章）　　　　正确：7890.00（盖章）

7980.00　　　　~~7980.00~~

图1-19　数字错误更正

（2）文字错误【错误：收回贷款】

货　（盖章）

收回贷款

图1-20　文字错误更正

最高存量：

最高存量：

原　材　料　明　细　账

账号　　总页数

页数

明细科目　A　材料

类别______　储存处所______　规格______　计量单位　公斤　编号______

97年		凭证号数	摘要	收入										发出										结存										核对号
月	日			数量	单价	金额								数量	单价	金额								数量	均价	金额								
						十	万	千	百	十	元	角	分			十	万	千	百	十	元	角	分			十	万	千	百	十	元	角	分	
12			承前页																					152	10			1	5	2	0	0	0	
12	10	转1	购料	3338	10		3	4	8	3	8	8	8						孔子					1492	10		3	4	8	3	8	8	8	

图1-21　原材料明细账

更正时，应在错误的文字或数字上面划一条红线注销，但必须使原有的笔迹仍可辨认清楚。然后在上方空白处用蓝字填写正确的文字和数字，并在更正处盖记账人员、会计机构负责人（会计主管人员）名章，以明确责任。

对于错误数字必须全部用红线注销，不能只划销整个数中的个别位数。对于文字错误，可只划去错误的部分。

2.红字更正法。

红字更正法，适用于以下两种情形：

（1）记账后发现记账凭证中的应借、应贷会计科目有错误所引起的记账错误。

如：科目名称写错或借贷方向写错。

更正时，应先用红字填写一张与错误的记账凭证内容相同的红字记账凭证，然后据此用红字记入账内，并在摘要栏注明“冲销X月X日X号凭证错账”以示注销。

同时，用蓝字再编写一张正确的记账凭证，据此用蓝字记入账内，并在摘要栏注明“订正X月X日X号凭证错账”。

【例题】4月6日，企业购入材料5 000元，货款尚未支付。

错误记录：记账凭证写错账户名称并已登记入账。

借：原材料　5 000

　　贷：应收账款　5 000

原材料	
5 000	

应收账款	
	5 000

更正：（1）4月18日编制红字记账凭证并记入账内：

借：原材料　5 000（红字）

　　贷：应收账款　5 000（红字）

（注意：摘要栏是"冲销4月6日X号凭证错账"）

原材料	
5 000	
5 000	

应收账款	
	5 000
	5 000

更正：（2）用蓝字编制正确记账凭证并登记入账：

借：原材料　5 000

　　贷：应付账款　5 000

（注意：摘要栏是"订正4月6日X号凭证错账"）

原材料	
5 000	
5 000	
5 000	
5 000	

应收账款	
	5 000
	5 000

应付账款	
	5 000
	5 000

（2）记账后发现记账凭证和账簿记录中应借、应贷会计科目无误，只是所记金额大于应记金额所引起的记账错误。

记账凭证中的会计科目正确无误，只是错记的金额大于正确的金额，即发生数额多记了。

更正时，按多记金额用红字编制一张与原记账凭证应借、应贷科目完全相同的记账凭证，然后据此用红字记入账内，在摘要栏注明"冲销X月X日X号凭证多记金额"。

【例题】企业提取本月固定资产折旧费3 800元，编制记账凭证时误记为38 000元。

错误记账凭证和错账为：

借：管理费用　38 000

　　贷：累计折旧　38 000

管理费用	
38 000	

累计折旧	
	38 000

更正：将多记金额用红字编制记账凭证，并记入账内：

借：管理费用　34 200（红字）

　　贷：累计折旧　34 200（红字）

（注意：摘要栏是"冲销X月X日X号凭证错账"）

管理费用	
38 000	
34 200	
3 800	

累计折旧	
	38 000
	34 200
	3 800

3.补充登记法。

记账后发现记账凭证和账簿记录中应借、应贷会计科目无误，只是所记金额小于应记金额时，采用补充登记法。

进行更正时，将少记金额用蓝字编制一张与原记账凭证应借、应贷科目完全相同的记账凭证，然后用蓝字记入账内，并在摘要栏注明"补记X月X日X号凭证少记金额"。

【例题】甲公司为生产A产品领用材料8 400元。

错误凭证：

借：生产成本　4 800

　　贷：原材料　4 800

生产成本（借）	生产成本（贷）
4 800	

原材料（借）	原材料（贷）
	4 800

更正：将少记金额编制记账凭证并记入账内：

借：生产成本　3 600

　　贷：原材料　3 600

（注意：摘要栏是“补记X月X日X号凭证少记金额”）

生产成本（借）	生产成本（贷）
4 800	
3 600	
8 400	

原材料（借）	原材料（贷）
	4 800
	3 600
	8 400

【例题·多选题】记账后，发现记账凭证中的金额有错误，导致账簿记录错误，不能采用的错账更正方法是（　　）。

A.划线更正法　　B.红字更正法　　C.补充登记法　　D.重新抄写法

【答案】AD

三、账务处理程序

（一）概念

账务处理程序，又称会计核算组织程序或会计核算形式，是指会计凭证、会计账簿、财务报表相结合的方式，包括账簿组织和记账程序。

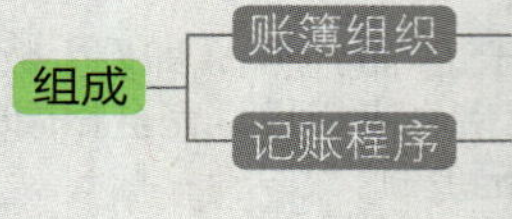

图1-22　账务处理程序的组成

（二）账务处理程序的种类

1.记账凭证账务处理程序。

2.汇总记账凭证账务处理程序。

3.科目汇总表账务处理程序。

最基本的账务处理程序——记账凭证账务处理程序，是其他账务处理程序的基础。

它们之间有许多共同点，但也存在着差异，其主要区别在于登记总账的依据和方法不同。

（三）记账凭证账务处理程序

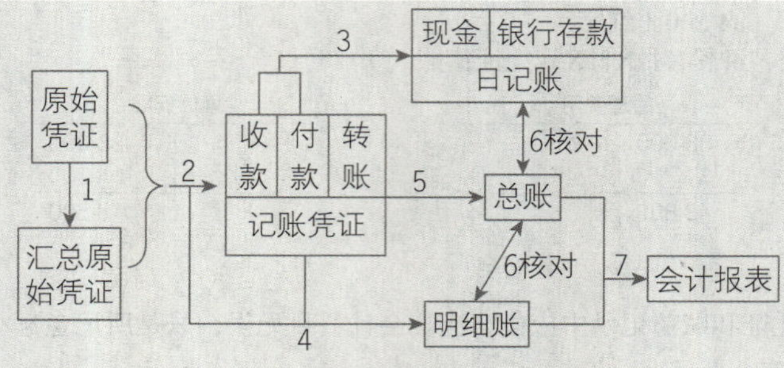

图1-23　记账凭证账务处理程序

操作顺序如图上数字所示：

1.有些原始凭证通过汇总成汇总原始凭证；

2.通过原始凭证登记记账凭证；

3.通过收款凭证和付款凭证登记日记账；
4.通过记账凭证和原始凭证登记明细账；
5.通过记账凭证登记总账；
6.核对总账和明细账以及总账和日记账期末余额和发生额是否相等；
7.通过总账和明细账生成会计报表。

（四）汇总记账凭证账务处理程序

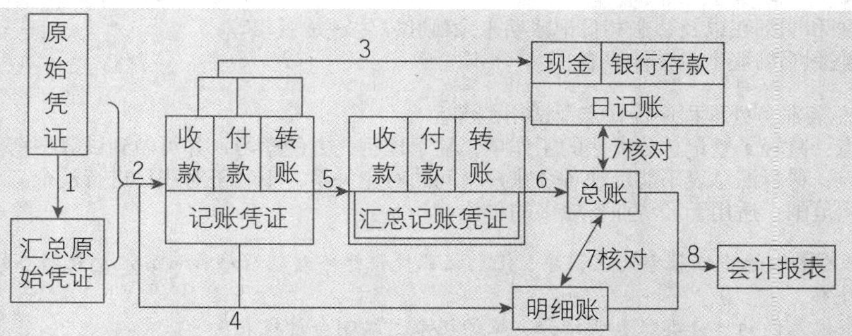

图1-24　汇总记账凭证账务处理程序

操作顺序如图上数字所示：
1.有些原始凭证通过汇总成汇总原始凭证；
2.通过原始凭证登记记账凭证；
3.通过收款凭证和付款凭证登记日记账；
4.通过记账凭证和原始凭证登记明细账；
5.通过记账凭证汇总成汇总记账凭证；
6.通过汇总记账凭证登记总账；
7.核对总账和明细账以及总账和日记账期末余额和发生额是否相等；
8.通过总账和明细账生成会计报表。

1.与记账凭证账务处理程序的区别。

（1）根据一定时期内的全部记账凭证，汇总编制汇总收款凭证、汇总付款凭证和汇总转账凭证；

（2）根据定期编制的汇总收款凭证、汇总付款凭证和汇总转账凭证，登记总分类账。

2.汇总记账凭证账务处理程序优缺点及适用范围。

（1）优点：

①记账凭证通过汇总记账凭证汇总后于月末时一次登记总分类账，减少了登记总分类账的工作量；

②汇总记账凭证是根据一定时期内全部记账凭证，按照科目对应关系进行归类、汇总编制的，可以清晰反映科目之间的对应关系；

③便于查对和分析账目。

（2）缺点：当转账凭证较多时，编制汇总转账凭证的工作量较大，并且按每一贷方账户编制汇总转账凭证，不利于会计核算的日常分工。

（3）适用范围：适用于经营规模大、经济业务较多的单位。

（五）科目汇总表账务处理程序

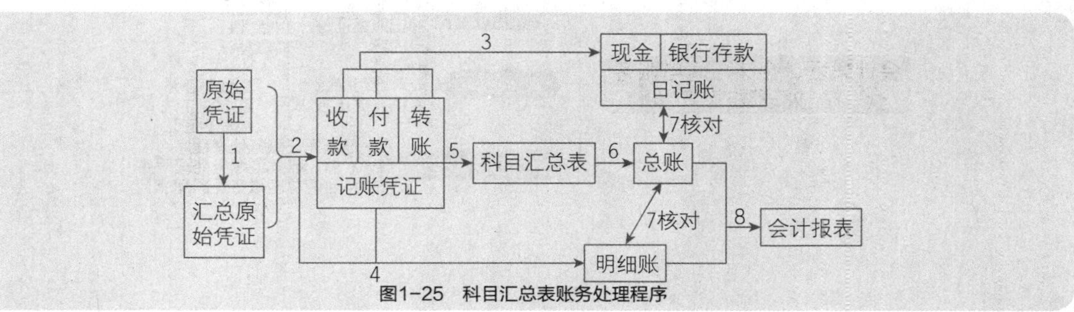

图1-25　科目汇总表账务处理程序

操作顺序如图上数字所示
1.有些原始凭证通过汇总成汇总原始凭证；
2.通过原始凭证登记记账凭证；
3.通过收款凭证和付款凭证登记日记账；
4.通过记账凭证和原始凭证登记明细账；
5.通过记账凭证汇总成科目汇总表；
6.通过科目汇总表登记总账；
7.核对总账和明细账以及总账和日记账期末余额和发生额是否相等；
8.通过总账和明细账生成会计报表。

1.科目汇总表账务处理程序优缺点及适用范围。
（1）优点：减轻了登记总分类账的工作量，易于理解，方便学习，并可做到试算平衡。
（2）缺点：科目汇总表不能反映各个账户之间的对应关系，不利于对账目进行检查。
（3）适用范围：适用于经济业务较多的单位。

【例题·多选题】记账凭证账务处理程序、汇总记账凭证账务处理程序和科目汇总表账务处理程序应共同遵循的程序有（　　）。
A.期末根据审核无误的总分类账和明细分类账的记录，编制会计报表
B.期末库存现金日记账、银行存款日记账和明细分类账的余额与有关总分类账的余额核对相符
C.根据科目汇总表登记总分类账
D.根据记账凭证，定期编制科目汇总表
【答案】AB
【解析】科目汇总表账务处理程序要求根据记账凭证编制科目汇总表，进而根据科目汇总表登记总账，C、D选项错误。

【例题·多选题】科目汇总表账务处理程序的优点是（　　）。
A.大大减轻登记总账的工作量
B.总账能反映账户之间的对应关系
C.总账能详细记录经济业务的发生情况
D.可以对发生额试算平衡，及时发现错误
【答案】AD

★【专家一对一】
记账凭证账务处理程序优缺点及适用范围。

（1）优点：
①记账凭证账务处理程序简单明了，易于理解；
②总分类账较详细地记录和反映经济业务的发生情况。
（2）缺点：登记总分类账的工作量较大。
（3）适用范围：适用于规模较小、经济业务量较少的单位。

知识图谱

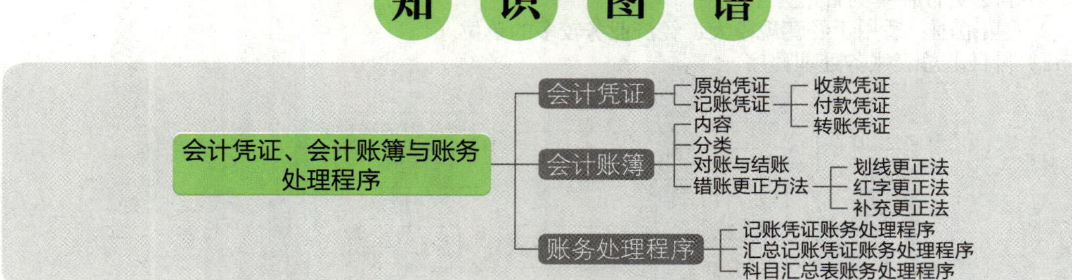

节 节 测

一、单项选择题

1. 关于三栏式账簿，错误的是（ ）。
   A.三栏式账簿是设有借方、贷方和余额三个基本栏目的账簿
   B.各种收入、费用类明细账都采用三栏式账簿
   C.三栏式账簿又分为设对方科目和不设对方科目两种
   D.设有“对方科目”栏的，称为设对方科目的三栏式账簿
   【答案】B
2. 发现金额有错误的原始凭证，正确的做法是（ ）。
   A.由出具单位在原始凭证上更正
   B.由出具单位在原始凭证上更正，并加盖出具单位印章
   C.由出具单位重开
   D.本单位代替出具单位进行更正
   【答案】C

二、多项选择题

1. 原始凭证应具备的基本内容有（ ）。
   A.填制日期
   B.经济业务涉及的会计科目
   C.经济业务的内容
   D.所附原始凭证的张数
   【答案】AC
2. 在原始凭证上书写阿拉伯数字，正确的有（ ）。
   A.所有以元为单位的，一律填写到角分
   B.无角分的，角位和分位可写“00”，或者符号“—”
   C.有角无分的，分位应当写“0”
   D.有角无分的，分位也可以用符号“—”代替
   【答案】ABC
3. 下列符合登记会计账簿基本要求的是（ ）。
   A.文字和数字的书写应占格距的1/3
   B.登记后在记账凭证上注明已经登账的符号
   C.冲销错误记录可以用红色墨水
   D.使用圆珠笔登账
   【答案】BC
4. 现金日记账的登记依据有（ ）。
   A.银行存款收款凭证 B.现金收款凭证
   C.现金付款凭证 D.银行存款付款凭证
   【答案】BCD
   【解析】选项A，银行存款收款依据是银行存款日记账的登记依据。
5. 账账核对不包括（ ）。
   A.证证核对
   B.银行存款日记账余额与银行对账单余额核对
   C.总账账户借方发生额合计与其明细账借方发生额合计的核对
   D.各种应收、应付账款明细账面余额与有关债权、债务单位的账目余额相核对
   【答案】ABD
   【解析】账账核对的内容主要包括：（1）总分类账簿有关账户的余额核对；（2）总分类账簿与所属明细分类账簿核对；（3）总分类账簿与序时账簿核对；（4）明细分类账簿之间的核对。
6. 记账凭证账务处理程序的优点有（ ）。
   A.记账程序简单明了
   B.登记总分类账的工作量较大
   C.能进行试算平衡，有利保证总账登记的正确性
   D.总分类账可以详细地反映经济业务的发生情况
   【答案】AD

第六节 财产清查

一、概念和意义

（一）概念

财产清查是指通过对货币资金、实物资产和往来款项等财产物资进行盘点或核对，确定其实存数，查明账存数与实存数是否相符的一种专门方法。

（二）意义

1.保证账实相符，提高会计资料的准确性。

2.切实保障各项财产物资的安全完整。

3.加速资金周转，提高资金使用效益。

二、财产清查的种类

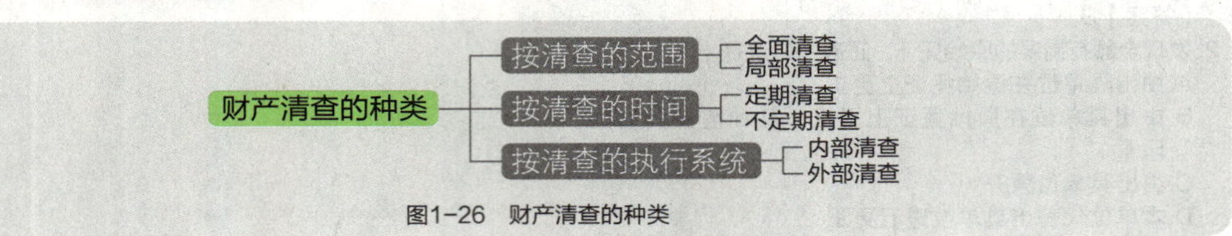

图1-26 财产清查的种类

（一）按照财产清查的范围不同

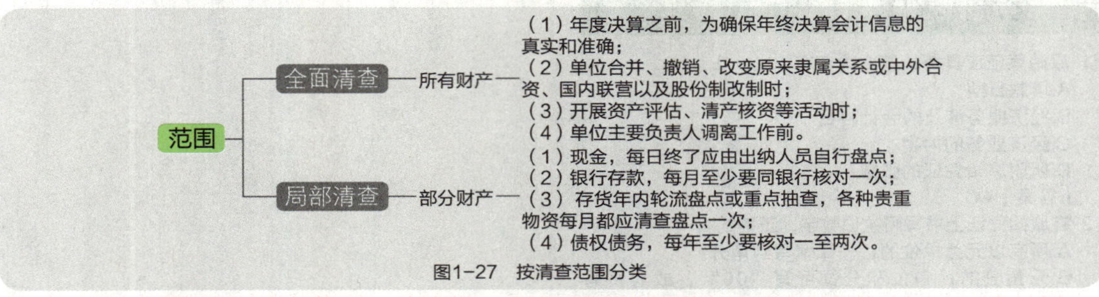

图1-27 按清查范围分类

（二）按财产清查的时间不同

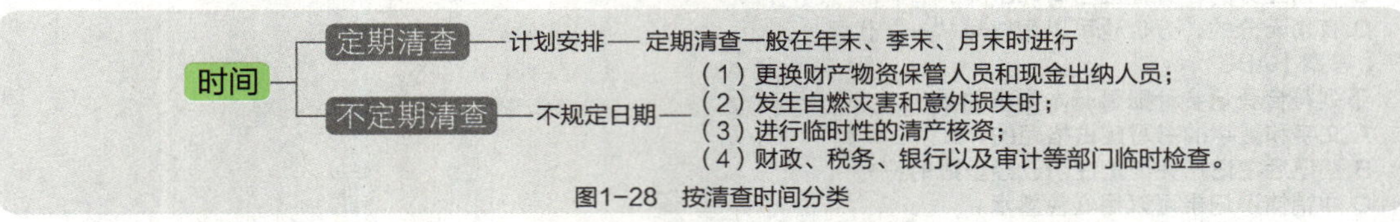

图1-28 按清查时间分类

范围与时间的关系：

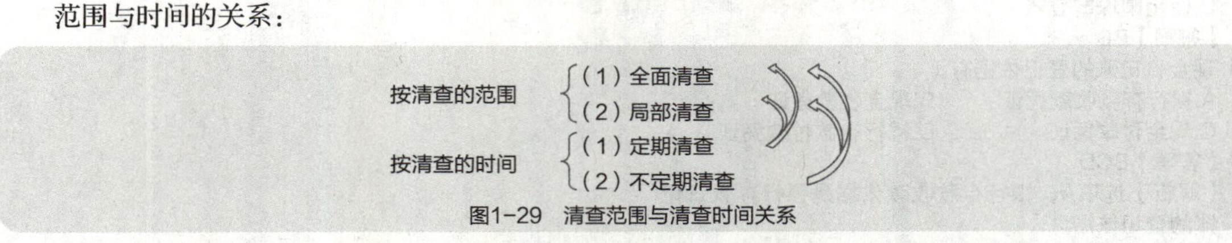

图1-29 清查范围与清查时间关系

★【专家一对一】

定期清查，可以是全面清查，也可以是局部清查。

例如：每月末审计。

不定期清查，可以是全面清查，也可以是局部清查。

例如：自然灾害。

（三）按照清查的执行系统分类

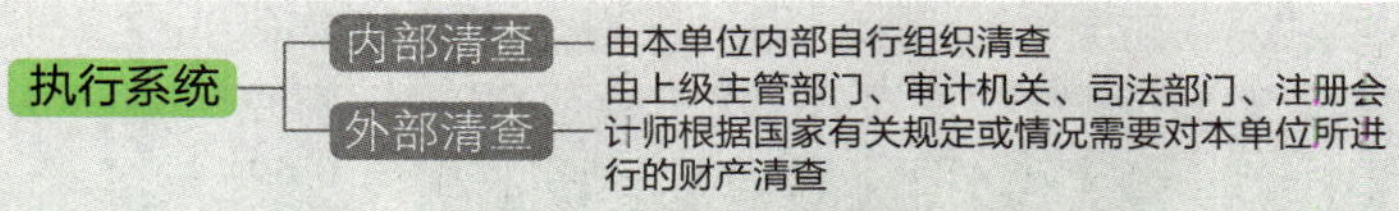

图1-30　按清查执行系统分类

【例题·多选题】年终决算之前，为确保年终决算会计信息的真实和准确，需要进行的财产清查，是（　　）。

A.全面清查　B.局部清查　C.定期清查　D.不定期清查

【答案】AC

【例题·多选题】进行局部财产清查时，正确的做法是（　　）。

A.现金每月清点一次

B.银行存款每月至少同银行核对一次

C.贵重物品每月至少盘点一次

D.债权债务每年至少核对一至二次

【答案】ABCD

三、财产清查的一般程序

1.建立财产清查组织。

2.组织清查人员学习有关政策规定，掌握有关法律、法规和相关业务知识，以提高财产清查工作的质量。

3.确定清查对象、范围，明确清查任务。

4.制定清查方案，具体安排清查内容、时间、步骤、方法，以及必要的清查前准备。

5.清查时本着先清查数量、核对有关账簿记录等，后认定质量的原则进行。

6.填制盘存清单。

7.根据盘存清单，填制实物、往来账项清查结果报告表。

四、财产清查的方法

1.库存现金的清查。

（1）清查方法：实地盘点，并与库存现金日记账的账面余额相核对，确定账实是否相符。

（2）清查凭证：填制“库存现金盘点报告表”，并由盘点人员和出纳人员共同签字或盖章，可作为调整账簿记录的原始凭证。

2.银行存款的清查。

（1）清查方法：采用核对账目的方法进行，将银行存款日记账的账簿记录与开户银行转来的对账单逐笔进行核对。

（2）账实不符的原因

①双方或一方记账出现了差错；

②存在未达账项。

（3）未达账项

未达账项，是指企业和银行之间，由于记账时间不一致而发生的一方已经入账，而另一方尚未入账的事项。

①企业已收，而银行未收（企业多）；

②企业已付，而银行未付（银行多）；

③银行已收，而企业未收（银行多）；

④银行已付，而企业未付（企业多）。

（4）清查步骤

①逐日逐笔核对本单位银行存款日记账与银行对账单；

②找出未达账项；

③填制“银行存款余额调节表”；

④将调整平衡的“银行存款余额调节表”，经主管会计签章后，呈报开户银行。

（5）银行存款余额调节表

表1-7 银行存款余额调节表

项 目	金 额（元）	项 目	金 额（元）
银行存款日记账余额	59 650	银行对账单余额	67 000
加：银行已收，企业未收	（7 900+1 050）	加：企业已收，银行未收	5 000
减：银行已付，企业未付	（1 200+3 600）	减：企业已付，银行未付	8 200
调节后的存款余额	63 800	调节后的存款余额	63 800

（6）银行存款余额调节表的作用

①银行存款余额调节表只能调节未达账项，不能调节记账错误。

②银行存款余额调节表不能作为原始凭证，即不能根据银行存款余额调节表中的未达账项来调整银行存款账面记录，未达账项只有在收到有关凭证后才能进行有关的账务处理。

③调节后的余额如果不相等，说明一方或双方记账有误，需进一步追查，查明原因后予以更正和处理。

④调节后的余额如果相等，也不能完全说明企业和银行的账面记录没有错误。

3. 实物资产的清查（存货、固定资产）。

（1）清查方法：实地盘点、技术推算。

（2）清查的单据：

"盘存单"：记录实物盘点后财产物资实存数，由盘点人员和实物保管人员共同签字或盖章方能生效，"盘存单"不是调整账簿记录的原始凭证。

"实存账存对比表"：调整账簿记录的原始凭证。

4.往来款项的清查（应收、应付款项和预收、预付款项）。

（1）清查方法：发函询证。

（2）清查的单据："往来款项清查报告单"。

【例题·多选题】以下资产可以采用发函询证方法进行清查的是（　　）。

A.原材料　　B.预收账款　　C.固定资产　　D.应收账款

【答案】BD

【解析】选项A应该采用技术推算法，选项C应该采用实地盘点的方法。

五、财产清查结果的处理

1.财产清查结果处理的要求。

（1）分析产生差异的原因和性质，提出处理建议；

（2）及时调整账簿记录，保证账实相符；

（3）积极处理多余积压财产，清理往来款项；

（4）总结经验教训，建立和健全各项管理制度。

2.财产清查结果处理的步骤。

（1）审批之前（发现账实不符或者报废毁损）：将账存调至实存，使得账实相符 。

（2）审批之后：于期末前查明原因，并根据企业的管理权限，经股东大会或董事会，或经理（厂长）会议或类似机构批准后，在期末结账前处理完毕。

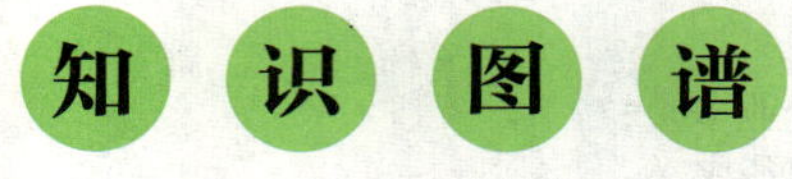

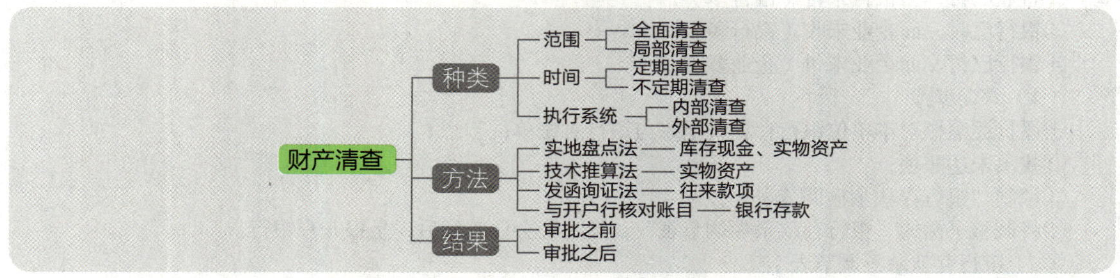

节节测

一、单项选择题

1. 企业实行股份制改造前，为了明确经济责任，需进行（　）。
A.定期清查　B.内部清查　C.全面清查　D.外部清查
【答案】C
【解析】企业实行股份制改造前，为了明确经济责任，需进行全面清查。
2. 对应付账款进行清查时，应采用的方法是（　）。
A.与记账凭证核对　B.发函询证法
C.实地盘点法　D.技术推算法
【答案】B
【解析】应付账款属于企业的往来款项（债务），应采用“发函询证法”进行核对。
3. 企业库存现金清查盘点时，下列人员必须在场的是（　）。
A.记账人员　B.出纳人员　C.单位领导　D.会计主管
【答案】B
【解析】库存现金清查时，出纳人员必须在场。
4. 企业遭受自然灾害后，对其遭受损失的财产物资进行的清查，属于（　）。
A.局部清查和定期清查　B.全面清查和定期清查
C.局部清查和不定期清查　D.全面清查和不定期清查
【答案】C
5. 对各项财产物资的盘点结果，企业应编制并据以调整账面记录的原始凭证是（　）。
A.入库单　B.清查结果报告表
C.出库单　D.领料单
【答案】B
6. 2018年6月30日，某企业银行存款日记账账面余额为216万元，收到银行对账单的余额为212.3万元。经逐笔核对，该企业存在以下记账差错及未达账项：从银行取现6.9万元，会计人员误记为9.6万元；银行为企业代付电话费6.4万元，但企业未接到银行付款通知，尚未入账。6月30日调节后的银行存款余额为（　）万元。
A.212.3　B.225.1　C.205.9　D.218.7
【答案】A
【解析】调节后的银行存款余额=216+（9.6−6.9）−6.4=212.3万元，或者调节后的银行存款余额=银行对账单的余额=212.3万元。

二、判断题

1. 财产清查中，对于银行存款至少每月与银行或有关单位核对一次。（　）
【答案】正确。
2. 定期清查既可以是全面清查，也可以是局部清查。（　）
【答案】正确。
3. 清查时应当本着先清查质量，核对有关账簿记录等，后认定数量的原则进行。（　）
【答案】错误。
【解析】清查时本着先清查数量，核对有关账簿记录等，后认定质量的原则进行。
4. 财产清查就是对各项实物资产进行定期盘点或核对。（　）
【答案】错误。
【解析】财产清查是指对货币资金、实物资产和往来款项等财产物资的盘点或核对，确定其实存数，查明账存数与实存数是否相符的一种专门方法。
5. 为了明确经济责任，清查时，保管人和盘点人员必须同时在场。（　）
【答案】正确。

第七节　财务报告

一、财务报告的概念和目标

（一）财务报表的概念

财务报表是对企业财务状况、经营成果和现金流量的结构性表述，反映企业管理层受托责任履行情况，有助于财务会计报告使用者作出经济决策。

（二）财务报表的目标

财务报告的目标，是向财务报告使用者提供与企业财务状况、经营成果和现金流量等等有关的会计信息，反映企业管理层受托责任履行情况，有助于财务报告使用者作出经济决策。

二、财务报表的组成部分

1.资产负债表：亦称财务状况表，表示企业在一定日期（通常为各会计期末）的财务状况（即资产、负债和业主权益的状况）的主要会计报表。

2.利润表：利润表是反映企业在一定会计期间的经营成果的财务报表，由于它反映的是某一期间的情况，所以，又被称为动态报表。有时，利润表也称为损益表、收益表。

3.现金流量表：其所表达的是在一固定期间（通常是每月或每季）内，一家机构的现金（包含银行存款）的增减变动情形。主要是要反映出资产负债表中各个项目对现金流量的影响。

4.所有者权益变动表：反映公司本期（年度或中期）内至截至期末所有者权益变动情况的报表。其中，所有者权益变动表应当全面反映一定时期所有者权益变动的情况。

5.附注：财务报表附注旨在帮助财务报表使用者深入了解基本财务报表的内容，财务报表制作者对资产负债表、损益表和现金流量表的有关内容和项目所作的说明和解释。主要包括：企业所采用的主要会计处理方法；会计处理方法的变更情况、变更的原因及对财务状况和经营业绩的影响；发生的非经常性项目；一些重要报表项目的明显情况;或有事项；期后事项；以及其他对理解和分析财务报表重要的信息。

★【专家一对一】

财务报表的上述组成部分具有同等的重要程度。

知　识　图　谱

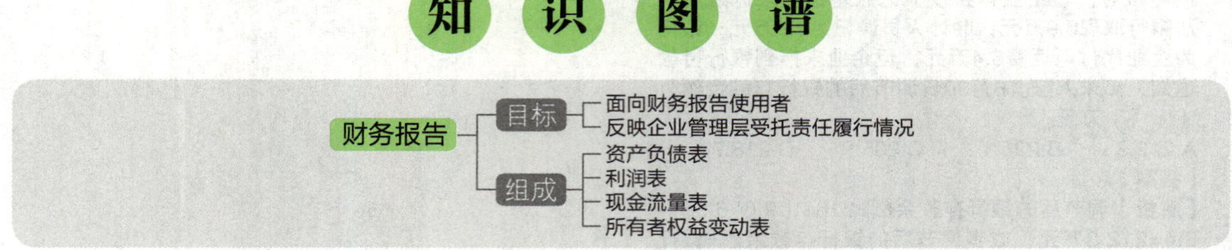

章 章 练

一、单项选择题

1.（　　）是对会计对象进行的基本分类，是会计核算对象的具体化。
A.会计要素　B.会计科目　C.会计账户　D.会计对象

2.账户是根据（　　）设置的、具有一定格式和结构，用于分类反映会计要素增减变动情况及其结果的载体。
A.会计对象　B.会计信息　C.会计科目　D.会计要素

3.甲公司月末编制的试算平衡表中，全部账户的本月借方发生额合计为136万元，除实收资本账户以外的本月贷方发生额合计120万元，则实收资本账户（　　）。
A.本月贷方发生额为16万元
B.本月借方发生额为16万元
C.本月借方余额为16万元
D.本月贷方余额为16万元

4.企业开出转账支票1 860元购买办公用品，编制记账凭证时，误记金额为1 680元，科目及方向无误并已记账，应采用的更正方法是（　　）。
A.补充登记180元　B.红字冲销180
C.在凭证中划线更正　D.把错误凭证撕掉重编

5.在借贷记账法下，资产类账户的期末余额一般在（　　）
A.借方　B.增加方　C.贷方　D.减少方

6.下列支出属于资本性支出的是（　　）
A.支付职工工资　B.支付当月水电费
C.支付本季度房租　D.支付固定资产买价

7.各种会计核算程序的本质区别可以概括为（　　）。
A.日记账的登记　B.明细账的登记
C.总分类账的登记　D.编制会计报表的依据

8.企业设置"固定资产"账户是用来反映固定资产的（　　）
A.磨损价值　B.累计折旧　C.原始价值　D.净值

9.编制会计报表时，以"收入-费用=利润"这一会计等式作为编制依据的会计报表是（　　）
A.利润表　B.所有者权益变动表
C.资产负债表　D.现金流量表

10.反映企业财务状况的报表为（　　）
A.资产负债表　B.损益表
C.现金流量表　D.股东权益变动表

11.预付保险费为（　　）项目。
A.负债　B.权益　C.资产　D.费用

12.对价值小、数量多，不便于一一清点的财产应该采用（　　）进行盘点。
A.逐一盘点法　B.测量计算法
C.对账单法　D.抽样盘点法

13.银行存款日记账余额为52 000元，调整前银行已收、企业未收的款项为2 000元，企业已收、银行未收款项为1 500元，银行已付、企业未付款项为3 000元，则调整后存款余额为（　　）。
A.51 000元　B.55 000元
C.58 000元　D.51 200元

14.在科目汇总表核算形式下，记账凭证不可以用来（　　）。
A.登记库存现金日记账　B.登记总分类账
C.登记明细分类账　D.编制科目汇总表

15.关于企业利润构成，下列表述不正确的是（　　）。
A.企业的利润总额由营业利润、投资收益和营业外收入三部分组成
B.营业成本=主营业务成本+其他业务成本
C.利润总额=营业利润+营业外收入-营业外支出
D.净利润=利润总额-所得税费用

16.某企业9月初的资产总额为23万元，负债总额为5万元。9月份发生下列业务：取得收入共计9万元，发生费用共计4万元，则9月底该企业的所有者权益总额为（　　）。
A.12万元　B.19万元　C.23万元　D.28万元

17.下列会计科目中，如月末有余额，一般在贷方的是（　　）。
A.银行存款　B.预收账款
C.材料采购　D.应收账款

18.企业的资产来源于投资人和债权人投入资金，这些投入资金被称为（　　）。
A.成本　B.所有者权益
C.负债　D.费用

19.企业会计收入费用的确认基础是（　　）。
A.现金制　B.收付实现制
C.权责发生制　D.稳健制

20.下列关于原始凭证的要求，不正确的有（　　）。
A.发生错误时可以涂改
B.原始凭证所要求填列的项目必须逐项填列齐全，不得遗漏和省略
C.书写要清楚、规范
D.编号要连续

21.短期借款利息核算不会涉及的账户是（　　）。
A.销售费用　B.应付利息
C.财务费用　D.银行存款

22.支付产品广告费时，应借记（　　）。
A.管理费用　B.财务费用
C.营业外支出　D.销售费用

23.财产清查的主要目的在于达到（　　）。
A.账证相符　B.账账相符
C.账实相符　D.账表相符

24.企业接受资产捐赠时，应贷记（　　）。
A.实收资本　B.资本公积
C.营业外收入　D.盈余公积

二、多项选择题

1.下列项目中，可以作为一个会计主体进行核算的有（　　）。
A.销售部门　B.分公司　C.母公司　D.企业集团

2.会计监督职能是指会计人员在进行会计核算的同时，对经济活动的（　　）进行审查。
A.及时性　B.合法性　C.合理性　D.时效性

3.下列等式中错误的有（　　）。
A.期初余额=本期增加发生额+期末余额-本期减少发生额
B.期末余额=本期增加发生额+期初余额-本期减少发

生额

C.期末余额=本期减少发生额-期初余额+本期增加发生额

D.期初余额=本期增加发生额-期末余额-本期减少发生额

4.财产清查是对（　　）的盘点或核对，确定其实存数，查明账存数与实存数是否相符的专门方法。

A.货币资金　B.实物资产　C.往来款项　D.实收资本

5.下列不适于采用实地盘点法清查的是（　　）。

A.原材料　　B.固定资产

C.露天堆放的沙石　　D.露天堆放的煤

6.甲公司销售商品一批，产品售价280万元，该批产品成本为170万元，货款已经收到，不考虑相关税费。以下会计分录正确的有（　　）。

A.借：银行存款　2 800 000
　　贷：主营业务收入　2 800 000

B.借：应收账款　2 800 000
　　贷：主营业务收入　2 800 000

C.借：主营业务成本　1 700 000
　　贷：库存商品　1 700 000

D.借：库存商品　1 700 000
　　贷：主营业务成本　1 700 000

7.下列登记银行存款日记账的方法中正确的有（　　）。

A.逐日逐笔登记并逐日结出余额

B.根据企业在银行开立的账户和币种分别设置日记账

C.使用订本账

D.业务量少的单位用银行对账单代替日记账

8.企业到期偿还长期借款，应该借记（　　）。

A.银行存款　B.长期借款　C.应付利息　D.应付账款

9.采用借贷记账法时，账户的借方一般用来登记（　　）。

A.资产的增加　　B.收入的减少

C.费用的增加　　D.负债的增加

10.下列说法正确的是（　　）。

A.所有者权益是指企业所有者在企业资产中享有的经济利益

B.所有者权益的金额等于资产减去负债后的余额

C.所有者权益也称为净资产

D.所有者权益包括实收资本（或股本）、资本公积、盈余公积和未分配利润等

11.损益类会计科目的结构表述正确的有（　　）。

A.收入类会计科目的贷方登记收入的增加额

B.费用类会计科目的贷方登记费用的减少额或转销额

C.收入类会计科目的余额在贷方，费用类的余额在借方

D.收入类和费用类会计科目期末没有余额

12.关于损益类账户的表述中，正确的有（　　）。

A.损益类账户反映企业发生的收入和成本

B.损益收入类账户结构类似所有者权益类账户

C.损益费用类账户借方登记费用的减少数

D.无论损益类、收入类账户，还是损益支出类账户，期末结转后，账户无余额

三、判断题

1.在我国，会计核算只能以人民币作为记账本位币，不得以外币记账。（　　）

2.对会计要素的具体内容进行分类核算的项目称为会计科目。（　　）

3.复式记账法是以资产与权益平衡关系作为记账基础，对于每一笔经济业务都要在两个或两个以上相互联系的账户中进行登记，系统地反映资金运动变化结果的一种记账方法。（　　）

4.按照权责发生制的要求，企业收到货币资金意味着本月收入的增加。（　　）

5.记账凭证账务处理程序是最基本的账务处理程序，特点是登记账簿的工作量小。（　　）

6.会计期末，收入类科目的增加额一般要通过贷方转出，用以计算经营成果，因此，收入类账户期末通常没有余额。（　　）

7.“预付账款”账户和“应付账款”账户在结构上是相同的。（　　）

8.卡片账是将账户所需格式印刷在硬卡上。严格来说，卡片账也是一种活页账，在我国，单位一般对固定资产明细账采用卡片账形式。（　　）

9.在借贷记账法中，“贷”字表示收入的增加、费用的减少和负债的增加。（　　）

10.清查现金时，出纳人员必须回避。（　　）

章章练参考答案及解析

一、单项选择题

1.【答案】A
【解析】会计要素是对会计对象进行的基本分类，是会计核算对象的具体化。故选A。
2.【答案】C
【解析】为了全面、序时、连续、系统地反映和监督会计要素的增减变动，企业应该设置账户。账户是根据会计科目设置的，以会计科目作为名称，同时具备一定的格式，也就是结构。故选C。
3.【答案】A
【解析】根据等式“借方发生额合计=贷方发生额合计”，实收资本账户的发生额=所有账户本月借方发生额—除实收资本账户以外其他账户的本月贷方发生额=136—120=16万元。故选A。
4.【答案】A
【解析】应借、应贷会计科目无误，只是所记金额小于应记金额，更正的方法是按少记的金额用蓝黑字编制一张与原记账凭证应借应贷科目完全相同的记账凭证，补充登记少记的金额。所以本题要补充登记少记的金额180元。故选A。
5.【答案】A
【解析】借贷记账法下，资产类账户的期末余额在借方。不同类账户的余额方向都在增加方。
6.【答案】D
【解析】资本性支出是指通过它所取得的财产或劳务的效益，可以给予多个会计期间所发生的那些支出。因此，这类支出应予以资本化，先计入资产类科目，然后，再分期按所得到的效益，转入适当的费用科目。企业的经营活动中，供长期使用的、其经济寿命将经历许多会计期间的资产，如固定资产、无形资产、递延资产等，都要作为资本性支出。
7.【答案】C
【解析】这几种会计核算形式的主要区别是登记总分类账的依据和方法不同。
8.【答案】C
【解析】固定资产账户反映购进固定资产价值，在建工程完工转固定资产价值等，反映的是原值。累计折旧账户反映累计折旧。
9.【答案】A
【解析】利润表反映损益情况，即收入和费用都要结转到利润表中。
10.【答案】A
【解析】反映企业财务状况的是静态的资产负债表，利润表反映企业一段时期的经营成果。
11.【答案】C
【解析】“预付”属于资产类科目。
12.【答案】D
【解析】本题考查实物资产清查方法的适用范围。
13.【答案】A
【解析】题考查未达账项的调整。调账后存款余额=企业账面存款余额+银行已收而企业未收账项–银行已付而企业未付款项=52 000+2 000–3 000=51 000元。
14.【答案】B
【解析】本题考查科目汇总表账务处理程序的特点。在科目汇总表核算形式下，可以根据记账凭证登记库存现金日记账，登记明细分类账，编制科目汇总表。
15.【答案】A
【解析】本题考查利润的计算。企业的利润总额=营业利润+营业外收入—营业外支出。
16.【答案】D
【解析】本题考查所有者权益总额的计算。9月初的所有者权益总额=28–5=23（万元）。根据收入–费用=利润，9月份实现利润5万元，所有者权益增加5万，则9月底该企业的所有者权益总额=23+5=28万元。
17.【答案】B
【解析】本题考查借贷记账法下账户的结构。选项ACD均为资产类科目，期末余额一般在借方。
18.【答案】B
【解析】企业的资产来源于投资人和债权人投入资金，这些投入资金被称为所有者权益。
19.【答案】C
【解析】企业会计的计量基础是权责发生制，事业单位的会计计量基础是收付实现制。
20.【答案】A
【解析】原始凭证如有错误，应当由出具单位重开或更正，更正处应当加盖出具单位印章。原始凭证不得涂改、刮擦、挖补。
21.【答案】A
【解析】短期借款利息的核算会计分录为：
取得时：借：银行存款
　　　　　贷：短期借款
计提利息时：借：财务费用
　　　　　　　贷：应付利息
还款时：借：短期借款
　　　　　　应付利息
　　　　　贷：银行存款
22.【答案】D
【解析】广告费是在销售环节发生的，一般计入销售费用。
23.【答案】C
【解析】财产清查的目的在于达到账存数和实存数相符，故选C。
24.【答案】B
【解析】关于赠与都是计入营业外收入的，要是企业捐赠的话是借记营业外支出。

二、多项选择题

1.【答案】ABCD
【解析】会计主体界定的是会计核算的范围，所以会计主体必须能够独立核算，本题4个选项都符合会计主体的定义。故选ABCD。
2.【答案】BC
【解析】会计监督职能是指会计人员在进行会计核算的同时，对特定主体经济活动的合法性、合理性进行审查。
3.【答案】ACD

【解析】期末余额=本期增加发生额+期初余额一本期减少发生额。故选ACD。

4.【答案】ABC

【解析】本题考查财产清查的概念。财产清查是对货币资金、实物资产和往来款项的盘点或核对，确定其实存数，查明账存数与实存数是否相符的专门方法。

5.【答案】CD

【解析】本题考查实物资产清查方法的适用范围。实地盘点法适用于容易清点或计量的财产物资以及现金等货币资金的清查；技术推算法适用于大量成堆难以逐一清点的财产物资的清查，选项CD适于采用技术推算法清查。

6.【答案】AC

【解析】本题考查销售商品的核算。企业销售商品取得的销售收入应该确认为主营业务收入，本题中已经收到销售货款所以应该直接借记银行存款；结转产品成本时是企业产品成本的减少，所以应该贷记库存商品科目，同时借记主营业务成本。本题正确答案为AC。

7.【答案】ABC

【解析】本题考查银行存款日记账的登记。单位不可以用银行对账单代替银行存款日记账。

8.【答案】BC

【解析】 企业到期偿还长期借款，应该借记长期借款和应付利息。

9.【答案】ABC

【解析】资产和费用的增加记借方；负债、所有者权益和收入的减少记借方。

10.【答案】ABCD

【解析】所有者权益包括实收资本（或股本）、资本公积、盈余公积和未分配利润等，盈余公积和未分配利润又统称为留存收益。所以，也可以表述为：所有者权益包括实收资本（或股本）、资本公积和留存收益等。

11.【答案】ABD

【解析】本题考查损益类会计科目的结构。收入类和费用类会计科目期末结转到本年利润，一般没有余额。

12.【答案】BD

【解析】本题考查损益类账户的格式和内容。选项A，损益类账户反映企业发生的收入和费用，不是成本；选项C，损益费用类账户借方登记费用的增加数。

三、判断题

1.【答案】错误。

【解析】会计核算可以以外币作为记账本位币，但最后编制财务报表时，必须转换为人民币。

2.【答案】正确。

3.【答案】正确。

4.【答案】错误。

【解析】按照权责发生制的要求，企业收到货币资金不一定是当期发生的，故不一定在本月增加收入。

5.【答案】错误。

【解析】本题考查记账凭证账务处理程序的缺点。记账凭证账务处理程序的缺点是登记总分类账的工作量大。

6.【答案】错误。

【解析】收入类科目的增加额一般要通过借方转出。

7.【答案】错误。

【解析】本题考查账户的结构。预付账款属于资产类账户，应付账款属于负债类账户，两者在结构上是不同的。

8.【答案】正确。

9.【答案】正确。

10.【答案】错误。

【解析】清点现金时，出纳人员必须在场。

02

第二章 资 产

精准考点　提前了解

资产的定义和
分类 P11

应收票据 P62

交易性金融资产
P72

存货的内容 P79

购入动产与不动
产增值税入账处
理 P105

固定资产不应计提
折旧额范围 P113

无形资产的概
念、特征与内容
P130

考情早知道

【考情分析】

本章是初级会计实务考试最重要的章节之一，其在财政部指导教材上的内容篇幅占了全书的1/4，近几年考试的分值也在30分以上。本章是不定项选择题的主要出题考点范围，几乎每套初级会计实务考试的不定项选择题均涉及本章内容。

【考题形式及重要程度】

节次	考试题型	重要程度
第一节　货币资金	单选、多选、判断	★★★
第二节　应收及预付款项	单选、多选、判断、不定项	★★★
第三节　交易性金融资产	单选、多选、判断	★★★
第四节　存货	单选、多选、判断、不定项	★★★★
第五节　固定资产	单选、多选、判断、不定项	★★★★★
第六节　无形资产和长期待摊费用	单选、多选、判断	★

【考纲新动态】

2019年第二章资产中包含了6节内容，分别是货币资金、应收及预付款项、交易性金融资产、存货、固定资产、无形资产和长期待摊费用。其内容涉及面较广，难度较大，与2018年相比较没有发生结构性的变化，内容变化很小。相比2017年及以前年度而言变化很大，删掉了历年来初级会计实务考试传统的一些章节，即持有至到期投资、长期股权投资、可供出售金融资产、投资性房地产的全部内容，同时新增了长期待摊费用。随着这些难点内容的删减，相应的其考核难度降低很多，因此各位考生朋友在复习备考时可以放松心态，带着愉悦的心情走入本章的学习。

第一节　货币资金

一、库存现金

（一）现金管理制度（★★）

表2-1　现金管理制度

项　目	相关规定
使用范围	1.工资、津贴、个人劳务报酬 2.个人奖金 3.劳保、福利费用等对个人的支出 4.向个人收购农副产品等的支出 5.差旅费 6.结算起点（1 000元）以下的零星支出
现金限额	3-5天日常零星开支所需（特殊地区：5-15天）
收支规定	1.现金收入应于当日送存银行 2.不得坐支 3.提取现金时，应写明用途，由本单位财会部门负责人签字盖章，并经开户银行审查批准，予以支付 4.特殊情况急需使用现金的，企业应当向开户银行提出申请，由本单位财会部门负责人签字盖章，经开户银行审核批准后方可予以支付

【例题·单选题】根据《现金管理暂行条例》规定，下列经济业务中，一般不应用现金支付的是（　　）。

A.支付职工奖金800元　B.支付零星办公用品购置费900元

C.支付物资采购货款2 300元　D.支付出差人员必须随身携带的差旅费6 000元

【答案】C

【解析】根据《现金管理暂行条例》规定，选项C中支付物资采购货款不属于现金的使用范围。

【例题·多选题】以下对现金收支规定的说法，正确的有（　　）。

A.因采购地点不确定、交通不便、抢险救灾以及其他特殊情况必须使用现金的单位，应向开户银行提出书面申请，由本单位财会部门负责人签字盖章，并经开户银行审查批准后予以支付

B.开户单位从开户银行提取现金时，应如实写明提取现金的用途，由本单位财会部门负责人签字盖章，并经开户银行审查批准后予以支付

C.开户单位支付现金，可以从本单位库存现金限额中支付或从开户银行提取，还可以从本单位的现金收入中直接支付

D.不准用不符合国家统一的会计制度的凭证顶替库存现金；不准谎报用途套取现金

【答案】ABD

【解析】选项C违背了《现金管理暂行条例》中不得坐支的规定。

（二）现金的账务处理（★）

企业应当设置“库存现金”科目，企业内部各部门周转使用的备用金，可以单独设置“备用金”科目核算。

每日终了，现金日记账余额要与实际库存现金额进行核对。

月度终了，现金日记账余额要与现金总账余额进行核对。

（三）现金的清查（★★★）

如果账款不符，发现的有待查明原因的现金短缺或溢余，应先通过“待处理财产损溢”科目核算。按管理权限报经批准后，分为以下情况处理：

1.如为现金溢余：

两步走

（1）第一步，库存现金盘盈时，即批准前

借：库存现金

　　贷：待处理财产损溢——待处理流动资产损溢

（2）第二步，按管理权限报经批准后

借：待处理财产损溢——待处理流动资产损溢

　　贷：其他应付款（需要支付或退还他人的金额）

　　　　营业外收入（无法查明原因的金额）

2.如为现金短缺：

两步走

（1）第一步，库存现金盘亏时，即批准前

借：待处理财产损溢——待处理流动资产损溢

　　贷：库存现金

（2）第二步，按管理权限报经批准后

借：其他应收款（个人或保险公司赔偿金额）

　　管理费用（管理不善）

　　贷：待处理财产损溢——待处理流动资产损溢

【例题·单选题】现金盘点时发现现金短缺，无法查明原因的，经批准后计入（　　）。

A.营业外支出　B.财务费用　C.管理费用　D.其他业务成本

【答案】C

【解析】无法查明原因的现金短缺，应计入管理费用。

【例题·单选题】企业无法查明原因的现金溢余，应做的处理是（　　）。

A.冲减管理费　B.增加营业外收入　C.冲减财务费用　D.增加其他业务收入

【答案】B

【解析】无法查明原因的现金溢余，计入营业外收入。

★【专家一对一】

定期清查，可以是全面清查，也可以是局部清查。

无法查明原因的现金短缺经批准后应计入“管理费用”；无法查明原因的现金溢余经批准后应计入“营业外收入”。考生应注意与其他资产盘盈盘亏账务处理相区别。

【例题·多选题】（2018）下列各项中，关于企业现金溢余的会计处理表述正确的有（　　）。

A.无法查明原因的现金溢余计入营业外收入

B.应支付给有关单位的现金溢余计入其他应付款

C.无法查明原因的现金溢余冲减管理费用

D.应支付给有关单位的现金溢余计入应付账款

【答案】AB

【解析】无法查明原因的现金溢余计入营业外收入，选项A正确，选项C错误；应支付给有关单位的现金溢余计入其他应付款，选项B正确，选项D错误。

【例题·单选题】2016年12月31日，某企业进行现金清查，发现库存现金短款300元。经批准，应由出纳员赔偿180元，其余120元无法查明原因，由企业承担损失。不考虑其他因素，该业务对企业当期营业利润的影响金额为（　　）元。

A.0　　B.120　　C.300　　D.180

【答案】B

【解析】企业发生现金短缺，在报经批准处理前：

借：待处理财产损溢　300

　　贷：库存现金　300

报经批准处理后：

借：管理费用　120

　　其他应收款　180

　　贷：待处理财产损溢　300

无法查明原因的现金短缺120元计入管理费用，减少企业的营业利润。

二、银行存款

（一）银行存款的账务处理（★）

企业应该设置银行存款总账和银行存款日记账，分别进行银行存款的总分类核算和明细分类核算。企业可设置“银行存款日记账”，根据收付款凭证，按照经济业务的发生顺序逐笔登记，每日终了，应结出余额。

（二）银行存款的核对（★★★）

所谓未达账项，是由于结算凭证在企业与银行之间或收付款银行之间传递需要时间，造成企业与银行之间入账上的时间差，一方收到凭证并已入账，另一方因未收到凭证而未能入账由此形成的账款。

表2-2　银行存款余额调节表

项　目	金　额	项　目	金　额
企业银行存款日记账余额		银行对账单余额	
加：银行已收、企业未收		加：企业已收、银行未收	
减：银行已付、企业未付		减：企业已付、银行未付	
调节后的存款余额		调节后的存款余额	

银行存款余额调节表只是为了核对账目，并不能作为调整银行存款账面余额的记账依据。

通过银行存款余额调节表，调节后的存款余额表示企业可以动用的银行存款数。

★【专家一对一】

定期清查，可以是全面清查，也可以是局部清查。

银行存款余额调节表只是为了核对账目，不属于原始凭证，不得用于调整银行存款账面余额。只有等实际结算凭证到达后，才能进行调整。考生要注意把握。

【例题·多选题】下列各项中，使得企业银行存款日记账余额大于银行对账单余额的是（　　）。
A.企业开出支票，对方未到银行兑现
B.银行代扣水电费，企业尚未接到通知
C.企业收到购货方转账支票一张，送存银行，银行尚未入账
D.银行收到委托收款结算方式下的结算款项，企业尚未收到通知
【答案】BC
【解析】选项A，企业开出支票而对方未到银行兑现，导致企业银行存款日记账余额小于银行对账单余额；选项D，银行收到委托收款结算方式下的结算款项而企业尚未收到通知，导致银行对账单余额大于企业银行存款日记账余额。

三、其他货币资金

（一）其他货币资金的内容（★★★）

其他货币资金是指企业除库存现金、银行存款以外的各种货币资金，主要包括银行汇票存款、银行本票存款、信用卡存款、信用证保证金存款、外埠存款、存出投资款等。

【例题·多选题】下列各项中，属于企业其他货币资金的有（　　）。
A.信用卡存款　　B.存出投资款　　C.外埠存款　　D.银行本票存款
【答案】ABCD
【解析】其他货币资金是指企业除现金、银行存款以外的其他各种货币资金，主要包括银行汇票存款、银行本票存款、信用卡存款、信用证保证金存款、存出投资款和外埠存款等。

（二）其他货币资金的账务处理（★★★）

1.银行汇票存款。

收款人可以将银行汇票背书转让给被背书人，银行汇票的背书转让以不超过出票金额的实际结算金额为准。

2.银行本票存款。

银行本票的提示付款期限自出票日起最长不得超过两个月。

★【专家一对一】

银行本票的提示付款期限自出票日起最长不得超过两个月，考生应注意银行本票与支票、银行汇票、商业汇票的提示付款期限的区别。

支票：10天
银行汇票：1个月
本票：2个月
商业汇票：6个月

3.信用卡存款。

单位卡账户的资金一律从其基本账户转账存入，不得交存现金，不得将销货收入的款项存入其账户。

4.信用证保证金存款。

出口时经常用信用证保证金。

【例题·分录题】甲企业向银行申请开具信用证1 000 000元，用于支付境外采购材料价款，企业已向银行缴纳保证金，并收到银行盖章退回的进账单第一联。企业编制如下会计分录：

借：其他货币资金——信用证保证金　1 000 000
　贷：银行存款　　1 000 000

5.存出投资款：买股票、债券、基金等交易性金融资产时的资金。

存出投资款是企业为购买股票、债券、基金等交易性金融资产时向证券公司划出资金，考生应注意与存出保证金的区别。存出保证金计入“其他应收款”，类似于押金。

6.外埠存款。

指企业为了到外地进行临时或零星采购，而汇往采购地银行开立采购专户的款项。

企业将款项汇往外地时，应填写汇款委托书，委托开户银行办理汇款。汇入地银行以汇款单位名义开立临时采购账户，该账户的存款不计利息，只付不收、付完清户，除了采购人员可从中提取少量现金外，一律采用转账结算。

【例题·单选题】下列各项中不会引起其他货币资金发生变动的是（ ）。

A.企业销售商品收到商业汇票

B.企业用银行本票购买办公用品

C.企业将款项汇往外地开立采购专业账户

D.企业为购买基金将资金存入在证券公司指定银行开立账户

【答案】A

【解析】选项A，企业销售商品收到商业汇票应该记入“应收票据”；选项B，银行本票属于其他货币资金，用银行本票购买办公用品会导致其他货币资金的减少；选项C，将款项汇往外地开立采购专业账户会引起其他货币资金的增加；选项D，企业为购买基金将资金存入在证券公司指定银行开立账户同样会引起其他货币资金的增加。

【例题·单选题】（2018）企业将款项汇往异地银行开设采购专户，根据收到的银行汇款凭证回单联，应借记的会计科目是（ ）。

A.其他货币资金 B.材料采购 C.其他应收款 D.应收账款

【答案】A

【解析】企业将款项汇往外地开立采购专用账户，应该根据汇出款项凭证编制付款凭证时，借记“其他货币资金——外埠存款”科目，贷记“银行存款”科目，所以选项A 正确。

★【专家一点通】

库存现金盘盈盘亏的账务处理

清 查	审批前	审批后
盘盈	借：库存现金 　　贷：待处理财产损溢	借：待处理财产损溢 　　贷：其他应付款 　　　　营业外收入
盘亏	借：待处理财产损溢 　　贷：库存现金	借：其他应收款 　　管理费用 　　贷：待处理财产损溢

银行存款余额调节表的编制

项 目	金 额	项 目	金 额
企业银行存款日记账余额		银行对账单余额	
加：银行已收、企业未收		加：企业已收、银行未收	
减：银行已付、企业未付		减：企业已付、银行未付	
调节后的存款余额		调节后的存款余额	

知识图谱

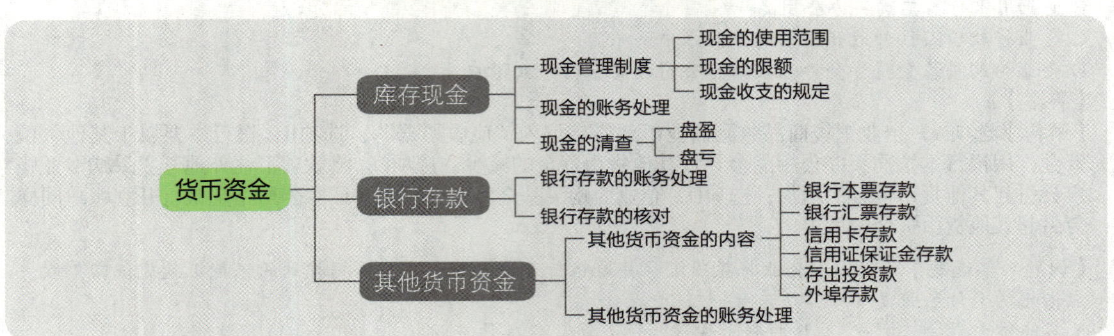

节节测

一、单项选择题

1. 下列各项中，关于企业无法查明原因的现金溢余，经批准后会计处理表述正确的是（　　）。

A.冲减财务费用　　B.计入其他应付款
C.冲减管理费用　　D.计入营业外收入

【答案】D

【解析】企业无法查明原因的现金溢余，报经批准后计入营业外收入。

2. 2016年12月31日，某企业进行现金清查，发现库存现金短款300元。经批准，应由出纳员赔偿180元，其余120元无法查明原因，由企业承担损失。不考虑其他因素，该业务对企业当期营业利润的影响金额为（　　）元。

A.0　　B.120　　C.300　　D.180

【答案】B

【解析】企业发生现金短缺，在报经批准处理前：

借：待处理财产损溢　　300
　　贷：库存现金　　300

报经批准处理后：

借：管理费用　　120
　　其他应收款　　180
　　贷：待处理财产损溢　　300

以上处理中，借方“管理费用”120元将导致营业利润减少120元。

3. 下列各项中不会引起其他货币资金发生变动的是（　　）。

A.企业销售商品收到商业汇票
B.企业用银行本票购买办公用品
C.企业将款项汇往外地开立采购专业账户
D.企业为购买基金将资金存入在证券公司指定银行开立账户

【答案】A

【解析】选项A，应该记入“应收票据”；选项B，银行本票属于其他货币资金，用银行本票购买办公用品会导致其他货币资金的减少；选项C，将款项汇往外地开立采购专业账户会引起其他货币资金的增加；选项D，同样会引起其他货币资金的增加。

4. 下列各项中，关于银行存款业务的表述中正确的是（　　）。

A.企业单位信用卡存款账户可以存取现金
B.企业信用证保证金存款余额不可以转存其开户行结算户存款
C.企业银行汇票存款的收款人不得将其收到的银行汇票背书转让
D.企业外埠存款除采购人员可从中提取少量现金外，一律采用转账结算

【答案】D

【解析】本题考核其他货币资金的内容。选项A，企业单位信用卡存款账户不可以交存现金；选项B，企业信用证保证金存款余额可以转存其开户行结算户存款；选项C，企业银行汇票存款的收款人可以将其收到的银行汇票背书转让，带现金字样的银行汇票不可以背书转让。故答案选D。

5. 下列各项中，通过“其他货币资金”科目核算的是（　　）。

A.银行支票存款　　B.银行本票存款
C.银行承兑汇票　　D.备用金

【答案】B

【解析】银行支票存款通过“银行存款”科目核算；银行承兑汇票通过“应收票据”或“应付票据”科目核算；备用金应通过“其他应收款”科目或者“备用金”科目核算。因此答案应该选B。备用金可以单独开设，也可以通过其他应收款核算。

6. 企业将款项汇往异地银行开设采购专户，根据收到的银行汇款凭证回单联，应借记的会计科目是（　　）。

A.其他货币资金　　B.材料采购
C.其他应收款　　D.应收账款

【答案】A

【解析】企业将款项汇往外地开立采购专用账户，根据汇出款项凭证编制付款凭证时，借记“其他货币资金——外埠存款”科目，贷记“银行存款”科目，选项A 正确。

二、多项选择题

1. 下列各项中，关于企业现金溢余的会计处理表述正确的有（　　）。
   A.无法查明原因的现金溢余计入营业外收入
   B.应支付给有关单位的现金溢余计入其他应付款
   C.无法查明原因的现金溢余冲减管理费用
   D.应支付给有关单位的现金溢余计入应付账款
   【答案】AB
   【解析】无法查明原因的现金溢余计入营业外收入，选项 A 正确，选项 C 错误；应支付给有关单位的现金溢余计入其他应付款，选项 B 正确，选项 D 错误。
2. 下列各项中，企业应通过“其他货币资金”科目核算的有（　　）。
   A.存入证券公司指定银行的存出投资款
   B.申请银行汇票划转出票银行的款项
   C.开具信用证存入银行的保证金款项
   D.汇往采购地银行开立采购专户的款项
   【答案】ABCD
   【解析】选项A，属于存出投资款；选项B，属于银行汇票存款；选项C，属于信用证保证金存款；选项D，属于外埠存款，均属于其他货币资金。
3. 下列各项中，使得企业银行存款日记账余额大于银行对账单余额的是（　　）。
   A.企业开出支票，对方未到银行兑现
   B.银行代扣水电费，企业尚未接到通知
   C.企业收到购货方转账支票一张，送存银行，银行尚未入账
   D.银行收到委托收款结算方式下的结算款项，企业尚未收到通知
   【答案】BC
   【解析】选项A，企业开出支票而对方未到银行兑现，导致企业银行存款日记账余额小于银行对账单余额；选项D，银行收到委托收款结算方式下的结算款项而企业尚未收到通知，导致银行对账单余额大于企业银行存款日记账余额。
4. 下列各项中，企业应确认为其他货币资金的有（　　）。
   A.向银行申请银行本票划转的资金
   B.为开信用证而存入银行的专户资金
   C.汇向外地开立临时采购专户的资金
   D.为购买股票向证券公司划出的资金
   【答案】ABCD
   【解析】其他货币资金主要包括银行汇票存款、银行本票存款、信用卡存款、信用证保证金存款、存出投资款和外埠存款等。

三、判断题

1. 资产负债表中货币资金根据银行存款、库存现金和其他货币资金3个总账科目余额填列。（　　）
   【答案】正确。
2. 银行本票的提示付款期限自出票日起最长不得超过90天。（　　）
   【答案】错误。
   【解析】银行本票的提示付款期限自出票日起最长不得超过两个月。
3. 企业向证券公司划出资金时，应按实际划出的金额，借记“其他货币资金——存出保证金”，贷记“银行存款”。（　　）
   【答案】错误。
   【解析】应借记“其他货币资金——存出投资款”；存出保证金应记入“其他应收款——存出保证金”，类似于押金。
4. 编制银行存款余额调节表只是为了核对账目，不能作为调节银行存款日记账账面余额的记账依据。（　　）
   【答案】正确。
5. 银行存款余额调节表中，银行对账单余额应减去企业已收银行未收。（　　）
   【答案】错误。
   【解析】银行存款余额调节表中，银行对账单余额应减去企业已付银行未付。

第二节　应收及预付款项

一、应收票据

（一）应收票据概述（★）

应收票据是企业因销售商品、提供劳务等而收到的商业汇票。

商业汇票是一种由出票人签发，委托付款人在指定日期无条件支付确定金额给收款人或持票人的票据。根据承兑人不同，商业汇票分为商业承兑汇票和银行承兑汇票两种。

企业交存银行为取得银行汇票和银行本票的存款，通过“其他货币资金”科目核算。

【例题 · 判断题】企业采购商品或接受劳务采用银行汇票结算时，应通过“应付票据”科目核算。（　）

【答案】错误。

【解析】企业采购商品或接受劳务采用银行汇票结算时，应该用“其他货币资金”科目核算。

（二）应收票据的账务处理（★★★）（多在涉及销售业务的综合题中，以不定项选择题选项的形式出现）

为了反映和监督应收票据取得、票款收回等情况，企业应当设置“应收票据”科目进行核算。

表2-3　应收票据的账务处理

业务描述	会计账务处理
应收票据的取得	借：应收票据 　贷：主营业务收入 　　应交税费——应交增值税（销项税额） 或 借：应收票据 　贷：应收账款
票款的收回	到期收回时： 借：银行存款 　贷：应收票据
	到期未收回时： 借：应收账款 　贷：应收票据
应收票据的转让	借：原材料/库存商品等 　应交税费——应交增值税（进项税额） 　贷：应收票据 　　银行存款（差额，根据实际情况可能在借方）
应收票据的贴现	借：银行存款 　财务费用 　贷：应收票据

【例题 · 单选题】（2017）企业开具银行承兑汇票到期而无力支付票款，应按该票据的账面余额贷记的会计科目是（　　）。

A.应付账款　　B.其他货币资金　　C.短期借款　　D.其他应付款

【答案】C

【解析】企业开具银行承兑汇票到期而无力支付票款，应按该票据的账面余额编制会计分录为借方“应付票据”贷方“短期借款”。

二、应收账款

（一）应收账款内容（★★★）

应收账款是企业因销售商品、提供劳务等经营活动，应向购货单位或接受劳务单位收取的款项。

应收账款的入账价值包括企业销售商品或提供劳务等应向有关债务人收取的价款、增值税销项税额及代购货单位垫付的包装费、运杂费等。

应收账款账面价值=应收账款账面余额–坏账准备。

【例题·单选题】（2017）某企业采用托收承付结算方式销售商品，增值税专用发票上注明的价款为500万元，增值税税额为85万元，代购货方垫付包装费2万元、运输费3万元（含增值税），已办妥托收手续。不考虑其他因素，该企业应确认的应收账款的金额为（　　）万元。

A.585　　B.505　　C.590　　D.587

【答案】C

【解析】应收账款的入账价值包括企业销售商品或提供劳务等应向有关债务人收取的价款、增值税销项税额及代购货单位垫付的包装费、运杂费等。本题企业应确认的应收账款的金额应由价款500万元、增值税销项税额85万元及代垫的包装费2万元、运杂费3万元构成，总计590万元。

（二）应收账款的账务处理（★★★）（多在涉及销售业务的综合题中，以不定项选择题选项的形式出现）

为了反映和监督应收账款的增减变动及其结存情况，企业应设置"应收账款"科目，不单独设置"预收账款"科目的企业，预收的账款也在"应收账款"科目核算。

表2–4　应收账款的账务处理

业务描述	会计账务处理
赊销销售	借：应收账款 　贷：主营业务收入 　　应交税费——应交增值税（销项税额） 　　银行存款（代垫的包装费、运费等）
收到款项	现金折扣销售： 借：银行存款 　财务费用（实际发生的现金折扣） 　贷：应收账款
	无折扣销售/商业折扣销售： 借：银行存款 　贷：应收账款（无折扣则按原金额入账；有商业折扣则按扣除折扣后的金额入账）
收到商业汇票偿还前欠货款	借：应收票据 　贷：应收账款

【例题·多选题】下列事项中，应该记入应收账款的有（　　）。

A.代职工垫付的医药费　　B.企业销售商品代购货单位垫付的运费

C.存放在企业销售部门的备用金　　D.企业销售包装物应收取的价款

【答案】BD

【解析】AC选项应通过"其他应收款"会计科目核算。

三、预付账款

预付账款是企业按照合同规定预付的款项，应当按照实际预付的款项金额入账。

（一）预付账款的账务处理（★★★）（多在涉及销售业务的综合题中，以不定项选择题选项的形式出现）

企业应当设置"预付账款"科目，核算预付账款的增减变动及其结存情况。预付款项情况不多的企业，可以不设置"预付账款"科目，而直接通过"应付账款"科目核算。

表2–5　预付账款的账务处理

业务描述	会计账务处理
付款时	借：预付账款\应付账款 　贷：银行存款
收货时	借：原材料等 　应交税费——应交增值税（进项税额） 　贷：预付账款\应付账款

业务描述	会计账务处理
补付余款时	借：预付账款 　贷：银行存款

【例题·判断题】（2017）企业日常核算中不设置“预付账款”账户，期末编制资产负债表时不需要填列“预付款项” 项目。（　　）
【答案】错误。
【解析】预付账款情况不多的企业，可以不设置“预付账款”账户，而将预付的款项通过“应付账款”科目核算，但在期末需要填列在“预付款项”项目。

四、应收股利和应收利息

（一）应收股利概述（★）

应收股利是指企业应收取的现金股利和应收取的其他单位分配的利润。为了反映和监督应收股利的增减变动及其结存情况，企业应设置“应收股利”科目。

确认交易性金融资产所取得的股利收入需满足三个条件：

①企业收取股利的权利已确立；

②与股利相关的经济利益很可能流入企业；

③股利的金额能够可靠计量。

【例题·多选题】确认交易性金融资产所取得的股利收入需满足哪些条件？（　　）
A.企业收取股利的权利已确立　　B.企业财报显示盈利
C.与股利相关的经济利益很可能流入企业　　D.股利的金额能够可靠计量
【答案】ACD
【解析】确认交易性金融资产所取得的股利收入需满足三个条件：①企业收取股利的权利已确立；②与股利相关的经济利益很可能流入企业；③股利的金额能够可靠计量。故B不正确。

★【专家一对一】

企业取得的交易性金融资产，如果实际支付价款中包含已宣告但尚未分配的股利，不单独作应收股利处理。

（二）应收股利的账务处理（★★★）（多在涉及交易性金融资产业务的综合题中，以不定项选择题选项的形式出现）

表2-6　应收股利的账务处理

业务描述	会计账务处理
宣告发放现金股利	交易性金融资产： 借：应收股利 　贷：投资收益
收到现金股利	股票股权： 借：其他货币资金——存出投资款 　贷：应收股利
	其他股权： 借：银行存款 　贷：应收股利

【例题·判断题】股票股权投资，收到现金股利时应借记“银行存款”。（　　）
【答案】错误。
【解析】收到现金股利，如是股票股权，应借记“其他货币资金——存出投资款”；如是其他股权，应借记“银行存款”。

（三）应收利息概述（★）

应收利息是指企业根据合同或协议规定应向债务人收取的利息。为了反映和监督应收利息的增减变动及其结存情况，企业应设置"应收利息"科目。

【例题·判断题】"应收利息"科目的借方登记应收利息的减少。（ ）

【答案】错误。

【解析】"应收利息"科目的借方登记应收利息的增加，贷方登记收到的利息，期末余额一般在借方。

五、其他应收款

（一）其他应收款的内容（★★★★）

其他应收款是指除应收票据、应收账款、预付账款、应收股利和应收利息以外的其他各种应收及暂付的款项。包括：

①应收的各种赔款、罚款；

②应收的出租物租金；

③应向职工收取的各种垫付款项；

④存出保证金；

⑤其他各种应收、暂付款项。

【例题·单选题】（2018）下列各项中，属于"其他应收款"科目核算内容的是（ ）。

A.为购货单位垫付的运费　B.应收的劳务款　C.应收的销售商品款　D.为职工垫付的房租

【答案】D

【解析】选项ABC应计入应收账款。

【例题·多选题】（2018）下列各项中，属于"其他应收款"科目核算内容的有（ ）。

A.租入包装物支付的押金　B.出差人员预借的差旅费

C.被投资单位已宣告但尚未发放的现金股利　D.为职工垫付的水电费

【答案】ABD

【解析】选项C，借：应收股利，贷：投资收益，不通过其他应收款核算。

【例题·多选题】（2017）下列各项中，引起企业"其他应收款"科目余额发生增减变动的有（ ）。

A.职工出差从企业预借的差旅费　B.销售商品代垫运费

C.支付租入包装物的押金　D.确认应收保险公司的赔偿款

【答案】ACD

【解析】选项A，记入"其他应收款"科目；选项B，记入"应收账款"科目；选项C，记入"其他应收款"科目；选项D，记入"其他应收款"科目。

（二）其他应收款的账务处理（★★★）

为了反映和监督其他应收款的增减变动及其结存情况，企业应当设置"其他应收款"科目进行核算。

表2-7　其他应收款的账务处理

业务描述	会计账务处理
发生借支时	借：其他应收款 　贷：库存现金
还款核销时	借：管理费用等 　库存现金（余款） 　贷：其他应收款 　　库存现金（补付）
保险理赔时	确认损失时： 借：其他应收款 　贷：材料采购等
	收到赔款时： 借：银行存款 　贷：其他应收款

【例题 · 判断题】核销其他应收款时，“银行存款/库存现金”科目只会出现在借方。（　　）
【答案】错误。
【解析】核销其他应收款时，“银行存款/库存现金”科目出现在借方表示上交余款，出现在贷方表示补交不足部分。

六、应收款项减值

（一）应收款项减值概述（★）

坏账是指企业因购货人拒付、破产、死亡等原因而无法收回的应收款项。企业应当在资产负债表日对应收款项的账面价值进行检查，有客观证据表明该应收款项发生减值的，应当将该应收款项的账面价值减记至预计未来现金流量现值，减记的金额确认减值损失，计提坏账准备。

“坏账准备”科目属于资产类备抵科目。

【例题·多选题】（2017）为遵循会计谨慎性原则，下列各项中应计提坏账准备的有（　　）。
A.应收账款　　B.应收票据
C.预付账款　　D.其他应收款
【答案】ABCD
【解析】这四项都属于应收款项，应该计提坏账准备。

（二）应收款项减值损失的确认与计量（★★★★）

1. 直接转销法（我国企业会计准则规定应收账款减值不允许用直接转销法）。

当坏账实际发生时，作为坏账损失计入当期损益，同时冲销应收账款。

2. 备抵法是采用一定的方法按期估计坏账损失，计入当期损益，和坏账准备科目，待坏账实际发生时，冲销已计提的坏账准备和相应的应收款项。

3. 应收账款减值计算公式。

当期应计提的坏账准备=当期按应收账款计算应计提坏账准备金额-（+）“坏账准备”科目的贷方（借方）余额计算结果为正值时，应在原计提金额基础上补提；计算结果为负数时，应在原计提金额基础上冲销。

【例题·单选题】（2018）2017年12月1日，“坏账准备——应收账款”明细贷方余额为 8 万元，经减值测试12月31日“坏账准备——应收账款”应有贷方余额为 16 万元，当期应计提“坏账准备——应收账款”的金额是（　　）万元。
A.3　　B.8　　C.13　　D.16
【答案】B
【解析】当期应计提的坏账准备=当期按应收款项计算应计提坏账准备金额-“坏账准备”科目的贷方余额=16-8=8万元。

（三）应收账款减值的账务处理（★★★★）

为了反映和监督应收款项的坏账准备计提、转销等情况，企业应当设置“坏账准备”科目进行核算。

表2-8　应收账款减值的账务处理

业务描述	会计账务处理
计提坏账准备	借：信用减值损失 　贷：坏账准备
冲减坏账准备	借：坏账准备 　贷：信用减值损失
坏账发生	借：坏账准备 　贷：应收账款
核销后收回的坏账	借：应收账款 　贷：坏账准备 借：银行存款 　贷：应收账款

【例题·多选题】（2018）下列各项中，引起应收账款账面价值发生增减变化的有（　　）。

A.计提应收账款坏账准备

B.结转已到期未兑现的应收票据

C.收回应收账款

D.收回已作为坏账核销的应收账款

【答案】ABCD

【解析】应收账款账面价值=应收账款账面余额-坏账准备。选项 A 计提应收账款的坏账准备，借：信用减值损失，贷：坏账准备，减少应收账款的账面价值；选项 B 已到期未兑现的应收票据应转至应收账款，增加应收账款的账面价值；选项 C 收回应收账款，借：银行存款等，贷：应收账款，减少应收账款的账面价值；选项 D 收回已核销的应收账款，借：应收账款，贷：坏账准备，同时。借：银行存款等，贷：应收账款，减少应收账款的账面价值。

【例题·单选题】（2018）2017年1月1日，“坏账准备——应收账款”明细贷方余额为8万元，当期实际发生坏账损失5万元，经减值测试12月31日“坏账准备——应收账款”应有贷方余额为16万元，当期应计提“坏账准备——应收账款”的金额是（　　）万元。

A.3　　B.8　　C.13　　D.16

【答案】C

【解析】“坏账准备”科目的贷方期初余额为8万元，当期发生坏账损失5万元，做账务处理：借记“坏账准备”，贷记“应收账款”，这样“坏账准备”的余额就为8-5=3万元。当期应计提的坏账准备=当期按应收款项计算应计提坏账准备金额-“坏账准备”科目的贷方余额=16-3=13万元。

【专家一点通】

会计科目	业务描述	会计账务处理
应收票据	应收票据的取得	借：应收票据 　贷：主营业务收入 　　应交税费——应交增值税（销项税额） 或 借：应收票据 　贷：应收账款
	票款的收回	到期收回时： 借：银行存款 　贷：应收票据
		到期未收回时： 借：应收账款 　贷：应收票据
	应收票据的转让	借：原材料/库存商品等 　应交税费——应交增值税（进项税额） 　贷：应收票据 　　银行存款（差额，根据实际情况可能在借方）
	应收票据的贴现	借：银行存款 　财务费用 　贷：应收票据
应收账款	赊销销售	借：应收账款 　贷：主营业务收入 　　应交税费——应交增值税（销项税额） 　　银行存款（代垫的包装费、运费等）
	收到款项	现金折扣销售： 借：银行存款 　财务费用（实际发生的现金折扣） 　贷：应收账款

【专家一点通】

会计科目	业务描述	会计账务处理
	收到款项	现金折扣销售： 借：银行存款 　　财务费用（实际发生的现金折扣） 　　贷：应收账款
		无折扣销售/商业折扣销售： 借：银行存款 　　贷：应收账款（无折扣则按原金额入账；有商业折扣则扣除折扣后的金额入账）
	收到商业汇票偿还前欠货款	借：应收票据 　　贷：应收账款
预付账款	付款时	借：预付账款\应付账款 　　贷：银行存款
	收货时	借：原材料等 　　应交税费——应交增值税（进项税额） 　　贷：预付账款\应付账款
	补付余款时	借：预付账款 　　贷：银行存款
应收股利	宣告发放现金股利	交易性金融资产： 借：应收股利 　　贷：投资收益
	收到现金股利	股票股权： 借：其他货币资金——存出投资款 　　贷：应收股利
		其他股权： 借：银行存款 　　贷：应收股利
其他应收款	发生借支时	借：其他应收款 　　贷：库存现金
	还款核销时	借：管理费用等 　　库存现金（余款） 　　贷：其他应收款 　　　　库存现金（补付）
	保险理赔时	确认损失时： 借：其他应收款 　　贷：材料采购等
		收到赔款时： 借：银行存款 　　贷：其他应收款

应收账款资产减值的处理：

业务描述及会计处理	计提坏账准备	借：信用减值损失 　　贷：坏账准备
	冲减坏账准备	借：坏账准备 　　贷：信用减值损失

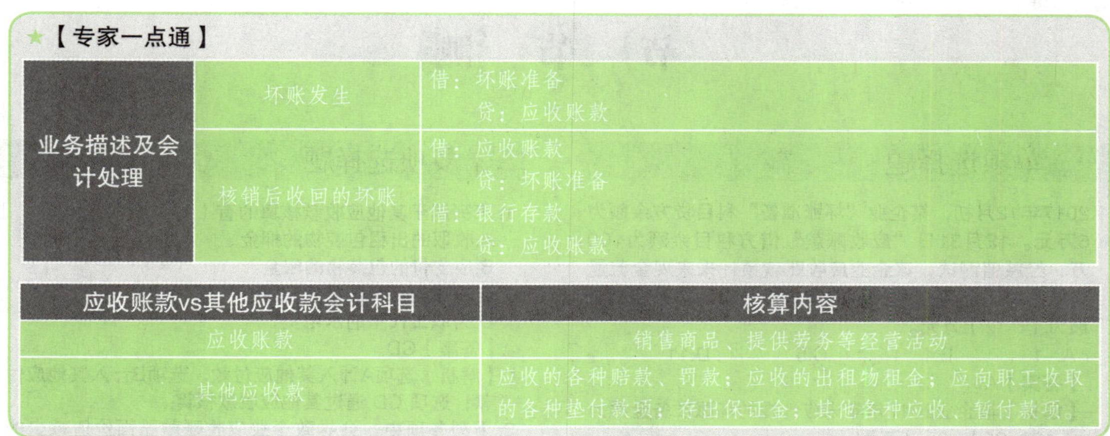

★【专家一点通】

业务描述及会计处理	坏账发生	借：坏账准备 贷：应收账款
	核销后收回的坏账	借：应收账款 贷：坏账准备 借：银行存款 贷：应收账款

应收账款vs其他应收款会计科目	核算内容
应收账款	销售商品、提供劳务等经营活动
其他应收款	应收的各种赔款、罚款；应收的出租物租金；应向职工收取的各种垫付款项；存出保证金；其他各种应收、暂付款项

知识图谱

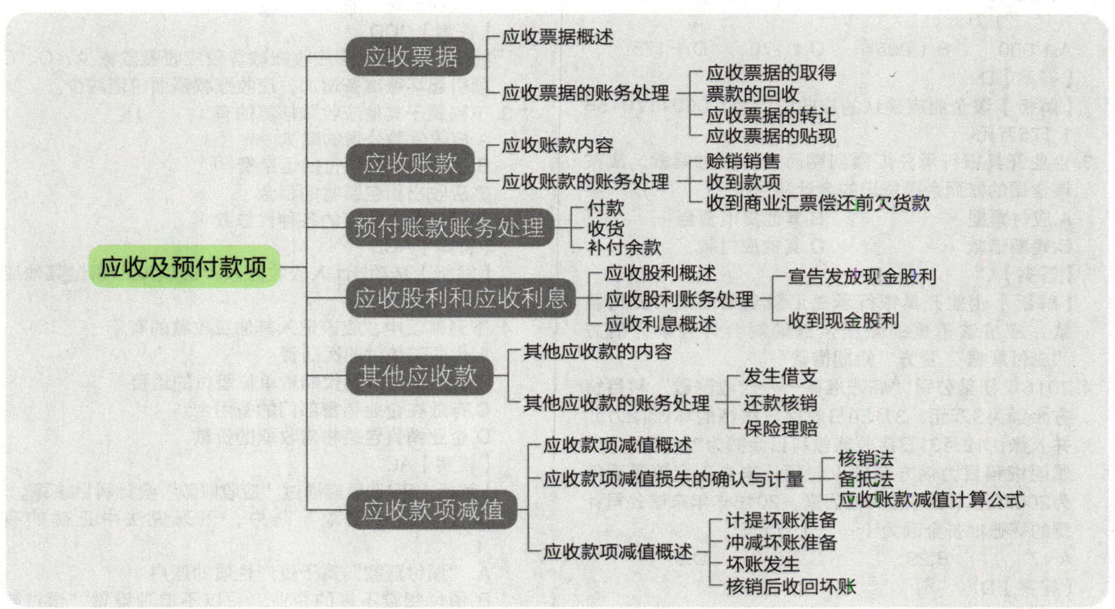

节节测

一、单项选择题

1.2017年12月初，某企业“坏账准备”科目贷方余额为6万元。12月31日“应收账款”借方科目余额为100万，经减值测试，该企业应收账款预计未来现金流量现值为95万。该企业2017年年末应计提的坏账准备金额为（　　）万元。

A.-1　　B.1　　C.5　　D.11

【答案】A

【解析】该企业2017年年末应计提的坏账准备金额为（100-95）-6=-1万元。

2.某企业采用托收承付结算方式销售一批商品，增值税专用发票注明的价款为1 000万元，增值税税额为170万元，销售商品为客户代垫运输费5万元，全部款项已办妥托收手续。该企业应确认的应收账款为（　　）万元。

A.1 000　　B.1 005　　C.1 170　　D.1 175

【答案】D

【解析】该企业应确认的应收账款为1 000+170+5=1 175万元。

3.企业开具银行承兑汇票到期而无力支付票款，应按该票据的账面余额贷记的会计科目是（　　）。

A.应付票据　　B.其他货币资金
C.短期借款　　D.其他应付款

【答案】C

【解析】企业开具银行承兑汇票到期而无力支付票款，应按该票据的账面余额编制会计分录为借方“应付票据”贷方“短期借款”。

4.2016年初某公司“坏账准备——应收账款”科目贷方余额为3万元，3月20日收回已核销的坏账12万元并入账，12月31日应收账款科目余额为220万元（所属明细科目为借方余额），预计未来现金流量现值为200万元，不考虑其他因素，2016年年末该公司计提的坏账准备金额为（　　）万元。

A.17　　B.29　　C.20　　D.5

【答案】D

【解析】2016年年末该公司计提的坏账准备金额为（220-200）-（3+12）=5万元。

5.某企业2016年12月31日应收账款账面余额为100万元，2016年12月初坏账准备余额为12万元。2016年12月31日，应收账款的未来现金流量现值为85万元。则2016年12月31日，应收账款应计提的坏账准备为（　　）万元。

A.12　　B.9　　C.5　　D.3

【答案】D

【解析】2016年12月31日，应收账款账面余额为100万元，其未来现金流量现值为85万元，说明应收账款发生减值15万元，所以当期按应收账款计算的应计提坏账准备15万元，当期应计提的坏账准备=当期按应收账款计算的应计提坏账准备金额-“坏账准备”科目的贷方余额=15-12=3万元。

二、多项选择题

1.下列属于其他应收款核算的有（　　）。

A.收取的出租包装物的押金
B.应支付的包装物的租金
C.应收的保险公司的赔款
D.为职工代垫的水电费

【答案】CD

【解析】选项A计入其他应付款，选项B计入其他应付款；选项CD通过其他应收款核算。

2.下列各项中，会导致企业应收账款账面价值减少的有（　　）。

A.核销无法收回备抵法核算的应收账款
B.收回应收账款
C.计提应收账款坏账准备
D.收回已转销的应收账款

【答案】BCD

【解析】B项收回应收账款导致应收账款减少，C、D项引起坏账准备增加，应收账款账面价值减少。

3.下列属于其他应收款核算的有（　　）。

A.应收保险公司的赔款
B.代购货单位垫付的运杂费
C.应收出租包装物的租金
D.应向职工收取的各种代垫款

【答案】ACD

【解析】选项B计入应收账款；选项ACD通过其他应收款核算。

4.下列事项中，应该记入其他应收款的有（　　）。

A.代职工垫付的医药费
B.企业销售商品代购货单位垫付的运费
C.存放在企业销售部门的备用金
D.企业销售包装物应收取的价款

【答案】AC

【解析】BD选项应通过“应收账款”会计科目核算。

5.关于“预付账款”账户，下列说法中正确的有（　　）。

A.“预付账款”属于资产性质的账户
B.预付货款不多的企业，可以不单独设置“预付账款”账户，将预付的货款计入“应付账款”账户的借方。
C.“预付账款”账户贷方余额反映的是应付供应单位的款项
D.“预付账款”账户只核算企业因销售业务生产的往来款项

【答案】ABC

【解析】企业提前支付的款项都可计入“预付账款”科目，故D错误。

三、判断题

1.企业应收款项发生减值时，应该将应收账款账面价值高于预计未来现金流量现值的差额，确认为减值损失，计入当期损益。（　　）

【答案】正确。

【解析】企业应收款项发生减值时，应该将应收账款账面价值高于预计未来现金流量现值的差额，确认为减值损失，计提减值准备。

2. 企业租入包装物支付的押金应计入其他业务成本。( )

【答案】错误。

【解析】企业租入包装物支付的押金计入其他应收款。

3. 企业采购商品或接受劳务采用银行汇票结算时，应通过“应付票据”科目核算。( )

【答案】错误。

【解析】企业采购商品或接受劳务采用银行汇票结算时，应通过“银行存款”科目核算企业。

4. 在确定应收款项的减值方法时，应根据本企业实际情况，按照成本效益原则，在备抵法和直接转销法间直接合理选择。( )

【答案】错误。

【解析】我国企业会计准则规定应收账款减值不允许用直接转销法。

5.预付账款核算企业按照合同规定预付的款项，属于企业的负债。( )

【答案】错误。

【解析】预付账款核算企业按照合同规定预付的款项，属于企业的资产。

第三节　交易性金融资产

一、交易性金融资产的内容

交易性金融资产主要是指企业为了近期内出售而持有的金融资产，这里主要看其持有目的来进行分析判断。如企业以赚取差价为目的从二级市场购入的股票、债券、基金等。

【例题 · 判断题】交易性金融资产是指初始确认时即被指定为可供出售的金融资产。（　）
【答案】错误。
【解析】交易性金融资产的持有目的是赚取收益近期内就准备出售的金融资产。

二、交易性金融资产的账务处理

（一）设置的会计科目（★）

核算交易性金融资产企业应当设置交易性金融资产、公允价值变动损益、投资收益等会计科目。

1.交易性金融资产。

该账户借方登记交易性金融资产的取得成本、资产负债表日其公允价值高于账面余额的差额等，贷方登记资产负债表日其公允价值低于账面余额的差额，以及企业出售交易性金融资产时结转的成本和公允价值变动。企业应当按照交易性金融资产的类别和品种，分别设置"成本""公允价值变动"等明细科目进行核算。

2.公允价值变动损益。

该账户借方登记资产负债表日企业持有的交易性金融资产等的公允价值低于账面余额的差额，贷方登记资产负债表日企业持有的交易性金融资产等的公允价值高于账面余额的差额。

3.投资收益。

该账户借方登记企业出售交易性金融资产等发生的投资损失，贷方登记企业持有交易性金融资产等的期间内取得的投资收益以及出售交易性金融资产等实现的投资收益。

（二）不同时点的账务处理（★★★★）

1.交易性金融资产的初始计量（入账价值）。

取得交易性金融资产时，应当按照该金融资产取得时的公允价值作为其初始入账金额。这里重点分解一下购入金融资产时支付的所有价款，一般来说支付的所有价款通常包括三个部分。

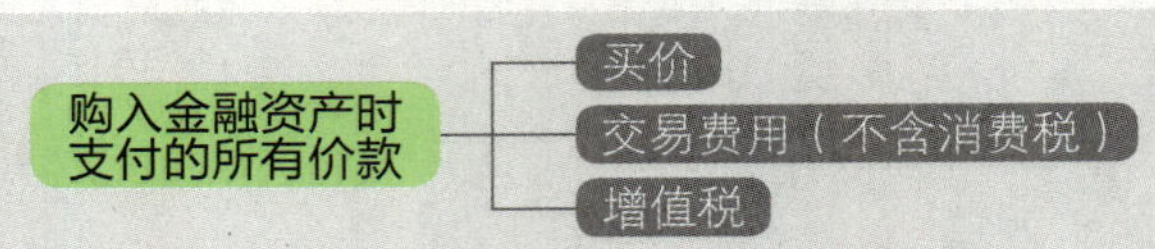

图2-1　支付价款的组成部分

上图中买价指取得时的公允价值，计入投资成本，即作为初始入账金额。交易费用（不含增值税）包括了佣金、手续费等，交易费用不计入投资成本，单独处理计入"投资收益"。增值税则可以通过交易费用×税率计算得到，在发生交易费用取得增值税专用发票的条件下，作与"进项税额"有关的处理，否则跟交易费用一样计入"投资收益"。

交易费用是指可直接归属于购买、发行或处置金融工具的增量费用。其包括的内容：支付给代理机构、咨询公司、券商、证券交易所、政府有关部门的手续费、佣金、相关税费以及其他必要支出。不包括的内容：债券的溢价、折价、融资费用、内部管理成本和持有成本等与交易无直接相关的费用。

★【专家一对一】

1.购买股票时（购买时间如下图所示），买价中包含的已宣告但尚未发放的现金股利，不应单独确认为应收项目，而应当构成交易性金融资产的初始入账金额。

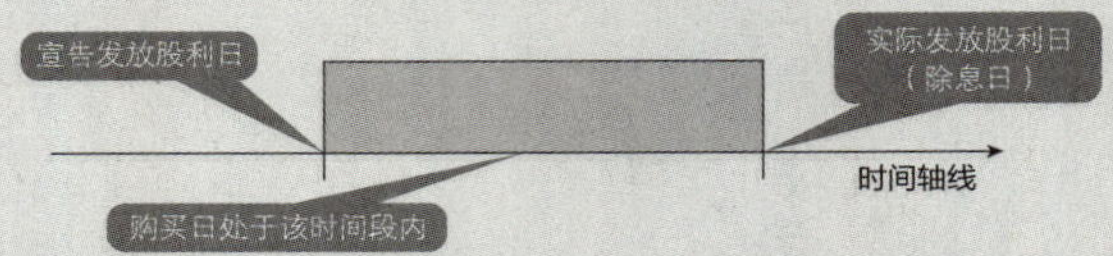

2.购买分次付息的债券时（购买时间如下图所示），买价中包含的已到付息期但尚未领取的债券利息，不应单独确认为应收项目，而应当构成交易性金融资产的初始入账金额。

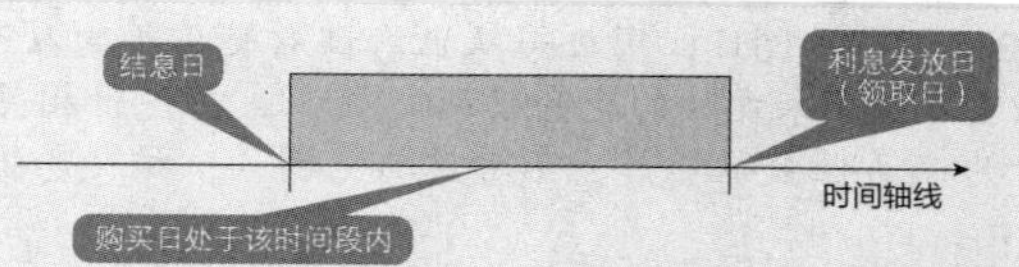

3.持有期间对于被投资单位宣告发放的股票股利，无需做账务处理。

2.交易性金融资产的具体账务处理。

表2-9 经济业务对应账务处理表

<table>
<tr><th colspan="2">经济业务</th><th>账务处理</th></tr>
<tr><td colspan="2">取得时</td><td>（1）支付买价
借：交易性金融资产——成本→买价
贷：其他货币资金——存出投资款等→买价
（2）支付相关交易费用和增值税
借：投资收益（交易费用）
应交税费——应交增值税（进项税额）
贷：其它货币资金——存出投资款等</td></tr>
<tr><td rowspan="3">持有期间</td><td>收到投资前被投资单位已宣告但尚未发放的现金股利或已到付息期但尚未领取的分次付息债券的利息</td><td>借：其他货币资金（银行存款）
贷：投资收益</td></tr>
<tr><td>被投资单位宣告发放现金股利，或债券利息到期</td><td>借：应收股利/应收利息
贷：投资收益</td></tr>
<tr><td>实际收到现金股利或债券利息</td><td>借：其他货币资金——存出投资款
贷：应收股利/应收利息</td></tr>
<tr><td rowspan="2">资产负债表日</td><td>公允价值＞其账面余额的差额</td><td>借：交易性金融资产——公允价值变动
贷：公允价值变动损益</td></tr>
<tr><td>公允价值＜其账面余额的差额</td><td>借：公允价值变动损益
贷：交易性金融资产——公允价值变动</td></tr>
<tr><td>出售时</td><td colspan="2">借：其他货币资金——存出投资款
贷：交易性金融资产——成本
——公允价值变动（或借方）
投资收益（差额倒挤，损失记借方，收益记贷方）
同时：
借：公允价值变动损益
贷：投资收益或相反的会计分录</td></tr>
</table>

（1）取得时的账务处理

直接核算取得金融资产时支付的买价，其账务处理分支付买价和支付相关交易费用及增值税两个步骤。（见表2-9）

【例题·单选题】（2017）甲公司从证券市场购入乙公司股票50 000股，划分为交易性金融资产。甲公司为此支付价款 105 万元，其中包含已宣告但尚未发放的现金股利1万元，另支付相关交易费用0.5万元（不考虑增值税），不考虑其他因素，甲公司该投资的投资入账金额为（ ）万元。

A.104　　B.105　　C.105.5　　D.104.5

【答案】B

【解析】该交易性金融资产的投资入账金额为其取得时的公允价值，即买价105万元，交易费用不计入投资成本，单独处理计入“投资收益”。需要注意的是，在2017年时，此题正确答案为A，2017年及以前年度，准则规定支付价款中包含已宣告但尚未发放的现金股利单独计入“应收股利”。

【例题·单选题】（2017）2016年5月16日，甲公司从上海证券交易所购入乙公司的股票15 000股，每股价格为40元（其中包含已宣告但尚未发放的现金股利0.2元），另支付相关交易费用0.1万元（不包含增值税）。甲公司将其划分为交易性金融资产，不考虑其他因素，该交易性金融资产的初始入账金额为（　　）万元。

A.60　　B.59.7　　C.60.1　　D.59.1

【答案】A

【解析】该交易性金融资产的投资入账金额为其取得时的公允价值，即买价60万元（40×15 000），交易费用不计入投资成本，单独处理计入"投资收益"。需要注意的是，在2017年时，此题正确答案为B，因为2017年及以前年度，准则规定支付价款中包含已宣告但尚未发放的现金股利单独计入"应收股利"。

【例题·单选题】2014年1月3日，甲公司以1 100万元（其中包含已到付息期但尚未领取的债券利息25万元）购入乙公司发行的公司债券，另支付交易费用10万元，将其确认为交易性金融资产。该债券面值为1 000万元，票面年利率为5%，每年年初付息一次。不考虑其他因素，甲公司取得该项交易性金融资产的初始入账金额为（　　）万元。

A.1 000　　B.1 100　　C.1 075　　D.1 110

【答案】B

【解析】该交易性金融资产的投资入账金额为其取得时的公允价值，即买价1 100万元。支付的交易费用10万元，单独处理冲减"投资收益"。

（2）持有期间的账务处理

交易性金融资产持有期间收到的股利和利息的处理原则是计入当期损益（投资收益）。需要注意，同时满足以下三个条件时，股利才能计入当期损益：

①企业收取股利的权利已经确立；

②与股利相关的经济利益很可能流入企业；

③股利的金额能够可靠计量。

持有期间收到的股利和利息的具体账务分三种情形处理：1.投资单位收到投资前被投资单位已宣告但尚未发放的现金股利或者已到付息期但尚未领取的分次付息债券的利息；2.被投资单位宣告发放现金股利或债券利息到期；3.投资单位实际收到现金股利或债券利息。具体会计账务处理见表2-9。

【例题·判断题】（2017）交易性金融资产持有期间，投资单位收到投资前被投资单位已宣告但尚未发放的现金股利时，应确认投资收益。（　　）

【答案】正确。

【解析】交易性金融资产持有期间，投资单位收到投资前被投资单位已宣告但尚未发放的现金股利时，应该借记"其他货币资金"，贷记"投资收益"。需要注意的是，在2017年时，此题正确答案为"错误"，2017年及以前年度，投资单位收到投资前被投资单位已宣告但尚未发放的现金股利时，应冲减"应收股利"。

【例题·判断题】交易性金融资产持有期间，对于被投资单位宣告发放现金股利，投资单位应该借记"其他货币资金"，贷记"投资收益"。（　　）

【答案】错误。

【解析】交易性金融资产持有期间，对于被投资单位宣告发放现金股利，投资单位应该借记"应收股利"，贷记"投资收益"。

【例题·判断题】（2017）交易性金融资产持有期间，投资单位实际收到被投资单位发放的现金股利时，应借记投资收益。（　　）

【答案】错误。

【解析】交易性金融资产持有期间，投资单位实际收到被投资单位发放的现金股利时，应该借记"其他货币资金"，贷记"应收股利"。

（3）资产负债表日（期末）的账务处理

资产负债表日，交易性金融资产应当按照公允价值计量，公允价值与账面余额之间的差额计入当期损益。

【例题·单选题】2018年12月10日，甲公司购入乙公司股票10万股，将其划分为交易性金融资产，购买日支付价款249万元，另支付交易费用0.6万元，2018年12月31日，该股票的公允价值为258万元，不考虑其他因素，甲公司2018年度利润表“公允价值变动收益”项目本期金额为（ ）万元。

A.9　B.9.6　C.0.6　D.8.4

【答案】A

【解析】2018年12月10日，购入交易性金融资产的入账价值为249万元，所以2018年该交易性金融资产的公允价值与账面余额之间的差额=258-249=9万元。

【例题·单选题】2018年3月20日，甲公司从深交所购买乙公司股票100万股，将其划分为交易性金融资产，购买价格为每股8元，另支付相关交易费用25 000元，6月30日，该股票公允价值为每股10元，当日该交易性金融资产的账面价值应为（ ）万元。

A.802.5　B.800　C.1 000　D.1 000.5

【答案】C

【解析】该项交易性金融资产的账面价值应该按照公允价值计量，即为100×10=1 000万元。

（4）出售交易性金融资产

出售交易性金融资产时，应当将该金融资产出售时的公允价值与其账面余额之间的差额作为投资损益进行会计处理，同时公允价值变动损益转为投资收益。具体会计账务处理见表2-9。

【例题·单选题】甲公司2019年7月1日购入乙公司2019年1月1日发行的债券，支付价款为2 100万元（含已到付息期但尚未领取的债券利息40万元），另支付交易费用15万元。该债券面值为2 000万元。票面年利率为4%（票面利率等于实际利率），每半年付息一次，甲公司将其划分为交易性金融资产。假定不考虑相关税费，甲公司2019年度该项交易性金融资产应确认的投资收益为（ ）万元。

A.25　B.40　C.65　D.80

【答案】C

【解析】该项交易性金融资产应确认的投资收益=-15+40+2 000×4%÷2=65万元。

【例题·判断题】（2017）出售交易性金融资产发生的净损失应计入营业外支出。（ ）

【答案】错误。

【解析】出售交易性金融资产发生的净损失应计入投资收益。

（5）转让金融商品应交增值税

转让金融商品应交增值税额=销售额/（1+6%）×6%

=（卖出价-买入价）/（1+6%）×6%

【注意】上述“买入价”不需要扣除已宣告未发放的现金股利或已到付息期未领取的利息。

转让金融资产正负差的处理：1.转让金融商品出现的正负差，按盈亏相抵后的余额为销售额；2.若相抵后出现负差，可结转下一纳税期与下期转让金融商品销售额相抵；3.但年末时仍出现负差的（即应交税费——转让金融商品应交增值税年末借方出现余额），不得转入下一个会计年度。

其会计分录处理如下：

1.转让金融商品有正差（收益）时。

借：投资收益等

贷：应交税费——转让金融商品应交增值税

2.转让金融商品有负差（损失）时。

借：应交税费——转让金融商品应交增值税

贷：投资收益等

3.年度总计负差（损失）年末结转时。

借：投资收益等

贷：应交税费——转让金融商品应交增值税

★【专家一点通】

交易性金融资产收益的计算

序号	计算内容	速算公式
1	处置时点对投资收益的影响	处置时点的投资收益=处置时收到的价款-购买时点交易性金融资产入账价值

序号	计算内容	速算公式
2	处置时点对当期损益（利润）的影响	处置时点对当期损益（利润）的影响=处置时收到的价款-处置时点交易性金融资产账面价值
3	整个持有期间实现的投资收益	整个持有期间的投资收益=持有期间全部现金流入-现金流出（包括购入时的手续费） 备注：将涉及的所有投资收益科目金额加总即可
4	整个持有期间对损益（利润）的影响	整个持有期间对损益（利润）的影响=交易费用（负数）+持有期间内实现的投资收益+持有期间内的公允价值变动损益+处置时确认的投资收益和结转的公允价值变动损益

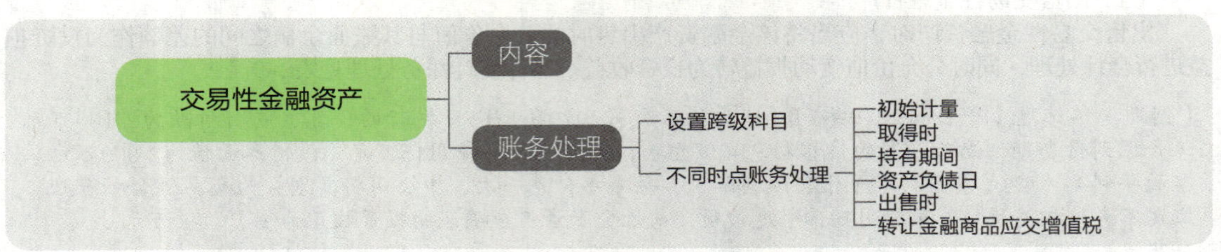

节 节 测

一、单项选择题

1.（2015）甲公司将其持有的交易性金融资产全部出售，售价为3 000万元；出售前该金融资产的账面价值为2 800万元（其中成本2 500万元，公允价值变动300万元）。假定不考虑其他因素，甲公司对该交易应确认的投资收益为（　　）万元。

A.200　　B.-200　　C.500　　D.-500

【答案】C

【解析】甲公司对该交易应确认的投资收益=3 000-2 500=500万元。相关会计分录如下：

借：其他货币资金等　　3 000

贷：交易性金融资产——成本　　2 500

——公允价值变动　　300

投资收益　　200

借：公允价值变动损益　　300

贷：投资收益　　300

2.（2018）甲公司为增值税一般纳税人，2018年2月1日，甲公司购入乙公司发行的公司债券，支付价款600万元，其中包括已到付息但尚未领取的债券利息12万元，另支付相关交易费用3万元，取得增值税专用发票上注明的增值税税额为0.18万元。甲公司将其划分为交易性金融资产进行核算，该项交易性金融资产的入账资金为（　　）万元。

A.603　　B.591　　C.600　　D.588

【答案】C

【解析】交易性金融资产应按照该金融资产取得时的公允价值作为其初始确认金额入账；取得交易性金融资产所支付价款中包含了已宣告但尚未发放的现金股利或已到付息期但尚未领取的债券利息的，应当构成交易性金融资产的初始入账金额；取得交易性金融资产所发生的相关交易费用应当在发生时计入投资收益。该项交易性金融资产的入账资金=600万元。

3.（2018）2017年5月10日，甲公司从上海证券交易所购入乙公司股票20万股，支付价款200万元，其中包含已宣告但尚未发放的现金股利12万元；另支付相关交易费用1万元，取得增值税专用发票上注明的增值税税额为0.06万元，甲公司将该股票分为交易性金融资产，该交易性金融资产的初始入账金额为（　　）万元。

A.201　　B.200　　C.188　　D.201.06

【答案】B

【解析】企业取得交易性金融资产支付的价款中含有的已宣告但尚未发放的现金股利，不单独确认为应收项目，而是计入交易性金融资产的成本当中。因此本题中，该交易性金融资产的初始入账金额=200万元。

4.（2018）下列各项中，资产负债表日企业计算确认所持有交易性金融资产的公允价值低于其账面余额的金额，应借记的会计科目是（　　）。

A.营业外支出　　B.投资收益

C.公允价值变动损益　　D.其他业务成本

【答案】C

【解析】资产负债表日交易性金融资产采用公允价值进行计量，在资产负债表日公允价值的变动计入当期损益（对应的会计科目是公允价值变动损益）。

二、多项选择题

1. 下列各项中，企业交易性金融资产业务应通过“投资收益”科目核算的有（ ）。
A.持有期间被投资单位宣告分派的现金股利
B.资产负债表日发生的公允价值变动
C.取得时支付的交易费用
D.出售时公允价值与其账面余额的差额
【答案】ACD
【解析】选项B中对应的会计分录为借记或贷记“交易性金融资产——公允价值变动”科目，贷记或借记“公允价值变动损益”科目，借贷双方均不通过“投资收益”科目。

2. 下列各项中，关于交易性金融资产的会计处理表述正确的有（ ）。
A.持有期间发生的公允价值变动计入公允价值变动损益
B.持有期间被投资单位宣告发放的现金股利计入投资收益
C.取得时支付的价款中包含的应收股利计入初始成本
D.取得时支付的相关交易费用计入投资收益
【答案】ABCD
【解析】C选项中，有考生将取得时支付的价款中包含的应收股利计入应收股利，这是和持有期间被投资单位宣告发放现金股利的会计处理混淆了，买价都是直接计入初始成本的。

三、判断题

1. 企业出售交易性金融资产时，应将原计入公允价值变动损益的该金融资产的公允价值变动转出，由公允价值变动损益转为投资收益。（ ）
【答案】正确。
【解析】出售交易性金融资产时，应将持有期间确认的公允价值变动损益转入投资收益中。

四、不定项选择题

（一）【资料1】甲企业为增值税一般纳税人，2017年发生如下与交易性金融资产相关的经济业务：
（1）4月12日，从深圳证券交易所购入乙企业股票20 000股，该股票的公允价值为900 000元，另支付相关交易费用3 000元，取得的增值税专用发票上注明的增值税税额为180元，发票已通过税务机关认证。甲企业将该股票划分为交易性金融资产。
（2）6月30日，甲企业持有乙企业股票的市价为920 000元。
（3）7月6日，乙企业宣告以每股0.2元发放上年度的现金股利。7月10日，甲企业收到乙企业向其发放的现金股利，假定股利不考虑相关税费。
（4）7月18日，将持有的乙企业股票全部出售，售价为1 006 000元，转让该金融商品应交增值税为6 000元。
要求：
根据上述资料，不考虑其他因素，分析回答下列小题。

1. 根据业务（1），甲企业购入该交易性金融资产的初始入账金额是（ ）元。
A.903 180 B.902 820 C.903 000 D.900 000
【答案】D
【解析】4月12日取得交易性金融资产：
借：交易性金融资产——成本 900 000
　　投资收益 3 000
　　应交税费——应交增值税（进项税额） 180
　贷：其他货币资金 903 180

2. 根据业务（1）和（2），下列各项中，甲企业6月30日应计入公允价值变动损益的金额是（ ）元。
A.17 000 B.20 000 C.16 820 D.17 180
【答案】B
【解析】6月30日，确认该股票的公允价值变动损益：
借：交易性金融资产——公允价值变动 20 000
　贷：公允价值变动损益 20 000

3. 根据业务（1）和（3），下列各项中，关于甲企业现金股利的会计处理结果表述正确的是（ ）。
A.宣告发放股利时，确认投资收益4 000元
B.实际收到股利时，确认投资收益4 000元
C.宣告发放股利时，确认公允价值变动损益4 000元
D.实际收到股利时，冲减交易性金融资产成本4 000元
【答案】A
【解析】7月6日，乙企业宣告发放现金股利：
借：应收股利 4 000
　贷：投资收益 4 000
7月10日，收到乙企业发放的现金股利：
借：其他货币资金 4 000
　贷：应收股利 4 000

4. 根据业务（1）至（4），下列各项中，甲企业出售乙企业股票的会计处理正确的是（ ）。
A.借：公允价值变动损益 20 000
　　贷：投资收益 20 000
B.借：投资收益 20 000
　　贷：公允价值变动损益 20 000
C.借：其他货币资金 1 006 000
　　贷：交易性金融资产——成本 900 000
　　　　——公允价值变动 20 000
　　　　投资收益 86 000
D.借：投资收益 6 000
　　贷：转让金融商品应交增值税 6 000
【答案】ACD
【解析】7月18日，出售该交易性金融资产：
借：其他货币资金——存出投资款 1 006 000
　贷：交易性金融资产——成本 900 000
　　　——公允价值变动 20 000
　　投资收益 86 000
同时：
借：公允价值变动损益 20 000
　贷：投资收益 20 000
借：投资收益 6 000
　贷：应交税费——
　　　转让金融商品应交增值税 6 000

5. 根据业务（1）-（4），该交易性金融资产业务引起甲企业2017年营业利润增加的金额是（ ）元。
A.104 000 B.107 000 C.81 000 D.101 000
【答案】D
【解析】该交易性金融资产业务引起甲企业2017年营业利润增加的金额=-3 000+20 000+4 000+86 000-6 000=101 000元。

（二）【资料2】甲公司为增值税一般纳税人，2018

年发生的有关交易性金融资产业务如下：

（1）1月3日，向证券公司存出投资款2 000万元。同日，委托证券公司购入乙上市公司股票50万股，支付价款500万元（其中包含已宣告但尚未发放的现金股利5万元），另支付相关交易费用1.25万元，支付增值税0.075万元，甲公司将该股票投资确认为交易性金融资产。

（2）3月20日，收到乙上市公司发放的现金股利并存入银行的投资款专户，3月31日，持有的乙上市公司股票公允价值为480万元。

（3）4月30日，全部出售乙上市公司股票50万股，售价为600万元，转让该金融商品应交的增值税为5.66万元，款项已收到。要求：

根据上述资料，假定该企业取得的增值税专用发票均已经税务机关认证，不考虑其他因素，分析回答下列小题。（答案中的金额单位用万元表示）

1. 根据业务（1），下列各项中甲公司购买股票应计入“交易性金融资产——成本”科目的金额正确的是（　　）万元。

A.495　B.501.25　C.500　D.501.325

【答案】C

【解析】企业取得交易性金融资产所支付价款中包含了已宣告但尚未发放的现金股利的，不应单独确认为应收项目，而应当构成交易性金融资产的初始入账金额；相关交易费用应当在发生时计入当期损益，作为投资收益进行会计处理，不计入初始入账金额，支付的增值税记入“应交税费”中。

借：交易性金融资产——成本　500
　　贷：其他货币资金——存出投资款　500
借：投资收益　1.25
　　应交税费——应交增值税（进项税额）　0.075
　　贷：其他货币资金——存出投资款　1.325

2. 根据业务（1）和（2），下列各项中，3月20日甲公司收到乙上市公司发放现金股利的处理正确的是（　　）。

A.借：银行存款　5
　　贷：应收股利　5
B.借：其他货币资金——存出投资款　5
　　贷：投资收益　5
C.借：银行存款　5
　　贷：投资收益　5
D.借：其他货币资金——存出投资款　5
　　贷：应收股利　5

【答案】B

【解析】甲公司在取得交易性金融资产时，将已宣告但尚未发放的现金股利计入到交易性金融资产的成本中，贷记“其他货币资金”，所以在收到该现金股利时，应：

借：其他货币资金——存出投资款　5
　　贷：投资收益　5

B选项正确。

3. 根据业务（1）和（2），下列各项中，甲公司3月31日相关科目的会计处理结果正确的是（　　）。

A.借记“公允价值变动损益”科目20万元
B.贷记“交易性金融资产——成本”科目15万元
C.贷记“交易性金融资产——公允价值变动”科目20万元
D.借记“投资收益”科目15万元

【答案】AC

【解析】2018年3月31日，确认股票的公允价值变动损益时：

借：公允价值变动损益　20
　　贷：交易性金融资产——公允价值变动　20

4. 根据业务（1）至（3），下列各项中，关于甲公司4月30日出售乙上市公司股票时的会计处理结果正确的是（　　）。

A.增值税（销项税额）减少5.66万元
B.投资净收益增加94.34万元
C.其他货币资金（存出投资款）增加600万元
D.交易性金融资产（成本）减少500万元

【答案】BCD

【解析】

借：其他货币资金——存出投资款　600
　　交易性金融资产——公允价值变动　20
　　贷：交易性金额资产——成本　500
投资收益　120
借：投资收益　20
　　贷：公允价值变动损益　20
借：投资收益　5.66
　　贷：应交税费——转让金融商品应交增值税5.66

5. 根据业务（1）至（3），下列各项中，该股票投资对甲公司2018年度营业利润的影响额是（　　）万元。

A.98.09　B.100　C.99.34　D.94.34

【答案】A

【解析】该股票投资对甲公司2018年度营业利润的影响额=-1.25+5-20+120-5.66=98.09万元。

第四节 存货

一、存货概述

（一）存货的概念及内容（★）

存货是指企业在日常活动中持有以备出售的产成品或商品、处在生产过程中的在产品、在生产过程或提供劳务过程中耗用的材料和物料等，包括各类材料、在产品、半成品、产成品、商品以及包装物、低值易耗品、委托代销商品、委托加工物资等。

★【专家一对一】

（1）企业接受来料加工制造的代制品和为外单位加工修理的代修品，制造和修理完成验收入库后，应视同企业的产成品。

（2）判断存货是否属于企业，应以企业是否拥有该存货的所有权，而不是以存货的地点进行判断。

（3）根据经济合同，已经售出而尚未运出本企业的产成品或库存商品。

【例题·单选题】接受丙公司的来料加工业务，来料加工原材料的公允价值为400万元。至期末，来料加工业务尚未完成，共计领用来料加工原材料的40%，实际发生加工成本340万元，实际发生制造费用60万元。则计入企业存货部分的成本为（　　）万元。

A.400　　B.460　　C.220　　D.300

【答案】A

【解析】加工中使用的来料部分的材料的价值不能计入本企业存货的成本。因此计入企业存货部分的成本为340+60=400（万元）。故，选项A正确。

（二）存货成本的确定（★★★）

企业取得存货应当按照成本进行计量。存货成本包括采购成本、加工成本和其他成本。

1.采购成本的确定。

存货采购成本包括：购买价款、相关税费、运杂费（运输费、装卸费、保险费、包装费、仓储费等）、运输途中的合理损耗、入库前的挑选整理费用以及按规定应计入成本的税费和其他费用。

表2-10 存货采购成本

购买价款	指企业购入材料或商品的发票账单上列明的价款（价款中不包括可以抵扣的增值税税款）
相关税费	是指企业购买存货发生的进口关税、消费税以及不能抵扣的增值税进项税额等应计入存货采购成本的税费
其他相关费用	采购过程中发生的运输费、装卸费、保险费、包装费、运输途中的合理损耗及入库前的挑选整理费用等

★【专家一对一】

（1）针对增值税的处理：增值税一般纳税人购入材料支付的增值税进项税额记入“应交税费——应交增值税（进项税额）”科目借方；增值税小规模纳税人购入材料支付的增值税进项税额记入存货采购成本。

（2）进口环节支付的关税、进口环节支付的消费税计入存货采购成本；

（3）委托加工存货所支付的消费税，可能计入存货成本，也可能不计入存货成本；

（4）运输途中的合理损耗仅仅是增加存货的单位成本，不影响存货的总成本。

（5）商品流通企业在采购商品过程中发生的运输费、装卸费、保险费以及其他可归属于存货采购成本的费用等进货费用，应当计入存货采购成本，也可以先进行归集，期末根据所购商品的存销情况进行分摊。对于已售商品的进货费用，计入当期损益；对于未售商品的进货费用，计入期末存货成本。企业采购商品的进货费用金额较小的，可以在发生时直接计入当期损益。

【例题·计算题】B企业购入材料一批，价款为300 000元，增值税税额为48 000元，另外向运输公司支付运输费5 000元，运输费的进项税额扣除率为11%，原材料采用实际成本法核算。

借：在途物资　　304 450

应交税费——应交增值税（进项税额）　　48 550
贷：应付账款　　353 000

进项税额=300 000×16%+5 000×11%=48 550元

【例题·单选题】某企业为增值税一般纳税人，购入材料一批，增值税专用发票上标明的价款为25万元，增值税为4万元，另支付材料的保险费2万元、包装物押金2万元。该批材料的采购成本为（　　）万元。

A.27　　B.29　　C.29.25　　D.31.25

【答案】A

【解析】增值税一般纳税人购入材料支付的增值税进项税额记入"应交税费——应交增值税（进项税额）"科目借方，但是包装物押金是单独在其他应收款中核算的，不应计入存货的采购成本中。如果是包装费则计入外购存货的成本。因此材料的采购成本=25+2=27万元，故，选项A正确。

借：原材料　　27
应交税费——应交增值税（进项税额）　　4.25
其他应收款　　2
贷：银行存款　　33.25

2.存货的加工成本确定。

存货的加工成本属于企业自己生产的产品，其成本包括直接材料、直接人工和制造费用。

3.存货的其他成本。

除采购成本、加工成本以外的其他支出。

4.下列费用不应计入存货成本，而应在其发生时计入当期损益。

（1）非正常消耗的直接材料、直接人工和制造费用，应在发生时计入当期损益，不应计入存货成本。如由于自然灾害而发生的直接材料、直接人工和制造费用，由于这些费用的发生无助于使该存货达到目前场所和状态，不应计入存货成本，而应确认为当期损益（营业外支出）。

（2）仓储费用，指企业在存货采购入库后发生的储存费用，应在发生时计入当期损益（管理费用）。但是，在生产过程中为达到下一个生产阶段所必需的仓储费用应计入存货成本。如某种酒类产品生产企业为使生产的酒达到规定的产品质量标准，而必须发生的仓储费用，应计入酒的成本，而不应计入当期损益。

（3）不能归属于使存货达到目前场所和状态的其他支出，应在发生时计入当期损益，不得计入存货成本。

★【专家一对一】

相关项目可否记入存货成本比较表

项　目	一般纳税人	小规模纳税人
（1）购买价款	√	√
（2）增值税进项税额	×	√
（3）进口关税、进口消费税	√	√
（4）运输费、装卸费、运输途中的合理损耗、入库前的整理	√	√
（5）企业设计产品发生的设计费用	×	×
（6）为特定客户设计产品发生的可直接确定的设计费用	√	√
（7）委托加工物资的成本	√	√
（8）委托加工支付的加工费	√	√
（9）委托加工支付的加工费的增值税	×	√
（10）委托加工物资代收代缴的消费税，收回后连续生产应税消费品	×	×
（11）委托加工物资代收代缴的消费税，收回后直接销售	√	√
（12）非正常消耗的直接材料、直接人工和制造费用	×	×
（13）企业在存货采购入库后发生的储存费用	×	×
（14）在生产过程中为达到下一个生产阶段所必需的仓储费用	√	√

【例题·单选题】（2018）下列各项中，不会引起期末存货账面价值发生变动的是（ ）。

A.已确认销售收入但尚未发出的商品　　B.尚未确认销售收入但已发出的商品

C.已收到发票账单并付款的在途物资　　D.尚未收到发票账单月末暂估入账的材料

【答案】B

【解析】判断存货是否属于企业，应以企业是否拥有该存货的所有权为依据。已确认销售收入同时要结转相应的成本，因此导致存货账面价值减少；尚未确认销售收入但已发出的商品，记入“发出商品”科目，其仍属于存货项目，因此不会引起期末存货账面价值发生变动；已收到发票账单并付款的在途物资，会导致存货账面价值增加；尚未收到发票账单月末暂估入账的材料，会导致存货账面价值增加。故，选项B正确。

（三）发出存货的计价方法（★★★）

实务中，企业发出的存货，可以按实际成本核算，也可以按计划成本核算。如采用计划成本核算，会计期末应调整为实际成本。在实际成本核算方式下，企业可以采用的发出存货成本的计价方法包括个别计价法、先进先出法、月末一次加权平均法、移动加权平均法等。

1.个别计价法。

个别计价法，亦称个别认定法、具体辨认法、分批实际法，采用这一方法是假设存货具体项目的实物流转与成本流转相一致，按照各种存货逐一辨认各批发出存货和期末存货所属的购进批别或生产批别，分别按其购入或生产时所确定的单位成本计算各批发出存货和期末存货成本的方法。

这种方法适用于一般不能替代使用的存货、为特定项目专门购入或制造的存货以及提供的劳务，如珠宝、名画等贵重物品。

2.先进先出法（重点掌握）。

先进先出法是指以先购入的存货应先发出（销售或耗用）这样一种存货实物流动假设为前提，对发出存货进行计价的一种方法。采用这种方法，先购入的存货成本在后购入存货成本之前转出，据此确定发出存货和期末存货成本。

具体方法是：收入存货时，逐笔登记收入存货数量、单价和金额；发出存货时，按照先进先出的原则逐笔登记存货的发出成本和结存金额。

先进先出法可以随时结转存货发出成本，但较繁琐；如果存货收发业务较多且存货单价不稳定，其工作量较大。

3.月末一次加权平均法（重点掌握）。

月末一次加权平均法是指以本月全部进货数量加上月初存货数量作为权数，去除本月全部进货成本加上月初存货成本，计算出存货的加权平均单位成本，以此为基础计算本月发出存货的成本和期末存货的成本的一种方法。

计算公式如下：

存货的单位成本=（月初库存存货成本+本月购入存货成本）÷（月初库存存货数量+本月购入存货数量）

本月发出存货的成本＝本月发出存货的数量×存货单位成本

本月月末库存存货成本＝月末库存存货的数量×存货单位成本

或：本月月末库存存货成本＝月初库存存货的实际成本+本月收入存货的实际成本－本月发出存货的实际成本

采用加权平均法只在月末一次计算加权平均单价，比较简单，有利于简化成本计算工作，但由于平时无法从账上提供发出和结存存货的单价及金额，因此不利于存货成本的日常管理与控制（关键点）。

4.移动加权平均法。

移动加权平均法是指以每次进货的成本加上原有库存存货的成本，除以每次进货数量加上原有库存存货的数量，据以计算加权平均单位成本，作为在下次进货前计算各次发出存货依据的一种方法。

计算公式如下：

存货单位成本=（原有库存存货的实际成本+本次进货的实际成本）÷（原有库存存货数量+本次进货数量）

本次发出存货的成本=本次发出存货的数量×本次发货前存货的单位成本

本月月末库存存货成本=月末库存存货的数量×本月月末存货单位成本

★【专家一对一】

（1）掌握平衡公式：期初存货成本＋本期购货成本＝期末存货成本+本期发出（或销售）成本；

（2）针对个别计价法、先进先出法、月末一次加权平均法、移动加权平均法等，是在实际成本法下适用；在计划成本法下不适用；

（3）现行准则不允许采用后进先出法确定发出存货的成本；

（4）先进先出法下，当期末存货成本接近于市价，如果存货的市价呈上升趋势则发出成本偏低，会高估企业当期利润和库存存货价值；反之，会低估企业当期利润和库存存货价值。

【例题·单选题】（2018）某企业采用月末一次加权平均法核算发出材料成本。2017年6月1日结存乙材料200件、单位成本35元，6月10日购入乙材料400件、单位成本40元，6月20日购入乙材料400件、单位成本45元。当月发出乙材料600件。不考虑其他因素，该企业6月份发出乙材料的成本为（　　）元。

A.24 600　　B.25 000　　C.26 000　　D.23 000

【答案】A

【解析】月末一次加权平均法是指以本月全部进货数量加上月初存货数量作为权数，去除本月全部进货成本加上月初存货成本，计算出存货的加权平均单位成本，以此为基础计算本月发出存货的成本和期末存货的成本的一种方法。该企业6月份发出乙材料的成本=（200×35+400×40+400×45）÷（200+400+400）×600=24 600元。故，选项A正确。

【例题·单选题】（2018）某企业采用先进先出法核算原材料，2017年3月1日库存甲材料500千克，实际成本为3 000元，3月5日购入甲材料1 200千克，实际成本为7 440元，3月8日购入甲材料300千克，实际成本为1 830元，3月10日发出甲材料900千克。不考虑其他因素，该企业发出的甲材料实际成本为（　　）元。

A.5 550　　B.5 580　　C.5 521.5　　D.5 480

【答案】D

【解析】先进先出法是指以先购入的存货应先发出（销售或耗用）这样一种存货实物流动假设为前提，对发出存货进行计价的一种方法。采用这种方法，先购入的存货成本在后购入存货成本之前转出，据此确定发出存货和期末存货成本。具体方法是：收入存货时，逐笔登记收入存货数量、单价和金额；发出存货时，按照先进先出的原则逐笔登记存货的发出成本和结存金额。因此，该企业发出的甲材料实际成本为3 000+7 440÷1 200×400=5 480元。故，选项D正确。

【例题·单选题】某企业采用月末一次加权平均计算发出原材料的成本。20×7年2月1日，甲材料结存200公斤，每公斤实际成本为100元；2月10日购入甲材料300公斤，每公斤实际成本为110元；2月15日发出甲材料400公斤。2月末，甲材料的库存余额为（　　）元。

A.10 000　　B.10 500　　C.10 600　　D.11 000

【答案】C

【解析】月末一次加权平均法是指以本月全部进货数量加上月初存货数量作为权数，去除本月全部进货成本加上月初存货成本，计算出存货的加权平均单位成本，以此为基础计算本月发出存货的成本和期末存货的成本的一种方法。月末一次加权平均单价=（200×100+300×110）÷（200+300）=106元；月末库存材料的数量200+300−400=100公斤；甲材料的库存余额=100×106=10 600元。故，选项C正确。

二、原材料

原材料是指企业在生产过程中经过加工改变其形态或性质并构成产品主要实体的各种原料、主要材料和外购半成品，以及不构成产品实体但有助于产品形成的辅助材料。

原材料的日常收发及结存，可以采用实际成本核算，也可以采用计划成本核算。

（一）采用实际成本核算（★★）

1.原材料核算应设置的会计科目有："原材料""在途物资""应付账款""预付账款"等。

"原材料"科目用于核算库存各种材料收发与结存情况。在原材料按实际成本核算时，本科目借方登记入库材料的实际成本，贷方登记发出材料的实际成本，期末余额在借方，反映企业库存材料的实际成本。

"在途物资"科目用于核算企业采用实际成本（进价）进行材料、商品等物资的日常核算、货款已付尚未验收入库的各种物资（即在途物资）的采购成本，本科目应按供应单位和物资品种进行明细核算。

2.原材料的账务处理。

表2-11采用实际成本核算的原材料的账务处理

经济业务	账务处理
材料购入单料同时到	借：原材料 应交税费——应交增值税（进项税额） 贷：银行存款、应付账款、应付票据、预付账款等
材料购入单到料未到	借：在途物资 应交税费——应交增值税（进项税额） 贷：银行存款等科目 材料到达企业并验收入库时： 借：原材料 贷：在途物资
材料购入料到单未到	本月底先暂估入账： 借：原材料 贷：应付账款——暂估应付账款 下月初，用红字编制上述同样的记账凭证冲销。待结算凭证到达后，按第一种情况做会计处理。
材料购入预付账款	预付款时： 借：预付账款 贷：银行存款 材料验收入库时： 借：原材料 应交税费——应交增值税（进项税额） 贷：预付账款
材料发出	借：生产成本（生产车间生产领用） 制造费用（生产一般性消耗领用） 管理费用（管理部门领用） 其他业务成本（销售原材料） 在建工程（工程领用） 贷：原材料

（二）采用计划成本核算（★★★★）

1.原材料核算应设置的会计科目有：“原材料”“材料采购”和“材料成本差异”等。

“原材料”科目，在计划成本法下，借方登记入库材料的计划成本（关键点），贷方登记发出材料的计划成本（关键点），期末余额在借方，反映企业库存材料的计划成本；

“材料采购”科目借方登记采购材料的实际成本，贷方登记入库材料的计划成本。借方大于贷方表示超支，从本科目贷方转入“材料成本差异”科目的借方；贷方大于借方表示节约，从本科目借方转入“材料成本差异”科目的贷方；期末为借方余额，反映企业在途材料的采购成本。

“材料成本差异”科目反映企业已入库（关键点，未入库的不算）各种材料的实际成本与计划成本的差异，借方登记超支差异及发出材料应负担的节约差异，贷方登记节约差异及发出材料应负担的超支差异。期末如为借方余额，反映企业库存材料的实际成本大于计划成本的差异（即超支差异）；如为贷方余额，反映企业库存材料实际成本小于计划成本的差异（即节约差异）。

2.原材料的账务处理。

表2-12 采用计划成本核算的账务处理

经济业务			账务处理
材料购进	单到	单到（付款）	借：材料采购 应交税费——应交增值税（进项税额） 贷：银行存款、应付账款等
		材料入库	借：原材料 （材料成本差异） 贷：材料采购 （材料成本差异）

经济业务		账务处理
材料购进	料到单未到	平时不入账，待发票账单等结算凭证收到后按“单到”情况处理； 若月末，结算凭证仍未到达企业，则按计划成本暂估入账，不计增值税，将暂估价直接计入“原材料”账户，下月初用红字冲回。 月末：借：原材料 贷：应付账款——暂估应付账款
材料领用		借：成本、费用等科目 贷：原材料
分摊材料成本差异		借：成本、费用等科目 贷：材料成本差异 *如果实际成本小于计划成本，则作相反会计分录。

材料成本差异率=（期初结存材料的成本差异+本期验收入库材料的成本差异）÷（期初结存材料的计划成本+本期验收入库材料的计划成本）×100%

其中：正数——表示超支差异

负数——表示节约差异

发出材料应负担的成本差异=发出材料的计划成本×材料成本差异率

★【专家一对一】

（1）委托外单位加工发出材料应负担的材料成本差异率可按期初成本差异率计算。期初材料的成本差异率=期初材料的成本差异÷期初材料的计划成本

（2）原材料采用计划成本核算，平时领用、发出的材料，都按计划成本计算，月份终了再将本月发出材料应负担的成本差异进行分摊，随同本月发出材料的计划成本记入有关账户，将发出材料的计划成本调整为实际成本。发出材料应负担的成本差异应当按期（月）分摊（关键点），不得在季末或年末一次计算。

（3）“本月收入材料的计划成本”中不包括暂估入账的材料的计划成本。

【例题·单选题】（2018）某企业为增值税一般纳税人，购买原材料取得增值税专用发票上注明的价款为10 000元，增值税税额为1 700元（已经税务机关认证）款项以银行本票结算。不考虑其他因素，下列各项中，关于该企业购买原材料会计处理正确的是（　　）。

A.借：原材料　10 000
　应交税费——应交增值税（进项税额）　1 600
　贷：其他货币资金——银行本票　11 600

B.借：原材料　11 600
　贷：其他货币资金——银行本票　11 600

C.借：原材料　10 000
　应交税费——应交增值税（进项税额）　1 600
　贷：银行存款　11 600

D.借：原材料　10 000
　应交税费——应交增值税（进项税额）　1 600
　贷：应付票据　11 600

【答案】A

【解析】一般纳税人的增值税额不能计入购入材料成本。因此账务处理为：

借：原材料　10 000
　应交税费—应交增值税（进项税额）　1 600
　贷：其他货币资金　11 600

故，选项A正确。

【例题·单选题】（2018）期初材料计划成本500万元，超支差异为90万元。本月入库材料计划成本1 100万元，节约170万元。本月领用材料计划成本1 200万元，领用材料实际成本（　　）万元。

A.1 395　B.1 140　C.1 005　D.1 260

【答案】B
【解析】材料成本差异率=（期初结存材料的成本差异+本期验收入库材料的成本差异）÷（期初结存材料的计划成本+本期验收入库材料的计划成本）×100%=（90-170）÷（500+1 100）×100%=-80÷1 600×100%=-5%，本月领用材料的实际成本=1 200×（1-5%）=1 140万元。故，选项B正确。

【例题·单选题】某企业材料采用计划成本核算。月初结存材料计划成本为130万元，材料成本差异为节约20万元。当月购入材料一批，实际成本110万元，计划成本120万元，领用材料的计划成本为100万元。该企业当月领用材料的实际成本为（　　）万元。
A.88　　B.96　　C.100　　D.112
【答案】A
【解析】材料成本差异率=（期初结存材料的成本差异+本期验收入库材料的成本差异）÷（期初结存材料的计划成本+本期验收入库材料的计划成本）×100%=（-20-10）÷（130+120）×100%=-12%，发出材料的实际成本=100×（1-12%）=88万元。故，选项A正确。

【例题·单选题】（2009）某企业对材料采用计划成本核算。2008年12月1日，结存材料的计划成本为400万元，材料成本差异贷方余额为6万元；本月入库材料的计划成本为2 000万元，材料成本差异借方发生额为12万元；本月发出材料的计划成本为1 600万元。该企业2008年12月31日结存材料的实际成本为（　　）万元。
A.798　　B.800　　C.802　　D.1 604
【答案】C
【解析】材料成本差异率=（期初结存材料的成本差异+本期验收入库材料的成本差异）÷（期初结存材料的计划成本+本期验收入库材料的计划成本）×100%=（-6+12）÷（400+2 000）×100%=0.25%，2008年12月31结存的材料实际成本=（400+2 000-1 600）×（1+0.25%）=802万元。故，选项C正确。

【例题·单选题】（2007）某企业采用计划成本进行材料的日常核算。月初结存材料的计划成本为80万元，成本差异为超支20万元。当月购入材料一批，实际成本为110万元，计划成本为120万元。当月领用材料的计划成本为100万元，当月领用材料应负担的材料成本差异为（　　）万元。
A.超支5　　B.节约5　　C.超支15　　D.节约15
【答案】A
【解析】材料成本差异率=（期初结存材料的成本差异+本期验收入库材料的成本差异）÷（期初结存材料的计划成本+本期验收入库材料的计划成本）×100%=[20+（110-120）]÷（80+120）×100%=5%，当月领用材料应负担的材料成本差异=100×5%=5万元（超支）。故，选项A正确。

【例题·单选题】某企业月初结存材料的计划成本为250万元，材料成本差异为超支45万元；当月入库材料的计划成本为550万元，材料成本差异为节约85万元；当月生产车间领用材料的计划成本为600万元。当月生产车间结存材料应负担的材料成本差异为（　　）万元。
A.45　　B.10　　C.85　　D.40
【答案】B
【解析】本月的材料成本差异率=（期初结存材料的成本差异+本期验收入库材料的成本差异）÷（期初结存材料的计划成本+本期验收入库材料的计划成本）×100%=（45-85）÷（250+550）×100%=-5%；当月结存材料应负担的材料成本差异=当月结存材料的计划成本（250+550-600）×（-5%）=-10万元。故，选项B正确。

【例题·不定项选择题】某制造企业为增值税一般纳税人，只生产Q产品，采用品种法核算产品成本，月末采用约当产量比例法在完工产品和在产品之间分配生产费用。2017年12月初，Q产品期初无在产品。12月企业发生的与Q产品生产相关的的业务资料如下：
采购一批材料，取得的增值税专用发票上注明价款 100 000元，增值税额16 000元，另支付运费6 000元及增值税660元，与材料相关的保险费4 000元及增值税240元。款项均已付款，材料验收后全部用于Q产品生产，原材料随生产进度陆续投入。
要求：根据资料，下列各项中关于该企业采购材料用于Q产品生产相关科目的会计处理结果正确的是（　　）。
A.借记“应交税费”科目16 900元　　B.借记“生产成本”科目106 000元
C.借记“管理费用”科目4 000元　　D.借记“原材料”科目106 000元
【答案】A

【解析】增值税一般纳税人购入材料支付的增值税进项税额记入“应交税费——应交增值税（进项税额）”科目借方。故，选项 A 正确。

【例题·不定项选择题】甲、乙公司均为增值税一般纳税人。甲公司原材料采用计划成本法核算。2017年12月，甲公司发生有关交易或事项如下：

（1）10日，发出一批材料委托乙公司进行加工。材料的计划成本总额为 180 万元，材料成本差异率为2%。

（2）15日，与乙公司结算加工费用。乙公司开具的增值税专用发票上注明的加工费为 24万元，增值税税额为4.08万元。款项尚未支付。

（3）26日，收到委托加工材料并验收入库，该批材料的计划成本为210万元。

（4）31日，仓库意外失火，26日验收入库的委托加工材料全部毁损，根据保险合同约定，应由保险公司支付理赔款50万元，毁损材料转出的增值税进项税额为35.292万元。

要求：

根据上述资料，不考虑其他因素，分析回答下列小题。（答案中的金额单位用万元表示）

1.下列各项中，关于“材料成本差异”科目的表述中正确的是（　　）。

A.贷方登记入库材料节约差异及发出材料应负担的超支差异

B.借方登记入库材料超支差异及发出材料应负担的节约差异

C.借方期末余额反映库存材料实际成本大于计划成本的差异

D.贷方期末余额反映库存材料实际成本小于计划成本的差异

【答案】ABCD

【解析】“材料成本差异”科目反映企业已入库各种材料的实际成本与计划成本的差异，借方登记超支差异及发出材料应负担的节约差异，贷方登记节约差异及发出材料应负担的超支差异。期末如为借方余额，反映企业库存材料的实际成本大于计划成本的差异（即超支差异），如为贷方余额，反映企业库存材料的实际成本小于计划成本的差异（即节约差异）。故，选项ABCD正确。

2.根据资料（1），下列各项中，关于甲公司发出材料的会计处理结果正确的是（　　）。

A.借记“委托加工物资”科目183.6万元　　B.借记“委托加工物资”科目176.4万元

C.贷记“材料成本差异”科目3.6万元　　D.借记“材料成本差异”科目3.6万元

【答案】AC

【解析】材料领用时，账务处理如下：

借：成本、费用等科目
　　贷：原材料
借：成本、费用等科目
　　贷：材料成本差异

*如果实际成本小于计划成本，则作相反会计分录。

根据资料（1），相关账务处理如下：

借：委托加工物资　　183.6
　　贷：原材料　　　　180
　　　　材料成本差异　　3.6

故，选项AC正确。

【例题·不定项选择题】某企业为增值税一般纳税人，适用的增值税税率为 16%。，发出材料采用先进先出法计价。该企业仅生产X产品，采用品种法进行成本核算。原材料随生产过程陆续投入使用，制造费用单独核算。月末生产费用在完工产品和在产品之间按约当产量法进行分配。

（1）月初库存Y材料2 000千克，每千克实际成本150万元。3日购进Y材料4 000千克。增值税专用发票上注明价款48万元，增值税税额8.16万元。增值税发票已认证，可以抵扣。全部款项用银行转账已付讫，但货物尚未收到。15日全部货物已验收并入库。

（2）领用Y材料4 000千克，其中：16日生产耗用3 500千克，17日车间一般耗用500千克。

要求：根据上述资料，不考虑其他因素，分析回答下列小题。（答案中的金额单位用万元表示）

1.根据资料（1），下列各项中，关于该企业与购进材料相关的会计处理，正确的是（　　）。

A.采购材料时：

借：在途物资　　48

　　应交税费——应交增值税（进项税额）　　7.68

　　贷：银行存款　　56.16

B.验收入库时：

借：原材料　　48

　　贷：材料采购　　48

C.验收入库时：

借：原材料　　48

　　贷：在途物资　　48

D.采购材料时：

借：材料采购　　48

　　应交税费——应交增值税（进项税额）　　7.68

　　贷：银行存款　　56.16

【答案】AC

【解析】此题属于材料购入单到料未到的情况，其账务处理是：

借：在途物资

　　应交税费——应交增值税（进项税额）

　　贷：银行存款等科目

材料到达企业并验收入库时：

借：原材料

　　贷：在途物资

根据上述资料其基本账务处理：

3日购进Y材料：

借：在途物资　　48

　　应交税费——应交增值税（进项税额）　　7.68

　　贷：银行存款　　56.16

15日货物验收并入库：

借：原材料　　48

　　贷：在途物资　　48

故，选项AC正确。

2.根据期初资料、资料（1）和资料（2），生产X产品耗用的Y材料直接成本为（　　）万元。

A.48　　B.54　　C.45.5　　D.42

【答案】A

【解析】发出商品采用先进先出法计价。因此单位成本=480 000 ÷ 4 000=120（元/千克），生产X产品耗用的Y材料直接成本=2 000 × 150+（3 500−2 000）× 120=480 000元=48万元，17日车间一般耗用的500千克Y材料计入制造费用，不是生产X产品耗用的Y材料直接成本。故，选项A正确。

三、周转材料

（一）包装物的内容（★）

包装物是指为了包装本企业商品而储备的各种包装容器，如桶、箱、瓶、坛、袋等。其核算内容包括：

1.生产过程中用于包装产品作为产品组成部分的包装物。

2.随同商品出售而不单独计价的包装物。

3.随同商品出售而单独计价的包装物。

4.出租或出借给购买单位使用的包装物。

（二）包装物的账务处理（★★★）

1.生产过程中用于包装产品作为产品组成部分的包装物账务处理：

借：生产成本

贷：周转材料——包装物

2.随同商品出售而不单独计价的包装物账务处理：

借：销售费用

贷：周转材料——包装物

3.随同商品出售而单独计价的包装物账务处理：

借：其他业务成本

贷：周转材料——包装物

4.出租或出借给购买单位使用的包装物账务处理：

收取租金：

借：银行存款

贷：其他业务收入

按照使用次数的分摊：

借：其他业务成本

贷：周转材料——包装物

（三）低值易耗品（★★★）

1.低值易耗品的内容。

作为存货核算和管理的低值易耗品，一般划分为一般工具、专用工具、替换设备、管理用具、劳动保护用品和其他用具等。

2.低值易耗品的账务处理。

低值易耗品等企业的周转材料符合存货定义和条件的，按照使用次数分次计入成本费用。金额较小的，可在领用时一次计入成本费用，以简化核算，但为加强实物管理，应当在备查簿上进行登记。应设置的科目"周转材料——低值易耗品"

采用分次摊销法摊销低值易耗品，低值易耗品在领用时摊销其账面价值的单次平均摊销额。分次摊销法适用于可供多次反复使用的低值易耗品。需要设置的科目有："周转材料——低值易耗品——在用""周转材料——低值易耗品——在库""周转材料——低值易耗品——摊销"。

一次计入成本费用账务处理：

借：制造费用

管理费用

贷：周转材料——低值易耗品

分次摊销法账务处理：

（1）领用专用工具时：

借：周转材料——低值易耗品——在用

贷：周转材料——低值易耗品——在库

（2）第一次领用时摊销其价值的一半：

借：制造费用

贷：周转材料——低值易耗品——摊销

（3）第二次领用摊销其价值的一半：

借：制造费用

贷：周转材料——低值易耗品——摊销

同时：

借：周转材料——低值易耗品——摊销

贷：周转材料——低值易耗品——在用

【例题·分录题】甲公司的基本生产车间领用专用工具一批，实际成本为100 000元，不符合固定资产定义，采用分次摊销法进行摊销。该专用工具的估计使用次数为2次。甲公司应编制如下会计分录：

（1）领用专用工具时：

借：周转材料——低值易耗品——在用　　100 000

贷：周转材料——低值易耗品——在库　　100 000

（2）第一次领用时摊销其价值的一半：

借：制造费用　　50 000

贷：周转材料——低值易耗品——摊销　　50 000

（3）第二次领用摊销其价值的一半：

借：制造费用　　　　　　　　　　　　　　　　50 000
　贷：周转材料——低值易耗品——摊销　　　　　　50 000
同时：
借：周转材料——低值易耗品——摊销　　　　　　100 000
　贷：周转材料——低值易耗品——在用　　　　　　100 000

【例题·单选题】企业对随同商品出售而不单独计价的包装物进行会计处理时，该包装物的实际成本应结转到（　　）。
A.“制造费用”科目　　B.“销售费用”科目
C.“管理费用”科目　　D.“其他业务成本”科目
【答案】B
【解析】随同商品出售而不单独计价的包装物属于企业在销售过程中的促销费用，所以记入销售费用。故，选项B正确。

【例题·多选题】下列各项中，应列入利润表“营业成本”项目的有（　　）。
A.随同商品出售单独计价的包装物成本
B.销售材料的成本
C.商品流通企业销售外购商品的成本
D.随同商品出售不单独计价的包装物成本
【答案】ABC
【解析】营业成本包括主营业务成本和其他业务成本。随同商品出售单独计价的包装物成本及销售材料的成本计入其他业务成本；商品流通企业销售外购商品的成本计入主营业务成本；随同商品出售而不单独计价的包装物属于企业在销售过程中的促销费用，所以记入销售费用。故，选项ABC正确。

【例题·多选题】（2018）下列各项中，属于“其他应付款”科目核算内容的有（　　）。
A.应付投资者的现金股利　　B.应退回出租包装物收取的押金
C.应付经营租入固定资产的租金　　D.应付购货方代垫的运杂费
【答案】BC
【解析】应付投资者的现金股利通过“应付股利”科目核算；应退回出租包装物收取的押金及应付经营租入固定资产的租金通过“其他应付款”科目核算；应付购货方代垫的运杂费通过“应付账款”科目核算。故，选项BC正确。

四、委托加工物资

（一）委托加工物资的内容和成本（★）

1.委托加工物资的内容。

委托加工物资是指企业委托外单位加工的各种材料、商品等物资。

【例题·判断题】委托加工物资属于存货。（　　）
【答案】正确。
【解析】存货是企业为了销售或耗用而储存的资产。其范围包括原材料、在途物资、在产品、库存商品、包装物、低值易耗品、委托加工物资、委托加工商品、受托加工商品、分期收款发出商品、发出商品等。在编制资产负债表时，企业的各项存货应合并以一个统一的“存货”项目列示。

2.委托加工物资的成本。

委托加工物资的成本应当包括加工中实际耗用物资的成本、支付的加工费用及应负担的运杂费、支付的税费等。

【例题·判断题】委托加工物资的成本包括加工费和材料费。（　　）
【答案】错误。
【解析】为了避免重复计算材料费。发给外单位委托加工材料时，已将发出材料的实际成本由“原材料”“库存商品”等科目转入“委托加工材料”科目。因此，发外的“委托加工材料”只能计算外部加工费。

（1）实际成本

委托加工材料以实际耗用的原材料或半成品、加工费、运输费、装卸费等费用，作为实际成本。

【例题·判断题】发给外单位委托加工材料时的账务处理为：（　　）
借：委托加工材料
　　贷：原材料或库存商品等科目
【答案】正确。
【解析】发给外单位委托加工材料时，应将发出材料的实际成本由“原材料”、“库存商品”等科目转入“委托加工材料”科目

【例题·单选题】甲企业为增值税一般纳税人，委托乙企业加工一批应交消费税的A材料，发出原材料的成本为50 000元，加工费为20 000元，取得的增值税专用发票上注明的增值税税额为3 200元，发票已通过税务机关认证。由乙企业代收代缴的消费税为4 000元。甲企业收回A材料直接用于销售。不考虑其他因素，甲企业收回委托加工 A材料的成本为（　　）元。
A.70 000　　B.77 200　　C.74 000　　D.73 200
【答案】C
【解析】因收回A材料后用于出售，乙企业代收代缴的消费税计入委托加工物资成本，且加工费已取得增值税专用发票，其进项税额可以进行抵扣，所以甲企业收回委托加工A材料的成本=50 000+20 000+4 000=74 000元。

（2）加工费
委托加工物资支付的加工费计入加工物资成本。

【例题·判断题】委托加工物资中，支付加工费的处理方式如下：
借：生产成本
　　应交税费—应交增值税（进项税额）
　　贷：应付账款
【答案】错误。
【解析】委托加工物资支付的加工费计入加工物资成本，即“委托加工物资”科目，不计入生产成本科目。
借：委托加工物资
　　贷：银行存款

（3）税费：委托加工的物资，由受托方代收代交的消费税在收回后用于不同用途有不同处理方法。

【例题·判断题】委托加工的物资收回后用于连续加工的情况，其所含消费税应由委托方承担。（　　）
【答案】错误。
【解析】用于连续生产，还没有销售。所以受托方代收代交的消费税就不应该由委托方来承担。这部分消费税可以抵扣，所以借记。

【例题·多选题】下列各项中，增值税一般纳税人企业应计入收回委托加工物资成本的有（　　）。
A.支付的加工费
B.随同加工费支付的手续费
C.支付的收回后直接销售的委托加工物资的消费税
D.支付的收回后用于继续加工应税消费品的委托加工物资的消费税
【答案】AC
【解析】
A.支付的加工费——计入委托加工物资成本
B.随同加工费支付的手续费——计入财务费用
C.支付的收回后直接销售的委托加工物资的消费税——计入委托加工物资成本
D.支付的收回后用于继续加工应税消费品的委托加工物资的消费税——作为销售时应交消费税的抵扣额

★【专家一对一】
一般纳税企业交纳的增值税按税法规定可以抵扣，不计入存货成本。小规模纳税企业交纳的增值税不可以抵扣，计入存货成本。

（二）委托加工物资的账务处理（★★★）

1.科目设置。

“委托加工物资”科目借方登记委托加工物资的实际成本，贷方登记加工完成验收入库的物资的实际成本和剩余物资的实际成本。

【例题·判断题】委托加工物资科目的借方余额反映加工完成验收入库的物资的实际成本。（　　）

【答案】错误。

【解析】借方登记委托加工物资的实际成本，贷方登记加工完成验收入库的物资的实际戍本和剩余物资的实际成本，期末余额在借方，反映企业尚未完工的委托加工物资的实际成本等。

【例题·单选题】企业委托加工应税消费品收回后直接对外销售，下列各项中，属于由受托方代收代缴的消费税应计入的会计科目是（　　）。

A.发出商品　　B.委托加工物资　　C.税金及附加　　D.应交税费

【答案】B

【解析】委托加工物资收回后直接对外销售的，消费税计入委托加工物资的成本，选项B正确。

2.发出物资（实际成本计价）。

发给外单位加工的物资，按实际成本，借记“委托加工物资”，贷记“原材料”、“库存商品”等科目。

【例题·判断题】发出物资时，根据发出物资的实际成本的账务处理为：

借：委托加工物资

　　贷：原材料

【答案】正确。

3. 发出物资（计划成本计价）。

在计划成本法下，需要设置“材料成本差异”这一账户。

【例题·多选题】当发出原材料出现超支差的时候，下来账务处理正确的是（　　）。

A.借记“委托加工物资”　　B.借记“原材料”

C.借记“材料成本差异”　　D.贷记“材料成本差异”

E.贷记“原材料”

【答案】ADE

【解析】对于“材料成本差异”科目，当差异率为正数时，记在贷方，即借：委托加工物资

贷：原材料 材料成本差异；如果差异率为负数（节约），记在借方，即借：委托加工物资 材料成本差异 贷：原材料。

★【专家一对一】

发给外单位加工的物资，按实际成本，借记“委托加工物资”，贷记“原材料”、“库存商品”等科目；按计划成本或售价核算的，还应同时结转材料成本差异或商品进销差价，借记本科目，贷记“产品成本差异”或“商品进销差价”科目；实际成本小于计划成本的差异，做相反的会计分录。

根据账务处理方式，选择借记科目和贷记科目可能成为不定项选择的难点。

4.支付加工费、运杂费、税费。

支付加工费、运杂费、税费时，其账务处理如下：

借：委托加工物资（运输费）

　　贷：银行存款等

借：委托加工物资（加工费）

　　应交税费——应交增值税——进项税额

　　应交税费——应交消费税（属于应税消费品时被代扣代缴的消费税）

　　贷：银行存款等

在计划成本下，此时“委托加工物资”科目仍然归集的是委托加工物资的实际成本。

【例题·多选题】甲公司委托加工化妆品，发出材料70 000元，加工费20 00C元，下列分录正确的是（　　）。（化妆品消费税率为15%）

A.发出材料时：

借：委托加工物资　　70 000

　　贷：原材料　　70 000

B.支付加工费和增值税时：
借：委托加工物资　　　　　　　　　20 000
　　应交税金——应交增值税（进项税额）　3 200
　　贷：银行存款　　　　　　　　　　　23 4200
C.收回后用于直接销售的：
借：委托加工物资　　　　　　　　　15 882
　　贷：银行存款　　　　　　　　　　　15 882
D 收回后用于连续生产的：
借：应交税费——应交消费税　　　　15 882
　　贷：银行存款　　　　　　　　　　　15 882
【答案】ABCD
【解析】支付加工费、运杂费等，借记“委托加工物资”科目，贷记“银行存款”等科目;需要交纳消费税的委托加工物资，由受托方代收代交的消费税，借记“委托加工物资”科目（收回后用于直接销售的）或“应交税费——交消费税”科目（收回后用于继续加工的），贷记：“应付账款”“银行存款”等科目。

★【专家一对一】
从价计税消费品（如化妆品）的消费税计算公式：
组成计税价格（计税依据）=（材料成本+加工费）÷（1–消费税率）
应纳消费税=组成计税价格×消费税率

【例题·不定项选择题】甲、乙公司均为增值税一般纳税人。甲公司原材料采用计划成本法核算。2017年12月，甲公司发生有关交易或事项如下：
（1）10日，发出一批材料委托乙公司进行加工。材料的计划成本总额为180万元，材料成本差异率为2%。
（2）15日，与乙公司结算加工费用。乙公司开具的增值税专用发票上注明的加工费为24万元，增值税税额为4.08万元。款项尚未支付。
（3）26日，收到委托加工材料并验收入库，该批材料的计划成本为210万元。
（4）31日，仓库意外失火，26日验收入库的委托加工材料全部毁损，根据保险合同约定，应由保险公司支付理赔款50万元，毁损材料转出的增值税进项税额为35.292万元。
要求：
根据上述资料，不考虑其他因素，分析回答下列小题。（答案中的金额单位用万元表示）
1.下列各项中，关于“材料成本差异”科目的表述中正确的是（　　）。
A.贷方登记入库材料节约差异及发出材料应负担的超支差异
B.借方登记入库材料超出差异及发出材料应负担的节约差异
C.借方期末余额反映库存材料实际成本大于计划成本的差异
D.贷方期末余额反映库存材料实际成本小于计划成本的差异
【答案】ABCD
【解析】“材料成本差异”科目反映企业已入库各种材料的实际成本与计划成本的差异，借方登记超支差异及发出材料应负担的节约差异，贷方登记节约差异及发出材料应负担的超支差异。期末如为借方余额，反映企业库存材料的实际成本大于计划成本的差异（即超支差异），如为贷方余额，反映企业库存材料的实际成本小于计划成本的差异（即节约差异）。

2.根据资料（1），下列各项中，关于甲公司发出材料的会计处理结果正确的是（　　）。
A.借记“委托加工物资”科目183.6万元
B.借记“委托加工物资”科目176.4万元
C.贷记“材料成本差异”科目3.6万元
D.借记“材料成本差异”科目3.6万元
【答案】AC
【解析】根据资料（1），相关账务处理如下：
借：委托加工物资　　　183.6
　　贷：原材料　　　　　　180
　　　　材料成本差异　　　3.6

5.加工完成验收入库

验收入库时，其账务处理为：

借：周转材料或库存商品

　　贷：委托加工物资

如果借贷方有差额，则差额计入“材料成本差异”（材料）或者“产品成本差异”（商品）。

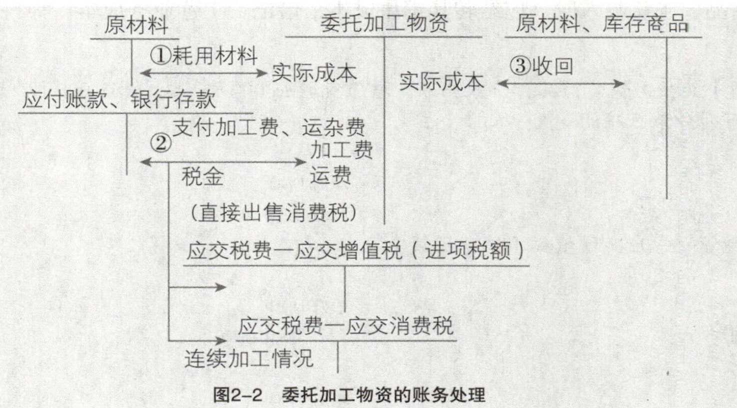

图2-2　委托加工物资的账务处理

五、库存商品

（一）库存商品的内容（★）

1.库存商品的定义和内容。

（1）库存商品的含义

库存商品是指企业已完成全部生产过程并已验收入库，合乎标准规格和技术条件，可以按照合同规定的条件送交订货单位，或可以作为商品对外销售的产品以及外购或委托加工完成验收入库用于销售的各种商品。

【例题·判断题】半成品属于库存商品。（　　）

【答案】错误。

【解析】半成品可能是原材料，也可能是库存商品。

（2）库存商品的内容

库存商品具体包括库存产成品、外购商品、存放在门市部准备出售的商品、发出展览的商品、寄存在外的商品、接受来料加工制造的代制品和为外单位加工修理的代修品等。

【例题·判断题】工业企业的“库存商品”主要是指“产成品”，月末，借方余额表示库存产成品的成本。（　　）

【答案】正确。

【解析】产成品是指企业已完成全部生产过程并已验收入库可供销售的产品的实际成本，它的借方登记已经完工验收入库和各种产品的实际成本；贷方登记已经出售的各种产品的实际生产成本，月末，借方余额表示库存产成品的成本。

2.库存商品的核算。

商品流通企业库存商品的核算方法主要有进价金额核算法和售价金额核算法两种。

（1）验收入库商品的会计处理

对于库存商品采用实际成本核算的企业，当库存商品生产完成并验收入库时，应按实际成本：

借：库存商品

　　贷：生产成本——基本生产成本

【例题·多选题】月末，A产品4 000件全部制造完成，其实际成本为480 000元，B产品完工2 000件，其实际成本400 000元，并已验收入库。，会计分录正确的有（　　）

A.借：库存商品A　480 000　　　B.贷：库存商品B　400 000

C.借：生产成本——基本生产成本A　480 000　　　D.贷：生产成本——基本生产成本B　400 000

【答案】AD

【解析】对于库存商品采用实际成本核算的企业，当库存商品生产完成并验收入库时，应按实际成本：
借：库存商品
　　贷：生产成本——基本生产成本

（2）销售商品的会计处理

企业销售商品、确认收入时，应结转其销售成本，借记“主营业务成本”等科目，贷记“库存商品”科目。

【例题·多选题】某公司销售商品，价款35万，增值税额56 000元，成本182 000元，增值税发票已交对方，款未到。下列分录正确的是（　　）

A.销售实现
借：应收账款　　406 000
　　贷：主营业务收入　　350 000
　　　　应交税费——应交增值税（销项税额）　　56 000

B.结转成本
借：库存商品　　182 000
　　贷：主营业务成本　　182 000

C.收到货款
借：银行存款　　406 000
　　贷：应收账款　　406 000

D.计提消费税
应纳消费税=350 000×消费税税率
借：营业税金及附加　　（350 000×消费税税率）
　　贷：应交税费——应交消费税　　（350 000×消费税税率）

【答案】ACD

【解析】发出商品结转成本时应记：
借：主营业务成本
　　贷：库存商品

3.商品销售成本的确定。

（1）能够直接从账面上得到本期商品的销售成本则会计处理比较简单。（该核算适用于发出存货的成本单独在账簿上进行登记，品种少、单价高的存货。）

借：主营业务成本
　　贷：库存商品

（2）采用毛利率法。（该方法适用商品流通企业特别是商业批发企业，比如批发食品、日用品的企业，商品流通企业由于经营商品的品种繁多，如果分品种核算很复杂，商品流通企业同类商品的毛利率大致相同，采用这种存货计价方法既能减轻工作量，也能满足对存货管理的需要。）

【例题·多选题】某商场采用毛利率法进行核算，2018年4月1日针织品存货1 800万元，本月购进3 000万元，本月销售收入3 400万元，上季度该类商品毛利率为25%，下列说法正确的是（　　）。

A.本月销售成本=3 400−3 000=40万元
B.销售毛利=3 400×25%=850万元
C.本月销售成本=3 400−850=2 550万元
D.月末库存商品成本=1 800+3 000−2 550=2 250万元

【答案】BCD

【解析】毛利率法：根据本期销售净额乘以上期实际（或本期计划）毛利率匡算本期销售毛利，并据以计算发出存货和期末存货成本的一种方法。

其计算公式如下：

毛利率=（销售毛利÷销售净额）×100%

销售净额=商品销售收入−销售退回与折让

销售毛利=销售净额×毛利率

销售成本=销售净额−销售毛利

期末存货成本=期初存货成本+本期购货成本−本期销售成本

这一方法是商品流通企业，尤其是商品批发企业常用的计算本期商品销售成本和期末库存商品成本的方法。

（3）售价金额核算法。（该方法适用于从事商业零售业务的企业，如百货公司、超市等，由于经营的商品种类、品种、规格等繁多，而且要求按商品零售价格标价，采用其他成本计算结转方法均较困难，因此广泛采用这一方法。）

售价金额核算法是指平时商品的购入、加工收回、销售均按售价记账，售价与进价的差额通过“商品进销差价”科目核算，期末计算进销差价率和本期已销商品应分摊的进销差价，并据以调整本期销售成本的一种方法。

销售商品的进销差价：

第一步：商品进销差价率=总差价÷总售价=（期初+本期购入）÷（期初售价+本期购入商品售价）

（商品进销差价率的含义：每单位售价负担的商品进销差价）

第二步：本期销售商品应负担的进销差价=本期销售商品的收入（售价）×商品进销差价率

第三步：商品的销售成本（关键点1）=商品的售价–销售商品的进销差价

第四步：期末结存商品的成本（关键点2）=期初库存商品的进价成本+本期购过商品的进价成本–本期销售商品的成本

简化计算方法：本期销售商品的成本＝本期商品销售收入×（1–商品进销差价率）

【例题·单选题】某商场本月初库存商品，进价成本总额30万元，售价总额46万元；本月购进商品进价成本总额40万元，售价总额54万元；本月销售商品售价总额80万元。求本月销售商品的实际成本为（ ）。

A.56万　　B.60万　　C.78万　　D.68万

【答案】A

【解析】材料成本差异率＝商品进销差价率＝（46–30+54–40）÷（46+54）×100%＝30%

本月销售商品的实际成本＝80–80×30%＝56万元。

六、存货清查

存货清查是通过对存货的实地盘点，确定存货的实有数量，并与账面结存数核对，从而确定存货实存数与账面结存数是否相符的一种专门方法。

为了反映和监督企业在财产清查中查明的各种存货的盘盈、盘亏和毁损情况，企业应当设置“待处理财产损溢”科目进行核算。

（一）待处理财产损溢（★★★）

1.存货盘盈的账务处理。

表2–13 存货盘盈的账务处理

存货清查	批准前	批准后
盘盈	借：原材料等 贷：待处理财产损溢	借：待处理财产损溢 贷：管理费用

【例题·单选题】有关盘盈盘亏处理正确的是（ ）。

A.对盘盈、盘亏提出的处理建议，由财务主管根据管理权限批准后执行

B.在处理建议得到批准之前，财务部门不得进行任何账务处理

C.调整存货盘盈或盘亏的账面价值时，对方科目是“待处理财产损溢”

D.固定资产盘盈通过“营业外收入”科目核算

【答案】C

【解析】选项A，对盘盈、盘亏提出的处理建议，根据管理权限，经股东大会或董事会，或经理会议或类似机构批准后执行；选项B，在处理建议得到批准之前，要通过“待处理财产损溢”进行调账；选项D，固定资产盘盈通过“以前年度损益调整”科目核算。固定资产盘亏才是通过待处理财产损溢账户核算的。

2.存货盘亏的账务处理。

表2–14 存货盘亏的账务处理

存货清查	批准前	批准后
盘亏	借：待处理财产损溢 贷：原材料等 应交税费——应交增值税（进项税额转出）（自然灾害等原因除外）	借：其他应收款 原材料 管理费 营业外支出 贷：待处理财产损溢

【例题·单选题】某企业核算批准后的存货毁损净损失，下列各项中计入管理费用的是（　　）。

A.由自然灾害造成的损失　　B.应由保险机构赔偿的损失

C.应由责任人赔偿的损失　　D.管理不善造成的损失

【答案】D

【解析】选项A应计入营业外支出，BC应计入其他应收款。

【例题·单选题】某企业为增值税一般纳税人，适用增值税率16%，该企业因管理不善使一批库存材料被盗。该批原材料的实际成本为40 000元，购买时支付的增值税为6 400元，应收保险公司赔偿21 000元。不考虑其他因素，该批被盗原材料形成的净损失为（　　）元。

A.19 000　　B.40 000　　C.46 400　　D.25 400

【答案】D

【解析】被盗材料形成的净损失=40 000+6 400−21 000=25 400元。

★【专家一对一】

历年考试一定会出现针对三大资产即库存现金、存货和固定资产的盘盈盘亏的账务处理考题，需与现金、固定资产的盘盈盘亏账务处理做对比记忆。

【例题·单选题】按管理权限经批准后计入营业外支出的是（　　）。

A.因管理不善造成的原材料盘亏　　B.固定资产盘亏净损失

C.无法查明原因的现金短缺　　D.由过失人赔付的库存商品毁损

【答案】B

【解析】选项A计入管理费用；选项B计入营业外支出；选项C计入管理费用；选项D计入其他应收款。

七、存货减值

（一）存货跌价准备的计提和转回（★★★）

1.存货跌价准备的计提。

可变现净值：在日常活动中，存货的估计售价减去至完工时估计将要发生的成本、估计的销售费用以及相关税费后的金额。

【例题·单选题】甲公司期末A商品的账面价值为50万元，该批商品的市场价格为40万（不含增值税），估计销售该商品将要发生的销售费用和相关税费为8万元（不含增值税），则A商品按可变现净值价为（　　）元。

A.50万　　B.42万　　C.40万　　D.32万

【答案】D

【解析】持有用于出售的材料等，无销售合同。

可变现净值=市场价格−估计的销售费用和相关税费

2.存货跌价准备的转回。

转回的前提：企业应在每一资产负债表日，比较存货成本与可变现净值，计算出应计提的存货跌价准备，再与已提数进行比较，若应提数大于已提数，应予补提。企业计提的存货跌价准备，应计入当期损益（资产减值损失）。

【例题·单选题】期末转回多提的存货跌价准备时应冲减（　　）。

A.管理费用　　B.资产减值损失　　C.主营业务成本　　D.资本公积

【答案】B

【解析】当以前减记存货价值的影响因素已经消失，减记的金额应当予以恢复，并在原已计提的存货跌价准备金额内转回，转回的金额计入当期损益（资产减值损失）。

★【专家一对一】

当存货成本低于可变现净值时，存货按成本计价；存货成本高于其可变现净值的，应当计提存货跌价准备，计入当期损益。

以前减记存货价值的影响因素已经消失的，减记的金额应当予以恢复，并在原已计提的存货跌价准备金额内转回，转回的金额计入当期损益。

3.存货跌价准备的账务处理。

为了反映和监督存货跌价准备的计提、转回等情况，企业应当设置“存货跌价准备”科目进行核算。存货跌价准备的贷方表示资产价值的减少，借方表明资产减值现象已恢复，它属于资产类科目。

【例题·多选题】下列各项中，通过存货项目核算的有（ ）。

A.发出商品 B.存货跌价准备 C.材料成本差异 D.在途物资

【答案】ABCD

【解析】“存货”项目，反映企业期末在库、在途和在加工中的各种存货的可变现净值或成本（成本与可变现净值孰低）。本项目应根据“材料采购”“原材料”“低值易耗品”“库存商品”“周转材料”“委托加工物资”“委托代销商品”“生产成本”“受托代销商品”等科目的期末余额合计数，减去“受托代销商品款”“存货跌价准备”科目期末余额后的净额填列。材料采用计划成本核算，以及库存商品采用计划成本核算或售价核算的企业，还应按加或减材料成本差异、商品进销差价后的金额填列。

★【专家一点通】

实际成本法vs计划成本法

	入库价	成本计算方法
实际成本法	按实际价入库	“先进先出”“后进先出”“加权平均法”计算成本
计划成本法	自制计划单价	通过“材料成本差异”计算成本

盘盈vs盘亏

存货清查	批准前	批准后
盘盈	借：原材料等 贷：待处理财产损溢	借：待处理财产损溢 贷：管理费用
盘亏	借：待处理财产损溢 贷：原材料等 应交税费——应交增值税（进项税额转出）（自然灾害等原因除外）	借：其他应收款（保险公司或责任人赔偿） 原材料 管理费（非正常损耗或管理不善） 营业外支出 贷：待处理财产损溢

存货跌价准备

相关业务	相应的账务处理
计提存货跌价准备	借：资产减值损失——计提的存货跌价准备 贷：存货跌价准备
转回存货跌价准备	借：存货跌价准备 贷：资产减值损失——计提的存货跌价准备
结转已计提存货跌价准备的存货销售成本	借：主营业务成本 存货跌价准备 贷：库存商品等

知 识 图 谱

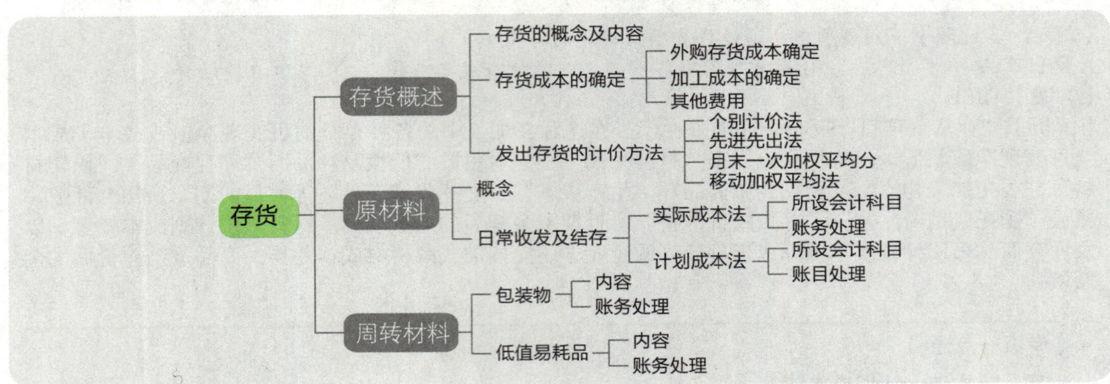

节 节 测

一、单项选择题

1. 某企业采用成本与可变现净值孰低法的个别比较法确定期末存货的价值。假设2015年3月末ABC三种存货的成本与可变现净值分别为：A存货成本10 000元，可变现净值8 500元；B存货成本15 000元，可变现净值16 000元；C存货成本28 000元，可变现净值25 000元。该企业3月末存货的价值为（　　）元。

A.46 500　B.48 500　C.47 500　D.49 500

【答案】B

【解析】采用成本与可变现净值孰低法的个别比较法确定期末存货的价值，所以ABC三种存货均选择较低的价值，即8 500+15 000+25 000=48 500元。

2. 甲公司为增值税一般纳税人，委托外单位加工一批应交消费税的商品，以银行存款支付加工费200万元、增值税32万元、消费税30万元，该加工商品收回后直接用于销售。甲公司支付上述相关款项时，应编制的会计分录是（　　）

A.借：委托加工物资　262
　　贷：银行存款　262

B.借：委托加工物资　230
　　应交税费　32
　　贷：银行存款　262

C.借：委托加工物资　200
　　应交税费　62
　　贷：银行存款　262

D.借：委托加工物资　262
　　贷：银行存款　200
　　　　应交税费　62

【答案】B

【解析】本题分录为：

借：委托加工物资　230（200+30）
　　应交税费——应交增值税（进项税额）　34
　　贷：银行存款　264

3. 甲、乙公司均为增值税一般纳税人。甲公司委托乙公司加工一批用于连续生产应税消费品的半成品。该公司的原材料实际成本为210万元，支付加工费10万元、增值税1.6万元以及消费税30万元。不考虑其他因素，甲公司收回该半成品的入账价值为（　　）万元。

A.220　B.250　C.221.7　D.251.7

【答案】A

【解析】委托加工物资收回后用于继续生产应税消费品的，受托方代收代缴的消费税应当记入应交税费的借方。半成品的入账价值=210+10=220万元。

4. 企业采用毛利率法核算库存商品，月初商品成本600 万，购进存货成本1 400万，本月销售收入1 600万，该商品上期毛利率为 15%，则月末结存商品成本为（　　）万元。

A.700　B.1 360　C.400　D.640

【答案】D

【解析】期末存货成本=期初存货成本+本期购进存货成本–本期销售成本；销售成本=销售额–销售毛利；销售毛利=销售额×毛利率=1 600×15%=240万元；销售成本=1 600–240=1 360万元；期末存货成本=600+1 400–1 360=640万元。

5. 某商品流通企业库存商品采用毛利率法核算。2017年 5月初，W类库存商品成本总额为125万元，本月购进商品成本为180万元，本月销售收入为250万元，W 类商品上期毛利率为20%。不考虑其他因素，该类商品月末库存成本总额为（　　）万元。

A.55　B.200　C.105　D.152.5

【答案】C

【解析】期末存货成本=期初存货成本+本期购进存货成本–本期销售成本；销售成本=销售额–销售毛利；销售毛利=销售额×毛利率=250×20%=50万元；销售成本=250–50=200万元；期末存货成本=125+180–200=105万元。

6. 某商场采用售价金额核算法核算库存商品。2018年5月1日该商场库存商品的进价成本总额为180万元，售价总额为250万元；本月购入商品的进价成本总额为500万元，售价总额为750万元；本月实现的销售收入总额为600万元。不考虑其他因素，2018年5月31日该商场库存商品成本总额为（　　）。

A.408万元　B.400万元　C.272万元　D.192万元。

【答案】C

【解析】本月商品进销差价率=（期初库存商品进销差价+本期购入商品进销差价）÷（期初库存商品售价+本期购入商品售价）×100%=（250−180+750−500）÷（250+750）×100%=32%，2018年5月31日该商场库存商品的成本总额=期初库存商品的进价成本+本期购进商品的进价成本−本期销售商品的成本=180+500−600×（1−32%）=272万元。

7.下列各项中，关于企业原材料盘亏以及毁损会计处理表述正确的是（　　）。

A.保管员过失造成的损失，计入管理费用

B.因台风造成的净损失，计入营业外支出

C.应由保险公司赔偿的部分计入营业外收入

D.经营活动造成的净损失，计入其他业务成本

【答案】B

【解析】企业发生原材料盘亏或毁损时：

借：待处理财产损溢

　　贷：原材料等

按管理权限报经批准后：

借：原材料等（收回的残料价值）

其他应收款（保险公司或过失人的赔偿）

管理费用（一般经营损失）

营业外支出（非常损失）

　　贷：待处理财产损溢

8.某企业为增值税一般纳税人，适用的增值税税率为17%。该企业因管理不善使一批库存材料被盗。该批原材料的实际成本为4万元，购买时支付增值税6 400元，应收保险公司赔偿21 000元，不考虑其他因素，该批被盗原材料形成的净损失为（　　）元。

A.19 000　B.40 000　C.46 800　D.25 400

【答案】D

【解析】被盗材料形成的净损失=40 000+6 400−21 000=25 400元

9.某增值税一般纳税人企业因台风毁损库存原材料一批，其成本为200万元，经确认应转出的增值税税额为32万元；收回残料价值8万元，收到保险公司赔偿款112万元。不考虑其他因素，经批准企业确认该材料毁损净损失的会计分录为（　　）。

A.借：营业外支出　　112

　　贷：待处理财产损溢　　112

B.借：管理费用　　112

　　贷：待处理财产损溢　　112

C.借：营业外支出　　80

　　贷：待处理财产损溢　　80

D.借：管理费用　　80

　　贷：待处理财产损溢　　80

【答案】A

【解析】因为“经确认应转出的增值税税额为32万元”，所以该材料毁损的净损失=200+32−8−112=112万元，由此选项A正确。若无此条件，因自然灾害造成的原材料毁损的增值税进项税额不用转出，其毁损净损失应计入营业外支出的金额=200−8−112=80万元，则选项C正确。

10.某企业2018年6月30日，乙存货的实际成本为100万元，加工该存货至完工产成品估计还将发生成本为25万元，估计销售费用和相关税费为3万元，估计该存货生产的产成品售价120万元。假定乙存货月初“存货跌价准备”科目余额为12万元，6月30日应计提的存货跌价准备为（　　）万元。

A.−8　B.4　C.8　D.−4

【答案】D

【解析】可变现净值=存货的估计售价−进一步加工成本−估计的销售费用和税费=120−25−3=92万元。当期应计提的存货跌价准备=（存货成本−可变现净值）−存货跌价准备已有的贷方余额=（100−92）−12=−4万元。

11.下列关于存货跌价准备的表述正确的是（　　）。

A.存货跌价准备一经计提在存货持有期间不得转回

B.转回存货跌价准备会减少存货的账面价值

C.存货的成本高于其可变现净值的差额为当期需要计提的存货跌价准备金额

D.企业计提跌价准备的存货在结转销售成本时，应一并结转相关的存货跌价准备

【答案】D

【解析】以前计提存货跌价准备的影响因素已经消失，跌价准备应在原计提跌价准备的金额内转回，所以A不正确；存货账面价值=存货账面余额−存货跌价准备，转回存货跌价准备会增加存货的账面价值，所以B不正确；存货的成本高于其可变现净值的差额为当期需要提足的存货跌价准备，如果期初有余额，则本期计提的金额应当将期初余额因素考虑在内，所以C不正确。

12.甲公司2017年12月1日库存商品借方余额为1 200万元，对应的存货跌价准备贷方余额为30万元，当期销售库存商品结转的成本为400万元，当期完工入库的库存商品成本为500万元。12月31日库存商品的可变现净值为1 290万元，则甲公司2017年12月31日需要计提的存货跌价准备为（　　）万元。

A.20　B.0　C.−20　D.−10

【答案】D

【解析】库存商品期末余额=1 200−400+500=1 300万元，期末存货的可变现净值为1 290万元，需提足的存货跌价准备=1 300−1 290=10万元。存货跌价准备在未计提（转回）时的余额=30−30×400÷1 200=20万元，所以甲公司12月31日存货跌价准备需计提的金额为10−20=−10万元。

13.下列税金中，不应计入存货成本的是（　　）。

A.一般纳税企业进口原材料支付的关税

B.一般纳税企业购进原材料支付的增值税

C.小规模纳税企业购进原材料支付的增值税

D.一般纳税企业进口应税消费品支付的消费税

【答案】B

【解析】针对增值税的处理：增值税一般纳税人购入材料支付的增值税进项税额记入“应交税费—应交增值税（进项税额）”科目借方；增值税小规模纳税人购入材料支付的增值税进项税额记入存货采购成本。故，选项B正确。

14.某企业为增值税小规模纳税人，本月购入甲材料2 060公斤，每公斤单价（含增值税）50元，另外支付运杂费3 500元，运输途中发生合理损耗60公斤，入库前发生挑选整理费用620元。该批材料入库的实际单位成本为每公斤（　　）元。

A.50　B.51.81　C.52　D.53.56

【答案】D

【解析】小规模纳税人购入材料支付的增值税进项税额记入存货采购成本，运输途中的合理损耗仅仅是增加存货的单位成本，不影响存货的总成本。因此（2 060×50+3 500+620）÷（2 060−60）=

53.56（元/公斤），故，选项D正确。

15. 下列会计处理，不正确的是（　　）。
A.非正常消耗的直接材料、直接人工和制造费用，应在发生时计入当期损益
B.增值税小规模纳税人购入材料支付的增值税进项税额计入存货采购成本
C.企业设计产品发生的设计费用通常应计入存货成本
D.为特定客户设计产品发生的可直接确定的设计费用计入相关产品成本
【答案】C
【解析】企业设计产品发生的设计费用通常应计入当期损益，即销售费用。故，选项C正确。

16. 某企业采用先进先出法计算发出原材料的成本。2009年9月1日，甲材料结存200千克，每千克实际成本为300元；9月7日购入甲材料350千克，每千克实际成本为310元；9月21日购入甲材料400千克，每千克实际成本为290元；9月28日发出甲材料500千克。9月份甲材料发出成本为（　　）元。
A.145 000　B.150 000　C.153 000　D.155 000
【答案】C
【解析】先进先出法是指以先购入的存货应先发出（销售或耗用）这样一种存货实物流动假设为前提，对发出存货进行计价的一种方法。采用这种方法，先购入的存货成本在后购入存货成本之前转出，据此确定发出存货和期末存货成本。具体方法是：收入存货时，逐笔登记收入存货数量、单价和金额；发出存货时，按照先进先出的原则逐笔登记存货的发出成本和结存金额。9月份甲材料发出成本=200×300+300×310=153 000元。故，选项C正确。

17. 某企业采用先进先出法计算发出甲材料的成本，2007年2月1日，结存甲材料200公斤，每公斤实际成本100元；2月10日购入甲材料300公斤，每公斤实际成本110元；2月15日发出甲材料400公斤。2月末，库存甲材料的实际成本为（　　）元。
A.10 000　B.10 500　C.10 600　D.11 000
【答案】D
【解析】库存甲材料的实际成本=100×110=11 000元。故，选项D正确。

18. 某企业采用月末一次加权平均法计算发出材料成本。2010年3月1日结存甲材料200件，单位成本40元；3月15日购入甲材料400件，单位成本35元；3月20日购入甲材料400件，单位成本38元；当月共发出甲材料500件。3月发出甲材料的成本为（　　）元。
A.18 500　B.18 600　C.19 000　D.20 000
【答案】B
【解析】月末一次加权平均法是指以本月全部进货数量加上月初存货数量作为权数，去除本月全部进货成本加上月初存货成本，计算出存货的加权平均单位成本，以此为基础计算本月发出存货的成本和期末存货的成本的一种方法。月末一次加权平均单价=（200×40+400×35+400×38）÷(200+400+400)=37.2(元/件)；发出甲材料的成本=37.2×500=18 600元。故，选项B正确。

19. 某企业为增值税小规模纳税人。该企业购入一批原材料，取得增值税专用发票上注明的价款为 150 万元，增值税税额为 25.5 万元；另付运费 1 万，增值税税额为 0.11 万元。不考虑其他因素，该批原材料的入账成本为（　　）万元。
A.151　B.176.61　C.175.5　D.176.5
【答案】B
【解析】小规模纳税人的增值税额计入原材料成本。因此原材料的入账成本=150+25.5+1+0.11=176.61万元。故，选项B正确。

20. 某工业企业为增值税小规模纳税人，原材料采用计划成本核算，A 材料计划成本每吨为20 元。本期购进 A 材料 6 000 吨，收到的增值税专用发票上注明的价款总额为 10 2000 元，增值税税额为 17340 元。另发生运杂费用 1 400 元，途中保险费用 359 元。原材料运抵企业后验收入库原材料 5 995 吨，运输途中合理损耗 5 吨。购进 A 材料发生的成本差异（超支）为（　　）元。
A.1 099　B.1 199　C.1 6141　D.1 6241
【答案】B
【解析】小规模纳税人的增值税额计入购入材料成本。因此购入A材料的实际成本为=102 000+17 340+1 400+359=121 099元，计划成本=5 995×20=119 900元，故购进 A 材料的超支差异为121 099−119 900=1 199元。故，选项B正确。

21. 某企业为增值税一般纳税人，增值税税率为 17%，价税合计为 6 084 元，该批材料计划成本为 4 200元。材料成本差异率为 2%。不考虑其他因素，销售材料应确认的损益为（　　）元。
A.1 884　B.1 084　C.1 968　D.916
【答案】D
【解析】一般纳税人的增值税额不能计入购入材料成本。因此销售收入=6 084÷（1+17%）=5 200（元），销售成本=材料实际成本=4 200×（1+2%）=4284元，销售材料应确认的损益=5200−4284=916元。故，选项D正确。

二、多项选择题

1. 下列各项中，应计入加工收回后直接出售的委托加工物资成本的是（　　）。
A.由受托方代收代缴的消费税
B.支付委托加工的往返运输费
C.实际耗用的原材料费用
D.支付的加工费
【答案】ABCD
【解析】委托加工物资收回后直接出售，应将材料费用、加工费、运输费以及受托方代收代缴的消费税计入委托加工物资的成本核算。

2. 下列各项中，影响企业资产负债表日存货可变现净值的有（　　）。
A.存货的账面价值
B.销售存货过程中估计的销售费用及相关税费
C.存货的估计售价
D.存货至完工估计将要发生的成本
【答案】BCD
【解析】可变现净值是指在日常活动中，存货的估计售价减去至完工时估计将要发生的成本、估计的销售费用以及估计的相关税费后的金额。

3. 下列属于其他应收款核算的有（　　）。
A.收取的出租包装物的押金
B.应支付的包装物的租金
C.应收的保险公司的赔款
D.为职工代垫的水电费
【答案】CD

【解析】收取的出租包装物的押金计入其他应付款，应支付的包装物的租金计入其他应付款；应收的保险公司的赔款及为职工代垫的水电费通过其他应收款核算。故，选项CD正确。

4. 下列各项中，企业应通过“其他业务成本”科目核算的有（　　）。
A.为行政管理部门租入专用设备所支付的租金
B.经营性出租闲置固定资产计提的折旧费
C.结转随同商品出售单独计价包装物的实际成本
D.行政管理部门发生的固定资产修理费
【答案】BC
【解析】其他业务成本核算企业确认的除主营业务活动以外的其他经营活动所发生的支出，包括销售材料的成本、出租固定资产的折旧额、出租无形资产的摊销额、出租包装物的成本或摊销额等。采用成本模式计量投资性房地产的，其投资性房地产计提的折旧额或摊销额，也通过本科目核算。为行政管理部门租入专用设备所支付的租金及行政管理部门发生的固定资产修理费计入管理费用。故，选项BC正确。

5. 下列各项中，企业应通过“营业外收入”科目核算的有（　　）。
A.无法支付的应付账款
B.接受固定资产捐赠
C.无法查明原因的现金溢余
D.出租包装物实现的收入
【答案】ABC
【解析】营业外收入主要包括：非流动资产处置利得、非货币性资产交换利得、出售无形资产收益、债务重组利得、企业合并损益、盘盈利得、因债权人原因确实无法支付的应付款项、政府补助、教育费附加返还款、罚款收入、捐赠利得等。出租包装物实现的收入通过其他业务收入核算。故，选项ABC正确。

6. 下列各项中，引起企业“其他应收款”科目余额发生增减变动的有（　　）。
A.职工出差从企业预借的差旅费
B.销售商品代垫运费
C.支付租入包装物的押金
D.确认应收保险公司的赔偿款
【答案】ACD
【解析】职工出差从企业预借的差旅费记入“其他应收款”科目；销售商品代垫运费记入“应收账款”科目；支付租入包装物的押金记入“其他应收款”科目；确认应收保险公司的赔偿款记入“其他应收款”科目。故，选项ACD正确。

7. 下列各项中，企业应通过“其他业务成本”科目核算的有（　　）。
A.为行政管理部门租入专用设备所支付的租金
B.行政管理部门发生的固定资产修理费
C.经营性出租闲置固定资产计提的折旧费
D.结转随同商品出售单独计价包装物的实际成本
【答案】CD
【解析】其他业务成本是指企业确认的除主营业务活动以外的其他经营活动所发生的支出。其他业务成本包括销售材料的成本、出租固定资产的折旧额、出租无形资产的摊销额、出租包装物的成本或摊销额等。采用成本模式计量投资性房地产的，其投资性房地产计提的折旧额或摊销额，也构成其他业务成本。为行政管理部门租入专用设备所支付的租金及行政管理部门发生的固定资产修理费计入管理费用科目。故，选项CD正确。

8. 下列各项中应列入利润表“营业成本”项目的有（　　）。
A.随同商品出售不单独计价的包装物成本
B.商品流通企业销售外购商品的成本
C.随同商品出售单独计价的包装物成本
D.销售材料的成本
【答案】BCD
【解析】营业成本包括主营业务成本和其他业务成本。随同商品出售不单独计价的包装物，应按实际成本计入销售费用。商品流通企业销售外购商品的成本计入主营业务成本。随同商品出售单独计价的包装物成本及销售材料的成本计入其他业务成本。故，选项BCD正确。

9. 下列各项中，属于企业“其他应付款”科目核算内容的有（　　）。
A.应付股东的股利
B.应付供货商代垫的运费
C.应付客户存入的保证金
D.应付租入包装物的租金
【答案】CD
【解析】应付股东的股利，计入应付股利科目；应付供应商代垫的运费，计入应付账款科目；应付客户存入的保证金及应付租入包装物的租金计入“其他应付款”，故，选项CD正确。

10. 下列各项中，属于“其他应收款”科目核算内容的有（　　）。
A.租入包装物支付的押金
B.出差人员预借的差旅费
C.被投资单位已宣告但尚未发放的现金股利
D.为职工垫付的水电费
【答案】ABD
【解析】租入包装物支付的押金、出差人员预借的差旅费及为职工垫付的水电费通过其他应收款核算；被投资单位已宣告但尚未发放的现金股利，通过应收股利核算。故，选项ABD正确。

三、判断题

1. 已完成销售手续、但购买方在当月尚未提取的产品，销售方仍应作为本企业库存商品核算。（　　）
【答案】错误。
【解析】判断存货是否属于企业，应以企业是否拥有该存货的所有权，而不是以存货的地点进行判断，这种情况下企业已经将商品所有权上的主要风险和报酬转移给购货方了，企业只保留商品所有权上的次要风险和报酬，这批商品不再属于企业的资产。故，此题说法错误。

2. 商品流通企业在采购商品过程中发生的运杂费等进货费用，应当计入存货采购成本。进货费用数额较小的，也可以在发生时直接计入当期损益。（　　）
【答案】正确。
【解析】商品流通企业在采购商品过程中发生的运输费、装卸费、保险费以及其他可归属于存货采购成本的费用等进货费用，应当计入存货采购成本，也可以先进行归集，期末根据所购商品的存销情况进行分摊。对于已售商品的进货费用，计入当期损益；对于未售商品的进货费用，计入期末存货成本。企业采购商品的进货费用金额较小的，可以在发生时直接计入当期损益。故，此题说法正确。

3. 企业采用计划成本对材料进行日常核算，应按月分摊发出材料应负担的成本差异，不应在季末或年末一次计算分摊。（　　）

【答案】正确。

【解析】原材料采用计划成本核算，平时领用、发出的材料，都按计划成本计算，月份终了再将本月发出材料应负担的成本差异进行分摊，随同本月发出材料的计划成本记入有关账户，将发出材料的计划成本调整为实际成本。发出材料应负担的成本差异应当按期（月）分摊（关键点），不得在季末或年末一次计算。故，此题说法正确。

4. “周转材料——低值易耗品”科目，借方登记低值易耗品的减少，贷方登记低值易耗品 的增加，期末余额在贷方。（　　）

【答案】错误。

【解析】“周转材料——低值易耗品”科目，借方登记低值易耗品的增加额，贷方登记低值易耗品的减少额，期末余额在借方，表示企业期末结存低值易耗品的金额。故，此题说法错误。

四、不定项选择题

（一）【资料1】某企业为增值税一般纳税人,适用的增值税税率为 17%，该企业期初存货全部为M材料,按实际成本核算,发出材料采用月末一次加权平均法计价。2017年12月初,“原材料”科目余额为407万元(数量为2000千克),其中11月30日暂估入账的材料价值为10万元(数量为62.5千克),12 月份发生与 M 材料相关的交易或事项如下:

（1）3日,收到上月暂估入账的M材料的增值税专用发票,其中价款为12万元，增值税税额为2.04万元,全部款项以转账支票支付。

（2）10日,购入M材料300千克验收入库,价款为54万元、增值税税额为9.18万元,全部款项以银行汇票结算。20日,购入M 材料100千克验收入库,价款为17万元、增值税税额为2.89万元,上月已预付该批材料款15万元,余款以银行存款结清。

（3）31日,发出M材料100千克委托其他企业进行加工,支付加工费3万元、增值税税0.51万元,支付运费1.5万元、增值税税额 0.165万元,均已取得增值税专用发票,全部款项以银行存款支付。

当月生产产品直接消耗M 材料500千克(产品未完工),行政管理部门维修耗用M 材料400千克,因调整部分产品布局出售积压的 M 材料700千克。31日，M 材料未发生跌价。

要求：根据上述资料,假定该企业取得的增值税专用发票均已经税务机关认证,不考虑其他因素,分析回答下列小题。(答案中的金额单位用万元表示)

1. 根据期初资料和资料（1），下列各项中，关于该企业月初以及收到暂估入账 M 材料发票账单相关科目的会计处理结果正确的是（　　）。

A.“原材料”科目借方余额为409万元

B.红字借记“应交税费—应交增值税（进项税额）”科目1.7万元

C.贷记“其他货币资金”科目14.04万元

D.红字借记“原材料”科目10万元

【答案】AD

【解析】此题属于料到单未到的情况，平时不入账，待发票账单等结算凭证收到后按“单到”情况处理；若月末，结算凭证仍未到达企业，则按计划成本暂估入账，不计增值税，将暂估价直接计入“原材料”账户，下月初用红字冲回。因此月初该企业的处理如下：

借：原材料　　10（红字）

　　贷：应付账款——暂估应付账款　10（红字）

实际收到上月暂估入账的M 材料时的处理如下：

借：原材料　　12

　　应交税费——应交增值税（进项税额）　2.04

　　贷：银行存款　　14.04

故，选项AD正确。

2. 根据资料（2），下列各项中，关于该企业购买 M 材料相关科目的会计处理结果正确的是（　　）。

A.贷记“其他货币资金”科目 63.18 万元

B.贷记“应付票据”科目 63.18 万元

C.借记“原材料”科目 83.07 万元

D.贷记“银行存款”科目 4.89 万元

【答案】AD

【解析】此题考查的是企业采用不同的付款方式购买材料。相关账务处理如下：

10 日：

借：原材料　　54

　　应交税费——应交增值税（进项税额）　9.18

　　贷：其他货币资金　63.18

20 日：

借：原材料　　17

　　应交税费——应交增值税（进项税额）　2.89

　　贷：预付账款　19.89

借：预付账款　4.89

　　贷：银行存款　　4.89

因此这两笔业务增加原材料 54+17=71万元。

故，选项AD正确。

【资料2】某企业为增值税一般纳税人，适用的增值税税率为 17%。2016 年 12 月 1 日，该企业“原材料——甲材料”科目期初结存数量为 2000 千克，单位成本为 15 元，未计提存货跌价准备。12 月份发生有关甲材料收发业务或事项如下：

（1）10 日，购入甲材料 2020 千克，增值税专用发票上注明的价款为 32320 元，增值税税额为 5494.4 元，销售方代垫运杂费 2680 元（不考虑增值税），运输过程中发生合理损耗20千克。材料已验收入库，款项尚未支付。

（2）20 日，销售甲材料 100 千克，开出的增值税专用发票上注明的价款为 2000 元，增值税税额为 340 元，材料已发出，并已向银行办妥托收手续。

（3）25 日，本月生产产品耗用甲材料 3000 千克，生产车间一般耗用甲材料 100 千克。

（4）31 日，采用月末一次加权平均法计算结转发出甲材料成本。

（5）31 日，预计甲材料可变现净值为 12800 元。

要求：根据上述资料，不考虑其他因素，分析回答下列小题。

1. 根据资料（1），下列各项中 ，该企业购入甲材料会计处理结果正确的是（　　）。

A.甲材料实际入库数量为 2000 千克

B.甲材料运输过程中的合理损耗使入库总成本增加320元

C.甲材料入库单位成本为17.5元

D.甲材料入库总成本为35000元

【答案】ACD

【解析】此题是企业采用赊购方式购入原材料，并且运输途中的合理损耗仅仅是增加存货的单位成本，不影响存货的总成本。甲原材料的总成本=32320+2680=35000元，实际入库数量=2020-20=2000千克，所以甲材料入库单位成本=35000/2000=17.5（元/千克）。故，选项ACD正确。

2. 根据资料（2），下列各项中，该企业销售甲材料的会计处理结果正确的是（　　）。

A.银行存款增加2340元

B.主营业务收入增加2000元

C.其他业务收入增加2000元

D.应收账款增加2340元

【答案】CD

【解析】企业销售原材料确认收入账务处理为：

借: 应收账款　2340

　贷:其他业务收入　2000

　　应交税费——应交增值税（销项税额）　340

故，选项CD正确。

3. 根据资料（3），下列各项中，关于该企业发出材料会计处理的表述正确的是（　　）。

A.生产产品耗用原材料应计入制造费用

B.生产产品耗用原材料应计入生产成本

C.生产车间一般耗用原材料应计入管理费用

D.生产车间一般耗用原材料应计入制造费用

【答案】BD

【解析】生产产品耗用原材料应计入生产成本，生产车间一般耗用原材料应计入制造费用。故，选项BD正确。

4. 根据期初资料，资料（1）至（4），下列各项中，关于结转销售材料成本的会计处理结果正确的是（　　）。

A.甲材料加权平均单位成本15.58元

B.其他业务成本增加1625元

C.主营业务成本增加1625元

D.甲材料加权平均单位成本16.25元

【答案】BD

【解析】企业发出原材料采用月末一次加权平均法核算，本月甲原材料加权平均单位成本=（2000×15+2000×17.5）÷（2000+2000）=16.25（元/千克）。结转本月发出甲原材料成本的账务处理为：

借：其他业务成本　1625（100×16.25）

　　生产成本　48750（3000×16.25）

　　制造费用　1625（100×16.25）

　　贷:原材料　52000

故，选项BD正确。

5. 根据期初资料，资料（1）至（4），下列各项中，关于该企业12月末原材料的会计处理结果表述正确的是（　　）。

A.12月末应计提存货跌价准备200元

B.12月末列入资产负债表“存货”项目的“原材料”金额为12800元

C.12月末甲材料的成本为13000元

D.12月末甲材料成本高于其可变现净值，不计提存货跌价准备

【答案】ABC

【解析】期末结存甲材料成本=（4000-3200）×16.25=13000元，原材料成本大于可变现净值12800元，应计提存货跌价准备=13000-12800=200元。12月末列入资产负债表“存货”项目的“原材料”金额为其账面价值，即12800元。

借:资产减值损失　200

　贷:存货跌价准备　200

故，选项ABC正确。

第五节 固定资产

一、固定资产概述

（一）固定资产的概念和特征（★）

1.持有目的：为生产商品、提供劳务、出租或经营管理而持有（区别于存货）。

【例题·判断题】企业为了扩大生产买入一台设备，同时买进一吨钢板作为原材料，这里的设备和钢板都属于固定资产。（ ）
【答案】错误。
【解析】买入设备的目的是生产商品，而购入钢板的目的则是对其加工生产出产品然后出售，如果钢板市场价格涨价很快，甚至企业可以直接出售钢板，所以持有目的决定了本题中设备是固定资产，钢板为存货。

【例题·判断题】某生产服装的企业购入神龙汽车公司的雪铁龙汽车一辆，购入汽车后，该雪铁龙汽车是服装企业的固定资产，而售出前该雪铁龙汽车是神龙汽车公司的固定资产。（ ）
【答案】错误。
【解析】关键在于持有汽车的目的，服装企业买入汽车是为了企业经营管理的需要，所以汽车为其固定资产；神龙汽车公司持有汽车是为了出售获得收入，汽车是其产成品或库存商品，所以汽车为其存货。

2.使用寿命：超过一个会计年度。

【例题·单选题】关于固定资产使用寿命说法正确的是（ ）。
A.一般为半年　　B.等于一年　　C.小于一年　　D.大于一年
【答案】D
【解析】固定资产使用期限较长，一般超过一个会计年度。考试中特别需要注意这种特殊的时间点。

3.形态：有形资产（区别于无形资产）。

★【专家一对一】
一般说来，有形资产和无形资产比较容易区分，有形资产看得见，摸得着。这里需要注意土地和土地使用权的区别，土地（由于历史原因，一些国有企业特别是军工企业已经单独估价入账的土地）属于企业固定资产；而一般企业仅拥有土地使用权，很明显其属于无形资产。

（二）固定资产的分类

1.按固定资产经济用途分：生产经营用（直接服务于生产经营）固定资产和非生产经营用（间接服务于生产经营）固定资产。

2.综合分类（按经济用途和使用情况等综合分类）：七大类。实际工作中，企业大多采用综合分类的方法作为编制固定资产目录、进行固定资产核算的依据。

（1）经营租出的固定资产、融资租入的固定资产属于企业的固定资产；经营租入的固定资产、融资租出的固定资产不属于企业的固定资产。

【例题·判断题】经营租出的固定资产、融资租入的固定资产不属于企业的固定资产。（ ）
【答案】错误。
【解析】以固定资产的归属来进行判断，经营租出的固定资产仍归出租方所有，故其属于企业固定资产；融资租入固定资产因其租赁期占了该固定资产的大部分寿命，因此在租赁期内，视同承租人的自有固定资产进行管理，故其也是属于企业的固定资产。

（2）土地（指过去已经单独估价入账的土地）属于企业固定资产。因征地而支付的补偿费，应计入与土地有关的房屋、建筑物价值内，不单独作为土地价值入账。企业取得的土地使用权，应作为无形资产管理，不作为固定资产管理。

【例题·判断题】企业取得的土地使用权，应作为无形资产入账。（ ）
【答案】正确。
【解析】我国土地都是国家所有，故而一般企业只有土地的使用权，即属于企业的无形资产，不过土地（指过去已经单独估价入账的土地）属于企业固定资产，一些国有企业存在这种情况。

（3）固定资产的各组成部分具有不同使用寿命或者以不同方式为企业提供经济利益，适用不同折旧率或折旧方法的，应当分别将各组成部分确认为单项固定资产。

（三）固定资产的科目设置（★）

固定资产的科目设置属于固定资产中的账务处理内容，为了跟教材保持一致，这里仍将该内容划为“固定资产概述”这一知识点。

1.固定资产的取得、计提折旧和处置的相关科目。

为了反映和监督固定资产的取得、计提折旧和处置等情况，企业应当设置“固定资产”“累计折旧”“在建工程”“工程物资”“固定资产清理”等科目进行核算。

【例题·单选题】固定资产科目核算企业固定资产的（　　）。

A.净值　　B.原价　　C.市场价格　　D.可收回金额

【答案】B

【解析】固定资产科目核算企业固定资产的原价。固定资产科目仅核算其原始价格，即取得时的历史成本计价。

★【专家一对一】

关于固定资产的金额说法较多，考生需理解固定资产原价、账面余额、账面净值、账面价值、可收回金额等之间的区别。

原价是指固定资产科目的原始价格，即取得时的历史成本。

账面余额是固定资产账户的余额，固定资产账面余额＝固定资产的账面原价。

账面净值＝固定资产的折余价值＝固定资产原价－计提的累计折旧。

账面价值：账面余额减去其备抵科目后的余额，对于固定资产而言，其备抵科目就是固定资产减值准备。固定资产账面价值＝固定资产原价－计提的减值准备－计提的累计折旧。

可收回金额是指“固定资产的销售价格减去处置费用后的净额”与“固定资产预计未来现金流量的现值”两者中的较高者。（了解即可，不要求掌握。）

2.固定资产减值的相关科目。

企业固定资产、在建工程、工程物资发生减值的，还应当设置“固定资产减值准备”“在建工程减值准备”“工程物资减值准备”等科目进行核算。

【例题·判断题】企业工程物资发生减值的，应当设置“工程物资减值准备”科目进行核算。（　　）

【答案】正确。

【解析】资产负债表日，资产存在可能发生减值的迹象时，根据谨慎性原则，应确认减值损失，计入当期损益，同时计提相应的资产减值准备。

二、取得固定资产

（一）外购固定资产（★★★★）

1.外购固定资产的入账价值。

入账成本＝买价

＋相关税费（“增值税*”＋进口关税+契税+车辆购置税等）

＋使固定资产达到预定可使用状态前所发生的可归属于该项资产的运输费、装卸费、安装费和专业人员服务费等

这里的“增值税*”不包括按照现行增值税制度规定，可以从销项税额中抵扣的增值税进项税额。那么支付的增值税到底能否计入固定资产成本呢？

★【专家一对一】

增值税是否计入固定资产成本的判断标准：能够作为“进项税额”或“待认证进项税额”的，不计入固定资产的成本；否则计入固定资产的采购成本。

根据判断标准，不难推理出这样的结论：小规模纳税人，购入固定资产发生的增值税进项税额明显无法作为“进项税额”或“待认证进项税额”，故肯定直接计入固定资产的采购成本。

【易出单选题和判断题】

【例题·单选题】某企业为增值税一般纳税人，购入生产用设备一台，增值税专用发票上注明价款20万元，增值税3.4万元；发生运费取得增值税专用发票注明运费1万元，增值税0.11万元。该设备取得时的成本为（ ）万元。

A.20　　B.21.11　　C.21　　D.24.51

【答案】C

【解析】增值税一般纳税人取得增值税专用发票，其进项税额可以抵扣。该设备取得时的成本=20+1=21万元。

2.一般纳税人的特殊规定。

一般纳税人在2016年5月1日后取得并在会计制度上按固定资产核算的不动产，以及2016年5月1日后发生的不动产在建工程，其进项税额分2年从销项税额中抵扣，第一年抵扣比例为 60%（于取得扣税凭证的当期从销项税额中抵扣），第二年抵扣比例为40%（为待抵扣进项税额，于取得扣税凭证的当月起第13个月从销项税额中抵扣）。

【例题·单选题】（2018）某企业自行建造厂房购入工程物资一批，增值税专用发票上注明的价款为100 万元，增值税税额为17万元，发票已通过税务机关认证。不考虑其他因素，该企业购买工程物资相关科目会计处理结果表述正确的是（ ）。

A.借记“应交税费——应交增值税（进项税额）”科目 17 万元

B.借记“原材料”科目 100 万元

C.借记“应交税费——待抵扣进项税额”科目 10.2 万元

D.借记“应交税费——待抵扣进项税额”科目 6.8 万元

【答案】D

【解析】根据规定，2016年5月1日后发生的不动产在建工程，其进项税额分2年从销项税额中抵扣，第一年抵扣比例为 60%，第二年抵扣比例为40%。故当期直接计入进项税额的为17×60%=10.2万元，留待第二年抵扣的进项税额为17×40%=6.8万元。具体相关账务处理如下：

借：工程物资　　100

　　应交税费——应交增值税（进项税额）　　10.2

　　　　　　——待抵扣进项税额　　6.8

　贷：银行存款　　117

3.小规模纳税人的一般做法。

购入固定资产发生的增值税进项税额直接计入固定资产的采购成本。

【例题·单选题】（2018年真题改编）某企业为增值税小规模纳税人。该企业购入一件设备，取得增值税专用发票上注明的价款为150万元，增值税税额为25.5万元；另付运费1万，增值税税额为0.11万元。不考虑其他因素，该项固定资产的入账成本为（ ）万元。

A.151　　B.176.61　　C.175.5　　D.176.5

【答案】B

【解析】小规模纳税人购入固定资产发生的增值税进项税额直接计入固定资产的采购成本，所以固定资产的入账成本=150+25.5+1+0.11=176.61万元。

4.购入多项没有单独标价固定资产的处理。

企业以一笔款项购入多项没有单独标价的固定资产，应将各项资产单独确认为固定资产，并按各项固定资产公允价值的比例对总成本进行分配。

【例题·判断题】企业以一笔款项购入多项没有单独标价的固定资产，应将各项资产单独确认为固定资产，并按各项固定资产原价的比例对总成本进行分配。（ ）

【答案】错误。

【解析】分配的标准应该是以各项固定资产的公允价值占总成本的比例。这里考生容易将固定资产历史成本与公允价值混淆，因为固定资产是以历史成本入账的。

5.外购固定资产的账务处理。

其账务处理分为不需要安装和需要安装两种情况进行。

（1）不需要安装，其会计分录为：

借：固定资产

应交税费——应交增值税（进项税额）
贷：银行存款等

★【专家一对一】

固定资产入账价值（一般纳税人）=买价+相关税费（进口关税+契税+车辆购置税等）+运输费、装卸费等。关于固定资产入账价值的计算，考试时容易出单选题和不定项选择题，考生不用写出会计分录，可以直接通过该公式快速计算得到固定资产的入账价值。

【例题·不定项选择题】（2018）某企业为一般纳税人，2016年12月22日，购入一台不需要安装的生产用M设备，增值税专用发票上注明的价款为120万元，增值税税额为20.4万元。发生保险费用2万元，增值税税额为0.12万元，款项均以银行存款支付，预计该设备可使用10年，预计净残值为2万元。根据资料，该企业购入M设备的入账价值是（　　）万元。

A.140.4　　B.120　　C.122　　D.142.74

【答案】C

【解析】按照传统做法，先写出相关会计分录。12月22日，购入该设备的会计分录为：

借：固定资产　120
　　应交税费——应交增值税（进项税额）　20.4
　　贷：银行存款　140.4

借：固定资产　2
　　应交税费——应交增值税（进项税额）　0.12
　　贷：银行存款　2.12

然后，得到M设备入账价值为固定资产账户的借方发生额=120+2=122万元。

以上做法比较费时费力，面对此类题目时，建议直接根据固定资产入账价值构成内容计算得到结果，固定资产入账价值=买价＋相关税费（进口关税+契税+车辆购置税等）+运输费、装卸费等=120+2=122万元，需要注意的就是这里一般纳税人增值税作为进项税额而不计入固定资产成本。

当然如果题目选项中涉及到具体关于账务处理的内容，则需要能够写出会计分录。

【例题·不定项选择题】（2018）2016年6月1日，购进一台设备并交付生产部门使用，取得的增值税专用发票上注明的价格为95万元，增值税税额为16.15万元，发票已通过税务机关认证，全部款项已通过银行存款支付。下列关于2016年6月1日购进设备的表述正确的是（　　）。

A.借记“固定资产”科目 95 万元
B.借记“应交税费——待抵扣进项税额”科目 6.06 万元
C.借记“应交税费——待抵扣进项税额”科目 9.65 万元
D.借记“应交税费——应交增值税（进项税额）”科目 16.15 万元

【答案】AD

【解析】因选项中设计到具体的账务处理，这样我们必须写出相关会计分录：

借：固定资产　95
　　应交税费——应交增值税（进项税额）　16.15
　　贷：银行存款　111.15

本题中并没有提到企业是一般纳税人还是小规模纳税人，该如何处理增值税呢？可以看到考题中提到了“发票已通过税务机关认证”，有此类关键词就直接认定其为一般纳税人。值得注意的是，在绝大部分考题中都是类似提法而没有直接说明其为一般纳税人。

（2）需要安装，其会计分录为：

借：在建工程
　　应交税费——应交增值税（进项税额）
　　贷：银行存款等
借：固定资产
　　贷：在建工程

【例题·不定项选择题】2016年6月1日，购进一台需要安装的设备，取得的增值税专用发票上注明的价格为95万元，增值税税额为16.15万元，支付安装费1万元，增值税税额0.17万元，发票已通过税务机关认证，全部款项已通过银行存款支付。下列关于2016年6月1日购进并安装设备的表述正确的是（　　）。

A.借记“固定资产”科目96万元
B.借记“应交税费——待抵扣进项税额”科目6.06万元
C.借记“应交税费——待抵扣进项税额”科目9.65万元
D.借记“应交税费——应交增值税（进项税额）科目”16.32万元
【答案】AD
【解析】相关会计分录为：
借：在建工程 96
　　应交税费——应交增值税（进项税额） 16.32
　　贷：银行存款 112.32
借：固定资产 96
　　贷：在建工程 96

（二）建造固定资产（★★★★★）

1.成本核算。

企业自行建造固定资产，应当按照建造该项资产达到预定可使用状态前所发生的必要支出作为固定资产的成本。

★【专家一对一】

预定可使用状态是固定资产成本确认的时间分割点，预定可使用状态前的各项支出（除了可以抵扣的增值税进项税额）属于资本化支出，计入“在建工程”，达到预定可使用状态后转入“固定资产”。

2.账务处理。

因自建固定资产有自营和出包两种方式，故其会计账务处理也分为两种形式。但不论哪种形式，自建固定资产的核算必须通过“在建工程”科目。

一般纳税人购进时已全额计提进项税额的货物或服务等转用于不动产在建工程的，结转40%的进项税额至第二年扣除。

一般纳税人购入工程物资用于不动产在建工程发生的增值税进项税额，自取得之日起分两年（六四分抵）从销项税额中抵扣。

（1）自营工程：企业自行组织工程物资采购、自行组织施工人员施工的建筑工程和安装工程。

①自营工程（不动产）的会计核算

购买工程物资时（一般纳税人已认证的进项税额六四分抵）：
借：工程物资
　　应交税费——应交增值税（进项税额）→进项税额×60%
　　应交税费——待抵扣进项税额→进项税额×40%
　　贷：银行存款等

【例题·单选题】（2018）某企业自行建造厂房购入工程物资一批，增值税专用发票上注明的价款为100万元，增值税税额为17万元，发票已通过税务机关认证。不考虑其他因素，该企业购买工程物资相关科目会计处理结果表述正确的是（　　）。
A.借记“应交税费——应交增值税（进项税额）”科目17万元
B.借记“原材料”科目100万元
C.借记“应交税费——待抵扣进项税额”科目10.2万元
D.借记“应交税费——待抵扣进项税额”科目6.8万元
【答案】D
【解析】本题的相关处理如下：
借：工程物资 100
　　应交税费——应交增值税（进项税额） 10.2
　　　　　　——待抵扣进项税额 6.8
　　贷：银行存款等 117

领用工程物资时：
借：在建工程
　　贷：工程物资

分配工程人员薪酬时：
借：在建工程
　　贷：应付职工薪酬
工程领用本企业原材料和生产的产品时（转出40%的原已抵扣的进项税额为待抵扣）：
借：在建工程
　　贷：原材料、库存商品
借：应交税费——待抵扣进项税额→原抵扣进项税额×40%
　　贷：应交税费—应交增值税（进项税额转出）
工程耗用的其他费用时（转出40%的原已抵扣的进项税额为待抵扣）：
借：在建工程
　　应交税费——应交增值税（进项税额）→进项税额×60%
　　应交税费——待抵扣进项税额→进项税额×40%
　　贷：银行存款等
工程完工达到预定可使用状态时：
借：固定资产
　　贷：在建工程
②自营工程（动产：设备、生产线）的会计核算
购买工程物资时：
借：工程物资
　　应交税费——应交增值税（进项税额）→已认证进项税额
　　应交税费——待认证进项税额→未认证进项税额
贷：银行存款等
领用工程物资时：
借：在建工程
　　贷：工程物资
分配工程人员薪酬时：
借：在建工程
　　贷：应付职工薪酬
工程领用本企业原材料和生产的产品时：
借：在建工程
　　贷：原材料、库存商品
工程耗用的其他费用时：
借：在建工程
　　应交税费——应交增值税（进项税额）→已认证进项税额
　　应交税费——待认证进项税额→未认证进项税额
　　贷：银行存款等
工程完工达到预定可使用状态时：
借：固定资产
　　贷：在建工程

【例题·单选题】（2018）某增值税一般纳税企业自建仓库一幢，购入工程物资200万元，增值税税额为34万元，已全部用于建造仓库；耗用库存材料50万元，应负担的增值税税额为8.5万元；支付建筑工人工资36万元。该仓库建造完成并达到预定可使用状态，其入账价值为（　　）万元。

A.250　　B.292.5　　C.286　　D.328.5

【答案】C

【解析】根据营改增相关规定，建造固定资产相关的增值税可以抵扣，所以该仓库的入账价值=200+50+36=286万元。

【例题·多选题】某企业2017年准备自建一栋库房。3月5日，购入工程物资取得增值税专用发票上注明的价款为200万元，增值税税额为34万元，款项以银行存款支付，该批物资于当日全部用于工程建筑。3月15日，领用本企业生产的钢材一批，市场售价为60万元，实际成本为30万元，相关进项税额为5.1万元。6月30日，确认3日至6日累计支付的工程人员薪酬40万元（此前薪酬已经发放）。2017年 6月30日，

自建库房工程完工达到预定可使用状态，预计该库房可以使用50年，预计净残值为零。
根据上述资料，假定该企业取得的增值税专用发票经过税务机关认证，不考虑其他因素，下列各项中，关于企业自行建造库房会计处理正确的是（　　）。

A.6月30日，确认累计支付的工程人员薪酬时：
借：在建工程　　40
　　贷：应付职工薪酬　　40

B.3月5日，购入工程物资时：
借：工程物资　　200
　　应交税费——应交增值税（进项税额）　　20.4
　　　　　　——待抵扣进项税额　　13.6
　　贷：银行存款　　234

C.3月5日购入工程物资时：
借：工程物资　　200
　　应交税费——应交增值税（进项税额）　　34
　　贷：银行存款　　234

D.3月15日，领用本企业生产的钢材时：
借：在建工程　　30
　　贷：库存商品　　30
借：应交税费——待抵扣进项税额　　2.04
　　贷：应交税费——应交增值税（进项税额转出）　　2.04

【答案】ABD

【解析】3月5日，购入工程物资：
借：工程物资　　200
　　应交税费——应交增值税（进项税额）（34×60%）20.4
　　　　　　——待抵扣进项税额（34×40%）　　13.6
　　贷：银行存款　　234
领用工程物资：
借：在建工程　　200
　　贷：工程物资　　200
3月15日，领用本企业生产的钢材：
借：在建工程　　30
　　贷：库存商品　　30
同时，根据一般纳税人的增值税特殊规定，计算领用钢材的进项税额中以后期间可抵扣的部分为2.04万元（5.1×40%=2.04）。
借：应交税费——待抵扣进项税额　　2.04
　　贷：应交税费——应交增值税（进项税额转出）　　2.04
6月30日，确认3日至6日累计支付的工程人员薪酬：
借：在建工程　　40
　　贷：应付职工薪酬　　40

（2）出包工程

①出包工程（不动产）的会计核算

支付出包工程款时：
借：在建工程
　　应交税费——应交增值税（进项税额）→进项税额×60%
　　应交税费——待抵扣进项税额→进项税额×40%
　　贷：银行存款等

工程完工达到预定可使用状态时：
借：固定资产
　　贷：在建工程

②出包工程（动产：设备、生产线）的会计核算

支付出包工程款时：

借：在建工程
　　应交税费——应交增值税（进项税额）→已认证进项税额
　　应交税费——待认证进项税额→未认证进项税额
　　贷：银行存款等
工程完工达到预定可使用状态：
借：固定资产
　　贷：在建工程

表2-15 出包工程的账务处理

业务情况	会计分录	
	属于动产的固定资产（如设备、生产线等）	属于不动产的固定资产（如厂房、仓库等）
1.企业按合理估计的发包工程进度和合同规定的建造商支付预付款或进度款	借：在建工程 应交税费——应交增值税（进项税额）→已认证进项税额 应交税费——待认证进项税额→未认证进项税额 贷：银行存款等	借：在建工程 应交税费——应交增值税（进项税额）→进项税额×60% 应交税费——待抵扣进项额→进项税额×40% 贷：银行存款等
2.工程完工补付工程价款	借：在建工程 应交税费——应交增值税（进项税额）→已认证进项税额 应交税费——待认证进项税额→未认证进项税额 贷：银行存款等	借：在建工程 应交税费——应交增值税（进项税额）→进项税额×60% 应交税费——待抵扣进项税额→进项税额×40% 贷：银行存款等
3.工程完工交付使用时	借：固定资产 贷：在建工程	借：固定资产 贷：在建工程

【例题·单选题】某企业为增值税一般纳税人，适用的增值税税率为17%，2017年6月建造厂房领用材料实际成本26 000元，计税价格为28 000元，该项业务应计入在建工程成本的金额为（　　）元。

A.26 000　　B.28 000　　C.30 420　　D.32 760

【答案】A

【解析】全面营改增后，不动产也属于增值税征税范围，领用外购的原材料用于建造厂房，领用的原材料的进项税额可以抵扣，会计处理：

借：在建工程　　26 000
　　贷：原材料　　26 000
借：应交税费——待抵扣进项税额　　1 768（26 000×17%×40%）
　　贷：应交税费——应交增值税（进项税额转出）　　1 768

【例题·单选题】某增值税一般纳税企业自建仓库一幢，购入工程物资400万元，增值税税额为68万元，已全部用于建造仓库；耗用库存材料60万元，应负担的增值税税额为10.2万元；支付建筑工人工资52万元。该仓库建造完成并达到预定可使用状态，其入账价值为（　　）万元。

A.460　　B.580　　C.512　　D.452

【答案】C

【解析】根据营改增相关规定，建造固定资产相关的增值税可以抵扣，所以该仓库的入账价值=400+60+52= 512万元。

三、对固定资产计提折旧

（一）固定资产折旧概述（★★）

固定资产折旧是指企业在固定资产的使用寿命内，按照确定的方法对应计折旧额进行系统分摊。

【注意】应计折旧额=固定资产原价-预计净残值-已计提的固定资产减值准备

1.影响折旧的因素：

①固定资产原价
②预计净残值
预计净残值 = 预计报废时固定资产的残余价值 - 预计清理费用
预计净残值率 = 预计净残值 ÷ 固定资产原价
③固定资产减值准备
④固定资产的使用寿命

★【专家一对一】

固定资产的使用寿命、预计净残值一经确定，不得随意变更，但是符合《企业会计准则第4号——固定资产》第十九条规定的除外。

（注意“随意”二字，不是指固定资产的使用寿命和预计净残值一经确定不得更改。）

【例题·多选题】（2012）下列各项中，影响固定资产折旧的因素有（　　）。

A.固定资产原价　　B.固定资产的预计使用寿命
C.固定资产预计净残值　　D.已计提的固定资产减值准备

【答案】ABCD

【解析】本题可以直接记忆，当然也可以根据折旧的公式来理解记忆。应计提折旧总额公式：应计提折旧总额=固定资产原价-预计净残值-已计提的固定资产减值准备，可以判断ACD选项正确；而每年的折旧额直接受预计使用寿命的影响，所以不难判断B选项也正确。

2.应计提折旧总额（每年重新计算）
= 固定资产原价 - 预计净残值 - 已计提的固定资产减值准备
= 固定资产原价 ×（1 - 预计净残值率）- 固定资产减值准备

企业至少应当于每年年度终了，对固定资产的使用寿命、预计净残值和折旧方法进行复核。固定资产使用寿命、预计净残值和折旧方法的改变应当作为会计估计变更。

3.计提折旧的范围。

固定资产有两种情况不计提折旧：（1）已提足折旧仍继续使用的固定资产；（2）单独计价入账的土地。

★【专家一对一】

考试中经常会添加诸如“未使用的固定资产”等选项来混淆视听，请记住只有这两项，企业不需要计提折旧。考试中可用排除法。

【例题·多选题】下列各项固定资产中，应当计提折旧的有（　　）。

A.闲置的固定资产　　B.单独计价入账的土地
C.经营租出的固定资产　　D.已提足折旧仍继续使用的固定资产

【答案】AC

除以上情况外，企业应当对所有固定资产计提折旧，计提折旧的范围如下表所示。

表2-16　固定资产计提折旧的范围

空间范围	a.以经营租赁方式租出的固定资产
	b.以融资租赁方式租入的固定资产
	c.不需用的固定资产
	d.已达到预定可使用状态但尚未办理竣工结算的固定资产
	e.因经营任务变更而停用的固定资产
	f.因季节性经营而停用的生产设备
	g.因大修理而停用的设备
时间范围	固定资产折旧一般按年计算、按月计提
	a.当月增加的固定资产，当月不计提折旧，从下月起计提折旧
	b.当月减少的固定资产，当月仍计提折旧，从下月起停止计提折旧

时间范围上讲当月增加的固定资产，当月不计提折旧，从下月起计提折旧。记忆时注意只记“当月

增加”这一种情形是当月不提，下月开始提（注意与无形资产的摊销相反）。那么即可推理出无形资产是当月增加的当月开始摊销。

【例题·判断题】（2017）企业当月新增加的固定资产，当月不计提折旧，自下月起计提折旧，当月减少的固定资产，当月仍计提折旧。（ ）
【答案】正确。

已经达到预定可使用状态但尚未办理竣工决算的固定资产，应当按照估计价值确定其成本（暂估入账），并计提折旧；待办理竣工决算后，再按照实际成本调整原来的暂估价值，但不需要调整原已计提的折旧。（类似于原材料的暂估入账）

【例题·判断题】已达到预定可使用状态但尚未办理竣工决算的固定资产不应计提折旧。（ ）
【答案】错误。
【解析】这里体现了会计核算的真实性和客观性，达到预定可使用状态说明该项固定资产的属性已经都已经具备，至于账有没有算清楚并不影响其是否构成固定资产本身。已经属于固定资产了，当然应该计提折旧。

【例题·多选题】（2014）下列各项中，应计提固定资产折旧的有（ ）。
A.经营租入的设备
B.融资租入的办公楼
C.已投入使用但未办理竣工决算的厂房
D.已达到预定可使用状态但未投产的生产线
【答案】BCD
【解析】以经营租赁方式租入的设备不计提折旧，因为企业不拥有该设备所有权，所以选项A不应计提折旧。而融资租入的办公楼的所有权在于企业，所以需要计提折旧。考生应注意区分经营租入以及融资租入这两个概念。

★【专家一对一】

不应计提折旧的空间范围除了教材中提到的两点外（上文已经注明），还需要注意以下几种情况也不应该计提折旧，这几种情况尤其容易在判断题和多选题中出现。

①以经营租赁方式租入的固定资产；
②以融资租赁方式租出的固定资产；
③处于更新改造过程中的固定资产；
④提前报废的固定资产。

4.固定资产使用寿命、预计净残值和折旧方法的复核。

前文提到了《企业会计准则第4号——固定资产》第十九条规定，以下要求均买自于此条的规定（每个要求都容易出判断题）。

企业至少应当于每年年度终了，对固定资产的使用寿命、预计净残值和折旧方法进行复核。

使用寿命预计数与原先估计数有差异的，应当调整固定资产使用寿命。

预计净残值预计数与原先估计数有差异的，应当调整预计净残值。

与固定资产有关的经济利益预期实现方式有重大改变的，应当改变固定资产折旧方法。

固定资产使用寿命、预计净残值和折旧方法的改变应当作为会计估计变更（不调整原已计提的折旧）。

（二）固定资产折旧方法（★★★★★）

企业应当根据与固定资产有关的经济利益的预期实现方式，合理选择固定资产折旧方法。

表2–17 固定资产折旧方法

年限平均法（直线法）	工作量法	双倍余额递减法	年数总和法
针对这四种固定资产折旧方法，易出单项选择题和不定项选择题，一般每年必考简单的计算。所以需要考生熟练掌握这四种折旧方法的计算公式并且明确区分他们的不同点，在考试中认真对待。			

折旧方法总来的说，可以分为两大类。第一类为平均法，具体包括了年限平均法（单位时间折旧额保持不变）和工作量法（单位工作量折旧额保持不变）。第二类为加速折旧法，具体包括双倍余额递减法和年数总和法，其表现出前期折旧额高，后期折旧额低的特点。

1.年限平均法（直线法）。

采用年限平均法计提固定资产折旧，其特点是将固定资产的应计折旧额均衡地分摊到固定资产预计使用寿命内，采用这种方法计算的每期折旧额是相等的。

年限平均法的计算公式如下：

年折旧额 =（固定资产原价 – 预计净残值）÷ 预计使用寿命（年）

月折旧额 = 年折旧额 ÷ 12

★【专家一对一】

以上折旧计算公式既有计算年折旧额也有计算年折旧率的，一般考题中绝大部分要求计算折旧额，所以我们建议采用直接计算年折旧额、月折旧额的方法（与传统解法区别）。

月折旧额=固定资产原价 × 月折旧率

月折旧率=年折旧率 ÷ 12

年折旧率=（1–预计净残值率）÷ 预计使用寿命（年）

【例题·单选题】甲公司有一幢厂房，原价5 000 000元，预计可使用20年，预计报废时的净残值率为2%。计算该厂房每月应计提的折旧额。（按年限平均法）

A.20 000　　B.20 500　　C.21 000　　D.21 500

【答案】B

【解析】传统解法：

年折旧率=（1–2%）÷ 20=4.9%

月折旧率=4.9% ÷ 12=0.41%

月折旧额=5 000 000 × 0.41%=20 500元

推荐解法：

预计净残值=5 000 000 × 2%=100 000元

年折旧额=（5 000 000–100 000）÷ 20=245 000元

月折旧额=245 000 ÷ 12=20 500元

如果考题中需要计算折旧率，则月折旧率=月折旧额 ÷ 固定资产原价=20 500 ÷ 5 000 000=0.41%

【例题·多选题】（2018年真题改编）某制造企业为增值税一般纳税人，2016年6月1日，购进一台设备并交付生产部门使用，取得的增值税专用发票上注明的价格为95万元，增值税税额为16.15万元，发票已通过税务机关认证，全部款项已通过银行存款支付。该设备预计使用年限为10年、预计净残值为5万元，采用直线法计提折旧。下列各项中，关于该设备折旧的表述正确的是（　　）。

A.2016年7月开始计提折旧　　B.2016年6月开始计提折旧

C.该设备月折旧额为0.75万元　　D.该设备应计提折旧总额为95万元

【答案】AC

【解析】1.前文提醒考生只记住一点，就是当月增加的固定资产，当月不提折旧，下月开始提折旧。所以应该在2016年7月开始计提折旧。2.采用直线法计提折旧，年折旧额=（95–5）÷ 10=9万元，月折旧额=9 ÷ 12=0.75万元。

【例题·单选题】甲公司2016年12月31日购入一台需要安装的机器设备，取得增值税专用发票上注明的价款为500万元，增值税税额为85万元，该设备当日开始安装。至2017年1月20日，该设备安装完成，共发生安装费用60万元，设备达到预定可使用状态。该设备采用年限平均法计提折旧，预计使用年限为10年，预计净残值率为10%。则甲公司2017年针对该项固定资产应该计提的折旧额为（　　）万元。

A.50.4　　B.46.2　　C.56　　D.45

【答案】B

【解析】2017年1月份该固定资产达到预定可使用状态，根据规定当月增加的固定资产，当月不提折旧，下月开始提折旧。所以从2017年2月份开始计提折旧。2017年应该计提的折旧额=（500+60）×（1–10%）÷ 10 × 11 ÷ 12=46.2万元

工作量法工作量法是指根据实际工作量计算固定资产每期应计提折旧额的一种方法。其特点是单位工作量折旧额不变。

工作量法的计算公式如下：

单位工作量折旧额=[固定资产原价 ×（1–预计净残值率）] ÷ 预计总工作量

某项固定资产月折旧额=该项固定资产当月工作量 × 单位工作量折旧额

【例题·判断题】采用工作量法计算固定资产折旧额时，每月应计提折旧额是相等的。（ ）
【答案】错误。
【解析】采用工作量法计算折旧额，单位工作量折旧额相等，但每月的折旧额取决于当月工作量大小。直线法计提折旧时，每月应计提折旧额才是相等的。

3.双倍余额递减法。

双倍余额递减法是指在不考虑固定资产预计净残值的情况下，根据每期起初固定资产原价减去累计折旧后的余额和双倍的直线法折旧率计算固定资产折旧的一种方法。采用双倍余额递减法计提固定资产折旧，一般应在固定资产使用寿命到期前两年内，将固定资产账面净值扣除预计净残值后的余额平均摊销。

★【专家一对一】

双倍余额递减法vs限平均法（直线法）

双倍余额递减法下，其折旧率是年限平均法（直线法）折旧率的两倍。其特点是全程分两段计算折旧额：折旧前期采用双倍余额递减法，一定不考虑净残值；折旧年限的最后两年改用直线法，一定要考虑净残值。两种方法的比较如图所示。

年限平均法和双倍余额递减法折旧额比较图

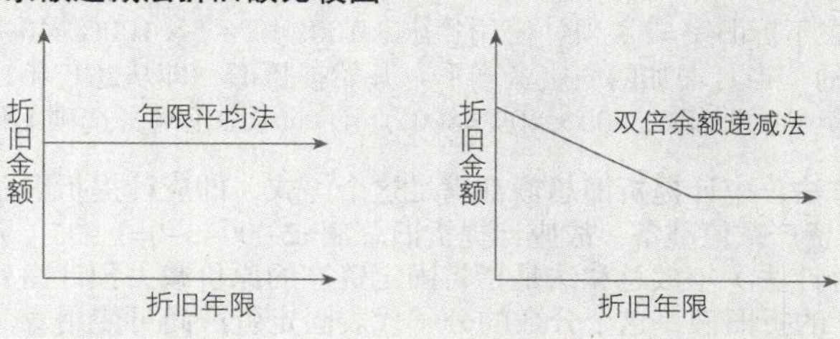

双倍余额递减法的计算公式如下：

年折旧率=2÷预计使用年限（年）×100%

年折旧额=每个折旧年度年初固定资产账面净值×年折旧率

月折旧额=年折旧额÷12

从以上公式中可以总结出双倍余额递减法的规律：折旧率不变，计算折旧的基数递减。

注意：

这里的折旧年度是指“以固定资产开始计提折旧的月份为始计算的1个会计年度期间”。如：某公司3月取得某项固定资产，其折旧年度为“从当年4月至第二年3月期间”。

【例题·多选题】某企业一项固定资产的原价为1 000 000元，预计使用年限为5年，预计净残值为4 000元。对于每年折旧额下列选项计算正确的是（ ）。（按双倍余额递减法计提折旧）

A.第2年折旧额为24 000元
B.第3年应计提的折旧额为400 000元
C.第4年应计提的折旧额为106 000元
D.第5年应计提的折旧额为100 000元

【答案】AC

【解析】此题选项中给出了第2—4年的折旧率，意味着要分别计算每年的折旧率。

年折旧率=2÷5×100%=40%

第1年应计提的折旧额=1 000 000×40%=400 000元

第2年应计提的折旧额=（1 000 000−400 000）×40%=240 000元

第3年应计提的折旧额=（1 000 000−400 000−240 000）×40%=144 000元

从第4年起改用年限平均法（直线法）计提折旧：

第4年、第5年的年折旧额=[（1 000 000−400 000−240 000−144 000）−4 000]÷2
=106 000元

【例题·单选题】（2018年真题改编）2018年12月31日，甲公司购入一台设备并投入使用，其成本为25万元，预计使用年限5年，预计净残值1万元，采用双倍余额递减法计提折旧。假定不考虑其他因素，2019年度该设备应计提的折旧额为（ ）万元。

A.4.8　　B.8　　C.9.6　　D.10

【答案】D

【解析】年折旧率=2÷5×100%=40%，2019年度该设备应计提的折旧额=25×40%=10万元。

【例题·单选题】某企业采用双倍余额递减法计算固定资产折旧。2016年12月购入一项固定资产，原价为200 000元，预计使用年限为5年，预计净残值为4 000元，不考虑其他因素，2017年该项固定资产应计提的折旧额为（　　）元。

A.80 000　　B.65 333　　C.39 200　　D.78 400

【答案】A

【解析】该固定资产是2016年12月购入的，当月增加的固定资产下月开始计提折旧，所以应该从2017年1月份开始计提折旧，即2017年的折旧额就是第一年应计提的折旧额。年折旧率=2÷预计使用年限×100%=2÷5×100%=40%，第一年应计提的折旧额=200 000×40%=80 000（元），所以2017年的折旧额也为80 000元。

【例题·多选题】2016年12月20日，某企业购入一台设备，其原价为2 000万元，预计使用年限5年，预计净残值5万元，采用双倍余额递减法计提折旧，下列各项中，该企业采用双倍余额递减法计提折旧的结果表述正确的有（　　）。

A.2017年折旧额为665万元　　B.应计折旧总额为1 995万元

C.年折旧率为33%　　D.2017年折旧额为800万元

【答案】BD

【解析】双倍余额递减法年折旧率=2÷预计使用年限×100%=2÷5×100%=40%，选项C排除；该设备是2016年12月20日购入的，当月增加的固定资产下月开始提折旧，即从2017年1月份开始提折旧，因此2017年折旧额就是第一年的折旧额=2 000×40%=800万元，选项D正确，选项A不正确。

无论采用哪种折旧方法，应计提折旧总额都满足这个等式，即应计提折旧总额=固定资产原价－预计净残值－已计提的固定资产减值准备，故应计提折旧总额=2 000−5−0=1 995（万元）。选项B正确。

年数总和法（年限合计法）年数总和法是指将固定资产的原价减去预计净残值后的余额，乘以一个逐年递减的分数计算每年的折旧额，这个分数的分子代表固定资产尚可使用寿命，分母代表固定资产预计使用寿命逐年数字总和。

已计提减值准备的固定资产，应当按照该项资产的账面价值（固定资产账面余额扣减累计折旧和减值准备后的金额）以及尚可使用寿命重新计算确定折旧率和折旧额。

★【专家一对一】

年数总和法vs双倍余额递减法

年数总和法每年改变的是折旧率，而不是“折旧基数”，并且随着时间的延长，年折旧率呈现出下降的趋势。

【例题·单选题】甲公司为增值税一般纳税人。2016年12月31日购入不需要安装的生产设备一台，当日投入使用。该设备价款为300万元，增值税税额为51万元，预计使用寿命为5年，预计净残值为零，采用年数总和法计提折旧。该设备2017年应计提的折旧额为（　　）万元。

A.117　　B.100　　C.60　　D.70.2

【答案】B

【解析】2016年12月31日购入，所以2017年1月开始计提折旧，2017年应该计提的折旧额就是第一年的折旧额。2017年应该计提的折旧额=300×5÷（1+2+3+4+5）=100万元。

【例题·单选题】2015年12月某企业购入一台设备，初始入账价值为400万元。设备于当月交付使用，预计使用寿命为5年，预计净残值为4万元，采用年数总和法计提折旧。不考虑其他因素，2017年该设备应计提的折旧额为（　　）万元。

A.160　　B.96　　C.132　　D.105.6

【答案】D

【解析】2015年12月购入固定资产，所以2016年1月开始计提折旧，2017年应该计提的折旧额就是第二年的折旧额。2017年该设备应计提的折旧额为（400−4）×4÷（1+2+3+4+5）=105.6万元。

【例题·单选题】2015年12月，某企业购入一台设备。初始入账价值400万元，设备于当月交付使用，预计使用寿命5年，预计净残值4万元，采用年数总和法计提折旧，不考虑其他因素，2016年，该设备应计提折旧额为（　　）万元。

A.132　　B.160　　C.105.6　　D.96

【答案】A

【解析】2015年12月购入固定资产，所以2016年1月开始计提折旧，2016年应该计提的折旧额就是第一年的折旧额。2016年该固定资产应当计提的折旧金额为（400-4）×5÷15=132万元。

【例题·单选题】2016年12月15日，某企业购入一台不需要安装的设备并投入使用。该设备入账价格为200万元，预计使用年限为5年，预计净残值率为1%，采用年数总和法计提折旧。不考虑其他因素，该设备2017年度应计提的折旧额为（　　）万元。

A.5.28　　B.66.67　　C.66　　D.80

【答案】C

【解析】2016年12月购入固定资产，所以2017年1月开始计提折旧，2017年应该计提的折旧额就是第一年的折旧额。年折旧率=5÷（1+2+3+4+5）=1/3；2017年度应计提的折旧额=200×（1-1%）×1/3=66万元。

（三）固定资产折旧的账务处理（★★★）

固定资产应当按月计提折旧，计提的折旧应当计入“累计折旧”科目，并根据固定资产的用途计入相关资产的成本或者当期损益。其账务处理的会计分录一般如下所示：

借：制造费用（生产车间计提折旧）

　　管理费用（企业管理部门、未使用的固定资产计提折旧）

　　销售费用（企业销售部门计提折旧）

　　其他业务成本（企业经营出租固定资产计提折旧）

　　研发支出（企业研发无形资产时使用固定资产计提折旧）

　　在建工程（在建工程中使用固定资产计提折旧）

　　应付职工薪酬（企业无偿提供职工使用固定资产计提折旧）

　　贷：累计折旧

★【专家一对一】

在固定资产折旧的账务处理中，考生需要对于分录借方的会计科目进行明确区分并且注意题干中选项要求是正向还是反向的。

针对此考点出题时，一般选项的字数都较多，需要考生仔细阅读每一选项后再进行答题。

【例题·多选题】（2017年真题改编）下列各项中，关于工业企业固定资产折旧会计处理表述正确的是（　　）。

A.基本生产车间使用的固定资产，其计提的折旧应计入制造费用

B.经营租出的固定资产，其计提的折旧应计入其他业务成本

C.建造厂房时使用的自有固定资产，其计提的折旧应计入在建工程成本

D.行政管理部门使用的固定资产，其计提的折旧应计入管理费用

【答案】ABCD

【解析】应该根据固定资产的用途计入相关资产的成本或者当期损益。生产车间计提折旧计入制造费用，企业经营出租固定资产计提折旧计入其他业务成本，建造厂房时使用固定资产计提折旧计入在建工程，企业管理部门使用的固定资产计提折旧计入管理费用。

【例题·单选题】（2013）下列关于企业计提固定资产折旧会计处理的表述中，不正确的是（　　）。

A.对管理部门使用的固定资产计提的折旧应计入管理费用

B.对财务部门使用的固定资产计提的折旧应计入财务费用

C.对生产车间使用的固定资产计提的折旧应计入制造费用

D.对专设销售机构使用的固定自查计提的折旧应计入销售费用

【答案】B

【解析】可以用排除法，比较容易分辨ACD选项都是正确的，所以B选项不正确。财务部门属于企业行政管理部门，使用的固定资产计提折旧需要计入管理费用，而不是财务费用。

四、固定资产发生的后续支出

固定资产的后续支出，是指固定资产在使用过程中发生的更新改造支出、修理费用等。一般考题中会用到“改良、改扩建、更新改造”等字眼。

（一）固定资产后续支出的处理原则（★★★）

固定资产的更新改造等后续支出，满足固定资产确认条件的（资本化），应当计入固定资产成本，更新改造中如有被替换的部分，应同时将被替换部分的账面价值从该固定资产原账面价值中扣除；不满足固定资产确认条件的固定资产修理费用等，应当在发生时计入当期损益。

【例题·判断题】企业发生固定资产改扩建支出且符合资本化条件的，应计入相应在建工程成本。（　　）

【答案】正确。

【解析】固定资产的更新改造等后续支出，满足资本化条件的，应当计入固定资产成本，不过首先应当通过“在建工程”科目进行核算，改造完成后计入固定资产。

【例题·判断题】企业生产车间发生的固定资产日常修理费用应确认为制造费用。（　　）

【答案】错误。

【解析】企业生产车间和行政管理部门发生的不可资本化的后续支出，比如发生的固定资产日常修理费用应计入管理费用，而不是制造费用。

★【专家一对一】

企业生产车间（部门）和行政管理部门发生的不可资本化的后续支出，比如发生的固定资产日常修理费用应计入管理费用，而不是制造费用。这是由于制造费用实质上还是计入了产品成本中，而这里准则规定必须费用化。

企业专设销售机构发生的不可资本化的后续支出，比如发生的固定资产日常修理费用应计入销售费用。

★【专家一对一】

考试中经常出题考核计算固定资产更新改造完成后的账面价值。这里可以给出一个简单计算公式：更新改造完成后的账面价值=更新改造前的账面价值＋后续支出－被更换部件的账面价值。

【例题·单选题】（2017）某企业对生产设备进行改良，发生资本化支出共计45万元，被替换旧部件的账面价值为10万元，该设备原价为500万元，已计提折旧300万元，不考虑其他因素。该设备改良后的入账价值为（　　）万元。

A.245　　B.235　　C.200　　D.190

【答案】B

【解析】设备改良后的入账价值=（500–300）+45–10=235万元。

【例题·单选题】企业对一条生产线进行更新改造。该生产线的原价为120万元，已提折旧为60万元。改造过程中发生支出30万元，被替换部分的账面原值15万元。该生产线更新改造后的成本为（　　）万元。

A.65　　B.82.5　　C.135　　D.150

【答案】B

【解析】更新改造前的账面价值=120–60=60万元，被更换部件的账面价值=15×（120–60）÷120=7.5万元（这里认为替换部件跟整个生产线的折旧同步，所以其账面价值与整个生产线的账面价值同比例降低），改造后的入账价值=60+30–7.5= 82.5万元。

（二）固定资产后续支出的账务处理（★★★）

固定资产发生的可资本化的后续支出，应当通过“在建工程”科目进行核算。固定资产发生的不可资本化的后续支出，应当通过“管理费用”“销售费用”等进行核算。

表2–18　固定资产后续支出的账务处理

业务情况		会计分录
更新改造支出（可资本化）	①固定资产转入改扩建时	借：在建工程 累计折旧 固定资产减值准备 贷：固定资产

<table>
<tr><th colspan="2">业务情况</th><th>会计分录</th></tr>
<tr><td rowspan="3">更新改造支出
（可资本化）</td><td>②发生改扩建工程支出时</td><td>借：在建工程
　贷：银行存款等</td></tr>
<tr><td>③涉及到替换原固定资产的某组成部分时</td><td>借：银行存款或原材料（残料价值）
　营业外支出（净损失）
　贷：在建工程（被替换部分的账面价值）
【注意】被替换部分资产无论是否有残料收入等经济利益的流入，都不会影响最终固定资产的入账价值。</td></tr>
<tr><td>④完工并达到预定可使用状态时</td><td>借：固定资产
　贷：在建工程
【注意】转为固定资产后，按重新确定的使用寿命、预计净残值和折旧方法计提折旧。</td></tr>
<tr><td>日常维修支出
（费用化）</td><td colspan="2">借：管理费用（生产车间、行政管理部门、财务部门）
　销售费用（销售部门）
　贷：银行存款等</td></tr>
</table>

五、处置固定资产

固定资产处置，即固定资产的终止确认，具体包括固定资产的出售、报废、毁损、对外投资、非货币性资产交换、债务重组等。企业处置固定资产应通过“固定资产清理”科目进行核算，清理的净损益计入当期损益。

（一）固定资产处置的账务处理（★★★★）

表2–19　固定资产处置的账务处理

业务情况	会计分录
固定资产转入清理时	借：固定资产清理 　累计折旧 　固定资产减值准备 　贷：固定资产
发生的清理费用时	借：固定资产清理 　贷：银行存款等
收回出售固定资产的价款、残料价值和变价收入等	借：原材料 　银行存款等 　贷：固定资产清理 　　应交税费——应交增值税（销项税额）
应收取保险赔偿的处理	借：其他应收款等 　贷：固定资产清理
清理净损益的处理	净收益： 借：固定资产清理 　贷：营业外收入 净损失： 借：营业外支出 　贷：固定资产清理

【注意】增值税一般纳税人销售其取得的不动产或者不动产在建工程时，尚未抵扣完毕的待抵扣进项税额，允许于销售的当期从销项税额中抵扣，相关会计分录为：

借：应交税费——应交税费（进项税额）

　贷：应交税费——待抵扣进项税额

【例题·单选题】（2017）某公司出售专用设备一台，取得价款 30 万元（不考虑增值税），发生清理费用5万元（不考虑增值税），该设备的账面价值 22万元，不考虑其他因素。下列各项中，关于此项交易净损益会计处理结果表述正确的是（　　）。

A.营业外收入增加 8 万元　　B.营业外收入增加 3 万元

C.营业外收入增加 25 万元　　D.营业外收入增加 27 万元

【答案】B

【解析】这里建议不用传统的会计分录方法来处理此类问题，可以根据生活常识来做出快速正确的判断。即本来价值22万元的设备，被公司25万元（30−5=25）卖掉了，当然产生了3万元的营业外收入。如果采用会计分录的方法比较费时费力。具体企业处置固定资产的账务处理如下：

借：固定资产清理　22

　贷：固定资产　22

借：固定资产清理　5

　贷：银行存款　5

借：银行存款　30

　贷：固定资产清理　30

固定资产清理有贷方余额=30−22−5=3万元，故有营业外收入3万元。

【例题·单选题】（2016）下列关于固定资产的表述中，正确的是（　　）。

A.经营出租的生产设备计提的折旧记入其他业务成本

B.设备报废清理费记入管理费用

C.生产线的日常修理费记入在建工程

D.当月新增固定资产，当月开始计提折旧

【答案】A

【解析】本题属于几个考点之间的混搭，需要考生对每个小知识点的准确把握，可以采用排除法。选项A正确，这点前面已经做过相关考题，需要反复练习才能熟悉巩固；选项B，应计入“固定资产清理”账户借方，最终转入营业外收支；选项C，固定资产的日常修理费不能资本化，所以应计入管理费用；选项D，当月新增固定资产，从下月开始提折旧。

【例题·单选题】某企业处置一项固定资产收回的价款为80万元，该资产原价为100万元，已计提折旧60万元，计提减值准备5万元，处置发生清理费用5万元，不考虑其他因素，处置该资产对当期利润总额的影响金额为（　　）万元。

A.40　　B.80　　C.50　　D.35

【答案】A

【解析】固定资产的账面价值=100−60−5=35万元，本来35万元的固定资产被公司以75万元（80−5=75）出售了，所以产生了40万元的营业外收入。

【例题·多选题】下列各项中，影响固定资产清理净损益的有（　　）。

A.清理固定资产发生的税费　　B.清理固定资产的变价收入

C.清理固定资产的账面价值　　D.清理固定资产耗用的材料成本

【答案】ABCD

【解析】在以上几种业务发生时，都会涉及固定资产清理账户的增减变化，从而影响固定资产清理净损益。A选项属于发生清理费用时，B选项属于收回出售固定资产的价款、残料价值和变价收入时，C选项属于固定资产转入清理时，D选项属于发生清理成本费用时。

【例题·多选题】下列各项中，应通过“固定资产清理”科目核算的有（　　）。

A.盘亏的固定资产　　B.改扩建的固定资产　　C.报废的固定资产　　D.毁损的固定资产

【答案】CD

【解析】固定资产处置时才用“固定资产清理”科目核算，就是固定资产的终止确认的时候，具体包括固定资产的出售、报废、毁损、对外投资、非货币性资产交换、债务重组等，通俗的理解就是固定资产消失的时候。A选项盘亏不至于固定资产完全不存在了，B选项改扩建固定资产更新更大了，而不会消失。

六、固定资产清查

企业应定期或者至少于每年年末对固定资产进行清查盘点，如果发现盘盈、盘亏的固定资产，应填制固定资产盘盈盘亏报告表。清查固定资产的损溢，应及时查明原因，并按照规定程序报批处理。

（一）固定资产清查的账务处理（★★★）

表2-20 固定资产清理的账务处理

业务情况		会计分录
（1）盘盈	①报经批准前	借：固定资产（重置成本） 贷：以前年度损益调整
	②报经批准后	借：以前年度损益调整 贷：盈余公积——法定盈余公积 利润分配——未分配利润
（2）盘亏	①报经批准前	借：待处理财产损溢 累计折旧 固定资产减值准备 贷：固定资产
	②报经批准后	借：其他应收款（应收保险赔款或过失人赔款） 营业外支出（差额） 贷：待处理财产损溢

【例题·单选题】企业固定资产的盘亏净损失，应计入（　　）。

A.管理费用　B.营业外支出　C.资本公积　D.销售费用

【答案】B

【解析】当盘亏报经批准后，净损失计入营业外支出，其账务处理为：

借：其他应收款（应收保险赔款或过失人赔款）

　　营业外支出（差额）

　　贷：待处理财产损溢

★【专家一对一】

针对固定资产盘盈盘亏的考题，考生容易跟前面讲的库存现金、存货的盘盈盘亏的账务处理相混淆，所以这里需要考生区别固定资产、库存现金、存货三者之间账务处理的异同。具体比较详见后面“专家一点通”部分的“库存现金vs存货vs固定资产三者盘盈盘亏账务处理表”。

【例题·单选题】企业在盘盈固定资产时，应通过（　　）科目进行核算。

A.待处理财产损溢　B.以前年度损益调整

C.资本公积　D.营业外收入

【答案】B

【解析】当盘盈的固定资产报经批准前，应通过“以前年度损益调整”科目核算，其账务处理为：

借：固定资产（重置成本）

　　贷：以前年度损益调整

七、固定资产减值

固定资产在资产负债表日存在可能发生减值的迹象时，其可收回金额低于账面价值的，企业应当将该固定资产的账面价值减记至可收回金额，减记的金额确认为减值损失，计入当期损益，同时计提相应的资产减值准备。

（一）固定资产减值的会计处理（★★）

固定资产减值的会计分录处理如下：

借：资产减值损失

　　贷：固定资产减值准备

固定资产减值损失一经确认，在以后会计期间不得转回,即计提的固定资产减值准备在持有期间不得转回（处置时可以结转）。

【例题·单选题】下列各项中，不会导致固定资产账面价值发生增减变动的是（　　）。

A.盘盈固定资产　　B.经营性租入设备　　C.以固定资产对外投资　　D.计提减值准备

【答案】B

【解析】本题属于跨多个知识点考核，固定资产账面价值=固定资产原价-已提累计折旧-已提减值准备。A选项直接按照重置成本重新确认了固定资产的入账价值，固定资产账面价值将增加，B选项不是本企业的固定资产，当然不会导致固定资产账面价值发生增减变动，C选项属于固定资产处置，相当于固定资产消失了，固定资产账面价值减至零，D选项会影响固定资产减值准备的金额，从而引起固定资产账面价值发生增减变动。

★【专家一点通】

固定资产折旧方法对比表

双倍余额递减法	年限平均法（直线法）
折旧率为年限平均法的2倍	折旧率固定
使用寿命到期前两年内，不考虑残值	从购入开始考虑净残值
年数总和法	双倍余额递减法
每年改变折旧率，且随着年限下降	每年改变折旧基数

库存现金vs存货vs固定资产三者盘盈盘亏账务处理表

资产项目	盘盈	盘亏
库存现金	①报经批准前： 借：库存现金 　贷：待处理财产损溢 ②报经批准后： 借：待处理财产损溢 　贷：其他应付款（应支付给有关人员或单位） 　　营业外收入（无法查明原因）	①报经批准前： 借：待处理财产损溢 　贷：库存现金 ②报经批准后： 借：其他应收款（责任人或保险公司应赔偿的部分） 　管理费用（无法查明原因） 　贷：待处理财产损溢
存货	①报经批准前： 借：原材料/库存商品等 　贷：待处理财产损溢 ②报经批准后： 借：待处理财产损溢 　贷：管理费用	①报经批准前： 借：待处理财产损溢 　贷：原材料/库存商品等 　　应交税费——应交增值税（进项税额转出）（非正常损失） ②报经批准后： 借：银行存款（残料变现） 　原材料（残料入库） 　其他应收款（应收保险公司和过失人的赔款） 　管理费用（一般经营损失或收发计量） 　营业外支出（自然灾害毁损部分） 　贷：待处理财产损溢
固定资产	①报经批准前： 借：固定资产（重置成本） 　贷：以前年度损益调整 ②报经批准后： 借：以前年度损益调整 　贷：盈余公积——法定盈余公积 　　利润分配——未分配利润	①报经批准前： 借：待处理财产损溢 　累计折旧 　固定资产减值准备 　贷：固定资产 ②报经批准后： 借：其他应收款（应收保险赔款或过失人赔款） 　营业外支出（差额） 　贷：待处理财产损溢

★【专家一对一】

资产减值对比表

资产项目	减值账务处理	减值可否转回	转回的账务处理
应收账款	借：资产减值损失（账面价值高于未来现金流量现值的差额） 贷：坏账准备	可以	借：坏账准备 贷：资产减值损失
存货	借：资产减值损失（成本高于可变现净值的差额） 贷：存货跌价准备	可以	借：存货跌价准备 贷：资产减值损失
固定资产	借：资产减值损失（账面价值高于可收回金额的差额） 贷：固定资产减值准备	否	/
无形资产	借：资产减值损失（账面价值高于可收回金额的差额） 贷：无形资产减值准备	否	/

知 识 图 谱

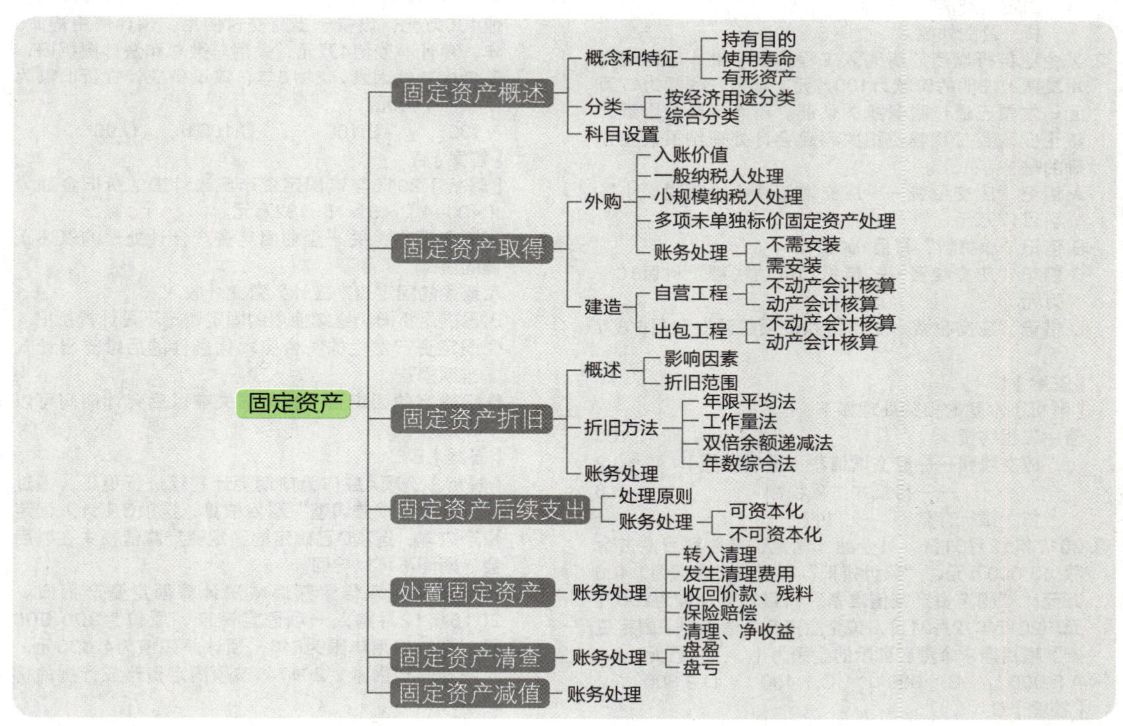

节 节 测

一、单项选择题

1. 某公司出售专用设备一台，取得价款30万元（不考虑增值税），发生清理费用5万元（不考虑增值税），该设备的账面价值22万元，不考虑其他因素。下列各项中，关于此项交易净损益会计处理结果表述正确的是（　　）。
   A.营业外收入增加8万元　B.营业外收入增加3万元
   C.营业外收入增加25万元　D.营业外收入增加27万元
   【答案】B
   【解析】企业处置固定资产的账务处理为：
   借：银行存款　30
   　　贷：固定资产清理　30
   借：固定资产清理　5
   　　贷：银行存款　5
   借：固定资产清理　22
   　　贷：固定资产　22
   借：固定资产清理　3
   　　贷：营业外收入　3
2. 某企业自行建造厂房购入工程物资一批，增值税专用发票上注明的价款为100万元，增值税税额为17万元，发票已通过税务机关认证。不考虑其他因素，该企业购买工程物资相关科目会计处理结果表述正确的是（　　）。
   A.借记“应交税费——应交增值税（进项税额）”科目17万元
   B.借记“原材料”科目100万元
   C.借记“应交税费——待抵扣进项税额”科目10.2万元
   D.借记“应交税费——待抵扣进项税额”科目6.8万元
   【答案】D
   【解析】本题的相关处理如下：
   借：工程物资　100
   　　应交税费——应交增值税（进项税额）　10.2
   　　　　　　——待抵扣进项税额　6.8
   　　贷：银行存款等　117
3. 2017年12月31日，某企业“固定资产”科目借方余额为3 000万元，“累计折旧”科目贷方余额为1 400万元，“固定资产减值准备”科目贷方余额为200万元。2017年12月31日，该企业资产负债表中“固定资产”项目期末余额应列示的金额为（　　）万元。
   A.3 000　B.1 600　C.1 400　D.2 800
   【答案】C
   【解析】固定资产账面价值=固定资产账面余额-累计折旧-固定资产减值准备=3 000-1 400-200=1 400万元。
4. A公司对一座办公楼进行更新改造，该办公楼原值为1 000万元，已计提折旧500万元。更新改造过程中发生支出600万元，被替换部分账面原值为100万元，出售价款为2万元。则新办公楼的入账价值为（　　）万元。
   A.1 100　B.1 050　C.1 048　D.1 052
   【答案】B
   【解析】被替换部分的账面价值=100×（1-500÷1 000）=50万元。新办公楼的入账价值为1 000-500+600-50=1 050万元。
5. 按管理权限经批准后计入营业外支出的是（　　）。
   A.因管理不善造成的原材料盘亏
   B.固定资产盘亏净损失
   C.无法查明原因的现金短缺
   D.由过失人赔付的库存商品毁损
   【答案】B
   【解析】选项A计入管理费用；选项B计入营业外支出；选项C计入管理费用；选项D计入其他应收款。
6. 盘盈固定资产时初始入账价值的计量属性是（　　）。
   A.可变现净值　B.公允价值
   C.重置成本　D.现值
   【答案】C
   【解析】盘盈的固定资产，应按重置成本确定其入账价值，借记“固定资产”科目，贷记“以前年度损益调整”科目。
7. 2015年12月，某企业购入一台设备。初始入账价值400万元，设备于当月交付使用，预计使用寿命5年，预计净残值4万元，采用年数总和法计提折旧，不考虑其他因素，2016年，该设备应计提折旧额为（　　）万元。
   A.132　B.160　C.105.6　D.96
   【答案】A
   【解析】2016年该固定资产应当计提的折旧金额为（400-4）×5÷15=132万元。
8. 下列各项中，关于企业固定资产会计处理的表述正确的是（　　）。
   A.盘盈的固定资产应计入营业外收入
   B.已提足折旧仍继续使用的固定资产不再计提折旧
   C.固定资产发生的符合资本化条件的后续支出计入当期损益
   D.已确定的固定资产减值损失在以后会计期间可以转回
   【答案】B
   【解析】选项A应作为前期会计差错进行更正，通过“以前年度损益调整”科目核算，选项C应计入固定资产成本，选项D已确定的固定资产减值损失在以后会计期间不可以转回。
9. 某企业采用双倍余额递减法计算固定资产折旧。2016年12月购入一项固定资产，原价为200 000元，预计使用年限为5年，预计净残值为4 000元，不考虑其他因素，2017年该项固定资产应计提的折旧额为（　　）。
   A.80 000　B.65 333　C.39 200　D.78 400
   【答案】A
   【解析】年折旧率=2÷预计使用年限×100%=2÷5×100%=40%
   第一年应计提的折旧额=200 000×40%= 80 000元
   第二年应计提的折旧额=（200 000-80 000）×40%=48 000元
   第三年应计提的折旧额=（200 000-80 000-48 000）×40%=28 800元
   第四、五年的年折旧额=[（200 000-80 000-48 000-28 800）-4 000]÷2=19 600元

因为该固定资产是2016年12月购入的，当月增加的固定资产次月开始计提折旧，即从2017年1月份开始计提折旧，也就是第一个折旧年度和会计年度完全相同，因此2017年折旧额为80 000元，选项A正确。

10. 下列各项中，关于固定资产计提折旧的表述正确的是（ ）。

A.承租方经营租赁租入的房屋应计提折旧
B.提前报废的固定资产应补提折旧
C.已提足折旧继续使用的房屋应计提折旧
D.暂时闲置的库房应计提折旧

【答案】D

【解析】承租方经营租赁租入的房屋，出租方计提折旧，承租方不计提折旧，选项A不正确；提前报废的固定资产无须补提折旧，选项B不正确；已提足折旧仍继续使用的房屋无须计提折旧，选项C不正确；暂时闲置的库房应计提折旧，选项D正确。

11. 某企业处置一台旧设备，原价为23万元，已计提折旧5万元。处置该设备开具的增值税专用发票上注明的价款为20万元，增值税税额为3.4万元，发生的清理费用为1.5万元，不考虑其他因素，该企业处置设备应确认的净收益为（ ）万元。

A.-2.9　　B.0.5　　C.20　　D.2

【答案】B

【解析】

借：固定资产清理　18
　　累计折旧　5
　贷：固定资产　23

借：银行存款/应收账款　23.4
　贷：固定资产清理　20
　　　应交税费——应交增值税（销项税额）　3.4

借：固定资产清理　1.5
　贷：银行存款　1.5

借：固定资产清理　0.5
　贷：营业外收入——非流动资产处置利得　0.5

二、多项选择题

1. 下列各项中，应通过“固定资产清理”科目核算的有（ ）。

A.固定资产盘亏的账面价值
B.固定资产更新改造支出
C.固定资产毁损净损失
D.固定资产出售的账面价值

【答案】CD

【解析】选项A通过“待处理财产损溢”科目进行核算；选项B通过“在建工程”科目进行核算。

2. 2016年12月20日，某企业购入一台设备，其原价为2 000万元，预计使用年限5年，预计净残值5万元，采用双倍余额递减法计提折旧，下列各项中，该企业采用双倍余额递减法计提折旧的结果表述正确的有（ ）。

A.2017年折旧额为665万元
B.应计折旧总额为1 995万元
C.年折旧率为33%
D.2017年折旧额为800万元

【答案】BD

【解析】双倍余额递减法

年折旧率=2÷预计使用年限×100%=2÷5×100%=40%，选项C不正确；

第一年应计提的折旧额=2 000×40%=800万元

第二年应计提的折旧额=（2 000-800）×40%=480万元

第三年应计提的折旧额=（2 000-800-480）×40%=288万元

第四年起改用年限平均法计提折旧：

第四、五年的年折旧额=[（2 000-800-480-288）-5]÷2=213.5万元

应计折旧总额可以用原值减去预计净残值即=2 000-5=1 995万元，也可以用各年计提的折旧求和=800+480+288+213.5×2=1 995万元，选项B正确；因为该设备是2016年12月20日购入的，当月增加的固定资产次月开始计提折旧，即从2017年1月份开始计提折旧，也就是第一个折旧年度和会计年度完全相同，因此2017年折旧额为800万元，选项D正确，选项A不正确。

3. 下列各项中，关于企业固定资产折旧会计处理表述正确的有（ ）。

A.自营建造厂房使用自有固定资产，计提的折旧应计入在建工程成本
B.基本生产车间使用自有固定资产，计提的折旧应计入制造费用
C.经营租赁租出的固定资产，其计提的折旧应计入管理费用
D.专设销售机构使用的自有固定资产，计提的折旧应计入销售费用

【答案】ABD

【解析】选项C，经营租赁租出的固定资产其计提的折旧计入其他业务成本。

三、判断题

1. 企业在财产清查中盘盈的固定资产，应作为前期差错进行会计处理，在按管理权限报经批准处理前，应先通过“以前年度损益调整”科目核算。（ ）

【答案】正确。

2. 已达到预定可使用状态暂按估计价值确定成本的固定资产在办理竣工决算后，应按实际成本调整原来的暂估价值，但不需调整原已计提的折旧率。（ ）

【答案】正确。

四、不定项选择题

（一）【资料1】某制造企业为增值税一般纳税人，2016年至2017年发生相关经济业务如下：

（1）2016年6月1日，购进一台设备并交付生产部门使用，取得的增值税专用发票上注明的价格为95万元，增值税税额为16.15万元，发票已通过税务机关认证，全部款项已通过银行存款支付。该设备预计使用年限为10年、预计净残值为5万元，采用直线法计提折旧。

（2）2017年1月至6月，企业将该设备出租，每月取得不含税租金收入0.5万元，增值税税额为0.085万元，款项以银行存款收讫。

（3）2017年8月，企业为该设备进行日常维修，发生不含税维修费用0.5万元。

（4）2017年12月，该设备因遭受自然灾害发生严重毁损，企业支付不含税清理费1万元，经保险公司认定应赔偿损失，30万元。该设备已计提累计折旧13.5万元，未存在减值迹象；至当年末，设备尚未清

理完毕。

要求：

根据上述资料，不考虑其他因素，分析回答下列小题。（答案中的金额单位用万元表示）

1. 根据事项（1），下列关于2016年6月1日购进设备相关表述正确的是（ ）。

A.借记“固定资产”科目95万元

B.借记“应交税费——待抵扣进项税额”科目6.06万元

C.借记“应交税费——待抵扣进项税额”科目9.65万元

D.借记“应交税费——应交增值税（进项税额）科目16.15万元

【答案】AD

【解析】相关会计分录为：

借：固定资产 95

应交税费——应交增值税（进项税额） 16.15

贷：银行存款 111.15

2. 根据事项（1），下列各项中，关于该设备折旧的表述正确的是（ ）。

A.2016年7月开始计提折旧

B.2016年6月开始计提折旧

C.该设备月折旧额为0.75万元

D.该设备应计提折旧总额为95万元

【答案】AC

【解析】固定资产应当按月计提折旧，当月增加的固定资产，当月不计提折旧，从下月开始计提折旧，所以2016年7月开始计提折旧。应采用直线法计提折旧，应计提折旧总额=95-5=90万元，月折旧额=90÷10÷12=0.75万元。

3. 根据事项（1）和（2），下列各项中，关于该设备出租的相关会计处理正确的是（ ）。

A.设备按月计提折旧时：

借：管理费用 0.75

贷：累计折旧 0.75

B.缺失

C.缺失

D.设备按月计提折旧时：

借：其他业务成本 0.75

贷：累计折旧 0.75

【答案】D

【解析】相关会计分录为：

借：银行存款 0.585

贷：其他业务收入 0.5

应交税费——应交增值税（销项税额） 0.085

借：其他业务成本 0.75

贷：累积折旧 0.75

4. 根据事项（3），下列各项中，企业对该设备发生的日常维修费用应记入的会计科目是（ ）。

A.制造费用 B.管理费用

C.其他业务成本 D.生产成本

【答案】B

【解析】相关会计分录为：

借：管理费用 0.5

贷：银行存款 0.5

5. 根据事项（1）和（4），下列各项中，关于企业外置该设备会计处理结果的表述正确的是（ ）。

A.按应收保险公司赔款借记“固定资产清理”科目30万元

B.2017年12月31日，资产负债表中“固定资产清理”项目期末余额为52.5万元

C.处置该设备时，按其账面价值借记“固定资产清理”科目81.5万元

D.按支付的清理费借记“固定资产清理”科目1万元

【答案】BCD

【解析】相关会计分录为：

借：固定资产清理 81.5

累积折旧 13.5

贷：固定资产 95

借：固定资产清理 1

贷：银行存款 1

借：其他应收款 30

贷：固定资产清理 30

（二）【资料2】某企业为增值税一般纳税人，2017年3月发生有关固定资产业务如下：

（1）3月1日，企业对经营租入的厂部办公楼采用出包工程方式进行装修改造，以银行存款支付全部工程款，取得增值税专用发票上注明的价款60万元，增值税税额6.6万元。当月31日工程完工达到预定可使用状态并交付使用。按租赁合同规定租赁期为5年，租赁开始日为2017年2月28日，年租金48万元（不含增值税）每年年末支付。

（2）3月20日，基本生产车间一台设备由于技术升级等原因决定提前报废，原值40万元（不考虑增值税），已计提折旧24万元（含本月应计提折旧额0.67万元），未计提减值准备。报废取得残值变价收入2万元，增值税税额为0.34万元。报废清理发生自行清理费用0.5万元。有关收入、支出均通过银行办理结算。

（3）3月31日，计算确认本月基本生产车间固定资产折旧。其中厂房本月应计提折旧费16万元，除本月报废设备应计提折旧额0.67万元外，车间正常使用设备的原价为600万元，预计净残值为30万元，该设备于2016年6月达到预定可使用状态，并投入使用。预计使用年限为5年，采用双倍余额递减法计提折旧。

要求：

根据上述资料，不考虑其他因素，分析回答下列小题。（答案中的金额单位用万元表示）

1. 根据事项（1），下列各项中，关于装修改造办公楼的会计处理正确的是（ ）。

A.借：固定资产 60

贷：在建工程 60

B.借：长期待摊费用 60

应交税费——应交增值税（进项税额） 6.6

贷：银行存款 66.6

C.借：长期待摊费用 66.6

贷：银行存款 66.6

D.借：在建工程 60

应交税费——应交增值税（进项税额） 6.6

贷：银行存款 66.6

【答案】B

【解析】根据事项（1），相关会计分录为：

借：长期待摊费用 60

应交税费——应交增值税（进项税额） 6.6

贷：银行存款 66.6

2. 根据事项（1），下列各项中，关于计提本月应付租金相关科目的会计处理正确的是（ ）。

A.“管理费用”科目借方增加4万元

B.“其他应付款”科目贷方增加4万元
C.“长期待摊费用”科目贷方增加4.44万元
D.“管理费用”科目借方增加4.44万元
【答案】A
【解析】根据事项（1），相关会计分录为：
借：管理费用 4
贷：长期待摊费用 4

3.根据资料（2），下列各项中，关于设备报废相关项目和科目的会计处理结果表述正确的是（ ）。
A.利润总额减少14.5万元
B.“应交税费——应交增值税”科目贷方增加0.34万元
C.“营业外支出”科目借方增加14.5万元
D.“累计折旧”科目借方增加24万元
【答案】ABCD
【解析】根据资料（2），相关会计分录为：
借：固定资产清理 16
累计折旧 24
贷：固定资产 40
借：银行存款 2.34
贷：固定资产清理 2
应交税费——应交增值税（销项税额）0.34
借：固定资产清理 0.5
贷：银行存款 0.5
借：营业外支出 14.5
贷：固定资产清理 14.5
计入营业外支出的金额为14.5万元，因其是损益类科目，导致利润总额减少14.5万元。

4.根据事项（3），基本生产车间3月应计提的折旧费是（ ）万元。
A.16 B.36 C.20 D.36.67
【答案】D
【解析】设备第一年应计提折旧额=2÷5×600=240万元，3月应计提折旧额=240÷12=20万元，基本生产车间3月应计提折旧费=16+0.67+20 =36.67万元。

5.根据事项（2）和（3），3月31日资产负债表“固定资产”项目期末余额减少的金额应为（ ）万元。
A.76.67 B.40 C.36.67 D.52.67
【答案】D
【解析】3月31日资产负债表“固定资产”项目期末余额减少的金额=16+36.67=52.67万元。

（三）【资料3】某企业为增值税一般纳税人，2017年3月发生有关固定资产业务如下：
（1）3月1日，企业对经营租入的厂部办公楼采用出包工程方式进行装修改造，以银行存款支付全部工程款，取得增值税专用发票上注明的价款60万元，增值税税额6.6万元。当月31日工程完工达到预定可使用状态并交付使用。按租赁合同规定租赁期为5年，租赁开始日为2017年2月28日，年租金48万元（不含增值税）每年年末支付。
（2）3月20日，基本生产车间一台设备由于技术升级等原因决定提前报废，原值40万元（不考虑增值税），已计提折旧24万元（含本月应计提折旧额0.67万元），未计提减值准备。报废取得残值变价收入2万元，增值税税额为0.34万元。报废清理发生自行清理费用0.5万元。有关收入、支出均通过银行办理结算。
（3）3月31日，计算确认本月基本生产车间固定资产折旧。其中厂房本月应计提折旧费16万元，除本月报废设备应计提折旧额0.67万元外，车间正常使用设备的原价为600万元，预计净残值为30万元，该设备于2016年6月达到预定可使用状态，并投入使用。预计使用年限为5年，采用双倍余额递减法计提折旧。
要求：
根据上述资料，不考虑其他因素，分析回答下列小题。（答案中的金额单位用万元表示）

1 .根据事项（1），下列各项中，关于装修改造办公楼的会计处理正确的是（ ）。
A.借：固定资产 60
贷：在建工程 60
B.借：长期待摊费用 60
应交税费——应交增值税（进项税额） 6.6
贷：银行存款 66.6
C.借：长期待摊费用 66.6
贷：银行存款 66.6
D.借：在建工程 60
应交税费——应交增值税（进项税额） 6.6
贷：银行存款 66.6
【答案】B
【解析】根据资料（1），相关会计分录为：
借：长期待摊费用 60
应交税费——应交增值税（进项税额） 6.6
贷：银行存款 66.6

2.根据事项（1），下列各项中，关于计提本月应付租金相关科目的会计处理正确的是（ ）。
A.“管理费用”科目借方增加4万元
B.“其他应付款”科目贷方增加4万元
C.“长期待摊费用”科目贷方增加4.44万元
D.缺失
【答案】A
【解析】根据资料（1），相关会计分录为：
借：管理费用 4
贷：长期待摊费用 4

3.根据事项（2），下列各项中，关于设备报废相关项目和科目的会计处理结果表述正确的是（ ）。
A.利润总额减少14.5万元
B.“应交税费——应交增值税”科目贷方增加0.34万元
C.“营业外支出”科目借方增加14.5万元
D.借方“累计折旧”科目24万元
【答案】ABCD
【解析】根据资料（2），相关会计分录为：
借：固定资产清理 16
累计折旧 24
贷：固定资产 40
借：银行存款 2.34
贷：固定资产清理 2
应交税费——应交增值税（销项税额）0.34
借：固定资产清理 0.5
贷：银行存款 0.5
借：营业外支出 14.5
贷：固定资产清理 14.5
计入营业外支出14.5万元，因其是损益类科目，导致利润总额减少14.5万元。

4.根据事项（3），基本生产车间3月应计提的折旧费是（ ）万元。
A.16 B.36 C.20 D.36.67
【答案】D
【解析】设备第一年应计提折旧额=2÷5×600=240

万元，3月应计提折旧额=240÷12=20万元，基本生产车间3月应计提折旧费=16+0.67+20=36.67万元。

5. 根据事项（2）和（3），3月31日资产负债表“固定资产”项目期末余额减少的金额应为（　　）万元。

A.76.67　B.40　C.36.67　D.52.67

【答案】D

【解析】3月31日资产负债表“固定资产”项目期末余额减少的金额=16+36.67=52.67万元。

（四）【资料4】某企业2016年12月初，固定资产账面余额3 500万元，累计折旧1 200万元，未发生减值准备。2016年至2017年该企业发生的有关固定资产业务如下：

（1）2016年12月22日，购入一台不需要安装的生产用M设备，增值税专用发票上注明的价款为120万元，增值税税额为20.4万元。发生保险费用2万元，增值税税额为0.12万元，款项均以银行存款支付，预计该设备可使用10年，预计净残值为2万元。

（2）2017年3月1日，该企业准备自建一栋库房。3月5日，购入工程物资取得增值税专用发票上注明的价款为200万元，增值税税额为34万元，款项以银行存款支付，该批物资于当日全部用于工程建筑。3月15日，领用本企业生产的钢材一批，市场售价为60万元，实际成本为30万元，相关进项税额为5.1万元。6月30日，确认3日至6日累计支付的工程人员薪酬40万元。（此前薪酬已经发放）

（3）2017年6月30日，自建库房工程完工达到预定可使用状态，预计该库房可以使用50年，预计净残值为零。

（4）2017年12月25日，M设备因雷电后意外毁损，以银行存款支付不含税清理费用1万元，应收保险公司赔款50万元。要求：

根据上述资料，假定该企业取得的增值税专用发票经过税务机关认证，不考虑其他因素，分析回答下列小题。（答案中的金额答案用万元表示，计算结果保留两位小数。）

1. 根据事项（1）该企业购入M设备的入账价值是（　　）万元。

A.140.4　B.120　C.122　D.142.74

【答案】C

【解析】12月22日，购入该设备的会计分录为：

借：固定资产　120
　　应交税费——应交增值税（进项税额）　20.4
　贷：银行存款　140.4

借：固定资产　2
　　应交税费——应交增值税（进项税额）　0.12
　贷：银行存款　2.12

M设备入账价值=120+2=122（万元）。

2. 根据期初资料和事项（1），下列各项中，关于设备计提折旧的会计处理表述正确的是（　　）。

A.M设备计提的折旧费计入制造费用

B.2017年M设备计提折旧额为12万元

C.M设备年折旧率为9.84%

D.2017年1月M设备开始计提折旧

【答案】ABCD

【解析】2017年M设备计提折旧额=（122−2）÷10=12万元。

借：制造费用　12
　贷：累计折旧　12

M设备月折旧额=年折旧额÷12=12÷12=1万元，预计净残值率=预计净残值/固定资产原值×100%=2÷122×100%=1.64%，年折旧率=（1−预计净残值率）÷预计使用寿命=（1−1.64%）÷10=9.84%。

3. 根据事项（2），下列各项中，关于企业自行建造库房会计处理正确的是（　　）。

A.6月30日，确认累计支付的工程人员薪酬时：

借：在建工程　40
　贷：应付职工薪酬　40

B.3月5日，购入工程物资时：

借：工程物资　200
　　应交税费——应交增值税（进项税额）　20.4
　　　　　　——待抵扣进项税额　13.6
　贷：银行存款　234

C.3月5日购入工程物资时：

借：工程物资　200
　　应交税费——应交增值税（进项税额）　34
　贷：银行存款　234

C.3月5日购入工程物资时：

借：工程物资　200
　　应交税费——应交增值税（进项税额）　34
　贷：银行存款　234

D.3月15日，领用本企业生产的钢材时：

借：在建工程　30
　贷：库存商品　30

借：应交税费——待抵扣进项税额　2.04
　贷：应交税费——应交增值税（进项税额转出）

【答案】ABD

【解析】3月5日，购入工程物资：

借：工程物资　200
　　应交税费——应交增值税（进项税额）（34×60%）20.4
　　　　　　——待抵扣进项税额（34×40%）13.6
　贷：银行存款　234

领用工程物资：

借：在建工程　200
　贷：工程物资　200

3月15日，领用本企业生产的钢材：

借：在建工程　30
　贷：库存商品　30

同时，根据现行增值税制度规定，核算领用钢材的进项税额中以后期间可抵扣的部分（40%）

借：应交税费——待抵扣进项税额（5.1×40%）2.04
贷：应交税费——应交增值税（进项税额转出）2.04

6月30日，确认3日至6日累计支付的工程人员薪酬：

借：在建工程　40
　贷：应付职工薪酬　40

4. 根据期初资料、事项（1）与（4），下列各项中，关于该企业M设备毁损的会计处理结果正确的是（　　）。

A.转入固定资产清理的M设备账面价值为110万元

B.按支付的清理费，借记“固定资产清理”科目1万元

C.毁损的M设备导致企业营业外支出增加60万元

D.按应收保险公司的赔偿款，借记“其他应收款”科目50万元

【答案】ABD

【解析】

借：固定资产

贷：在建工程 （200+30+40）270
借：固定资产清理 110
累计折旧 12
贷：固定资产 122
借：固定资产清理 1
贷：银行存款 1
借：其他应收款 50
贷：固定资产清理 50
借：营业外支出 61
贷：固定资产清理 61

（五）【资料5】根据期初资料，事项（1）至（4），2017年12月31日该企业“固定资产”科目余额是（ ）。

A.3 890 B.3 600 C.3 500 D.3 770

【答案】D

【解析】2017年12月31日该企业“固定资产”科目余额=3 500（期初）+122（资料1）+270（资料3）−122（资料4）=3 770万元。

5. 某企业设有一个基本生产车间，连续大量生产M、N两种产品，采用品种法计算产品成本。材料成本按照定额消耗量比例在M、N产品之间进行分配。M产品定额消耗量为1 800千克。N产品定额消耗量1 000千克。直接人工成本和制造费用按工时比例在M、N产品之间进行分配，生产M产品耗用定额工时6 000小时，生产N产品耗用定额工时9 000小时，M产品月初无在产品，N产品月初在产品成本如下，直接材料63 200元，直接人工22 000元，制造费用10 000元。2017年10月该企业发生与产品生产相关的经济业务如下：

（1）从仓库领用生产M、N两种产品共同耗用的原材料3 000千克，成本总额为560 000元。原材料在开始生产时一次投入。

（2）本月共发生职工薪酬285 000元，其中车间生产人员薪酬270 000元，车间管理人员薪酬15 000元。

（3）本月车间发生费用60 000元，其中计提固定资产折旧45 000元，支付车间用房日常维修费15 000元。

（4）N产品采用约当产量法计算完工产品与月末在产品成本。月末N产品完工180件，在产品100件，在产品完工率按50%计算。

要求：

根据上述资料，不考虑其他因素，分析回答下列小题。

1. 根据期初资料和事项（1），下列各项中关于该企业本月分配直接材料成本的计算，结果正确的是（ ）。

A.N产品应分担的材料成本为224 000元
B.M产品应分担的材料成本为360 000元
C.N产品应分担的材料成本为200 000元
D.M产品应分担的材料成本为336 000元

【答案】BC

【解析】某种产品材料定额消耗量=该种产品实际产量×单位产品材料消耗定额材料消耗量分配率=材料实际总消耗量÷各种产品材料定额消耗量之和某种产品应分配的材料费用=该种产品的材料定额消耗量×材料消耗量分配率×材料单价

M产品的定额消耗量=1 800千克

N产品的定额消耗量=1 000千克

M产品分配负担的材料成本=3 000÷（1 800+1 000）×1 800×（560 000÷3 000）=360 000元

N产品分配负担的材料成本=3 000÷（1 800+1 000）×1 000×（560 000÷3 000）=200 000元

2. 根据期初资料和事项（2），下列各项中关于该企业本月分配直接人工成本的计算，结果正确的是（ ）。

A.M产品应分配的直接人工成本为114 000元
B.N产品应分配的直接人工成本为171 000元
C.N产品应分配的直接人工成本为162 000元
D.M产品应分配的直接人工成本为108 000元

【答案】CD

【解析】生产职工薪酬费用分配率=各种产品生产职工薪酬总额÷各种产品生产工时之和。某种产品应分配的生产职工薪酬=该种产品生产工时×生产职工薪酬费用分配率

M产品应负担的直接人工成本=270 000÷（6 000+9 000）×6 000=108 000元

N产品应负担的直接人工成本=270 000÷（6 000+9 000）×9 000=162 000元

3. 根据事项（3），下列各项中，关于该企业固定资产折旧费和维修费相关科目的会计处理表述正确的是（ ）。

A.支付车间用房的日常维修费，借记“管理费用”科目
B.计提车间固定资产的折旧费，借记“生产成本”科目
C.支付车间用房的日常维修费，借记“制造费用”科目
D.计提车间固定资产的折旧费，借记“制造费用”科目

【答案】AD

【解析】车间固定资产的折旧费，计入“制造费用”，车间用房的日常维修费，计入“管理费用”。

4. 根据期初资料和事项（2）至（3），下列各项中，关于该企业本月分配制造费用的结果正确的是（ ）。

A.M产品分担的制造费用为24 000元
B.N产品分担的制造费用为45 000元
C.M产品分担的制造费用为30 000元
D.N产品分担的制造费用为36 000元

【答案】AD

【解析】

M产品应分担的制造费用=（15 000+45 000）÷（6 000+9 000）×6 000=24 000元；

N产品应分担的制造费用=（15 000+45 000）÷（6 000+9 000）×9 000=36 000元。

第六节　无形资产和长期待摊费用

一、无形资产概述

（一）无形资产的概念和特征（★）

无形资产是指企业拥有或者控制的没有实物形态的可辨认非货币性资产，具有三个主要特征：

1.不具有实物形态。

2.具有可辨认性。

3.属于非货币性长期资产。

【例题·单选题】下列各项中，关于企业无形资产表述不正确的是（　　）。

A.使用寿命不确定的无形资产不应摊销

B.研究阶段和开发阶段的支出应全部计入无形资产成本

C.无形资产应当按照成本进行初始计量

D.出租无形资产的摊销额应计入其他业务成本

【答案】B

【解析】企业的无形资产应该按照成本进行初始计量，选项C正确；对于自行研究开发的无形资产应该区分研究阶段的支出和开发阶段的支出，只有开发阶段符合资本化条件的支出才能计入无形资产的成本，选项B错误；对于使用寿命不确定的无形资产不应摊销，选项A正确；出租的无形资产的摊销额应该计入其他业务成本，选项D正确。

（二）无形资产的内容构成（★★）

无形资产主要包括专利权、非专利技术、商标权、著作权、土地使用权、特许权等。

【例题·单选题】下列不属于无形资产的是（　　）。

A.土地使用权　　B.专利权　　C.商标权　　D.利润

【答案】D

【解析】无形资产是指企业长期使用但没有实物形态的资产，是时点的概念，包括土地使用权、专利权、商标权、商誉等；利润和无形资产是不同的概念，利润属于期间的范畴。

【例题·多选题】（2018）下列各项中，关于制造业企业无形资产的会计处理表述正确的有（　　）。

A.使用寿命有限的无形资产自使用当月起开始摊销　B.已计提的无形资产减值准备在以后期间可以转回

C.出租无形资产的摊销额应计入其他业务成本　D.使用寿命不确定的无形资产不进行摊销

【答案】ACD

【解析】对于使用寿命有限的无形资产应当自可供使用（即其达到预定用途）当月起开始摊销，使用寿命不确定的无形资产不应摊销，选项AD正确；无形资产减值损失一经确认，以后会计期间不得转回，选项B错误；出租无形资产的摊销额应计入其他业务成本，选项C正确。

★【专家一对一】

资产满足下列条件之一的，符合无形资产定义中的可辨认性标准：

1.能够从企业中分离或者划分出来，并能够单独或者与相关合同、资产或负债一起，用于出售、转移、授予许可、租赁或者交换。

2.源自合同性权利或其他法定权利，无论这些权利是否可以从企业或其他权利和义务中转移或者分离。

商誉的存在无法与企业自身分离，不具有可辨认性，不属于本章所指无形资产。

二、无形资产的账务处理

无形资产核算应设置相关会计科目。为了反映和监督无形资产的取得、摊销和处置等情况，企业应当设置“无形资产”“累计摊销”等科目进行核算。企业无形资产发生减值的，还应当设置“无形资产减值准备”科目进行核算。

企业取得的无形资产应当按照成本进行初始计量。企业取得无形资产的主要方式有外购、自行研究开发等。

【例题·多选题】（2018）下列各项中，应计入专利权入账价值的有（　　）。
A.无法区分研究阶段和开发阶段的设备折旧费　B.研究阶段支付的研发人员薪酬
C.依法取得专利权发生的注册费　D.开发阶段满足资本化条件的材料支出
【答案】CD
【解析】选项AB计入管理费用。

（一）外购无形资产（★★★）

外购无形资产的成本包括购买价款、相关税费以及直接归属于使该项资产达到预定用途所发生的其他支出。其中，相关税费不包括按照现行增值税制度规定，可以从销项税额中抵扣的增值税进项税额。

★【专家一对一】

若企业购进的不是所有权，而是使用许可权时，也要把使用许可作为无形资产入账。

【例题·判断题】甲公司外购一项非专利技术，支付价款200 000元。购买时，支付咨询费、手续费50 000元，所有款项均以银行存款付讫。甲公司编制如下会计分录，借：无形资产——非专利技术250 000元，贷：银行存款250 000元。（　　）
【答案】正确。
【解析】企业购入的无形资产，按实际支付的价款，借记“无形资产”科目，贷记“银行存款”科目。由于用银行存款支付，故贷记“银行存款”科目。

（二）自行研究开发无形资产（★★★）

企业内部研究开发项目所发生的支出应区分研究阶段支出和开发阶段支出，企业自行开发无形资产发生的研发支出，不满足资本化条件的，计入当期损益，满足资本化条件的，计入研发支出。研究开发项目达到预定用途形成无形资产的，转入无形资产。如果无法可靠区分研究阶段的支出和开发阶段的支出，应将其所发生的研发支出全部费用化，计入当期损益。

【例题·判断题】（2018）企业无法可靠区分研究阶段和开发阶段支出的，所发生的研发支出全部费用化，计入当期损益。（　　）
【答案】正确。
【解析】企业无法区分研究阶段支出和开发阶段支出的，应将发生的研究费用全部计入当期损益。

★【专家一对一】

研究阶段的费用计入管理费用；开发阶段的费用符合资本化的，计入资产的成本，不符合资本化的计入管理费用。

若无法区分研究阶段支出和开发阶段支出的，应将发生的研究费用全部计入当期损益，计入“管理费用”科目。

【例题·单选题】（2018）某企业自行研究开发一项技术，共发生研发支出450万元，其中，研究阶段发生职工薪酬100万元，专用设备折旧费用50万元；开发阶段满足资本化条件支出300万元，取得增值税专用发票上注明的增值税税额为51万元，开发阶段结束研究开发项目达到预定用途形成无形资产。不考虑其他因素，下列各项中，关于该企业研发支出会计处理表述正确的是（　　）。
A.确认管理费用150万元，确认无形资产300万元　B.确认管理费用150万元，确认无形资产351万元
C.确认管理费用100万元，确认无形资产350万元　D.确认管理费用201万元，确认无形资产300万元
【答案】A
【解析】研究阶段：

借：研发支出——费用化支出　150
　贷：应付职工薪酬　100
　　　累计折旧　50

开发阶段：

借：研发支出——资本化支出　300
　　应交税费——应交增值税（进项税额）　51
　贷：银行存款　351

最终达到预定用途形成无形资产：
借：无形资产　　300
　　贷：研发支出——资本化支出　　300
借：管理费用　　150
　　贷：研发支出——费用化支出　　150

【例题·多选题】（2017）甲公司1月15日，开始自行研发一项N专利技术，1月至4月发生不符合资本化条件的研究支出320万元，5月至10月共发生开发支出800万元，其中符合资本化条件的支出为600万元。10月31日，N专利技术达到预定用途，并直接用于产品的生产，其有效期为10年，采用直线法进行摊销。
下列各项中，甲公司N专利技术会计处理正确的是（　　）。
A.无形资产按月摊销时：
借：制造费用　　5
　　贷：累计摊销　　5
B.无形资产按月摊销时：
借：管理费用　　5
　　贷：累计摊销　　5
C.10月31日，研发活动结束确认无形资产时：
借：无形资产　　600
　　贷：研发支出——资本化支出　　600
D.10月31日，研发活动结束确认无形资产时：
借：无形资产　　800
　　贷：研发支出——资本化支出　　800
【答案】AC
【解析】
1-4月发生不符合资本化条件的支出时：
借：研发支出——费用化支出　　320
　　贷：银行存款　　320
5-10月发生开发支出时：
借：研发支出——费用化支出　　200
　　　　　　——资本化支出　　600
　　贷：银行存款　　800
10月31日，无形资产达到预定用途：
借：管理费用　　520
　　无形资产　　600
　　贷：研发支出——费用化支出　　520
　　　　　　　　——资本化支出　　600
无形资产从10月份达到预定用途，应从10月份计提摊销，每月摊销额=600/10/12=5（万元）：
借：制造费用　　5
　　贷：累计摊销　　5

【例题·不定项选择题】（2018）甲公司为增值税一般纳税人，按月编制财务报表，假定相关业务取得的增值税专用发票均通过认证。甲公司2017年发生的无形资产相关业务如下：
（1）甲公司继续研发一项生产用新兴技术。该技术的“研发支出——资本化支出”明细科目年初额为70万元。本年度1-6月份该技术研发支出共计330万元，其中，不符合资本化条件的支出为130万元。7月15日，该技术研发完成，申请取得专利权（以下称为E专利权），发生符合资本化条件支出30万元，发生不符合资本化条件支出20万元，并于当月投入产品生产。本年发生各种研发支出取得的增值税专用发票上注明的增值税税额为44.2万元。依相关法律规定E专利权的有效使用年限为10年，采用年限平均法摊销。
（2）12月31日，由于市场发生不利变化，E专利权存在可能发生减值的迹象，预计其可收回金额为185万元。
（3）12月31日，根据协议约定，甲公司收到乙公司支付的F非专利技术使用权当年使用费收入，开具的增值税专用发票上注明的价款为10万元，增值税税额为0.6万元，款项存入银行。本年F非专利技术应计提的摊销额为6万元。

要求：
根据上述材料，不考虑其他因素，分析回答下列小题。（答案中的金额单位用万元表示）
1.根据资料（1），下列各项中，2017年甲公司E专利权摊销的会计处理结果正确的是（　　）。
A.“累计摊销”科目贷方增加12.5万元　　B.“制造费用”科目借方增加12.5万元
C.“累计摊销”科目贷款增加15万元　　D.“制造费用”科目借方增加15万元
【答案】CD
【解析】E专利权的入账成本=70+330-130+30=300万元，2017年E专利权的摊销金额=300÷10÷12×6=15万元。相关分录如下：
借：制造费用　　15
　贷：累计摊销　　15

2.根据资料（1）和（2），2017年年末，甲公司对E专利权应计提的无形资产减值准备的金额是（　　）万元。
A.141.99　　B.102.5　　C.242.5　　D.100
【答案】D
【解析】2017年年末，甲公司对E专利权应计提的无形资产减值准备的金额=300-15-185=100（万元）。

3.根据资料（3），下列各项中，甲公司转让F非专利技术使用权的会计处理结果正确的是（　　）。
A.其他业务收入增加10万元　　B.累计摊销增加6万元
C.其他业务收入增加10.6万元　　D.其他业务成本增加6万元
【答案】ABD
【解析】相关分录如下：
借：其他业务收入　　10
　应交税费——应交增值税（进项税额）　　0.6
　贷：银行存款　　10.6
借：其他业务成本　　6
　贷：累计摊销　　6

（三）对无形资产进行摊销（★★★）

1.无形资产摊销的范围。

企业应当于取得无形资产时分析判断其使用寿命。使用寿命有限的无形资产应进行系统合理的摊销。使用寿命不确定的无形资产不应摊销。

2.无形资产的摊销。

使用寿命有限的无形资产，其残值应当视为零。对于使用寿命有限的无形资产应当自可供使用（即其达到预定用途）当月起开始摊销，处置当月不再摊销。无形资产摊销方法包括年限平均法（即直线法）、生产总量法等。企业应当按月对无形资产进行摊销。

无形资产的摊销额一般应当计入当期损益。企业自用的无形资产，其摊销金额计入管理费用；出租的无形资产，其摊销金额计入其他业务成本；某项无形资产包含的经济利益通过所生产的产品或其他资产实现的，其摊销金额应当计入相关资产成本。

无形资产摊销相关业务账务处理

表2-21　无形资产摊销相关业务账务处理

相关业务	具体摊销会计处理
企业管理用的无形资产	借：管理费用 　贷：累计摊销
出租的无形资产	借：其他业务成本 　贷：累计摊销
某无形资产包括的经济利益通过所生产的产品或其他资产实现的，其摊销金额应当计入相关资产成本	借：制造费用 　贷：累计摊销

【例题·单选题】（2018）某企业将其自行开发完成的管理系统软件出租给乙公司，每年支付使用费240 000元（不含增值税）双方约定租赁期限为5年。该管理系统软件的总成本为600 000元。该企业按月计提摊销。不考虑其他因素，该企业对其计提累计摊销进行的会计处理正确的是（　　）。

A.借：管理费用　　　　　20 000
　　贷：累计摊销　　　　　20 000
B.借：其他业务成本　　　20 000
　　贷：累计摊销　　　　　20 000
C.借：其他业务成本　　　10 000
　　贷：累计摊销　　　　　10 000
D.借：管理费用　　　　　10 000
　　贷：累计摊销　　　　　10 000

【答案】C

【解析】企业每月摊销的金额为600 000 ÷ 5 ÷ 12=10 000元，该无形资产用于出租，无形资产计提的摊销需计入其他业务成本，相关账务处理如下：

借：其他业务成本　　　10 000
　　贷：累计摊销　　　10 000

【例题·多选题】（2018）某公司为增值税一般纳税人，2017年1月4日购入一项无形资产，取得的增值税专用发票注明价款为880万元，增值税税额为52.8万元，该无形资产使用年限为5年，按年进行摊销，预计残值为零。下列关于该项无形资产的会计处理中，正确的有（　　）。

A.2017年1月4日取得该项无形资产的成本为880万元
B.2017年12月31日该项无形资产的累计摊销额为176万元
C.该项无形资产自2017年2月起开始摊销
D.该无形资产的应计摊销额为932.8万元

【答案】AB

【解析】无形资产按照取得时的成本进行初始计量，选项A正确；对于使用寿命有限的无形资产应当自可供使用当月起开始摊销，所以2017年的摊销额=880 ÷ 5=176万元，选项B正确，选项C错误；该无形资产的应计摊销额为无形资产的成本880万元，选项D错误。

（四）处置无形资产（★★★）

企业处置无形资产，应当将取得的价款扣除该无形资产账面价值以及出售相关税费后的差额作为营业外收入或营业外支出进行会计处理。

处置时结转出无形资产的同时也要结转累计摊销和无形资产减值准备。将取得的价款和扣除该无形资产的账面价值以及出售相关税费后的差额贷记“营业外收入——非流动资产处置利得”或借记“营业外支出——非流动资产处置损失”。具体会计分录如下：

借：银行存款等
　　无形资产减值准备
　　累计摊销
　　贷：无形资产
　　　　应交税费——应交增值税（销项税额）
　　　　营业外收入——非流动资产处置利得（或借记营业外支出）

【例题·计算题】甲公司自行开发一项技术，截至2017年12月21日，发生研究支出合计5 000 000元，经测试该项研发活动完成了研究阶段，从2018年1月1日开始进入开发阶段。2017年发生开发支出300 000元，符合开发支出资本化条件。取得的增值税专用发票上注明增值税税额为51 000。2018年6月30日，该项研究活动结束，最终开发出一项非专利技术。该公司编制如下会计分录：

（1）2017年发生的研究支出：
借：研究支出——费用化支出　　　　　　5 000 000
　　贷：银行存款等　　　　　　　　　　5 000 000

（2）2017年12月31日，发生的研发支出全部属于研究阶段的支出：
借：管理费用　　　　　　　　　　　　　5 000 000
　　贷：研发支出——费用化支出　　　　5 000 000

（3）2018年，发生开发支出并满足资本化确认条件：
借：研发支出——资本化支出　　　　　　300 000
　　应交税费——应交增值税（进项税额）　51 000
　　贷：银行存款等　　　　　　　　　　351 000

（4）2018年6月30日，该技术完成并形成无形资产：
借：无形资产　　300 000
　贷：研究支出——资本化支出　　300 000

★【专家一对一】
无形资产的处置通过“营业外收支”进行核算，因为这不属于企业的日常的经济业务。易出多选题和判断题。

（五）无形资产减值

无形资产在资产负债表日存在可能发生减值的迹象时，其可收回金额低于账面价值的，企业应当将该无形资产的账面价值减记至可收回金额，减记的金额应当作为资产减值损失，计入当期损益，同时计提相应的资产减值准备。无形资产减值损失一经确认，在以后会计期间不得转回。

具体的会计分录如下：
借：资产减值损失
　贷：无形资产减值准备

【例题·多选题】关于工业企业无形资产的表述，正确的是（　　）。
A.使用寿命有限的无形资产，不计提摊销
B.使用寿命不确定的无形资产，不予以摊销
C.无形资产减值一经确认，在以后会计期间不得转回
D.租出无形资产的摊销额，应计入其他业务成本
【答案】BCD
【解析】A选项，使用寿命有限的无形资产，应按其经济利益的实现方式选择合适的方法进行摊销。

★【专家一对一】
无形资产减值损失已经确认，在以后会计期间不得转回。易出多选题和判断题。

三、长期待摊费用（★★★）

长期待摊费用是企业已经发生但应由本期和以后各期负担的分摊期限在一年以上的各项费用，如以经营租赁方式租入的固定资产发生的改良支出等。为了反映和监督长期待摊费用的取得、摊销等情况，企业应当设置“长期待摊费用”科目进行核算。

企业通过“长期待摊费用”科目，核算长期待摊费用的发生、摊销和结存等情况。

账务处理：
借：长期待摊费用
　　应交税费——应交增值税（进项税额）
　贷：银行存款等/原材料/应付职工薪酬等

【例题·判断题】企业的长期待摊费用如果不能使以后会计期间受益的，应将其摊余价值全部转入当期损益。（　　）
【答案】正确。
【解析】企业的长期待摊费用如果不能使以后会计期间受益的，应将其摊余价值全部转入当期损益——支出的费用开支，如果没有证据证明其受益期是在以后会计期间受益的，应该作为当期费用。

【例题·单选题】下列各项中，通过“长期待摊费用”核算的是（　　）。
A.行政管理部门发生的固定资产日常修理费用支出
B.生产车间发生的固定资产日常修理费用支出
C.经营租入固定资产发生的改良支出
D.融资租入固定资产发生的改良支出
【答案】C
【解析】选项AB计入管理费用，选项D计入固定资产成本。

★【专家一点通】

无形资产摊销

使用寿命是否有限	是否摊销	摊销方法
有限	应进行摊销	年限平均法（直线法）和生产总量法
不确定	不应摊销	/

无形资产处置的账务处理

借记		贷记	
借记	银行存款等	贷记	无形资产
	无形资产减值准备		应交税费——应交增值税（销项税额）
	累计摊销		非流动资产处置利得（或借记营业外支出）

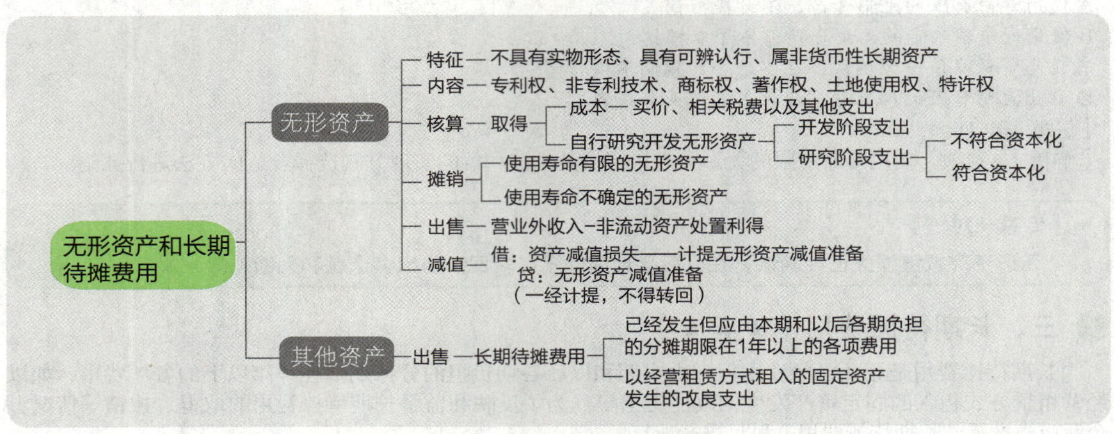

节 节 测

一、单项选择题

1. 下列各项中不应作为无形资产的是（ ）。
A.商标权 B.著作权
C.非专利技术 D.商誉
【答案】D
【解析】无形资产主要包括专利权、商标权、土地使用权、著作权、特许权、非专利技术等

2. 企业转让无形资产所有权的净收益应计入的科目是（ ）。
A.主营业务收入 B.其他业务收入
C.营业外收入 D.营业外支出
【答案】C
【解析】出售无形资产的净收益不属于日常活动，不符合收入定义，应计入营业外收入

3. 企业出租无形资产取得的租金收入应计入的科目是（ ）。
A.主营业务收入 B.其他业务收入
C.营业外收入 D.投资收益
【答案】B
【解析】出租无形资产的收入属于收入，一般情况下计入其他业务收入科目。企业让渡无形资产使用权形成的租金收入和发生的相关费用，分别确认为其他业务收入和其他业务成本。

4. 出租的无形资产在摊销时，应借记的科目是（ ）。
A.其他业务成本 B.无形资产摊销
C.管理费用 D.主营业务成本
【答案】A
【解析】其他业务成本为核算企业除主营业务活动以外的其他经营活动所发生的成本。包括：销售材料成本、出租固定资产折旧额、出租无形资产摊销额、出租包装物成本或摊销额。

5. 下列各项中，属于企业投资性房地产核算范围的是（ ）。
A.生产用厂房 B.出租的写字楼
C.总部办公室 D.生产经营用土地使用权
【答案】B
【解析】A选项，企业自用的房地产不属于；B选项，已出租的建筑物（以经营租赁方式出租，且拥有使用权）属于；C选项，企业自用的房地产不属于；D选项，企业自用的房地产不属于。

二、多项选择题

1. 无形资产的特点是（ ）。
A.无实物形态
B.企业有偿取得
C.较长时间内给企业带来经济效益
D.可以辨认
【答案】ABCD
【解析】无形资产是指企业为生产商品或提供劳务、出租给他人，或为管理目的而持有的、没有实物形态的非货币性可辨认的长期资产。

2. 下列各项中，属于企业无形资产的是（ ）。
A.专利权 B.非专利权
C.特许经营权 D.已出租的土地使用权
E.生产经营用土地使用权
【答案】ABCE
【解析】无形资产主要包括专利权、商标权、土地使用权、著作权、特许权、非专利技术等。

3. 下列各项中，关于企业自行研发无形资产发生的支出，正确的说法有（ ）。
A.企业研究阶段的支出应全部计入当期损益
B.企业研究阶段的支出应全部资本化，转入无形资产
C.企业开发阶段满足资本化条件的支出应计入“研究支出——资本化支出”，研究项目达到预定用途时再转入无形资产
D.企业开发阶段不满足资本化条件的支出应计入“研究支出——费用化支出”，期末转入当期损益
E.企业无法区分研究阶段和开发阶段支出的，应将发生的所有研究支出全部计入当期损益
【答案】ACDE
【解析】ABE选项中，研究阶段（以及无法区分研究阶段和开发阶段）的支出应当计入当期损益，所以AE选项正确；企业开发阶段满足资本化条件的支出应计入“研究支出——资本化支出”，不满足资本化条件的支出应计入“研究支出——费用化支出”期末转入当期损益，所以CD选项正确。

4. 下列各项中，属于投资性房地产核算范围的是（ ）。
A.已出租的土地使用权 B.已出租的写字楼
C.持有并准备增值后转让的土地使用权
D.生产用厂房 E.管理用办公楼
【答案】ABC
【解析】属于投资性房地产的项目有：（1）已出租的建筑物（以经营租赁方式出租，且拥有使用权）；（2）已出租的土地使用权（以经营租赁方式出租）；（3）持有并准备增值后转让的土地使用权；不属于投资性房地产的项目：（1）自用房地产（2）作为存货的房地产，如房地产开发企业在正常经营过程中销售的房地产。

5. 下列各项资产减值损失，一经确认不得转回的包括（ ）。
A.坏账准备 B.存货跌价准备
C.长期股权投资减值准备 D.固定资产减值准备
E.无形资产减值准备
【答案】CDE
【解析】一般情况下，适用于资产减值准则的资产，计提的减值准备在以后期间不得转回。考虑到固定资产、无形资产、商誉等资产发生减值后，一方面价值回升的可能性比较小，属于永久性的减值；另一方面从会计信息的谨慎性要求考虑，为了避免确认资产重估增值和操纵利润，资产减值准则规定，资产减值损失一经确认，在以后期间不得转回。以前期间计提的资产减值准备，在资产处置、出售、对外投资、非货币性资产交换方式换出、债务重组抵偿债务时，才可以予以转出。

章章练

一、单项选择题

1. 甲企业支付的下列款项中，可以使用库存现金进行支付的是（　　）。
A.财务部门购买账簿2 200元
B.销售部门宣传费1 200元
C.工程人员工资30 000元
D.生产车间办公费1 500元

2. 企业现金清查中，经检查仍无法查明原因的现金短缺，经批准后应（　　）。
A.计入以前年度损益调整　B.计入管理费用
C.计入其他应付款　　　　D.计入营业外收入

3. 下列各项中，不属于其他货币资产核算内容的是（　　）。
A.银行本票存款　　B.银行汇票存款
C.信用卡存款　　　D.银行承兑汇票

4. 某企业为增值税一般纳税人，本月销售一批商品，商品标价为200万元（不含税），因为是批量购买，所以给予购买方10%的商业折扣，企业按折扣后的金额开具了增值税专用发票。同时，为购买方垫付包装费1万元，保险费0.5万元，款项尚未收回。该企业用总价法核算应收账款，应当确认的应收账款入账金额为（　　）万元。
A.234　B.230　C.212.1　D.235

5. 企业应收账款明细账的贷方余额反映的是（　　）。
A.应付账款　　B.预收账款
C.预付账款　　D.其他应收款

6. 2018年12月20日甲公司提供运输劳务开具了运输业专用增值税专用发票，应收取的运费为100万元，增值税11万元。为了提早收回劳务款而在合同中规定现金折扣条件为：2/10，1/20，N/30（假定计算现金折扣时不考虑增值税）。甲公司在2018年12月20曰支付上述款项，则该企业实际收到的金额为（　　）万元。
A.100　B.110　C.109　D.150

7. 2018年5月初应收账款余额为1 500万元，本月发生赊销1 000万元，收回应收账款500万元，实际发生坏账损失20万元。已知该企业按应收账款余额百分比法计提坏账准备，计提比例为2%，则2018年5月31日该企业应计提的坏账准备金额为（　　）万元。
A.30　B.10　C.29.6　D.25

8. 甲公司自证券交易所购入某公司股票100万股，每股支付购买价款8.8元。（其中包括已宣告但尚未发放的现金股利0.3元。）另支付交易费用2万元。甲公司将其划分为交易性金融资产核算，则该交易性金融资产的入账价值为（　　）万元。
A.780　B.880　C.855　D.850

9. 企业取得一项交易性金融资产，在持有期间，被投资单位宣告分派股票股利，下列做法中正确的是（　　）。
A.按企业应分得的金额计入当期投资收益
B.按分得的金额计入营业外收入
C.被投资单位宣告分派股票股利，投资单位无须进行账劳处理
D.企处应当在实际收到时才进行账务处理

10. A公司2018年6月2日从证券交易市场中购入B公司发行在外的普通股股票1 000万股作为交易性金融资产核算，每股支付购买价款4元，另支付相关交易费用5万元，2018年6月30曰，该股票的公允价值为4.3元/股。则A公司购入该项金融资产对当期损益的影响金额为（　　）万元。
A.295　B.0　C.255　D.300

11. 某公司2018年3月15日购入M公司发行在外的普通股股票作为交易性金融资产核算。购买时支付价款1 200万元（其中包括已宣告但尚未发放的现金股利100万元，交易费用20万元），至2018年6月30日，该股票的公允价值为1 200万元。2018年8月19日某公司将持有的M公司的股票全部出售，收取价款为1 210万元，则在处置时应当确认的投资收益为（　　）万元。
A.10　B.111　C.100　D.80

12. 甲公司2018年7月1日购入乙公司2018年1月1日发行的债券，支付价款为2 100万元（含已到付息期但尚未领取的债券利息40万元），另支付交易费用15万元。该债券面值为2 000万元。票面年利率为4%（票面利率等于实际利率），每半年付息一次，甲公司将其划分为交易性金融资产。甲公司2018年度该项交易性金融资产应确认的投资收益为（　　）万元。
A.25　B.30　C.35　D.50

13. 甲公司2015年2月2日将持有的交易性金融资产全部出售，出售前交易性金融资产的账面价值为3 200万元（其中成本2 800万元，公允价值变动400万元）。出售价款为3 500万元，款项已收并存入银行。该交易对当月损益的影响金额为（　　）万元。
A.300　B.700　C.400　D.0

14. 2018年3月2日，甲公司购入乙公司发行的公司债券作为交易性金融资产核算，购买价款为1 298万元，另支付交易费用2万元。该债券系乙公司2015年3月1日发行的两年期的到期一次还本付息债券，票面利率为6%。至2018年6月30曰，该债券的公允价值为1 200万元。甲公司于2018年7月2日将其全部出售，取得价款1 180万，则出售时甲公司应当确认的投资收益为（　　）万元。
A.118　B.–118　C.20　D.–20

15. 甲公司2018年1月1日购入面值为1 000万元，票面年利率为4%的A公司债券，该债券为分期付息到期还本的债券。取得时支付价款1 045万元（包括已到付息期尚未领取的利息40万元），另支付交易费用5万元。甲公司将其作为交易性金融资产核算。2018年2月15日收到购买价款中所含的利息40万元。2018年6月30日该债券的公允价值为1 100万元；2015年12月31日该债券的公允价值为1 080万元。2019年2月15日，甲公司收到上年度的债券利息40万元。2019年3月3日甲公司将A公司债券全部出售，售价为1 030万元。则甲公司从购入债券至出售累计应确认的投资收益为（　　）万元。

A.65　　B.60　　C.20　　D.35

16. 下列各项中，不属于企业存货项目的是（　　）。

A.委托代销商品　　B.工程物资

C.发出商品　　D.原材料

17. 下列各项中，不构成一般纳税人外购存货入账成本的是（　　）。

A.购买价款　B.进口货物缴纳的增值税

C.进口货物缴纳的关税　D.运输途中合理损耗

18. 甲公司（增值税一般纳税人）外购原材料一批，取得增值税普通发票注明价税金额为120万元，支付的运杂费为10万元，保险费2万元，入库前的挑选整理费0.5万元，则该批原材料的入账金额为（　　）万元。

A.132.5　　B.110　　C.130　　D.141

19. 某公司（增值税一般纳税人）购入原材料100吨，取得增值税专用发票注明的价款30万元，增值税税额5.1万元，发生包装费1万元，保险费1万元。入库时验收为99.5吨，缺失部分为运输途中合理损耗。则该批原材料入账的单位成本为（　　）元。

A.3 000　　B.3 700　　C.3 710　　D.3 216.08

20. 下列各项中，关于先进先出法的表述不正确的是（　　）。

A.需有假设前提即先购进的存货先发出

B.按先进先出的假定流转顺序来确定发出存货的成本及期末结存存货的成本

C.先进先出法不能随时结转发出存货成本

D.如果购入存货单价不稳定时工作量较大

21. 企业出借给购买单位使用的包装物的摊销额应计入（　　）科目。

A.销售费用　　B.生产成本

C.其他业务成本　　D.管理费用

22. 应当缴纳消费税的委托加工物资收回后用于连续生产应税消费品，按规定受托方代收代缴的消费税应记入（　　）科目中。

A.生产成本　　B.委托加工物资

C.主营业务成本　　D.应交税费

23. 企业发生存货盘盈时，在按管理权限报经批准后，应贷记的会计科目是（　　）。

A.营业外收入　　B.管理费用

C.资本公积　　D.以前年度损益调整

24. 企业存货发生盘亏，在按管理权限报经批准后，属于一般经营损失的部分应借记的会计科目是（　　）。

A.营业外支出　　B.管理费用

C.资产减值损失　　D.资本公积

二、多项选择题

1. 下列关于存货跌价准备的表述不正确的是（　　）。

A.存货跌价准备已经计提在存货持有期间不得转回

B.转回存货跌价准备会减少存货的账面价值

C.存货的成本高于其可变现净值的差额为当期需要计提的存货跌价准备金额

D.企业出售存货时要将匹配的存货跌价准备一并结转

2. 下列各项中，资产的净损失报经批准应计入管理费用的有（　　）。

A.火灾事故造成的库存商品毁损

B.自然灾害造成的包装物毁损

C.属于一般经营损失的原材料毁损

D.无法查明原因的现金短缺

3. 下列各项中，会引起期末应收账款账面价值发生变化的有（　　）。

A.收回应收账款

B.收回已转销的坏账

C.计提应收账款坏账准备

D.结转到期不能收回的应收票据

4. 下列各项支出应计入无形资产成本的有（　　）。

A.购入专利权发生的支出

B.购入商标权发生的支出

C.取得土地使用权发生的支出

D.研究新技术在研究阶段发生的支出

5. 下列各项中，属于投资性房地产的有（　　）。

A.房地产企业持有的待售商品房

B.以经营租赁方式出租的商用房

C.以经营租赁方式出租的土地使用权

D.以经营租赁方式租入后再转租的建筑物

6. 下列关于投资性房地产核算的表述中，不正确的有（　　）。

A.采用成本模式计量的投资性房地产，符合条件可转换为公允价值模式计量

B.采用成本模式计量的投资性房地产，不需要确认减值损失

C.采用公允价值模式计量的投资性房地产，需要确认减值损失

D.采用公允价值模式计量的投资性房地产，满足条件后可以转换为成本模式

7. 下列各项中，关于被投资单位宣告发放现金股利或分配利润时，正确的会计处理有（　　）。

A.交易性金融资产持有期间，被投资单位宣告发放现金股利或利润时确认投资收益

B.长期股权投资采用成本法核算时，被投资单位宣告发放现金股利或利润时确认投资收益

C.长期股权投资采用权益法核算时，被投资单位宣告现金股利或利润时确认投资收益

D.长期股权投资采用权益法核算时，被投资单位宣告现金股利或利润时冲减其账面价值

8. 企业购入采用权益法核算的长期股权投资，其初始投资成本包括（　　）。

A.购入时实际支付的价款

B.支付的价款中包含的被投资方已宣告但尚未发放的现金股利

C.支付的印花税

D.为取得长期股权投资发生的相关手续费

9. 下列关于长期股权投资会计处理的表述中正确的有（　　）。

A.对合营企业的长期股权投资采用权益法核算

B.长期股权投资减值准备一经确认，在以后会计期间不得转回

C.权益法下，按被投资方宣告发放现金股利应享有的份额确认投资收益

D.权益法下，按被投资方实现净利润享有的份额确认投资收益

10. 下列关于可供出售金融资产的表述中，正确的有（　　）。

A.可供出售金融资产发生的减值损失应计入当期损益

B.可供出售金融资产的公允价值变动应计入当期损益

C.取得可供出售金融资产发生的交易费用应直接计入资本公积

D.处置可供出售金融资产时，以前期间因公允价值变动计入其他综合收益的金额应转入当期损益

11.下列关于固定资产计提折旧的表述中，正确的有（　）。

A.提前报废的固定资产，不再补提折旧

B.固定资产折旧方法的改变属于会计估计变更

C.当月减少的固定资产，当月起停止计提折旧

D.已提足折旧但仍然继续使用的固定资产不再计提折旧

12.下列各项中，影响固定资产折旧的因素有（　）。

A.固定资产原价

B.固定资产的预计使用寿命

C.固定资产预计净残值

D.已计提的固定资产减值准备

三、判断题

1.当预付账款小于采购货物所需支付的款项，收到货物时，差额部分计入到应付账款贷方。（　）

2.收回以前的转销的坏账损失，会导致坏账准备余额增加。（　）

3.商誉不具有实务形态，且属于非货币性长期资产，因此商誉应作为无形资产核算。（　）

4.采用公允价值模式计量的投资性房地产，满足一定条件后可以转为成本模式核算。（　）

5.采用成本模式计量的投资性房地产所得的租金收入，应计入其他业务收入。（　）

6.对于已经达到预定可使用状态但尚未办理竣工决算的固定资产，待办理竣工决算后，若实际成本与原暂估价值存在差异的，应调整已计提折旧。（　）

7.专门用于生产某产品的固定资产，其所包含的经济利益通过所生产的产品实现的，该固定资产的折旧额应计入产品成本。（　）

8.长期股权投资采用成本核算，因被投资企业除净损益、其他综合收益及利润分配以外的所有者权益其他变动，投资企业应按其享有份额增加或减少资本公积。（　）

9.原材料采用计划成本核算的，无论是否验收入库，都要先通过“材料采购”科目进行核算。（　）

10.企业采用计划成本核算原材料，平时收到原材料时应按实际成本借记“原材料”科目，领用或发出原材料时应按计划成本贷记“原材料”科目，期末再将发出材料和期末结存材料调整为实际成本。（　）

四、不定项选择题

（一）【材料1】2018年5月10日，甲公司以620万元（含已宣告但尚未领取的现金股利20万元）购入乙公司股票200万股作为交易性金融资产，另支付手续费6万元。5月30日，甲公司收到现金股利20万元。2018年6月30日，该股票每股市价为3.2元。8月10日，乙公司宣告分派现金股利，每股0.2元。8月20日，甲公司收到分派的现金股利。12月31日，甲公司仍持有该交易性金融资产，期末每股市价为3.6元。2019年1月3日，甲公司以630万元出售该交易性金融资产。假定甲公司每年6月30日和12月31日对外提供财务报告。

要求：根据上述资料，不考虑其他因素，分析回答下列第（1）—（4）小题。（答案中金额单位用万元表示）

1.甲公司2018年5月10日取得交易性金融资产时，下列各项中正确的是（　）。

A.交易性金融资产取得时入账价值为600万元

B.交易性金融资产取得时入账价值为626万元

C.交易性金融资产取得时入账价值为620万元

D.交易性金融资产取得时入账价值为606万元

2.关于甲公司2018年交易性金融资产的会计处理，下列各项中正确的是（　）。

A.2018年8月10日应确认投资收益40万元

B.2018年8月10日应冲减交易性金融资产成本40万元

C.2018年度应确认公允价值变动损益80万元

D.2018年度应确认公允价值变动损益100万元

3.下列关于甲公司2018年与交易性金融资产有关的会计处理中，正确的是（　）。

A.2018年5月10日购入时

借：交易性金融资产——成本　620

　　投资收益　6

　贷：银行存款　626

B.2018年6月30日确认公允价值变动

借：交易性金融资产——公允价值变动　20

　贷：公允价值变动损益　20

C.2018年8月10日宣告分派现金股利时

借：应收股利　40

　贷：投资收益　40

D.2018年12月31日确认公允价值变动时

借：交易性金融资产——公允价值变动　80

　贷：公允价值变动损益　80

4.甲公司从取得交易性金融资产至出售交易性金融资产，下列各项中，会计处理结果正确的是（　）。

A.出售交易性金融资产时应确认投资收益10万元

B.出售交易性金融资产时应确认投资收益-90万元

C.出售交易性金融资产时影响的利润总额为-90万元

D.从取得至出售交易性金融资产的累计损益为64万元

（二）【材料2】甲公司为增值税一般纳税人，适用的增值税税率为17%，商品、原材料售价中不含增值税。假定销售商品、原材料和提供劳务均符合收入确认条件，其成本在确认收入时逐笔结转，不考虑其他因素。2018年4月，甲公司发生如下交易或事项：

（1）5日，销售乙商品一批，按商品标价计算的金额为200万元，由于是成批销售，甲公司给予客户10%的商业折扣并开具了增值税专用发票，款项尚未收回。该批商品实际成本为150万元。

（2）8日，向本公司行政管理人员发放自产产品作为福利，该批产品的实际成本为8万元，市场售价为10万元。

（3）10日，向乙公司转让一项软件的使用权，一次性收取使用费且不再提供后续服务，开具的增值税专用发票注明的价款为20万元，增值税税额1.2万元，款项存入银行。

（4）16日，销售的乙商品由于存在质量问题，客户要求退回所购商品的50%，经过协商，甲公司同意了客户的退货要求，并按规定开具了增值税专用发票（红字），该批退回的商品已验收入库。

（5）20日，销售一批原材料，增值税专用发票注明售价80万元，款项收到并存入银行。该批材料的实

际成本为59万元，已计提存货跌价准备9万元。

（6）30日，收到其他企业作为资本投入的现金300万元。

（7）30日，确认本月设备安装劳务收入。该设备安装劳务合同总收入为100万元，预计合同总成本为70万元，合同价款在前期签订合同时已收取。采用完工百分比法确认劳务收入。截止到本月末，该劳务的累计完工进度为60%，前期已累计确认劳务收入50万元、劳务成本35万元，假设不考虑增值税。

（8）30日，以银行存款支付咨询费20万元、短期借款利息10万元、违约金5万元。

要求：根据上述资料回答下列第（1）—（5）题。（答案中金额单位用万元表示）

1. 业务（1）、（2）处理正确的是（　　）。

A.借：应收账款　230.6
　　贷：主营业务收入　200
　　　　应交税费——应交增值税（销项税额）　30.6

B.借：主营业务成本　150
　　贷：库存商品　150

C.借：销售费用　11.7
　　贷：主营业务收入　10
　　　　应交税费——应交增值税（销项税额）1.7

D.借：主营业务成本　8
　　贷：库存商品　8

2. 业务（3）—（5）处理不正确的是（　　）。

A.借：银行存款　21.2
　　贷：其他业务收入　20
　　　　应交税费--应交增值税（销项税额）1.2

B.借：主营业务收入　90
　　贷：应收账款　90
　借：库存商品　75
　　贷：主营业务成本　75

C.借：银行存款　93.6
　　贷：其他业务收入　80
　　应交税费——应交增值税（销项税额）13.6

D.借：其他业务成本　50
　　存货跌价准备　9
　　贷：原材料　59

3. 业务（6）—（8）处理不正确的是（　　）。

A.业务（6）应确认其他业务收入300万元

B.业务（7）应确认收入60万元，结转成本42万元

C.业务（8）支付咨询费和违约金都计入管理费用

D.业务（8）支付短期借款利息计入财务费用

4. 根据上述资料，甲公司的营业收入和营业成本分别为（　　）万元。

A.230　149　　B.210　140

C.240　175　　D.230　140

5. 甲公司2018年4月产生的营业利润和利润总额分别为（　　）万元。

A.30.3　343.3　　B.31.3　33.3

C.28.3　23.3　　D.30.3　43.3

（三）【材料3】甲公司为增值税一般纳税人，与固定资产相关的资料如下：

（1）2015年3月5日，甲公司开始建造一条生产线，为建造该生产线领用自产产品100万元，这部分自产产品的市场售价为200万元，同时领用以前外购的原材料一批，该批原材料的实际购入成本为50万元，购入时的增值税为8.5万元，领用时该批原材料市价为100万元。

（2）2015年3月至6月，应付建造该条生产线的工程人员的工资40万元，用银行存款支付其他费月10万元。

（3）2015年6月30日，该条生产线达到预定使用状态。该条生产线的预计使用年限为5年，预计净残值为0，采用双倍余额递减法计提折旧。

（4）2017年6月30日，甲公司对该生产线的某一重要部件进行更换，合计发生支出100万元，（改造支出符合准则规定的固定资产确认条件），已知该部件的账面原值为80万元，被替换部件的变价收入为10万，2017年10月31日，达到预定可使用状态，更新改造后的生产线预计使用年限和计提折旧的方法并未发生改变，预计净残值为零。

要求：根据上述资料，不考虑其他条件，回答下列问题。

1.下列固定资产中，需要计提折旧的是（　　）。

A.经营租出的机器设备　　B.单独估价入账的土地

C.融资租入的生产设备　　D.闲置不用的厂房

2.根据事项（1），关于领用自产产品用于在建工程的相关说法中，正确的是（　　）。

A.应计入在建工程的金额为200万元

B.应计入在建工程的金额为100万元

C.应计入在建工程的金额为234万元

D.应计入在建工程的金额为117万元

3.根据事项（1），关于领用外购的材料用于在建工程的相关说法中，正确的是（　　）。

A.应计入在建工程的金额为50万元

B.应计入在建工程的金额为58.5万元

C.应计入在建工程的金额为41.5万元

D.应计入在建工程的金额为100万元

4.根据事项（1）—（3），该条生产线的入账价值为（　　）万元。

A.217　　B.200　　C.225.5　　D.334

5.该条生产线在更换重要部件后，重新达到预定使用状态时的入账价值为（　　）万元。

A.153.2　　B.123.2　　C.138.2　　D.143.2

章章练参考答案及解析

一、单项选择题

1.【答案】C

【解析】对企事业单位在结算起点（1 000元）以下的支出可以使用现金，在结算起点以上的要以转账方式支付，所以ABD应当以转账方式支付。对于支付个人的劳务报酬没有金额起点限制，所以C正确。

2.【答案】B

【解析】企业应当定期进行现金清查，当发生现金短缺时，属于无法查明原因的现金短缺应计入"管理费用"科目。

3.【答案】D

【解析】其他货币资金主要包括银行汇票存款、银行本票存款、信用卡存款、信用证金存款、存出投资款和外埠存款等。选项D属于"应付票据"或"应收票据"核算内容。

4.【答案】C

【解析】应收账款的入账金额=扣除商业折扣后的售价+增值税+包装费+保险费=212.1万元。

5.【答案】B

【解析】应收账款明细账的贷方余额反映的是预付账款。

6.【答案】B

【解析】实际收到的金额=111-100×1%=110万元。

7.【答案】C

【解析】该企业5月初坏账准备金额=1 500×2%=30万元，18年5月31日应有坏账准备金额=（1 500+1 000-500-20）×4%=39.6万元，所以该企业应计提的坏账准备金额=39.6-（30-20）=29.6万元。

8.【答案】D

【解析】交易性金融资产的入账价值=100×（8.8-0.3）=850万元。

9.【答案】C

【解析】被投资单位宣告分派股票股利，投资单位无须进行账劳处埋，所以选项ABD均不正确。

10.【答案】A

【解析】A公司购入该项金融资产对当期损益的影响金额=-5（交易费用）+（4.3-4）-1 000（公允价值变动损益）=295万元。

11.【答案】D

【解析】处置时应当确认的投资收益=净售价-净买价=1 210-（1 200-100-20）=130万元。

12.【答案】A

【解析】该项交易性金融资户：应确认的投资收益=-15+2 000×4%×1/2=25万元。

13.【答案】A

【解析】交易对当月损益的影响金额=处置价款-处置时交易性金性资产的账面价值=3 500-3 200=300万元。

14.【答案】B

【解析】出售时甲公司应当确认的投资收益=出售时收到的价款-购买时入账价值=1 180-1 298=-118万元。

15.【答案】B

【解析】累计应确认的投资收益=-取得时支付的交易费用+持有期间的利息收入+出售时确认的投资收益=-5+40+1 030-（1 045-40）=60万元。

16.【答案】B

【解析】存货是企业在日常活动中持有以备出售或消耗的物资，选项B是构建固定资产购入的物资，不属于企业的存货。

17.【答案】B

【解析】增值税的一般纳税人外购存货成本=买价+相关税费+运输费+装卸费等合理必要支出。增值税属于价外税，所以进口环节缴纳的增值税不构成存货采购成本。

18.【答案】A

【解析】企业外购存货成本=买价+相关税费+运杂费+保险费等合理必要支出=120+10+2+0.5=132.5万元。

19.【答案】D

【解析】原材料入账的单位成本=总成本÷入库原材料数量=（300 000+10 000+10 000）÷99.5=3 216.08元。

20.【答案】C

【解析】先进先出法可以随时结转发出存货成本。

21.【答案】A

【解析】企业出借给购买单位使用的包装物的摊销额应计入"销售费用"科目。

22.【答案】D

【解析】应当缴纳消费税的委托加工物资收回后用于连续生产应税消费品，按规定受托方代收代缴的消费税应计入"应交税费——应交消费税"科目。

23.【答案】B

【解析】企业发生存货盘盈是，在按管理权限报经批准后，应贷记"管理费用"科目。

24.【答案】B

【解析】企业存货发生盘亏，在按管理权限报经批准后，属于一般经营损失的部分应借记"管理费用"科目。

二、多项选择题

1.【答案】ABC

【解析】以前计提存货跌价准备的影响因素已经消失，跌价准备应在原计提减值准备的金额内转回，所以选项A不正确；存货账面价值=存货账面余额-存货跌价准备，转回存货跌价准备会增加存货账面价值，所以选项B不正确；存货的成本高于其可变现净值的差额为当期需要提足的存货跌价准备，如果期初有余额，则本期计提存货跌价准备的金额应当将期初余额因素考虑在其中，选项C不正确。

2.【答案】ACD

【解析】自然灾害造成的包装物损毁，计入营业外支出。

3.【答案】ABCD

【解析】应收账款账面价值=应收账款账面余额-

坏账准备账面余额

4.【答案】ABC

【解析】研究支出中属于研究阶段的支出期末应计入当期损益。

5.【答案】BC

【解析】选项A属于存货；选项D企业没有所有权，不作为自有资产核算。

6.【答案】BCD

【解析】选项B，采用成本模式计量的投资性房地产，发生减值的需要确认减值损失；选项C，期末核算公允价值变动，不计提减值准备；选项D，采用公允价值模式计量的投资性房地产，不能转换为成本模式。

7.【答案】ABD

【解析】长期股权投资采用权益法核算时，被投资单位宣告发放现金股利或利润时是冲减长期股权投资账面价值。

8.【答案】ACD

【解析】实际支付的价款中包含的已宣告但尚未领取的现金股利在“应收股利”账户反映，选项A.C.D均应计入初始投资成本中。

9.【答案】ABD

【解析】权益法下，被投资方宣告发放现金股利时，投资方按应享有的份额冲减长期股权投资。

10.【答案】AD

【解析】可供出售金融资产的公允价值变动计入其他综合收益，B项不正确；取得可供出售金融资产发生的交易费用会计入可供出售金融资产的成本中，不计入资本公积，C项不正确。

11.【答案】ABD

【解析】当月减少的固定资产，当月照提折旧，从下月起不计提折旧。

12.【答案】ABCD

【解析】影响固定资产折旧的因素包括：固定资产原价、预计净残值、固定资产减值准备、固定资产的使用寿命。

三、判断题

1.【答案】错误。

【解析】当预付账款小于采购货物所需支付的款项，收到货物时，贷方用预付账款核算，金额为全部金额。差额部分应该通过借“预付账款”，贷“银行存款”补付。

2.【答案】正确。

【解析】收益以前的转销的坏账损失：

借：应收账款

　　贷：坏款准备

借：银行存款

　　贷：应收账款

坏账准备记在贷方，表示增加。

3.【答案】错误。

【解析】商誉的存在无法与企业自身分离，不具有可辨认性，因此不作为无形资产核算。

4.【答案】错误。

【解析】满足一定条件后采用成本模式计量的投资性房地产可以转为公允价值模式计量，但是已经采用公允价值模式计量的投资性房地产，不得转为成本模式。

5.【答案】正确。

【解析】采用成本模式计量的投资性房地产所得的租金收入，应计入其他业务收入。

6.【答案】错误。

【解析】待办理竣工决算后，按照实际成本调整原暂估价值，不应该调整已经计提的折旧。

7.【答案】正确。

【解析】专门用于生产某产品的固定资产，其所包含的经济利益通过所生产的产品实现的，该固定资产的折旧额应计入产品成本。

8.【答案】错误。

【解析】成本法下不需要做处理，在采用权益法核算时，投资企业的长期股权投资账面余额，应随着被投资企业所有者权益的变动而变动。

9.【答案】正确。

【解析】原材料采用计划成本核算的，无论是否验收入库，都要先通过“材料采购”科目进行核算。

10.【答案】错误。

【解析】企业采用激活成本核算原材料，平时采购原材料时应按实际成本借记“材料采购”科目，材料验收入库时按计划成本借记“原材料”科目，贷记“材料采购”科目，两者的差额计入“材料成本差异”科目。领用或发出原材料时应按计划成本贷记“原材料”科目。

四、不定项选择题

1.【答案】1.C；2.AD；3.ABCD；4。ACD

【解析】

2018年5月10日购入时：

借：交易性金融资产——成本　　620

　　投资收益　　6

　　贷：银行存款　　626

所以交易性金融资产取得时的入账价值为620万元。

2018年5月30日收到股利时：

借：银行存款　　20

　　贷：投资收益　　20

2018年6月30日确认公允价值变动时：

借：交易性金融资产—公允价值变动（200×3.2−620）　　20

　　贷：公允价值变动损益　　20

2018年8月10日宣告分派现金股利时：

借：应收股利40（0.2×200）

　　贷：投资收益　　40

所以2018年8月10日应确认的投资收益为40万元，不冲减交易性金融资产的成本。

2018年8月20日收到股利时：

借：银行存款　　40

　　贷：应收股利　　40

2018年12月31日确认公允价值变动时：

借：交易性金融资产—公允价值变动（200×3.6−200×3.2）　　80

　　贷：公允价值变动损益　　80

2018年6月30日确认的公允价值变动损益为20万元，2018年12月31日确认的公允价值变动损益为80万元，则2018年度应确认的公允价值变动损益为20+80=100（万元）。

2019年1月3日处置该交易性金融资产时：

借：银行存款　　630

　　投资收益　　90

　　贷：交易性金融资产——成本　　620

——公允价值变动　100
借：公允价值变动损益　100
　贷：投资收益　100

累计损益即持有期间发生的所有损益类科目的合计，本题涉及的损益科目只有投资收益和公允价值变动损益。

该交易性金融资产的累计损益＝-6（2018年5月10日购入时的手续费）+20（5月30日收到的现金股利+20（2018年6月30日确认的公允价值变动损益）+40（2018年8月10日确认宣告的分派的现金股利）+80（2018年12月31日确认的公允价值变动损益）-90（2019年1月3日处置交易性金融资产确认的投资收益）-100（2019年1月3日处置交易性金融资产结转的公允价值变动损益）+100（2019年1月3日处置交易性金融资产从公允价值变动损益结转来的投资收益）＝64万元。

（二）【答案】1.BD；2.B；3.ABC；4.B；5.C

【解析】

（1）借：应收账款　210.6
　贷：主营业务收入　180
　　应交税费——应交增值税（销项税额）30.6
借：主营业务成本　150
　贷：库存商品　150

（2）借：管理费用　11.7
　贷：应付职工薪酬　11.7
借：应付职工薪酬　11.7
　贷：主营业务收入　10
　　应交税费——应交增值税（销项税额）1.7
借：主营业务成本　8
　贷：库存商品　8

（3）借：银行存款　21.2
　贷：其他业务收入　20
　　应交税费——应交增值税（销项税额）1.2

（4）借：主营业务收入　90
　　应交税费——应交增值税（销项税额）15.3
　贷：应收账款　105.3
借：库存商品　75
　贷：主营业务成本　75

（5）借：银行存款　93.6
　贷：其他业务收入　80
　　应交税费——应交增值税（销项税额）13.6
借：其他业务成本　50
　存货跌价准备　9
　贷：原材料　59

（6）借：银行存款　300
　贷：实收资本　300

（7）借：预收账款　10
　贷：其他业务收入（100×60%-50）10
借：其他业务成本（70×60%-35）　7
　贷：劳务成本　7

（8）借：管理费用　20
　财务费用　10
　营业外支出　5
　贷：银行存款　35

营业收入=180（资料1）+10（资料2）+20（资料3）—90（资料4）+80（资料5）+10（资料7）=210（万元）；

营业成本=150（资料1）+8（资料2）-75（资料4）+50（资料5）+7（资料7）=140（万元）。

营业利润=210（营业收入）-140（营业成本）-11.7（资料2）-（20+10）（资料8）=28.3（万元）；利润总额=28.3（营业利润）-5（资料8）=23.3（万元）。

（三）【答案】1.ACD；2.B；3.A；4.B；5.D

【解析】1.单独估价入账的土地以及已提足折旧但仍继续使用的固定资产，不需要计提折旧，所以选项B不正确。

2.领用自产产品用于在建工程，应将产品成本计入工程成本，即计入在建工程的金额为100万元。

3.外购的原材料用于动产的建造，应将材料成本计入在建工程，即计入在建工程的金额为50万元。

4.该条生产线的入账价值=100+50+40+10=200万元。

5.2017年6月30日，更新改造前的生产线的账面价值=200-200×2÷5-（200-200×2÷5）×2÷5=72万元，该条生产线在更换重要部件后，重新达到预定使用状态时的入账价值=72-[80-80×2÷5-（80-80×2÷5）×2÷5]+100=143.2万元。

03

第三章 负债

精准考点　提前了解

短期借款的会计核算 P147

应付账款 P151

职工薪酬的含义与内容 P159

应交税费概述 P164

考情早知道

【考情分析】

本章预计分值10分左右，易考单选题、多选题、判断题等题型。第二章负债是会计六大要素之一，是初级会计职称考试的重点。同学们在学习过程中要与资产、收入等内容结合来看，因为在考查负债的有关知识点时，常常会与资产、收入等知识一起进行考核。学习本章内容时，同学们应重点关注借款、应交税费、应付职工薪酬等主要内容，要注意与资产、收入、费用、利润等知识的结合。

本章共分三节。

【考题形式及重要程度】

节次	考试题型	重要程度
第一节　短期及长期借款	单选、多选、判断、不定项选择题	★★★
第二节　应付及预收账款	单选、多选、判断、不定项选择题	★★
第三节　应付职工薪酬	单选、多选、判断、不定项选择题	★★
第四节　应交税费	单选、多选、判断、不定项选择题	★★

第一节　短期及长期借款

一、短期借款

（一）短期借款的概念

短期借款是指企业向银行或其他金融机构等借入的期限在1年以下（含1年）的各种借款。

（二）短期借款的账务处理（★★★）

短期借款利息属于筹资费用，应当于发生时直接计入当期财务费用。

表3-1　短期借款的账务处理

经济业务	账务处理
借入短期借款	借：银行存款 　　贷：短期借款
计提和支付利息	（1）支付本期利息 借：财务费用 　　贷：银行存款 （2）本期利息后期支付 利息归属期计提利息： 借：财务费用 　　贷：应付利息 支付利息： 借：应付利息（前期已计提利息） 　　财务费用（支付当期利息） 　　贷：银行存款
偿还短期借款	借：短期借款 　　贷：银行存款

【例题·单选题】（2017）下列各项中，企业计提短期借款利息费用应贷记的会计科目是（　　）。

A.其他应付款　　B.银行存款　　C.应付利息　　D.短期借款

【答案】C

【例题·单选题】（2017）2016年1月1日，某企业向银行借入资金600 000元，期限为6个月，年利率为5%，借款利息分月计提，季末交付，本金到期一次归还，下列各项中，2016年6月30日，该企业交付借款利息的会计处理正确的是（　　）。

A.借：财务费用　　5 000
　　应付利息　　2 500
　　贷：银行存款　　　　7 500

B.借：财务费用　　7 500
　　贷：银行存款　　　　7 500

C.借：应付利息　　5 000
　　贷：银行存款　　　　5 000

D.借：财务费用　　2 500
　　应付利息　　5 000
　　贷：银行存款　　　　7 500

【答案】D

【解析】借款利息分月计提，按季支付；2016年6月30日支付利息时：

借：应付利息　　5 000（600 000×5%÷12×2）
　　财务费用　　2 500（600 000×5%÷12）
　　贷：银行存款　　　　7 500

【例题·单选题】（2016）2015年9月1日，某企业向银行借入一笔期限2个月、到期一次还本付息的生产经营周转借款200 000元，年利率6%。借款利息不采用预提方式，于实际支付时确认。11月1日，企业以银行存款偿还借款本息的会计处理正确的是（　　）。

A.借：短期借款　　200 000
　　应付利息　　2 000
　　贷：银行存款　　　　202 000

B.借：短期借款　　200 000
　　应付利息　　1 000
　　财务费用　　1 000
　　贷：银行存款　　　　202 000

C.借：短期借款　　200 000
　　财务费用　　2 000
　　贷：银行存款　　　　202 000

D.借：短期借款　　202 000
　　贷：银行存款　　　　202 000

【答案】C

【解析】借款利息不采用预提方式，利息在到期还本付息时直接确认为财务费用。

二、长期借款

（一）长期借款的概念

长期借款是指企业向银行或其他金融机构借入的期限在1年以上（不含1年）的各项借款。

（二）长期借款的账务处理

（1）取得时

借：银行存款

长期借款——利息调整（差额）（初级一般不涉及）

贷：长期借款——本金

（2）计提利息时

借：管理费用（筹建期间不符合资本化条件的利息费用）

　　在建工程（符合资本化条件的、在资产达到预定可使用状态前发生的利息费用）

　　制造费用（符合资本化条件的、在资产达到预定可销售状态前发生的利息费用）

　　财务费用（生产经营期间，不符合资本化条件的、在资产达到预定可使用状态后发生的利息费用，以及按规定不予资本化的利息费用）

　　研发支出（用于无形资产研发）

贷：应付利息（分期付息、到期一次还本）
　　长期借款——应计利息（一次还本付息）

（3）归还借款利息时

到期一次还本付息：

借：长期借款——本金
　　　　　　——应计利息
　贷：银行存款

分期付息、到期还本：

借：长期借款——本金
　　应付利息（归还当期的利息）
　贷：银行存款

【例题·单选题】（2017、2016）下列各项中，关于企业长期借款利息会计处理表述正确的是（　）。

A.计提分期付息、到期一次还本的借款利息，应贷记“长期借款——应计利息”科目

B.筹建期间属于日常管理活动的借款利息费用应计入在建工程

C.生产经营期间，购建固定资产达到预定可使用状态后发生的借款利息费用应计入财务费用

D.实际利率与合同利率相差较大的，应采用合同利率计算确定利息费用

【答案】C

【解析】选项 A 错误，计提分期付息、到期一次还本的借款利息，应贷记“应付利息”科目；选项 B 错误，筹建期间用于日常管理活动的借款利息费用应计入管理费用；选项 D 错误，实际利率与合同利率相差较大的，应采用实际利率计算确定利息费用。

【例题·判断题】（2017）企业经营期间借入长期借款用于构建固定资产的，在固定资产达到预定可使用状态后发生的利息支出应计入管理费用。（　）

【答案】错误。

【解析】应当计入财务费用。

知 识 图 谱

节节测

一、单项选择题

1. 下列表述中正确的是（　　）。
   A.计提的短期借款利息通过“短期借款”核算，计提的长期借款利息通过“长期借款”核算
   B.计提的短期借款利息和长期借款利息均通过“应付利息”核算
   C.计提的短期借款利息通过“短期借款”核算，计提的长期借款利息通过“应付利息”核算
   D.计提的短期借款利息通过“应付利息”核算，计提的长期借款利息通过“长期借款”核算
   【答案】D
   【解析】短期借款是流动负债的概念，利息也是在一年内付出的。所以应通过“应付利息”科目核算。长期借款是非流动负债，利息到期连本带息一起付的，也就是利息也要等一年以上才付，这样就要通过“长期借款——应计利息”科目核算。
2. 2013年7月1日，某企业向银行借入一笔经营周转资金100万元，期限6个月，到期一次还本付息，年利率为6%，借款利息按月预提，2013年11月30日该短期借款的账面价值为（　　）万元。
   A.120.5　B.102.5　C.100　D.102
   【答案】C
   【解析】短期借款的利息计入应付利息，不影响短期借款的账面价值，所以2013年11月30日短期借款的账面价值还是100万元。
3. 某企业取得银行为期一年的周转信贷协定，金额为100万元，年度内使用了60万元（使用期平均8个月），假设利率为每年12%，年承诺费率为0.5%，则年终企业应支付利息和承诺费共为（　　）万元。
   A.5　B.5.1　C.7.4　D.6.3
   【答案】B
   【解析】年平均借款额=60×（8÷12）=40万元
   企业应支付利息=40×12%=4.8万元
   企业应支付的承诺费=（100-40）×0.5%=0.3万元。
4. 某企业按年利率4.5%向银行借款200万元，银行要求保留10%的补偿性余额，则该项贷款的实际利率为（　　）。
   A.4.95%　B.5%　C.5.5%　D.9.5%
   【答案】B
   【解析】实际利率=年利息÷实际可用借款额=（200×4.5%）÷[200×（1-10%）]=5%。
5. 企业开具银行承兑汇票到期无力支付，应将按该票据的账面余额贷记的会计科目是（　　）。
   A.应付账款　B.其他货币资金
   C.短期借款　D.其他应付款
   【答案】C
   【解析】无力支付的票款，应转入短期借款

二、多项选择题

1. 下列关于短期借款的表述中，正确的有（　　）。
   A.短期借款利息如果是按月支付的，并且数额不大，可以不采用预提方式
   B.企业取得短期借款所支付的利息费用计入财务费用
   C.短期借款可以按借款种类及贷款人进行明细账的设置
   D.短期借款是向银行等金融机构借入期限在1年以下（含1年）的各种款项
   【答案】ACD
   【解析】筹建期间的短期借款利息费用计入管理费用中。
2. 下列关于应付账款的表述正确的有（　　）。
   A.应付账款附有现金折扣条件，应按扣除现金折扣前的应付款总额入账
   B.销货方代购货方垫付的运杂费等应计入购货方的应付账款入账金额
   C.企业确实无法支付的应付账款应计入资本公积
   D.企业采购存货如果月末发票及账单尚未到达应暂估应付账款入账
   【答案】ABD
   【解析】因债权人豁免或确实无法支付的应付账款应结转至营业外收入中

三、判断题

1. 企业生产经营期间计提的短期借款的利息费用均计入财务费用。（　　）
   【答案】正确。

第二节 应付及预收账款

一、应付账款

（一）应付账款的概念

应付账款是指企业因购买材料、商品或接受劳务供应等经营活动应支付给供应单位的款项。应付账款如果出现借方余额代表的是“预付账款”。

（二）应付账款的账务处理（★★）

表3-2 应付账款的账务处理

经济业务	财务处理
（1）购入材料，但尚未付款	借：材料采购/在途物资/原材料等 应交税费——应交增值税（进项税额） 贷：应付账款
（2）因在折扣期限内付款而获得的现金折扣	借：应付账款 贷：银行存款（实际偿付的金额） 财务费用（享有的现金折扣）
（3）企业偿还应付账款或开出商业汇票抵付应付账款时	借：应付账款 贷：银行存款 应付票据（开出商业汇票抵付）
（4）实务中，企业外购电力、燃气	①在每月付款时先作暂付款处理： 借：应付账款 贷：银行存款
	②月末按照外购动力的用途： 借：生产成本 制造费用 管理费用等 贷：应付账款
（5）确实无法偿付或无须支付时	借：应付账款 贷：营业外收入

★【专家一对一】

应付账款附有：

a.现金折扣：应按照扣除现金折扣前的应付款总额入账。针对考试而言，现金折扣是否考虑增值税，要根据题目中的要求确定，题中要求考虑增值税则考虑，否则不考虑。

b.商业折扣：应按照扣除商业折扣后的应付款总额入账。

【例题·判断题】（2017）企业经批准转销无法支付的应付账款，应按其账面余额计入“其他综合收益”科目。（　　）

【答案】错误。

【解析】应计入营业外收入。

【例题·判断题】（2014）应付账款附有现金折扣条款的，应按照扣除现金折扣前的应付账款总额入账。（　　）

【答案】正确。

【解析】现金折扣并不会影响应付账款的入账价值。

二、应付票据

（一）应付票据的概念

应付票据是指企业购买材料、商品和接受劳务供应等而开出、承兑的商业汇票，包括商业承兑汇票和银行承兑汇票。我国商业汇票的付款期限不超过6个月。

（二）应付票据的账务处理（★★★）

表3-3　应付票据的账务处理

经济业务	财务处理
（1）开出商业汇票时	借：材料采购/原材料/库存商品 应交税费——应交增值税（进项税额） 贷：应付票据
（2）企业因开出银行承兑汇票而支付银行的手续费/贴现息	借：财务费用 贷：银行存款/库存现金
（3）偿还票据时	借：应付票据 贷：银行存款
（4）应付商业承兑汇票到期，但企业无力支付票款时	借：应付票据 贷：应付账款
（5）应付银行承兑汇票到期，但企业无力支付票款时	借：应付票据 贷：短期借款

【例题·单选题】（2017）企业取得的应收票据贴现息，应计入（　　）。

A.银行存款　　B.管理费用　　C.财务费用　　D.应付票据

【答案】C

【例题·单选题】（2017、2013）企业开具银行承兑汇票到期而无力支付票款，应按该票据的账面余额贷记的会计科目是（　　）。

A.应付账款　　B.其他货币资金　　C.短期借款　　D.其他应付款

【答案】C

【解析】企业开具银行承兑汇票到期而无力支付票款时：

借：应付票据

贷：短期借款

【例题·多选题】（2016）下列各项中，引起“应付票据”科目金额发生增减变动的有（　　）。

A.支付银行承兑汇票手续费

B.转销已到期无力支付票款的商业承兑汇票

C.转销已到期无力支付票款的银行承兑汇票

D.开出商业承兑汇票购买原材料

【答案】BCD

【解析】选项A，计入财务费用，不影响“应付票据”科目余额；选项BC，减少“应付票据”科目余额；选项D，增加“应付票据”科目余额。

三、应付利息

（一）应付利息的账务处理

表3-4　应付利息的账务处理

经济业务	账务处理
（1）计提时	借：在建工程 财务费用 研发支出 贷：应付利息
（2）实际支付时	借：应付利息 贷：银行存款

四、应付债券

（一）应付债券的概念

应付债券是指企业为筹集（长期）资金而发行的债券。

（二）应付债券的发行价格

应付债券的发行价格分为面值发行、溢价发行和折价发行。

表3-5 应付债券发行价格分类

条 件	发行价格
（1）票面利率＞市场利率	溢价发行
（2）票面利率=市场利率	面值发行（等价发行）
（3）票面利率＜市场利率	折价发行

（三）应付债券的账务处理

（1）发行债券时

借：银行存款等

　　应付债券——利息调整（折价）（初级一般不涉及）

　　贷：应付债券——面值

　　　　应付债券——利息调整（溢价）（初级一般不涉及）

（2）债券利息的确认

借：在建工程

　　制造费用

　　财务费用

　　研发支出等

　　贷：应付利息（分期付息、到期一次还本）

　　　　应付债券——应计利息（一次还本付息）

（3）到期支付债券本息时

借：应付债券——面值

　　　　　　——应计利息（一次还本付息）

　　应付利息（分期付息、到期一次还本）

　　贷：银行存款等

【例题·单选题】（2017）2015年7月1日，某公司按面值发行3年期、到期一次还本付息的公司债券，该债券面值总额为10万元，票面年利率为4%（不计复利），不考虑相关税费，2016年12月31日该应付债券的账面价值为（　　）万元。

A.10.2　　B.10　　C.10.4　　D.10.6

【答案】D

【解析】债券为到期一次还本付息债券，计提的利息计入应付债券的账面价值，2016年12月31日该应付债券的账面价值=10+10×4%×1.5（2015年7月1日至2016年12月31日）=10.6万元。

【例题·单选题】（2016）企业为建造固定资产发行债券，在固定资产达到预定可使用状态前发生的不符合资本化条件的债券利息，应记入的会计科目是（　　）。

A.财务费用　　B.在建工程　　C.制造费用　　D.研发支出

【答案】A

【解析】由于债券利息不符合资本化条件，所以债券利息应计入财务费用核算。

【例题·不定项选择题】（2016）2014年初，A公司短期借款、长期借款、应付债券科目均无余额。A公司2014年至2015年发生有关经济业务如下：

（1）2014年3月31日，从中国银行借入2年期，年利率6%，到期一次还本付息不计复利的长期借款200万元，当日用于购买一台不需安装的设备。

（2）2015年6月30日，从工商银行借入期限3个月，年利率3.6%，到期一次还本付息的短期周转借款100万元 。

（3）2015年7月1日，按面值发行债券500万元，3年期，到期一次还本付息，年利率6%（不计复利），票面利率等于实际利率。发行债券款项于当日全部用于购买建造厂房所需工程物资，厂房已于2015年1月1日动工，预计两年后达到预定可使用状态。

（4）2015年9月30日，归还短期借款本息。

要求：根据上述资料，不考虑其他因素，分析回答下列小题。（答案中金额单位用万元表示）

1.根据资料（1），下列各项中，A公司按月计提长期借款利息，会计处理正确的是（　　）。

A.借：在建工程　　1

贷：应付利息　　　　1

B.借：财务费用　　　　1

　贷：长期借款——应计利息　　　　1

C.借：在建工程　　　　12

　贷：长期借款——应计利息　　　　12

D.借：财务费用　　　　12

　贷：应付利息　　　　12

【答案】B

【解析】按月计提长期借款利息=200×6%÷12=1万元。

2.根据资料（2），下列各项中，A公司2015年7月31日预提短期借款利息，下列处理正确的是（　　）。

A.财务费用增加0.3万元　B.银行存款减少0.3万元　C.应付利息增加0.3万元　D.短期借款增加0.3万元

【答案】AC

【解析】借：财务费用　　　　0.3（100×3.6%÷12）

　贷：应付利息　　　　0.3

3.根据资料（1）和（2），关于从银行借入资金对A公司财务状况及经营成果影响表述正确的是（　　）。

A.计提短期借款利息，引起营业利润减少

B.计提短期借款利息，不会引起短期借款账面价值增加

C.计提长期借款利息，引起长期借款账面价值的增加

D.计提长期借款利息，引起营业利润的减少

【答案】ABCD

4.根据资料（3），下列各项中，A公司2015年12月31日，计提债券利息的会计处理正确的是（　　）。

A.应付债券增加15万元　　B.应付利息增加15万元

C.财务费用增加15万元　　D.在建工程增加15万元

【答案】AD

【解析】计提债券利息：

借：在建工程　　　　15

　贷：应付债券——应计利息　　　　15（500×6%÷2）

5.根据资料（1）至（4），2015年12月31日，A公司资产负债表下列项目余额正确的是（　　）。

A.短期借款项目100万元　　B.应付债券项目500万元

C.应付债券项目515万元　　D.短期借款项目0万元

【答案】CD

【解析】短期借款项目=0；应付债券项目=500+15= 515万元。

五、应付股利

（一）应付股利的概念

应付股利是指企业根据股东大会或类似机构审议批准的利润分配方案确定分配给投资者的现金股利或利润。

（二）应付股利的账务处理

（1）宣告发放时

借：利润分配——应付股利

　贷：应付股利

（2）实际发放时

借：应付股利

　贷：银行存款

【专家一对一】

①对于企业董事会或类似机构通过的利润分配方案中拟分配的现金股利或利润，不做账务处理，但应在报表附注中披露。

②企业分配的股票股利不通过“应付股利”科目核算。

六、长期应付款

（一）长期应付款的概念

长期应付款是指企业除长期借款和应付债券以外的其他各种长期应付款项，包括应付融资租入固定资产的租赁费、以分期付款方式购入固定资产发生的应付款项等。

（二）应付融资租赁款

（1）概念：企业融资租入固定资产而形成的非流动负债。

（2）账务处理：

借：固定资产（或在建工程）（租赁资产公允价值与最低租赁付款额现值两者中较低者+初始直接费用）

未确认融资费用（差额）

贷：长期应付款（最低租赁付款额）

银行存款（初始直接费用）

（三）具有融资性质的延期付款

企业延期付款购买资产，实质上具有融资性质的，所购资产的成本应当以延期支付购买价款的现值为基础确定。

（1）取得时

借：固定资产/在建工程等（购买价款的现值）

未确认融资费用（差额）

贷：长期应付款（应支付的购买价款）

（2）分摊未确认融资费用

借：财务费用

在建工程等

贷：未确认融资费用

★【专家一对一】

资产负债表中，“长期应付款”项目应当根据“长期应付款”科目余额减去“未确认融资费用”科目余额和“一年内到期的长期应付款”后的净额填列。

【例题·多选题】（2017）下列各项中，应通过“长期应付款”科目核算的有（　　）。

A.发行债券确认的应付债券本金

B.融资租入固定资产形成的应付款项

C.分期付款购入固定资产确认的具有融资性质的应付款项

D.向金融机构借入的期限在1年以上的借款

【答案】BC

【解析】长期应付账款核算企业融资租入固定资产和以分期付款方式购入固定资产时应付的款项及偿还情况。选项A计入应付债券，选项D计入长期借款。

【例题·多选题】（2017、2014）下列各项中，应计入长期应付款的有（　　）。

A.应付租入包装的租金

B.以具有融资性质的分期付款方式购入固定资产的应付款项

C.因债权人单位撤销而无法支付的应付账款

D.应付融资租入固定资产的租赁费

【答案】BD

【解析】长期应付款核算企业融资租入固定资产和以分期付款方式购入固定资产时应付的款项及偿还情况。选项 A计入其他应付款；选项 C计入营业外收入。

七、其他应付款

（一）其他应付款的概念

其他应付款是指企业除应付票据、应付账款、预收账款、应付职工薪酬、应交税费、应付股利等经营活动以外的其他各项应付、暂收的款项，如应付经营租赁固定资产租金、租入包装物租金、存入保证金等。

【例题·多选题】（2017·2016）下列各项中，工业企业应通过“其他应付款”科目核算的有（　　）。

A.应付融资租入设备的租金

B.应交纳的教育费附加

C.应付经营租入设备的租金

D.应付租入包装物的租金

【答案】CD

【解析】选项A计入长期应付款；选项B计入应交税费。

（二）其他应付款的账务处理

（1）发生时

借：管理费用等

　　贷：其他应付款

（2）支付或退回时

借：其他应付款

　　贷：银行存款等

八、预收账款

（一）预收账款的账务处理

表3-6　预付账款的账务处理

经济业务	账务处理
（1）预收货款时	借：银行存款 　　贷：预收账款
（2）实现收入时	借：预收账款 　　贷：主营业务收入 　　　　应交税费——应交增值税（销项税额）
（3）收到补付货款时	借：银行存款 　　贷：预收账款
（4）退回多付款时	借：预收账款 　　贷：银行存款

★【专家一对一】

预收账款情况不多的企业，可以不设“预收账款”科目，通过“应收账款”科目核算。

★【专家一对一】

收对收，付对付，不设的科目为资产则借记，负债为贷记。

【例题·单选题】如果企业不设置“预收账款”科目，应将预收的货款计入（　　）。

A.应收账款的借方　B.应收账款的贷方　C.应付账款的借方　D.应付账款的贷方

【答案】B

【解析】企业不单独设置“预收账款”科目，应将预收的款项直接记入“应收账款”科目的贷方。

知 识 图 谱

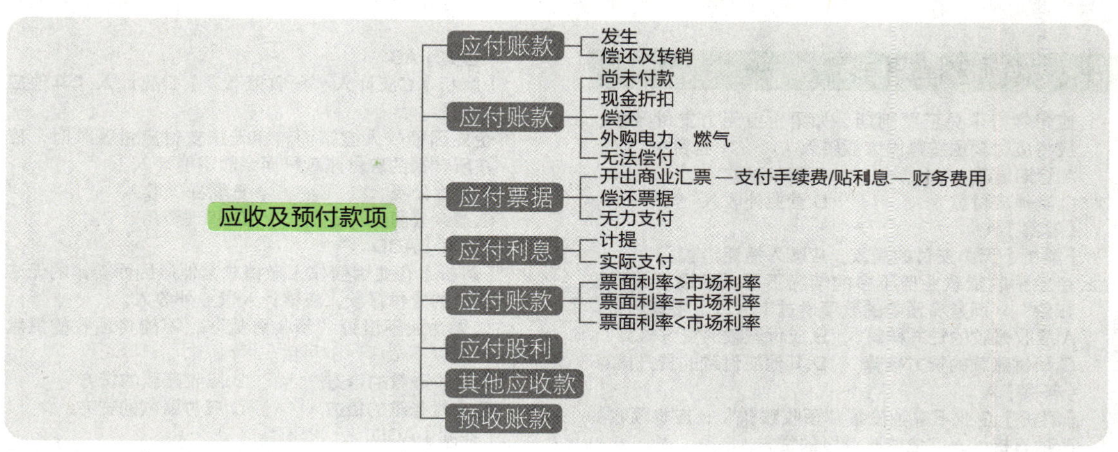
应收及预付款项
应付账款
发生
偿还及转销
应付账款
尚未付款
现金折扣
偿还
外购电力、燃气
无法偿付
应付票据
开出商业汇票 — 支付手续费/贴利息 — 财务费用
偿还票据
无力支付
应付利息
计提
实际支付
应付账款
票面利率>市场利率
票面利率=市场利率
票面利率<市场利率
应付股利
其他应收款
预收账款

节节测

一、单项选择题

1. 应付银行承兑汇票到期，如果企业无力支付账款，应将应付票据按账面余额转入（　　）科目中。
A.短期借款　　B.应付账款
C.其他应付款　　D.营业外收入
【答案】A
【解析】无力支付的票款，应转入短期借款。

2. 企业预收货款业务不多的情况下可以不设置“预收账款”，而是将预收的款项通过（　　）核算。
A.应收账款的贷方核算　　B.应付账款的贷方核算
C.预付账款的贷方核算　　D.其他应付款的贷方核算
【答案】A
【解析】企业不单独设置“预收账款”，应将预收的款项直接计入“应收账款”的贷方。

3. 下列各项中，不会引起“应付票据”科目金额发生变动的是（　　）。
A.开出商业承兑汇票购买材料
B.转销已到期无力支付票款的商业承兑汇票
C.转销已到期无力支付票款的银行承兑汇票
D.支付银行承兑汇票手续费
【答案】D
【解析】选项D，计入财务费用，不影响“应付票据科目”余额。

4. 企业发生赊购商品业务时，下列各项中不会影响应付账款入账金额的有（　　）。
A.商品价款　　B.增值税进项税额
C.现金折扣　　D.销货方代垫运杂费
【答案】C
【解析】现金折扣是不会影响应付账款入账金额的，因实际发生时冲减财务费用。

5. 下列各项中工业企业应通过“其他应付款”科目进行核算的是（　　）。
A.存出保证金
B.应付职工的薪酬
C.应付经营租入设备的租金
D.应付租入包装物的租金
【答案】A
【解析】选项A应计入其他应收款。

二、多项选择题

1. 下列各项中，计入“其他应付款科目”的是（　　）。
A.无力支付到期的银行承兑汇票
B.销售商品取得的包装物押金
C.应付租入包装物的租金
D.应付经营租赁固定资产租金
【答案】BCD
【解析】A计入“短期借款”。

2. 下列各项中，计入其他应付款的有（　　）。
A.根据法院判决应支付的合同违约金
B.租入包装物应支付的租金
C.根据购销合同预收的货款
D.租入包装物支付的押金
【答案】AB
【解析】C应计入“预收账款”，D应计入“其他应收款”。

3. 企业因债权人撤销而转销无法支付应付账款时，应按所转销的应付账款账面余额不能计入（　　）。
A.资本公积　　B.营业外收入
C.盈余公积　　D.管理费用
【答案】ACD
【解析】企业因债权人撤销或其他原因而转销的无法支付的应付账款，应该计入营业外收入。

4. 如果企业不设置“预收账款”，不能将预收的货款计入以下（　　）科目。
A.应收账款的借方　　B.应收账款的贷方
C.应付账款的借方　　D.应付账款的贷方
【答案】ACD
【解析】企业不单独设置“预收账款”科目的，应将预收的款项直接计入“应收账款”科目的贷方。

5. 下列各项中，不属于“其他应付款”科目核算范畴的是（　　）。
A.应付经营租赁固定资产的租金
B.应付供应商的货款
C.应付职工的薪酬
D.应付供应商代垫的运杂费
【答案】BCD
【解析】B选项计入应付账款；C选项计入应付职工薪酬；D选项计入应付账款。

三、判断题

1. 应付商业承兑汇票到期，企业无力支付票款的，不能将应付票据按账面余额转入应付账款。（　　）
【答案】错误。

2. 应付账款附有现金折扣条款的，不能按照扣除现金折扣前的应付账款总额入账。（　　）
【答案】对。
【解析】现金折扣是不会影响应付账款的入账价值的。

3. 企业向投资者宣告发放现金股利，不应在宣告时确认为费用。（　　）
【答案】正确。
【解析】企业向投资者宣告发放现金股利，应借记“利润分配”科目，贷记“应付股利”科目，不应确认为费用。

第三节 应付职工薪酬

一、应付职工薪酬

（一）应付职工薪酬的概念（★）

应付职工薪酬是指企业获得职工提供的服务或解除劳动关系而给予的各种形式的报酬或补偿，包括短期薪酬，离职后福利，辞退福利，其他长期职工福利，企业提供给职工配偶、子女、受赡养人、已故员工遗属及其他受益人等的福利。

表3-7 应付职工薪酬的分类

项 目	具体内容
（1）短期薪酬	①职工工资、奖金、津贴和补贴 ②职工福利费 ③医疗保险费、工伤保险费和生育保险费等社会保险费（不包括养老保险和失业保险） ④住房公积金 ⑤工会经费和职工教育经费 ⑥短期带薪缺勤 ⑦短期利润分享计划 ⑧其他短期薪酬
（2）离职后福利	设定提存计划：向独立的基金缴存固定费用后，企业不再承担进一步支付义务的离职后福利计划。如：养老保险和失业保险。 设定受益计划：除设定提存计划以外的离职后福利计划。
（3）辞退福利	辞退福利：企业在职工劳动合同到期之前解除与职工的劳动关系，或者为鼓励职工自愿接受裁减而给予职工的补偿。
（4）其他长期职工福利	除短期薪酬、离职后福利、辞退福利之外所有的职工薪酬，包括长期带薪缺勤、长期残疾福利、长期利润分享计划等。

【例题·多选题】（2016、2015）下列各项中，应通过“应付职工薪酬”科目核算的有（ ）。

A.提取的工会经费　　B.计提的职工医疗保险费

C.职工出差报销的差旅费　　D.确认的职工短期带薪缺勤

【答案】ABD

【解析】职工出差报销的差旅费不通过“应付职工薪酬”核算。

（二）短期薪酬的账务处理（★★★）

表3-8 短期薪酬的账务处理

经济业务		账务处理
（1）货币性	①工资、奖金、津贴和补贴，职工福利费	a.计提时： 借：管理费用（行政管理人员的薪酬） 　　生产成本（生产工人的薪酬） 　　制造费用（车间管理人员的薪酬） 　　销售费用（销售人员的薪酬） 　　在建工程（工程人员的薪酬） 　贷：应付职工薪酬——工资、奖金、津贴和补贴 　　　　　　　　　——职工福利费 　　　　　　　　　——社会保险费—基本医疗保险等 　　　　　　　　　——住房公积金 　　　　　　　　　——工会经费和职工教育经费等

经济业务		账务处理
（1）货币性	①工资、奖金、津贴和补贴、职工福利费	b.支付时： 借：应付职工薪酬——工资、奖金、津贴和补贴等 贷：银行存款 其他应收款（扣还代垫的各种款项） 应交税费——应交个人所得税（代扣个人所得税）
	短期带薪缺勤	a.累积带薪缺勤：是指带薪权利可以结转下期的带薪缺勤，本期尚未用完的带薪缺勤权利可以在未来期间使用。比如，带薪年假。 借：管理费用等（根据受益对象） 贷：应付职工薪酬——带薪缺勤——短期带薪缺勤——累积带薪缺勤
		b.非累积带薪缺勤：是指带薪权利不能结转下期的带薪缺勤，本期尚未用完的带薪缺勤权利将予以取消，并且职工离开企业时也无权获得现金支付。我国企业职工休婚假、产假、丧假、探亲假、病假期间的工资通常属于非累积带薪缺勤。 【注意】不必额外作相应的账务处理。
（2）非货币性	①发放自产产品	a.确认时： 借：管理费用/生产成本/制造费用等（公允价值+销项税额） 贷：应付职工薪酬——非货币性福利（公允价值+销项税额）
		b.实际发放时： 借：应付职工薪酬——非货币性福利 贷：主营业务收入 应交税费——应交增值税（销项税额） 同时： 借：主营业务成本 存货跌价准备 贷：库存商品
	②将拥有的房屋等资产无偿提供给职工使用	借：管理费用 生产成本 制造费用等 贷：应付职工薪酬——非货币性福利（折旧的金额） 同时： 借：应付职工薪酬——非货币性福利 贷：累计折旧
	③租赁住房等资产供职工无偿使用时	借：管理费用 生产成本 制造费用等 贷：应付职工薪酬——非货币性福利 支付租金时： 借：应付职工薪酬——非货币性福利 贷：银行存款

【专家一点通】

请区别“企业以外购的商品作为非货币性福利发放给职工”的情况。

（1）购入的目的是发放给职工的：

经济业务	账务处理
①购入时	借：库存商品（含增值税） 贷：银行存款等

★【专家一对一】

经济业务	账务处理
②计提时	借：生产成本、制造费用、销售费用、管理费用等 贷：应付职工薪酬——非货币性福利
发放时	借：应付职工薪酬——非货币性福利 贷：库存商品（含增值税）

（2）购入的目的是生产经营用：

经济业务	账务处理
确认时	借：生产成本、制造费用、销售费用、管理费用等 贷：应付职工薪酬——非货币性福利
发放时	借：应付职工薪酬——非货币性福利 贷：库存商品 应交税费——应交增值税（进项税额转出）

【例题·单选题】（2017）某企业计提生产车间管理人员基本养老保险费 120 000 元。下列各项中，关于该事项的会计处理正确的是（　　）。

A.借：管理费用　120 000
　贷：应付职工薪酬——设定提存计划——基本养老保险费　120 000

B.借：制造费用　120 000
　贷：应付职工薪酬——设定提存计划——基本养老保险费　120 000

C.借：制造费用　120 000
　贷：银行存款　120 000

D.借：制造费用　120 000
　贷：其他应付款　120 000

【答案】B

【解析】计提生产车间管理人员的养老保险费：

借：制造费用　120 000
　贷：应付职工薪酬——设定提存计划——基本养老保险费　120 000

【例题·单选题】（2017）下列各项中，企业不应确认为管理费用的是（　　）。

A.计提的行政管理人员住房公积金
B.计提应付行政管理人员的福利费
C.代垫的行政管理人员医药费
D.计提的行政管理人员社会保险费

【答案】C

【解析】代垫行政管理人员的医药费，代垫时：

借：其他应收款
　贷：银行存款等

【例题·判断题】（2017）企业在职工提供了服务从而增加了其未来享有的带薪缺勤权利时，确认与非累计带薪缺勤相关的职工薪酬。（　　）

【答案】错误。

【解析】企业应当在职工提供了服务从而增加了其未来享有的带薪缺勤权利时，确认与累积带薪缺勤相关的职工薪酬。

【例题·单选题】（2017）下列各项中，关于企业以自产产品作为福利发放给职工的会计处理表述不正确的是（　　）。

A.按产品的账面价值确认主营业务成本
B.按产品的公允价值确认主营业务收入
C.按产品的账面价值加上增值税销项税额确认应付职工薪酬
D.按产品的公允价值加上增值税销项税额确认应付职工薪酬

【答案】C

【解析】相关会计分录为：
确认时：
借：生产成本、制造费用、销售费用、管理费用等（公允价值+销项税额）
　　贷：应付职工薪酬——非货币性福利（公允价值+销项税额）
发放时：
借：应付职工薪酬——非货币性福利
　　贷：主营业务收入（公允价值）
　　　　应交税费——应交增值税（销项税额）（公允价值×增值税税率）
借：主营业务成本（账面价值）
　　贷：库存商品（账面价值）

【例题·单选题】（2017）企业用自有房屋无偿提供给本企业行政管理人员使用，下列各项中，关于计提房屋折旧的会计处理表述正确的是（　　）。
A.借记“其他业务成本”科目，贷记“累计折旧”科目
B.借记“其他应收款”科目，贷记“累计折旧”科目
C.借记“管理费用”科目，贷记“累计折旧”科目
D.借记“管理费用”科目，贷记“应付职工薪酬”科目，同时借记“应付职工薪酬”科目，贷记“累计折旧”科目
【答案】D

【例题·单选题】（2014）2013年10月，甲公司将自产的300台空调作为福利发放给职工，每台成本为0.18万元，市场售价为0.2万元（不含增值税），该企业适用的增值税税率为16%，假定不考虑其他因素，该企业由此而贷记“应付职工薪酬”科目的发生额为（　　）万元。
A.70.2　　B.54　　C.63.18　　D.60
【答案】A
【解析】应确认的应付职工薪酬=0.2×300+0.2×300×16%=69.6万元。

（三）设定提存计划的核算（★）

（1）对于设定提存计划，企业应当根据在资产负债表日为换取职工在会计期间提供的服务而应向单独主体缴存的提存金，应确认为应付职工薪酬负债，并计入当期损益或相关资产成本。

（2）账务处理：

借：生产成本
　　制造费用
　　管理费用
　　销售费用
　　贷：应付职工薪酬——设定提存计划

【例题·判断题】（2017、2016）资产负债表日企业按工资总额的一定比例缴存基本养老保险属于设定提存计划，应确认为应付职工薪酬。（　　）
【答案】正确。

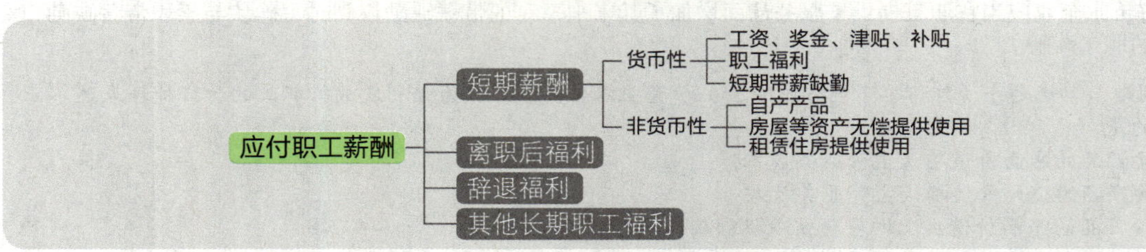

节 节 测

一、单项选择题

1. 职工生活困难补助，从下列（　　）项目中列支。
   A.工会经费　　B.职工福利费
   C.社会保险费　　D.职工教育费
   【答案】C
   【解析】社会保险费属于其中列支的一项
2. 企业确认的辞退福利，应计入（　　）。
   A.生产成本　　B.制造费用
   C.管理费用　　D.营业外支出
   【答案】C
   【解析】辞退福利不是职工在职期间福利，因此，企业应当确认因解除与职工的劳务关系给与补偿而产生的预计负债，同时计入当期损益（管理费用）。
3. 下列各项中，不应通过“应付职工薪酬”核算的有（　　）。
   A.工会经费　　B.职工教育经费
   C.职工基本养老保险　　D.差旅费
   【答案】D
   【解析】差旅费不属于职工薪酬。

二、多项选择题

1. 下列各项中，应通过“应付职工薪酬”科目核算的有（　　）。
   A.提取的工会经费
   B.计提的职工医疗保险费
   C.计提的职工住房公积金
   D.确认的职工短期带薪缺勤
   【答案】ABCD
2. 某企业以现金支付行政管理人员生活困难补助2 000元，下列各项中会计处理不正确的是（　　）。
   A.借：其他业务成本　　2 000
   　　贷：库存现金　　2 000
   B.借：营业外支出　　2 000
   　　贷：库存现金　　2 000
   C.借：管理费用　　2 000
   　　贷：库存现金　　2 000
   D.借：应付职工薪酬——职工福利费　　2 000
   　　贷：库存现金　　2 000
   【答案】ABC
   【解析】企业行政管理人员生活困难补助属于职工福利范畴，应该借记“应付职工薪酬——职工福利费”，贷记“库存现金”科目。
3. 企业将自有房屋无偿提供给本企业行政管理人员使用，下列各项中，关于计提房屋折旧的会计表述不正确的是（　　）。
   A.借记“其他业务成本”科目，贷记“累计折旧”科目
   B.借记“其他应收款”科目，贷记“累计折旧”科目
   C.借记“营业外支出”科目，贷记“累计折旧”科目
   D.借记“管理费用”科目，贷记“应付职工薪酬”科目，同时借记“应付职工薪酬”科目，贷记“累计折旧”科目
   【答案】ABC
   【解析】企业将自有房屋无偿提供给本企业行政管理人员使用，在计提折旧时：借记“管理费用”科目，贷记“应付职工薪酬”科目，同时借记“应付职工薪酬”科目，贷记“累计折旧”科目。
4. 企业为生产车间工人租赁宿舍楼，应编制的会计分录正确的有（　　）。
   A.借：生产成本
   　　贷：其他应付款
   B.借：生产成本
   　　贷：应付职工薪酬
   C.借：应付职工薪酬
   　　贷：银行存款
   D.借：生产成本
   　　贷：银行存款
   【答案】BC
   【解析】根据收益对象分配，生产车间工人的工资福利应计入“生产成本”科目，同时，为职工支付的各项薪酬均应通过“应付职工薪酬”科目核算。

三、判断题

1. 企业在职工提供了服务从而增加了其未来享有的带薪缺勤权利时，确认与非累计带薪缺勤相关的职工薪酬。（　　）
   【答案】错误。
   【解析】应当确认与累计带薪缺勤相关的职工薪酬。
3. 企业在资产负债表日为换取职工在会计期间的服务而应向单独主体缴存的提存金，应确认为应付职工薪酬。
   【答案】正确。
4. 企业为鼓励生产车间职工自愿接受裁减而给予的补偿，应计入生产成本科目。（　　）
   【答案】错误。
   【解析】企业为鼓励职工自愿接受裁减而给予的补偿，属于辞退福利，应计入管理费用科目。

第四节 应交税费

一、应交税费概述

（一）应交税费的概述

我国现行征收税费包括：增值税、消费税、城市维护建设税、教育费附加、资源税、企业所得税、土地增值税、房产税、车船税、土地使用税、矿产资源补偿费、印花税、耕地占用税等。

（二）核算税费应设置的科目

“应交税费”总括反映各种税费的应交、交纳等情况。该科目贷方登记应交纳的各种税费等，借方登记实际交纳的税费；期末余额一般在贷方，反映企业尚未交纳的税费，期末余额如在借方，反映企业多交或尚未抵扣的税费。本科目按应交的税费项目设置明细科目进行明细核算。

二、增值税

（一）增值税的概念

增值税是指以商品（含应税劳务、应税行为）在流转过程中实现的增值额作为计税依据而征收的一种流转税。

★【专家一对一】

增值税是在价格以外另外收取的，所以称为“价外税”，价外税的特点是其缴纳多少并不会影响企业当期损益。

例如：

货物价款 + 增值税 = 实际收到的金额

100万元 16万元 116万元

（二）征税范围

（1）境内销售货物；

（2）应税劳务：提供加工修理或修配劳务；

（3）应税行为：销售应税服务（交通运输服务、邮政服务、电信服务、金融服务、现代服务、生活服务）、销售无形资产和不动产；

（4）进口货物。

（三）纳税人的分类

按经营规模大小及会计核算水平的健全程度分为：一般纳税人和小规模纳税人。

（四）计税方法（★）

计税方法一般分为一般计税方法和简易计税方法两类。

表3-9 计税方法的分类

计税方法	计算公式	
（1）一般计税方法	当期应纳税额=当期销项税额-当期进项税额 销项税额=销售额×增值税税率 准予从销项税额中抵扣的进项税额通常包括： a.从销售方取得的增值税专用发票上注明的增值税税额； b.从海关取得的完税凭证上注明的增值税税额； c.农产品： 1）取得一般纳税人开具的增值税专用发票或海关进口增值税专用缴款书的，以增值税专用发票或海关进口增值税专用缴款书上注明的增值税额为进项税额； 2）从按照简易计税方法依照3%征收率计算缴纳增值税的小规模纳税人取得增值税专用发票的，以增值税专用发票上注明的金额和11%的扣除率计算进项税额；取得（开具）农产品销售发票或收购发票的，以农产品销售发票或收购发票上注明的农产品买价和11%的扣除率计算进项税额。 d.境外提供应税服务取得税收缴款凭证上注明的税额。	【注意】当期销项税额小于当期进项税额不足抵扣时，其不足部分可以结转下期继续抵扣。
（2）简易计税方法	应纳税额=销售额（不含税）×征收率	

★【专家一对一】

小规模纳税人一般采用简易计税方法；增值税一般纳税人计算增值税大多采用一般计税方法。一般纳税人销售服务、无形资产或者不动产，符合规定的，可以采用简易计税方法。

（五）税率

表3-10 税率的分类

分 类	税 率
（1）一般纳税人	基本税率16%
	低税率10%
	低税率6%
	零税率
（2）小规模纳税人	征收率3%

（六）一般纳税人增值税核算应设置的会计科目

表3-11 一般纳税人增值税核算应设置的会计科目

一级科目	二级科目	三级科目
应交税费	应交增值税	进项税额
		销项税额
		销项税额抵减
		已交税金
		转出未交增值税
		转出多交增值税
		减免税款
		简易计税
		出口退税
		进项税额转出
	未交增值税	
	预交增值税	
	待认证进项税额	
	待转销项税额	
	待抵扣进项税额	

（七）一般纳税人增值税的账务处理（★★★）

（1）取得资产、接受应税劳务或应税行为

①购进货物、接受加工修理修配劳务或服务、取得无形资产或不动产

借：材料采购（或在途物资）/原材料/库存商品/无形资产/固定资产/管理费用等

　　应交税费——应交增值税（进项税额）

　　贷：银行存款、应付账款、应付票据等

②购进农产品

借：材料采购（或在途物资）/原材料/库存商品（买价-买价×12%）

　　应交税费——应交增值税（进项税额）（买价×12%）

　　贷：银行存款、应付账款、应付票据等

③购进不动产或不动产在建工程

自2016年5月1日后，一般纳税人取得并按固定资产核算的不动产或者不动产在建工程，其进项税额自取得之日起分两年从销项税额中抵扣的，第一年抵扣比例为60%，第二年抵扣比例为40%。

两步：

a.购进不动产或不动产在建工程时：

借：固定资产、在建工程

应交税费——应交增值税（进项税额）（税额×60%）

——待抵扣进项税额（倒挤）（税额×40%）

贷：银行存款、应付账款、应付票据等

b.允许抵扣时：

借：应交税费——应交增值税（进项税额）

贷：应交税费——待抵扣进项税额

④货物等已验收入库，但尚未取得增值税扣税凭证

a.应按货物清单或相关合同协议上的价格暂估入账：

借：原材料等

应交税费——待认证进项税额（按未来可抵扣的增值税额）

贷：银行存款等

b.待取得相关增值税扣税凭证并经认证后，分别不同情况：

借：应交税费——应交增值税（进项税额）（按当期可抵扣的增值税税额）

贷：应交税费——待认证进项税额

或：

借：应交税费——待抵扣进项税额（按以后期间可抵扣的增值税税额）

贷：应交税费——待认证进项税额

★【专家一对一】

注意区分此部分内容与第一章第三节存货采用实际成本核算月末无法取得发票及账单。此处为有准确的货物清单，只是没有取得抵扣凭证（例如增值税专用发票），所以能够根据清单或有关内容价格暂估。而第一章存货是没有取得货物清单的情况。

⑤进项税额转出

a.适用情形：

事后改变用途（如用于简易方法计税项目、免征增值税项目、非增值税应税项目等）和发生非正常损失（如管理不善被盗、丢失、霉烂变质的损失，被执法部门没收或强令自行销毁的货物，但不含自然灾害造成的）。

b.账务处理：

借：待处理财产损溢

应付职工薪酬

贷：应交税费——应交增值税（进项税额转出）

属于转作待处理财产损失的进项税额，应与非正常损失的购进货物、在产品或库存商品、固定资产和无形资产的成本一并处理。

【例题·单选题】（2017）某企业为增值税一般纳税人，购入一台不需要安装的设备，增值税专用发票上注明的价款为50 000元。增值税税额为8 500元。另发生运输费1 000元。包装费500元（均不考虑增值税）。不考虑其他因素，该设备的入账价值为（　　）元。

A.50 000　　B.60 000　　C.58 500　　D.51 500

【答案】D

【解析】该设备的入账价值=50 000+1 000+500=51 500元。

（2）销售货物、提供应税劳务、发生应税行为

①企业销售货物、

提供加工修理修配劳务、销售服务、无形资产或不动产时：

借：应收账款、应收票据、银行存款

贷：主营业务收入

其他业务收入

固定资产清理

应交税费——应交增值税（销项税额）

★【专家一对一】

如发生销售退回，则做相反分录。

②视同销售
a.自产委托加工
1）简易计税方法计税项目、免征增值税项目
借：在建工程
　　贷：库存商品（成本价）
　　　　应交税费——应交增值税（销项税额）（公允价或市场价或计税价×税率）
2）集体福利或个人消费
借：应付职工薪酬
　　贷：主营业务收入等
　　　　应交税费——应交增值税（销项税额）
同时：
借：主营业务成本等
　　贷：库存商品
b.自产委托加工
1）对外投资
借：长期股权投资等
　　贷：主营业务收入等
　　　　应交税费——应交增值税（销项税额）
同时：
借：主营业务成本等
　　贷：库存商品等
2）分配给股东或投资者现金股利或利润
借：应付股利
　　贷：主营业务收入
　　　　应交税费——应交增值税（销项税额）
同时：借：主营业务成本
　　　　贷：库存商品
3）无偿赠送他人
借：营业外支出
　　贷：库存商品（成本价）
　　　　应交税费——应交增值税（销项税额）（公允价或市场价或计税价×税率）

★【专家一对一】
会计上收入或利得确认时点先于增值税纳税义务发生时点的，两步走：
第一步，确认收入，增值税待转：
借：应收账款、应收票据、银行存款
**　　贷：主营业务收入**
**　　　　其他业务收入**
**　　　　应交税费——待转销项税额**
第二步，实际发生纳税义务时
借：应交税费——待转销项税额
**　　贷：应交税费——应交增值税（销项税额）**

（3）交纳增值税
①企业交纳当月应交的增值税
借：应交税费——应交增值税（已交税金）
　　贷：银行存款
②企业交纳以前期间未交的增值税
借：应交税费——未交增值税
　　贷：银行存款
（4）月末转出多交增值税和未交增值税
月度终了，企业应当将当月应交未交或多交的增值税自“应交增值税”明细科目转入“未交增值

税”明细科目。

①于当月应交未交的增值税

借：应交税费——应交增值税（转出未交增值税）

贷：应交税费——未交增值税

②于当月多交的增值税

借：应交税费——未交增值税

贷：应交税费——应交增值税（转出多交增值税）

（八）小规模纳税人增值税核算应设置的会计科目

只需在“应交税费”科目下设置“应交增值税”明细科目。

（九）小规模纳税人增值税的账务处理（★★★）

（1）购进货物（服务）

借：原材料等

贷：银行存款等

★【专家一对一】

小规模纳税人进项税额一律不予抵扣，直接计入有关货物或劳务的成本。

（2）销售货物（服务）

借：银行存款等

贷：主营业务收入等

应交税费——应交增值税

★【专家一对一】

一般来说，小规模纳税人采用销售额和应纳税额合并定价的方法并向客户结算款项，销售货物或提供应税劳务后，应进行价税分离，确定不含税的销售额：

不含税销售额=含税销售额÷（1+征收率）

应纳税额=不含税销售额×征收率

（3）交纳增值税

借：应交税费——应交增值税

贷：银行存款

【例题·单选题】（2017）甲企业为增值税小规模纳税人，本月采购原材料2 060千克，每千克50元（含增值税），运输途中的合理损耗为60千克，入库前的挑选整理费用为500元，企业该批原材料的入账价值为（　　）元。

A.100 500　　B.103 500　　C.103 000　　D.106 500

【答案】B

【解析】运输途中的合理损耗计入采购原材料的成本，甲企业该批原材料的入账价值=2 060×50+500=103 500元。

【例题·判断题】（2014）增值税小规模纳税人购进货物支付的增值税直接计入有关货物的成本。（　　）

【答案】正确。

三、消费税

（一）消费税的概念

消费税是指在我国境内生产、委托加工和进口应税消费品的单位和个人，按其流转额交纳的一种税。

（二）征收方法

（1）从价定率：以不含增值税的销售额为税基，按照税法规定的税率计算。

（2）从量定额：根据按税法确定的企业应税消费品的数量和单位应税消费品应缴纳的消费税计算确定。

（三）科目设置

设置“应交税费——应交消费税”科目。

（四）消费税的账务处理（★★★）

（1）销售应税消费品

借：税金及附加

　　贷：应交税费——应交消费税

（2）自产自用应税消费品

①用于在建工程等非生产机构

借：在建工程（成本）

　　贷：库存商品

　　　　应交税费——应交消费税

②用于集体福利或个人消费的

借：应付职工薪酬（售价+增值税销项税额）

　　税金及附加（消费税）

　　贷：主营业务收入

　　　　应交税费——应交增值税（销项税额）

　　　　　　　　——应交消费税

同时：

借：主营业务成本

　　贷：库存商品

（3）委托加工应税消费品

①收回后直接用于销售的，计入成本

借：委托加工物资等

　　贷：应付账款、银行存款等

② 收回后用于连续生产应税消费品的

借：应交税费——应交消费税

　　贷：应付账款、银行存款等

（4）进口应税消费品应交的消费税，计入该物资的成本

借：库存商品等

　　贷：银行存款

【例题·判断题】（2017）委托加工应税消费品收回后直接用于出售的，委托方代扣代缴的消费税应计入“应交税费——应交消费税”科目。（　　）

【答案】错误。

【解析】委托加工应税消费品收回后直接用于出售的，委托方代扣代缴的消费税应计入成本；收回后用于连续生产应税消费品的，计入“应交税费——应交消费税”科目。

【例题·判断题】（2017）企业委托加工物资收回用于销售的，应将受托方代收代缴的消费税计入委托加工物资的成本。（　　）

【答案】正确。

四、城市维护建设税

（一）城市维护建设税的概念：以增值税、消费税为计税依据征收的一种税。

（二）城市维护建设税的账务处理（★）

借：税金及附加

　　贷：应交税费——应交城市维护建设税

应纳税额=（应交增值税+应交消费税）×适用税率

【例题·单选题】（2016年真题改编）甲公司2016年6月发生的相关税费如下：增值税1 100 000元，城镇土地使用税200 000元，消费税500 000元，土地增值税350 000元，城市维护建设税税率为7%。该企业2016年6月应记入“应交税费——应交城市维护建设税”科目的金额为（　　）元。

A.112 000　　B.150 500　　C.77 000　　D.35 000

【答案】A

【解析】城市维护建设税＝（1 100 000+500 000）×7%=112 000元。

五、教育费附加

（一）教育费附加的概念

教育费附加是指为了发展教育事业而向企业征收的附加费用，企业按应交流转税的一定比例计算交纳。

（二）教育费附加的账务处理

借：税金及附加

　　贷：应交税费——应交教育费附加

应纳税额=（应交增值税+应交消费税）×适用征收率

六、土地增值税

（一）土地增值税的概念

土地增值税是指对转让国有土地使用权、地上的建筑物及其附着物并取得增值性收入的单位和个人所征收的一种税。

（二）土地增值税的账务处理

（1）企业转让的土地使用权连同地上建筑物及其附着物一并在“固定资产”科目核算的：

借：固定资产清理

　　贷：应交税费——应交土地增值税

（2）土地使用权在“无形资产”科目核算的：

借：银行存款

　　累计摊销

　　无形资产减值准备

　　营业外支出（借差）

　　贷：无形资产

　　　　应交税费——应交土地增值税

　　　　营业外收入（贷差）

（3）房地产开发经营企业销售房地产应交纳的土地增值税：

借：税金及附加

　　贷：应交税费——应交土地增值税

七、房产税、城镇土地使用税、车船税和矿产资源补偿费

（一）账务处理

企业应交的房产税、城镇土地使用税、车船税和矿产资源补偿费，记入“税金及附加”科目，相关会计分录如下：

借：税金及附加

　　贷：应交税费——应交房产税

　　　　　　　　——应交城镇土地使用税

　　　　　　　　——应交车船税

　　　　　　　　——应交矿产资源补偿费

八、个人所得税

（一）个人所得税的账务处理（★）

（1）企业按规定计算的代扣代缴的职工个人所得税

借：应付职工薪酬

　　贷：应交税费——应交个人所得税

（2）企业交纳个人所得税

借：应交税费——应交个人所得税

　　贷：银行存款等

★【专家一对一】

企业职工按规定应交纳的个人所得税通常由单位代扣代缴。

【例题·判断题】(2017)企业代扣代缴的个人所得税，不通过“应交税费”科目进行核算。( )
【答案】错误。
【解析】企业代扣代缴的个人所得税，通过“应交税费——应交个人所得税”科目进行核算。

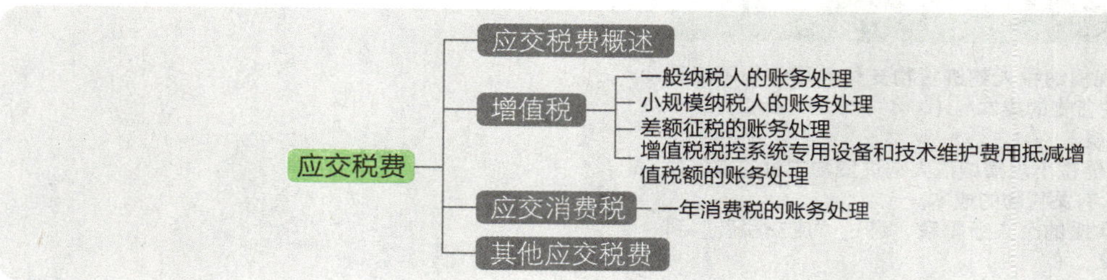

节 节 测

一、单项选择题

1. 甲企业在建工程领用自产汽油50 000元，应交消费税6 000元，则企业计入在建工程中的金额为( )元。
A.50 000 B.60 200 C.66 200 D.56 000
【答案】D
【解析】相关会计处理为：
借：在建工程 56 000
　　贷：库存商品 50 000
　　　　应交税费——应交消费税 6 000

2. 委托加工的应税消费品收回后准备直接出售的，由受托方代收代缴的消费税，委托方应借记的会计科目是( )。
A.在途物资
B.委托加工物资
C.应交税费——应交消费税
D.税金及附加
【答案】B
【解析】委托加工的应税消费品收回后准备直接出售的，由受托方代收代缴的消费税应计入委托加工物资的成本中核算。

3. 甲公司为增值税一般纳税人，委托乙公司加工应交消费税的A材料一批(非金银首饰)，发出材料价款为20 000元，支付加工费10 000元，取得增值税专用发票上注明增值税税额为1 700元，由受托方代收代缴的消费税为1 000元，材料已加工完成，委托方收回A材料用于继续生产应税消费品，该批A材料收回时的成本为( )元。
A.30 000 B.21 000 C.34 000 D.28 000
【答案】A
【解析】A材料收回时的成本=20 000+10 000=30 000元。

4. 甲企业使用的城市维护建设税税率为7%，2018年10月该企业实际交纳增值税200 000元、土地增值税30 000元、印花税100 000元、消费税150 000元、资源税20 000元，10月该企业应计入“应交税费——应交城市维护建设税”科目的金额为( )元。
A.16 000 B.24 500 C.24 000 D.27 000
【答案】B
【解析】应交城市维护建设税税额=(200 000+150 000)×7%=24 500元。

5. 甲企业为增值税一般纳税人，2018年应交各种税金为：增值税420万元、消费税180万元、城市维护建设税55万元、房产税10万元、车船税5万元、印花税1万元、个人所得税150万元。上述各项税金中应该计入税金及附加的金额为( )万元。
A.800 B.251 C.650 D.734
【答案】B
【解析】应计入税金及附加的金额=180+55+10+5+1=251万元。

二、多项选择题

1. 下列各项中，应计入相关资产成本的有( )。
A.企业进口原材料交纳的进口关税
B.企业商务用车交纳的车船税
C.小规模纳税人购买商品支付的增值税
D.企业书立加工承揽合同交纳的印花税
【答案】AC
【解析】选项B，企业商务用车交纳的车船税，应计入税金及附加；选项D，企业书立加工承揽合同交纳的印花税，应计入税金及附加。

2. 下列税金中，应计入存货成本的是( )。
A.一般纳税人进口原材料支付的关税
B.一般纳税人购进原材料支付的增值税
C.小规模纳税人购进原材料支付的增值税
D.一般纳税人进口应税消费品支付的消费税
【答案】ACD
【解析】一般纳税人购进原材料支付的增值税，应计入“应交税费——应交增值税(进项税额)”科目。

3. 企业自产自用的应税矿产品应交的资源税，不能计入（　　）。
A.制造费用　　B.生产成本
C.主营业务成本　　D.税金及附加
【答案】CD
【解析】企业销售应税矿产品的应交资源税应计入税金及附加；自产自用应税矿产品应交的资源税应计入生产成本或制造费用科目。

三、判断题

1. 增值税小规模纳税人购进货物支付的增值税不应直接计入有关货物的成本。（　　）
【答案】错误。
【解析】增值税小规模纳税人购进货物支付的增值税应直接计入有关货物的成本。
2. 企业代扣代缴的个人所得税，通过“应交税费”科目进行核算。（　　）
【答案】正确。

章章练

一、单项选择题

1. 某企业为增值税一般纳税人。2015年12月25日，向职工发放一批自产的空气净化器作为福利，该批产品售价为10万元，生产成本为7.5万元，按计税价格计算的增值额销项税额为1.7万元。不考虑其他因素，该笔业务应确认的应付职工薪酬为（ ）万元。
A.7.5 B.11.7 C.10 D.9.2

2. 企业将自有房屋无偿提供给本企业行政管理人员使用，下列各项中，关于计提房屋折旧的会计处理表述正确的是（ ）。
A.借记“其他业务成本”科目，贷记“累计折旧”科目
B.借记“其他应收款”科目，贷记“累计折旧”科目
C.借记“营业外支出”科目，贷记“累计折旧”科目
D.借记“管理费用”科目，贷记“应付职工薪酬”科目，同时借记“应付职工薪酬”科目，贷记“累计折旧”科目

3. 企业开具银行承兑汇票到期而无力支付票款，应按该票据的账面余额贷记的会计科目是（ ）。
A.应付账款 B.其他货币资金
C.短期借款 D.其他应付款

4. 2016年1月1日，某企业向银行借入资金600 000万元，期限为6个月，年利率为5%，借款利息分月计提，季末交付，本金到期一次归还，下列各项中，2016年6月30日，该企业交付借款利息的会计处理正确的是（ ）。
A.借：财务费用 5 000
  应付利息 2 500
  贷：银行存款 7 500
B.借：财务费用 7 500
  贷：银行存款 7 500
C.借：应付利息 5 000
  贷：银行存款 5 000
D.借：财务费用 2 500
  应付利息 5 000
  贷：银行存款 7 500

5. 结转确实无法支付的应付账款，账面余额转入（ ）
A.管理费用 B.财务费用
C.其他业务收入 D.营业外收入

6. 企业应将确实无法支付的应付账款转销，将其账面余额计入（ ）科目中。
A.投资收益 B.营业外收入
C.其他业务收入 D.资本公积

7. 应付银行承兑汇票到期，如果企业无力支付票款，应将应付票据账面余额转入（ ）科目中
A.短期借款 B.应付账款
C.其他应付款 D.营业外收入

8. 下列关于短期借款的表述中，不正确的是（ ）
A.短期借款利息如果是按月支付的，并且数额不大，可以不采用预提方式
B.企业取得短期借款所支付的利息费用均计人财务费用
C.短期借款可以按借款种类及贷款人进行明细账的设置
D.短期借款是向银行等金融机构借款期限在1年以下（含1年）的各种款项

9. 下列关于应付账款的表述不正确的是（ ）
A.应付账款附有现金折扣条件，应按扣除现金折扣前的应付款总额入账
B.销货方代购货方垫付的运杂费等应计入购货方的应付账款入账金额
C.企业确实无法支付的应付账款应计入资本公积
D.企业采购存货如果月末发票及账单尚未到达应暂估应付账款入账

10. 下列关于预收账款的表述不正确的是（ ）
A.预收账款所形成的负债不是以货币清偿，而是以货物清偿
B.预收账款核算的是销货业务
C.预收账款业务不多的企业可以不设置预收账款，将预收的款项记人“其他应付款”科目核算
D.预收账款出现借方余额代表企业应收债权

11. 根据收益对象进行分配，应付职工薪酬计提时不可以计入的会计科目是（ ）
A.生产成本 B.研究支出
C.在建工程 D.财务费用

12. 某饮料生产企业为增值税一般纳税人，年末将本企业生产的一批饮料发放给职工作为福利。该饮料市场售价为12万元（不含增值税），适用的增值税税率为17%，实际成本为10万元。假定不考虑其他因素，该企业应确认的应付职工薪酬为（ ）万元。
A.12 B.11.7 C.10.5 D.13.9

13. 企业将自有办公楼对外出租交纳的房产税应记人的会计科目是（ ）
A.管理费用 B.其他业务成本
C.税金及附加 D.营业外支出

14. 某增值税小规模纳税人，外购原材料一批，取得增值税普通发票注明的价款为20万元，增值税税额为3.4万元，在购入过程中支付运费1.11万元。则该企业原材料的入账金额为（ ）万元。
A.23 B.22 C.24.51 D.25.2

15. 某公司2018年度应交纳的税金为：增值税290万元，消费税300万元，车船税20万元，房产税40万元，印花税2万元，城镇土地使用税20万元，企业所得税400万元，则企业上述税金中应计入税金及附加的金额为（ ）万元
A.382 B.710 C.130 D.6

16. 下列各项中，应当在“其他应付款”科目核算的是（ ）。
A.应付外购工程物资款 B.收取的包装物押金
C.应付股东的现金股利 D.应收取的包装物的租金

17. 乙商场于2018年3月25日外购一批商书品，取得增值税专用发票注明的价款500万元，增值税税额85万元。购买协议约定的现金折扣条件为2/10，1/20，N/30（现金折扣不考虑增值税）。乙商场于2018年4月1日支付了上述款项，则下列会计表述中不正确的是（ ）
A.应付账款入账金额为585万元

B.支付款项时应冲减财务费用10万元
C.乙商场实际支付货款为575万元
D.应付账款入账时不应考虑现金折扣

18.甲工业企业当月实际交纳增值税25万元，消费税30万元，印花税5万元，房产税15万元。该企业适用的城市维护建设税税率为7%，教育费附加征收率为3%，则记人“税金及附加”科目的金额为（　　）万元。
A.41　　B.55.5　　C.67　　D.39

19.下列有关应付票据处理的表述中，不正确的是（　　）。
A.企业开出商业汇票时，应按其票面金额贷记“应付票据”科目
B.不带息应付票据到期支付时，按票面金额结转
C.企业支付的银行承兑汇票手续费，计入当期财务费用
D.企业到期无力支付的银行承兑汇票，应按账面金额转入“应付账款”科目

20.下列各项中，关于应付利息的表述不正确的有（　　）。
A.短期借款利息可以通过“应付利息’科目核算，在支付时直接计入财务费用
B.分期付息、到期还本的长期借款利息通过“应付利息”科目核算
C.到期一次还本付息的应付债券利息不通过“应付利息”科目核算
D.应付利息属于流动负债

21.下列各项税金中，不应计入资产成本的有（　　）。
A.收回后自用的委托加工物资由受托方代收代缴的消费税
B.进口货物海关征收的关税
C.收购未税矿产品代收代缴的资源税
D.小规模纳税人外购存货支付的增值税

22.企业的短期借款发生的利息，应借记的科目是（　　）。
A.应计利息　　B.短期借款
C.应付利息　　D.财务费用

23.下列各项中，不属于负债基本特征的是（　　）。
A.负债是企业承担的现时义务
B.负债预期会导致经济利益流出企业
C.负债是由企业过去的交易或者事项形成的
D.未来流出的经济利益的金额能够可靠地计量

24.下列各项中，导致负债总额变化的是（　　）。
A.从银行借款直接偿还应付账款
B.赊购商品
C.开出银行汇票
D.用盈余公积转增资本

二、多项选择题

1.下列各项中，属于企业应付职工薪酬核算内容的有（　　）。
A.离职后福利　　B.医疗保险费
C.长期残疾福利　　D.辞退福利

2.下列各项中，应通过“应付职工薪酬”科目核算的有（　　）
A.支付职工的工资、奖金及津贴
B.按规定计提的职工教育经费
C.向职工发放的防暑降温费
D.职工出差报销的差旅费

3.下列各项中，工业企业应通过“其他应付款”科目核算的有（　　）
A.应付融资租入设备的租金
B.应交纳的教育费附加
C.应付经营租入设备的租金
D.应付租入包装物的租金

4.下列各项中，应当在“应付职工薪酬”科目核算的是（　　）
A.应付职工的医疗保险费
B.预支职工的差旅费
C.应付职工的带薪缺勤
D.应付职工的辞退福利

5.企业在购建符合资本化条件固定资产过程中发生的职工薪酬，最终不应当计入（　　）
A.固定资产　　B.管理费用
C.制造费用　　D.在建工程

6.下列各项中，关于企业以自产产品作为福利发放给职工的会计处理表述正确的是（　　）。
A.按产品的账面价值确认主营业务成本
B.按产品的公允价值确认主营业务收入
C.按产品的账面价值加上增值税销项税额确认应付职工薪酬
D.按产品的公允价值加上增值税销项税额确认应付职工薪酬

7.下列关于应付职工薪酬的表述正确的是（　　）。
A.企业研发无形资产人员的职工薪酬应计人无形资产成本
B.企业工程人员的职工薪酬应计入工程成本
C.企业销售人员的职工薪酬应计入销售费用
D.企业外购存货人库前挑选整理人员的职工薪酬应计入存货采购成本

8.下列各项税费中，通过“应交税费”科目核算的是（　　）
A.房产税　　B.车船税
C.城镇土地使用税　　D.印花税

9.下列关于消费税核算的表述正确的是（　　）
A.企业销售应税消费品应通过“税金及附加”科目核算
B.企业在建工程领用应税消费品时，应当将消费税的金额计入在建工程成本中
C.进口应税消费品直接出售的，进口环节交纳的消费税需要计入进口货物的成本中
D.委托加工物资收回后直接出售，受托方代收代缴的消费税应记入“应交税费一应交消费税”科目中

10.某矿山开采企业当月对外销售应税矿产品2 000吨，将自产应税矿产品200吨用于其他非应税矿产品的生产。已知税法规定该矿产品的资源税为12元/吨，则关于资源税的下 列说法中正确的是（　　）
A.当月该企业应当交纳资源税为26 400元
B.计入税金及附加的金额为24 000元
C.计入生产成本的金额为2 400元
D.计入应交税费——应交资源税的金额为24 000元

11.下列关于应付票据的表述不正确的有（　　）
A.企业开具的商业汇票最长不得超过6个月
B.向银行申请承兑商业汇票时支付的承兑汇票手续费计人财务费用
C.应付票据到期无力支付应结转到应付账款
D.带息商业汇票的利息计入应付利息

12. 下列各项中，应计人其他应付款的有（　　）。
A.租人包装物应支付的租金
B.根据购销合同预收的货款
C.根据法院判决应支付的合同违约金
D.租人包装物支付的押金

三、判断题

1. 对于设定提存计划，企业应当根据在资产负债表日为换取职工在会计期间提供的服务而应向单独主体缴存的提存金，确认为应付职工薪酬。（　　）
2. "长期借款"科目的期末账面余额，反映企业尚未偿还的各种长期借款的本金。（　　）
3. 企业对外销售应税产品应该交纳的资源税应计入"生产成本"科目。（　　）
4. 短期借款利息在预提或实际支付时均应通过"短期借款"科目核算。（　　）
5. 企业交纳的印花税一般直接计入管理费用核算。（　　）
6. 企业缴纳的房产税不通过"应交税费"科目核算。（　　）
7. 企业发行分期付息到期还本的公司债券、在资产负债表日计提的债券利息计入应付利息。（　　）
8. 资产负债表日企业按工资总额的一定比例缴存基本养老保险属于设定提存计划，应该确认为应付职工薪酬。（　　）
9. 企业将自产的产品作为福利发放给本单位职工，应当根据产品的公允价值加增值税销项税额作为应付职工薪酬核算。（　　）
10. 企业预收账款不多的情况下，可以将预收账款在应收账款的借方核算。（　　）

四、不定项选择题

（一）【资料1】大吉公司从2019年1月1日起，以经营租赁方式租入管理用加工设备一批，每月租金5 000元，按季支付。3月31日，该公司以银行存款支付应付租金15 000元，增值税进项税额为2 550元。大吉公司应编制如下会计分录：

（1）1月31日计提应付经营租入固定资产租金：
借：管理费用　　5 000
　贷：其他应付款　　5 000
2月底计提应付经营租入固定资产租金的会计处理同上。

（2）3月31日支付租金和税金：
借：其他应付款　　10 000
　管理费用　　5 000
　应交税费——应交增值税（进项税额）　　2 550
　贷：银行存款　　17 550

1. 下列各项中，应计入"其他应付科目"的是（　　）。
A.无力支付到期的银行承兑汇票
B.销售商品取得的包装物押金
C.应付租入包装物的租金
D.应付经营租赁固定资产租金

2. 下列各项中，应计入其他应付款的有（　　）。
A.根据法院判决应支付的合同违约金
B.租入包装物应支付的租金
C.根据购销合同预收的货款
D.租入包装物支付的押金

（二）【资料2】某企业为增值税一般纳税人，适用的增值税税率为16%，该企业2015年12月初"应付职工薪酬"科目贷方余额为286万元，12月发生的有关职工薪酬的业务资料如下：

（1）以银行存款支付上月的应付职工薪酬，并按规定代扣代缴职工个人所得税6万元和个人负担的社会保险费30万元，实发工资250万元。

（2）分配本月货币性职工薪酬300万元（未包括累积带薪缺勤相关的职工薪酬），其中，直接生产产品人员210万元，车间管理人员30万元，企业行政管理人员40万元，专设销售机构人员20万元，该职工薪酬将于下月初支付。

（3）外购200桶食用油作为本月生产车间工人的福利补贴并已发放。每桶食用油买价116元，其中含增值税16元，款项以银行存款支付。

（4）该企业实行累积带薪缺勤制度，期末由于预计10名部门经理人员和15名销售人员未使用带薪休假，预期支付的薪酬金额分别为4万元和8万元。

要求：根据上述资料，不考虑其他因素，分析回答下列小题。（答案中的金额单位用万元表示）

1. 根据业务（1），下列各项中，关于支付职工薪酬的会计处理正确的是（　　）。
A.借：应付职工薪酬　　250
　贷：银行存款　　250
B.借：应付职工薪酬　　286
　贷：银行存款　　250
　　应交税费　　6
　　其他应付款　　30
C.借：应付职工薪酬　　286
　贷：银行存款　　250
　　其他应付款　　36
D.借：应付职工薪酬　　250
　贷：银行存款　　214
　　应交税费　　6
　　其他应付款　　30

2. 根据业务（2），下列各项中，关于确认本月职工薪酬的会计处理结果正确的是（　　）
A.车间管理人员薪酬30万元计入管理费用
B.企业行政管理人员薪酬40万元计入管理费用
C.直接生产产品人员薪酬210万元计入生产成本
D.专设销售机构人员薪酬20万元计入销售费用

3. 根据业务（3），下列各项中，关于该企业发放福利补贴的会计处理正确的是（　　）
A.借：应付职工薪酬　　2
　应交税费——应交增值税（进项税额）　　0.32
　贷：银行存款　　2.32
B.借：生产成本　　2.32
　贷：银行存款　　2.32
C.借：生产成本　　2.32
　贷：应付职工薪酬　　2.32
借：应付职工薪酬　　2.32
　贷：库存商品　　2.32
D.借：生产成本　　2
　应交税费——应交增值税（进项税额）　　0.32
　贷：银行存款　　2.32

4. 根据业务（4），下列各项中，关于该企业累积带薪缺勤事项会计处理正确的是（　　）
A.借：生产成本　　12
　贷：应付职工薪酬　　12
B.借：其他应付款　　12

贷：应付职工薪酬　　12

C.借：管理费用　　4
　　销售费用　　8
　　贷：应付职工薪酬　　12

D.借：管理费用　　4
　　销售费用　　8
　　贷：其他应付款　　12

（三）【资料3】甲公司为增值税一般纳税人，适用的增值税税率为16%，商品售价中均不含增值税。销售商品和提供劳务均符合收入确认条件，其成本在确认收入时逐笔结转。2018年12月，甲公司发生如下交易或事项：

（1）1日，与乙公司签订为期3个月的劳务合同，合同总价款为300万元。至12月31日，已经预收合同款220万元，实际发生劳务成本140万元，估计为完成该合同还将发生劳务成本60万元。该公司按实际发生的成本占估计总成本的比例确定劳务完工进度。

（2）5日，向丙公司销售商品一批，该批商品的标价为200万元（不含增值税），实际成本为100万元。由于成批销售，甲公司给予丙公司10%的商业折扣，并在销售合同中规定现金折扣条件为2/10，1/20，N/30，甲公司于当日发出商品同时开具增值税专用发票，符合商品销售收入确认条件，于当月20日收到丙公司支付的货款，计算现金折扣时考虑增值税。

（3）10日，向丁公司转让一项专利权的使用权，一次性收取使用费30万元存入银行，且不再提供后续服务，不考虑相关税费，该专利本月应计提摊销15万元。

（4）15日，因商品质量原因，甲公司对本年9月份销售给客户的一批商品按售价给予5%的销售折让，该批商品原售价为200万元，增值税税额为34万元，实际成本为180万元，货款已结清，经认定，甲公司同意给予折让并开具红字增值税专用发票，以银行存款退还折让款。

（5）25日，因本月完成政府下达技能培训任务，收到财务补助资金10万元存入银行。

要求：根据上述资料，不考虑其他因素，分析回答下列小题。（答案中的金额单位用万元表示）

1. 根据事项（1），下列各项中，关于甲公司12月31日会计处理结果正确的是（　　）。

A.结转提供劳务成本140万元

B.结转提供劳务成本154万元

C.确认提供劳务收入210万元

D.确认提供劳务收入220万元

2. 根据事项（2），下列各项中，关于甲公司会计处理结果正确的是（　　）。

A.5日，“主营业务收入”科目贷方登记180万元

B.5日，“主营业务收入”科目贷方登记200万元

C.20日，“财务费用”科目借方登记2.34万元

D.20日，“财务费用”科目借方登记2.09万元

3. 根据事项（3），甲公司转让专利使用权的会计处理正确的是（　　）。

A.收取使用费时：
借：银行存款　　30
　　贷：其他业务收入　　30

B.结转摊销时：
借：其他业务成本　　15
　　贷：累计摊销　　15

C.收取使用费时：
借：银行存款　　30
　　贷：营业外收入　　30

D.结转摊销时：
借：主营业务成本　　15
　　贷：累计摊销　　15

4. 根据事项（4）、（5），下列各项中，甲公司会计处理的说法中正确的是（　　）。

A.主营业务收入减少10万元

B.主营业务成本减少9万元

C.营业外收入增加10万元

D.发生销售折让不影响主营业务成本

5. 根据事项（1）至（5），甲公司本期应确认的“营业收入”的金额是（　　）万元。

A.390　　B.400　　C.410　　D.420

章章练参考答案及解析

一、单项选择题

1.【答案】B
【解析】该笔业务的具体会计分录如下：
计提时：
借：管理费用等 11.7
贷：应付职工薪酬 11.7
实际发放时：
借：应付职工薪酬 11.7
贷：主营业务收入 10
应交税费——应交增值税（销项税额） 1.7
借：主营业务成本 7.5
贷：库存商品 7.5

2.【答案】D
【解析】企业将自有的房屋无偿提供给本企业行政管理人员使用，在计提折旧时：
借：管理费用
贷：应付职工薪酬
借：应付职工薪酬
贷：累计折旧

3.【答案】C
【解析】企业开具银行承兑汇票到期无力支付票款，应：
借：应付票据
贷：短期借款

4.【答案】D
【解析】借款利息分月计提，按季支付：2016年6月支付利息时：
借：应付利息 5 000（60万×5%÷12×2）
财务费用 2 500
贷：银行存款 7 500

5.【答案】D
【解析】转销确实无法支付的应付账款，属于企业的利得，应计入营业外收入。

6.【答案】B
【解析】企业应将确实无法支付的应付账款转销，将其账面余额计入营业外收入科目中。

7.【答案】A
【解析】应付银行承兑汇票到期，如果企业无力支付票款，应将应付票据账面余额转入短期借款科目中。

8.【答案】B
【解析】筹建期间的短期借款利息费用计入管理费用中。

9.【答案】C
【解析】因债权人豁免或确实无法支付的应付账款应结转至营业外收入中。

10.【答案】C
【解析】预收账款业务不多的企业可以不设置预收账款，将预收的款项计入应收账款贷方核算。

11.【答案】D
【解析】生产车间生产工人的工资计入“生产成本”科目;研发人员的工资计入“研发支出”科目;工程人员的工资计入“在建工程”科目;财务人员的工资计入“管理费用”科目，而不是“财务费用”科目。

12.【答案】D
【解析】将自产产品用于职工福利，要确认收入并计算增值税销项税额，所以应确认的应付职工薪酬=12+12x16% =13.92 万元。

13.【答案】C
【解析】将自有办公楼对外出租形成投资性房地产，缴纳的房产税应计入“税金及附加”科目中。

14.【答案】C
【解析】原材料入账金额=20+3.4+1.11=24.51万元。

15.【答案】A
【解析】计入税金及附加的金额= 300（消费税）+20（车船税）+40（房产税）+2（印花税）+20（城镇土地使用税）=382 万元。

16.【答案】B
【解析】A选项应在“应付账款”科目核算；C选项应在“应付股利”科目核算；D选项应在“其他应收款”科目核算。

17.【答案】C
【解析】乙商场应享受的现金折扣500x2% =10 万元，所以实际支付的价款=585 –10 =575 万元。

18.【答案】B
【解析】计入税金及附加”的税费包括：消费税、城市维护建设税、教育费附加、资源税、房产税、印花税等。城市维护建设税及教育费附加的计税依据为纳税人当月实际应交的增值税、消费税合计数。所以计入税金及附加的金额=30+（25+30）×（7%+3%）+5+15=55.5万元。

19.【答案】D
【解析】企业到期无力支付的银行承兑汇票，应按其账面余额转入“短期借款”科目核算。

20.【答案】A
【解析】短期借款利息不可以通过“应付利息”科目核算，在支付时直接计入财务费用。

21.【答案】A
【解析】收回后直接销售的委托加工物资由受托方代收代缴的消费税，可计入资产成本。

22.【答案】D
【解析】企业借入短期借款发生利息，应借记财务费用。

23.【答案】D
【解析】选项D属于负债的确认条件，不属于负债的基本特征。

24.【答案】B
【解析】选项A使得应付账款减少，长期借款或短期借款增加，属于负债项目一增一减，不影响负债总额;选项C开出银行汇票，属于资产项目一增一减，不影响负债总额;选项D用盈余公积转增资本是所有者权益项目内部一增一减，不影响负债总额。

二、多项选择题

1.【答案】ABCD

2.【答案】ABC

【解析】职工出差报销的差旅费应当计入管理费用科目。

3.【答案】CD

【解析】A计入长期付款；B计入应交税费。

4.【答案】ACD

【解析】选项B，应该在“其他应收款”科目核算。

5.【答案】BCD

【解析】固定资产构建过程中发生的符合资本化条件的职工薪酬最终应构成固定资产的成本。

6.【答案】ABD

【解析】相关会计分录：

借：生产成本、制造费用、销售费用、管理费用等（公允价值+销项税额）

　　贷：应付职工薪酬——非货币性福利（公允价值+销项税额）

发放时：

借：应付职工薪酬——非货币性福利

　　贷：主营业务收入（公允价值）

　　　　应交税费——应交增值税（销项税额）（公允价值x增值税税率）

借：主营业务成本（账面价值）

　　贷：库存商品（账面价值）

7.【答案】BCD

【解析】企业研发无形资产应当区分研究阶段和开发阶段，研究阶段的职工薪酬应计入当期损益（管理费用）中，而开发阶段满足资本化条件的才计入无形资产成本中。

8.【答案】ABC

【解析】印花税不需要预计应交数，所以不通过“应交税费”科目核算。

9.【答案】ABC

【解析】委托加工物资收回后直接出售，受托方代收代缴的消费税应记入“委托加工物资”科目进行核算。

10.【答案】ABC

【解析】该企业应编制的会计分录为：

借：税金及附加　24 000

　　贷：应交税费——应交资源税　24 000

借：生产成本　2 400

　　贷：应交税费——应交资源税　2 400

11.【答案】CD

【解析】商业承兑汇票到期无力支付转入应付账款，银行承兑汇票到期无力支付转入短期借款;带息商业汇票的利息计入应付票据中。

12.【答案】AC

【解析】根据购销合同预收的货款应计入预收账款，选项B不正确;租入包装物支付的押金应计人其他应收款，选项D不正确。

三、判断题

1.【答案】正确。

2.【答案】错误。

【解析】“长期借款”科目的期末账面余额不仅反映企业尚未支付的各种长期借款的本金，还可能有“利息调整”的余额。

3.【答案】错误。

【解析】对外销售的应税产品应缴纳的资源税计入“税金及附加”科目，自产自用应税产品应该缴纳的资源税应计入“生产成本”或“制造费用”科目中。

4.【答案】错误。

【解析】短期借款利息属于筹资费用，应记入“财务费用”科目，并通过“应付利息”科目反映借款利息的预提和结算情况。

5.【答案】正确。

6.【答案】正确。

【解析】不通过应交税费的税种包括：消费税、城市维护建设税、教育费附加、资源税、房产税、城镇土地使用税、车船税、印花税。以上税种均通过“税金及附加”科目核算。

7.【答案】正确。

8.【答案】正确。

9.【答案】正确。

10.【答案】错误。

【解析】企业预收账款不多的情况下，可以将预收账款在应收账款的贷方核算。

四、不定项选择题

（一）【答案】1.BCD；2.AB

【解析】

1.A选项应计入“短期借款”科目。

2.C选项应计入“预收账款”科目，D选项应计入“其他应收款”科目。

（二）【答案】1.B；2.BCD；3.C；4.C

【解析】

1.支付职工工资时：

借：应付职工薪酬　286

　　贷：银行存款　250

　　　　应交税费——应交个人所得税　6

　　　　其他应付款　30

2.分配本月货币性职工薪酬的账务处理如下：

借：生产成本　210

　　制造费用　30

　　管理费用　40

　　销售费用　20

　　贷：应付职工薪酬　300

3.将外购货物用于职工福利，增值税进项税额不得抵扣。

计提职工福利时：

借：生产成本　2.32

　　贷：应付职工薪酬　2.32

实际发放时：

借：应付职工薪酬　2. 32

　　贷：库存商品　2.32

4.计提累积带薪缺勤：

借：管理费用　4

　　销售费用　8

　　贷：应付职工薪酬　12

（三）【答案】1.AC；2.AD；3.AB；4.ACD；5.C

【解析】

1.2018年12月31日劳务完工进度=140/（140+60）=70%;确认提供劳务收入=140/（140+60）×300=210万元。

2.销售收入应按扣除商业折扣后的金额确认，主营业务收入=200×（1-10%）=180万元;确认的现金折扣应计入财务费用，丙公司20日付款，应给予其1%的现金折扣，财务费用=200×（1-10%）×（1+16%）×1%=2.088万元。

3.让渡资产使用权的使用费收入，一般通过其他业务收入科目核算;所让渡资产计提的摊销额等，一般通过“其他业务成本”科目核算;一次性收取使用费，且不提供后续服务的，应当一次性确认收入;甲公司转让专利使用权的会计分录如下：

收取使用费时：

借：银行存款　　　　30

　　贷：其他业务收入　　　　30

结转摊销时：

借：其他业务成本　　　15

　　贷：累计摊销　　　　15

4.已确认销售收入的售出商品发生销售折让，且不属于资产负债表日后事项的，应在发生时冲减当期销售商品收入，减少的主营业务收入=200×5%=10万元;发生销售折让不涉及商品的退回，不影响主营业务成本;收到与收益相关的政府补助，借记“银行存款”等科目，贷记“营业外收入”科目。

5.“营业收入”金额=210（事项）+180（事项）+30（事项）-10（事项）=410万元。

04

第四章 所有者权益

精准考点　提前了解

所有者权益的概念
P184

资本公积的概述
P190

留存收益的概述
P194

考情早知道

【考情分析】

本章在《初级会计实务》考试财政部指导教材上的内容篇幅占比不多，但涉及内容较为重要。近几年考试内容会涉及所有的考试题型。要求掌握实收资本的核算；掌握资本公积的来源与核算；掌握留存收益的核算；熟悉利润分配、盈余公积、未分配利润的内容。在学习本章内容时，除了把握单一的知识点，还要注意实收资本、资本公积与有关资产的结合，留存收益与收入、费用、利润的结合。

【考题形式及重要程度】

节　　次	考试题型	重要程度
第一节 实收资本	单选、多选、判断	★★★
第二节 资本公积	单选、判断、不定项	★★★
第三节 留存收益	单选、多选、不定项	★★★

【考纲新动态】

2019年《初级会计实务》第四章所有者权益中包含的三节内容，分别是实收资本、资本公积和留存收益。与2018年考试内容相比，本章在所有者权益构成中增加了“其他权益工具”估计分值在1分左右，其他内容无实质性变化。

所有者权益是指企业资产扣除负债后由所有者享有的剩余权益。公司所有者权益又称为股东权益。

1.所有者权益的特征。

（1）除非发生减资、清算或分派现金股利，企业不需要偿还所有者权益。

（2）企业清算时，只有在清偿所有的负债后，所有者权益才返还给所有者。

（3）所有者凭借所有者权益能够参与企业利润的分配。

【例题·判断题】企业清算时，应当将所有者权益按投资比例返还给所有者。（　　）

【答案】错误。

【解析】企业清算时，只有在清偿所有的负债后，所有者权益才返还给所有者。

2.所有者权益的来源构成。

（1）所有者投入的资本：实收资本（股本）、其他权益工具。

（2）资本公积（特殊交易事项）。

（3）其他综合收益（直接计入所有者权益的利得和损失）。

（4）留存收益：盈余公积和未分配利润。

【例题·单选题】下列各项中，不属于所有者权益的是（　　）。

A.资本溢价　　B.计提的盈余公积　　C.投资者投入的资本　　D.应付高管人员基本薪酬

【答案】D

【解析】应付高管人员基本薪酬属于负债范畴。

【例题·判断题】企业发行的权益类有价证券，按照金融负债和权益工具区分原则分类为权益工具的其他权益工具。（　　）

【答案】错误。

【解析】企业发行的除普通股（作为实收资本或股本）以外的，按照金融负债和权益工具区分原则分类为权益工具的其他权益工具。

第一节　实收资本

一、实收资本的概述

实收资本是指企业按照章程规定或合同、协议约定，接受投资者投入企业的资本。实收资本的构成比例，即投资者的出资比例或股东的股份比例，通常是确定投资者在企业所有者权益中的份额和参与企业财务经营决策的基础，也是企业进行利润分配和股利分配的依据，同时还是企业清算时确定所有者对净资产要求权的依据。

投资者可以用现金投资，也可以用现金以外符合国家规定的其他有形资产或者无形资产投资。

【例题·多选题】（2015）下列各项中，会导致企业实收资本增加的有（　　）。

A.资本公积转增资本　　B.接受投资者追加投资

C.盈余公积转增资本　　D.接受非流动资产捐赠

【答案】ABC

【解析】D选项导致营业外收入增加。

【例题·多选题】投资者可以通过以下哪几种资产形式作价投资（　　）。

A.货币资金　　B.土地使用权　　C.专利技术　　D.商誉

【答案】ABC

【解析】投资者可以用现金投资，也可以用现金以外的符合国家规定的其他有形资产或者无形资产投资。商誉无法估价也无法转让，因此不符合作价投资规定。

二、实收资本的初始计量和确认

表4-1　实收资本的初始计量和确认

经济业务		账务处理
非股份制公司的企业账务处理	接受现金投资	借：银行存款（按实际收到的金额） 　贷：实收资本（按投资合同或协议约定的投资者在企业注册资本中应享有的份额）
	接受非现金投资	借：固定资产（按投资合同或协议约定的价值，不公允的除外） 　原材料（按投资合同或协议约定的价值，不公允的除外） 　应交税费——应交增值税（进项税额） 　　　——待抵扣进项税额 【注意1】2016年5月后取得的不动产进项税额按照6：4比例处理 无形资产等（投资合同或协议约定的价值，不公允的除外） 　贷：实收资本（按投资合同或协议约定的投资者在企业注册资本中应享有的份额） 　　资本公积——资本溢价（差额）
股份制公司的企业账务处理	接受现金投资	借：银行存款（每股发行价格×发行股数） 　贷：股本（股数×面值） 　　资本公积——股本溢价（差额） 【注意2】股份有限公司发行股票发生的手续费、佣金等交易费用，应从股票溢价中抵扣冲减“资本公积——股本溢价”；溢价金额不足抵扣的部分依次冲减“盈余公积”和“未分配利润” 借：资本公积——股本溢价 　盈余公积 　利润分配——未分配利润 　贷：银行存款

续表

经济业务		账务处理
股份制公司的企业账务处理	接受非现金投资	借：固定资产 原材料 应交税费——应交增值税（进项税额） ——待抵扣进项税额 无形资产等 【借方处理同非股份制有限公司】 贷：股本（股数×面值） 资本公积——股本溢价（差额）

★【专家一对一】

实收资本的初始计量中，非股份制公司接受的现金投资，投资者认缴的出资额与注册资本一致，一般不会产生资本溢价；而股份制公司通过溢价发行股票筹集的资金会产生溢价，溢价部分扣除发行手续费、佣金等发行费用后记入“资本公积——股本溢价”科目。

【例题·判断题】（2017）除投资合同或协议约定价值不公允的以外，企业接受投资者作为资本投入的固定资产，应按投资合同或协议的约定价值确定其入账价值。（　　）

【答案】正确。

【解析】企业接受投资者作为资本投入的固定资产，应按投资合同或协议的约定价值确定其入账价值，不公允的除外。

【例题·多选题】（2014）甲有限责任公司为增值税一般纳税人，2016年初收到乙公司投入设备注明的价款120万元，增值税20.4万元，合同约定设备的价款120万元（假设与公允价值相同），甲公司收到乙公司投资后注册资金共1 000万元，乙公司占10%的份额，以下会计处理正确的有（　　）。

A 实收资本的入账金额为100万元　　B 接受投资产生的溢价40.4万元

C 实收资本增加20万元　　D 准予抵扣的进项税额20.4万元

【答案】ABD

【解析】会计处理分录为：

借：固定资产　　120

应交税费——应交增值税（进项税）　　20.4

贷：实收资本　　100

资本公积——资本溢价　　40.4

（注：2016年5月后取得的不动产进项税额按照6：4比例处理）

【例题·不定项选择题】甲公司委托乙证券公司代理发行普通股5 000万股，每股面值1元，每股发行价值 4 元，按协议约定，乙证券公司从发行收入中提取 3%的手续费，完成以下题目。

（1）甲公司发行普通股业务处理涉及的会计科目有（　　）。

A. 股本　　B.资本公积——资本溢价　　C.银行存款　　D.盈余公积

【答案】ABC

【解析】甲公司发行普通股业务处理会计分录为：

借：银行存款

贷：股本

资本公积——资本溢价

（2）甲公司发行普通股应计入资本公积的金额为（ ）万元。

A.20000　　B.19400　　C.14400　　D.5000

【答案】C

【解析】甲公司发行普通股应计入资本公积的金额

=5 000×4×（1-3%）-5000=14400万元。

【例题·不定项选择题】甲公司委托乙证券公司代理发行普通股 1000 万股，每股面值 1 元，每股发行价值 1 元，按协议约定，乙证券公司从发行收入中提取 3%的手续费，完成以下题目。

（1）甲公司发行普通股业务处理有可能涉及的会计科目有（　　）。

A.股本　　B.资本公积——资本溢价

C.银行存款　　D.财务费用

【答案】ABC

【解析】借：银行存款
　　资本公积——资本溢价
　　盈余公积
　　利润分配——未分配利润
　　贷：股本

（2）甲公司发行普通股应计入资本公积的金额为（　　）万元。

A.1 030　　B.1 000　　C.30（借方）　　D.30（贷方）

【答案】C

【解析】甲公司发行普通股应计入“资本公积”借方的金额=1 000×1×3%=30万元。

（3）抵扣股票发行手续费可依次冲减的会计科目有（　　）。

A.股本　　B.资本公积—资本溢价

C.盈余公积　　D.利润分配—未分配利润

【答案】BCD

【解析】股份有限公司发行股票发生的手续费、佣金等交易费用，应从股票溢价中抵扣冲减“资本公积——股本溢价”；溢价金额不足抵扣的部分依次冲减“盈余公积”和“未分配利润”。

三、实收资本（股本）增减变动的账务处理

表4-2　实收资本（股本）增减变动的账务处理

经济业务			账务处理
实收资本（股本）增加	接受投资者追加投资		借：银行存款 固定资产 原材料 应交税费——应交增值税（进项税额） ——待抵扣进项税额 无形资产等 贷：实收资本/股本 资本公积——资本溢价/股本溢价（差额） 【会计处理同实收资本的初始计量】
	资本公积转增资本		借：资本公积——资本溢价/股本溢价 贷：实收资本/股本
	盈余公积转增资本		借：盈余公积 贷：实收资本/或股本
实收资本（股本）减少：（股份有限公司采用回购本公司股票方式减资）	回购时		借：实收资本/库存股（按照实际支付的回购价款） 贷：银行存款
	注销时	回购支付的价款>面值总额：	借：股本（股票面值×注销股数） 资本公积——股本溢价 盈余公积 利润分配——未分配利润 贷：库存股（每股回购价格×注销股数）
		回购支付的价款<面值总额：	借：股本（股票面值×注销股数） 贷：库存股（每股回购价格×注销股数） 资本公积——股本溢价（差额）

【例题·判断题】（2017）有限责任公司以资本公积转增资本，应当按照原出资者各自出资比例相应增加各出资比例的出资金额。（ ）
【答案】正确。
【解析】有限责任公司应当按照原出资者各自出资比例相应增加出资金额以此完成资本公积转增资本。

【例题·多选题】企业追加资本的途径有（ ）。
A. 接受投资者追加投资　B.资本公积转增资本
B. 盈余公积转增资本　　D.向银行申请贷款
【答案】ABC
【解析】D是以负债形式增加企业资产，不增加注册资本。

【例题·多选题】（2018）某公司由甲、乙投资者分别出资 100 万元设立。为扩大经营规模，该公司的注册资本由200 万元增加到 250 万元，丙企业以现金出资 100 万元享有公司 20%的注册资本，不考虑其他因素，该公司接受丙企业出资相关科目的会计处理结果正确的有（ ）。
A.贷记“实收资本”科目 100 万元　　B.贷记“盈余公积”科目 100 万元
C.贷记“资本公积”科目 50 万元　　D.借记“银行存款”科目 100 万元
【答案】CD
【解析】借：银行存款　100
　　贷：实收资本　50
　　　　资本公积　50

【例题·单选题】某企业本年增加实收资本50万元，其中：盈余公积转增资本30万元；12月1日接受无形资产投资15万元，货币投资5万元，不考虑其他事项。则该企业年末所有者权益增加金额为（ ）万元。
A50　　B 20　　C 15　　D 5
【答案】B
【解析】所有者权益的增加额=15+5=20万元。盈余公积转增资本属于所有者权益内部变化，不影响所有者权益总额。

【例题·不定项选择题】甲、乙、丙三人共同设立A公司注册资本400万元，甲、乙、丙分别出资50万元、200万元和150万元。A公司决定将注册资本扩大到500万元，甲、乙、丙按照原出资比例分别追加投资，A公司收到追加投资款。完成以下题目：
（1）甲应追加投资额为（ ）元。
A. 125 000　　B.225 000　　C.500 000　　D.375 000
【答案】A
【解析】甲追加投资额=1000 000×500 000/4000 000=125 000
　　乙追加投资额=1000 000×2000 000/4000 000=500 000
　　丙追加投资额=1000 000×1500 000/4000 000=375 000
（2）对A公司收到追加投资款的处理描述正确的有（ ）。
A.借：银行存款　1000 000　　B.贷：实收资本——甲　125 000
C.贷：实收资本——乙　500 000　　D.贷：实收资本——丙　375 000
【答案】ABCD
【解析】对A公司收到追加投资款的处理会计分录为：
　　借：银行存款　1000 000
　　　　贷：实收资本——甲　125 000
　　　　　　　　　——乙　500000
　　　　　　　　　——丙　375000

【例题·多选题】（2018）某公司期初的所有者权益为：股本为5 000万元（面值为1元），资本公积1 000万元（其中股本溢价800万元），盈余公积500万元，未分配利润600万元。本期经董事会批准以每股7元的价格回购本公司股票200万股并按期注销。下列各项中，该公司回购并注销股票的相关科目会计处理结果正确的有（ ）。
A.注销时，借记“股本”科目1 400万元
B.回购时，借记“库存股”科目1 400万元
C.注销时，借记“盈余公积”科目400万元
D.注销时，借记“资本公积——股本溢价”科目 800 万元
【答案】BCD
【解析】回购时：
　　借：库存股　1400
　　　　贷：银行存款　1400
　　注销时：
　　借：股本　200
　　　　资本公积——股本溢价　800
　　　　盈余公积　400
　　　　贷：库存股　1400

★【专家一点通】

经济业务	账务处理
股份有限公司溢价发行股票时，发行费用应从股票溢价中抵扣冲减“资本公积——股本溢价”；溢价金额不足抵扣的部分依次冲减“盈余公积”和“未分配利润”	借：资本公积——股本溢价 盈余公积 利润分配——未分配利润 贷：银行存款
股份有限公司采用回购本公司股票方式减资注销时，回购支付的价款＞面值总额时，超出的部分依次冲减“资本公积——股本溢价”“盈余公积”“利润分配——未分配利润”	借：股本 资本公积——股本溢价 盈余公积 利润分配——未分配利润 贷：库存股

知识图谱

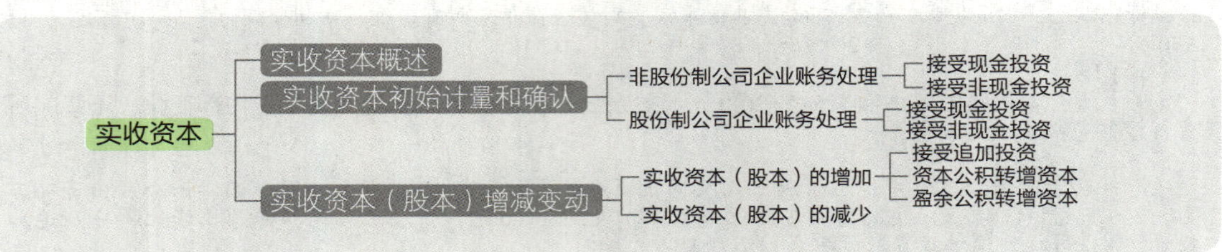

节节测

一、单项选择题

1.下列各项中，能够引起企业所有者权益减少的是（　　）。

A.股东大会宣告派发现金股利

B.向投资者发放股票股利

C.提取盈余公积

D.以资本公积转增资本

【答案】A

【解析】选项A发生时导致所有者权益减少负债增多。

2.（2017）下列各项中，不应计入企业财务费用的是（　　）。

A.支付的发行股票手续费

B.支付的银行结算手续费

C.支付的银行承兑汇票手续

D.确认的短期借款利息费用

【答案】A

【解析】股份有限公司发行股票发生的手续费、佣金等交易费用，应从股票溢价中抵扣。

3. A企业2017年增加实收资本60万元，其中:盈余公积转增资本45万元；2017年12月1日接受固定资产投资6万元（使用年限5年，采用年限平均法计提折旧，不考虑残值，自接受之日起投入使用）；货币投资9万元，不考虑其他因素，该企业在年末所有者权益增加金额为（　　）万元。

A.15　　B.40　　C.9　　D.6

【答案】A

【解析】所有者权益的增加额=6+9=15万元。在这个题目中增加所有者权益的事项只有接受投资业务，盈余公积转增资本属于所有者权益内部项目一增一减，总额不变。

4.某上市公司发行普通股1 000万股，每股面值1元，每股发行价格5元，支付手续费20万元，支付咨询费60万元。该公司发行普通股计入股本的金额为（　　）万元。

A.1000　　B. 4920　　C.4980　　D. 5000

【答案】A

【解析】该公司发行普通股计入股本的金额为1 000万股×1元/股=1 000万元

5.A股份有限公司由两位投资者各出资300万元成立，两年后为了扩大生产经营，将注册资本增加到900万元，并吸引第三位投资者加入，按照协议规定，新投资者需要缴入现金400万元，同时享有A公司三分之一的股份，A公司吸收第三位投资者投资的会计分录是（　　）。

A.借:银行存款　400
　贷:股本　400

B.借:银行存款　400
　贷:股本　100
　　资本公积-股本溢价　300

C.借:银行存款　400
　贷:股本　300

资本公积——股本溢价 100

D.借:银行存款 400

贷:股本 300

营业外收入 100

【答案】C

【解析】对于追加投资，投资者投入的金额大于其在公司注册资本中享有份额的部分，应该计入“资本公积——股本溢价”科目，所以选项C正确。

二、多项选择题

1.A有限公司收到B企业作为资本投入的不需要安装的机器设备一台，该设备的原价为100万元，已提折旧60万元，投资合同约定该设备价值为50万元，增值税税额8万元，占注册资本40万元，则下列关于A公司会计处理的表述正确的有（ ）。

A.A公司固定资产的入账价值为40万元

B.A公司固定资产的入账价值为50万元

C.A公司确认的资本公积为18万元

D.A公司确认的资本公积为28万元

【答案】BC

【解析】A 公司会计处理分录为

借：固定资产 500 000

应交税费——应交增值税（进项税） 80 000

贷：实收资本 400 000

资本公积 180 000

2.甲、乙、丙三人共同设立A公司注册资本400万，甲、乙、丙分别出资50万、200万和150万。A公司决定按原资本比例将200万资本公积转增资本，描述正确的有（ ）。

A.借：资本公积 2000 000

B.贷：实收资本——甲 250 000

C.贷：实收资本——乙 1000 000

D.贷：实收资本——丙 750 000

【答案】ABCD

【解析】资本公积转增资本的会计分录为

借：资本公积 2000 000

贷：实收资本——甲 250 000

——乙 1000 000

——丙 750 000

3.某公司由甲、乙投资者分别出资80万元设立。该公司今年决定将注册资本由160万元增加到200万元，丙企业以现金出资100万元享有公司20%的注册资本，不考虑其他因素，该公司接受丙企业出资相关科目的会计处理结果正确的有（ ）。

A.贷记“实收资本”科目100万元

B.贷记“盈余公积”科目100万元

C.贷记“资本公积”科目60万元

D.借记“银行存款”科目100万元

【答案】CD

【解析】

借：银行存款 100

贷：实收资本 40

资本公积 60

4.某公司期初的所有者权益为：股本5 000万元（面值为1元），资本公积1 000万元（其中股本溢价600万元），盈余公积500万元。未分配利润600万元。经董事会批准，以每股6元的价格回购本公司股票200万股并按期注销。下列各项中，该公司回购并注销股票的相关科目会计处理，结果正确的有（ ）。

A.注销时，借记“资本公积——股本溢价”科目600万元

B.注销时，借记“盈余公积”科目400万元

C.回购时，借记“库存股”科目1 200万元

D.注销时，借记“股本”科目1 200万元

【答案】ABC

【解析】回购时：

借：库存股 1 200

贷：银行存款 1 200

注销时：

借：股本 200

资本公积——股本溢价 600

盈余公积 400

贷：库存股 1 200

5.某股份有限公司按法定程序报经批准后采用收购本公司股票方式减资，购回股票支付价款高于股票面值总额，所注销库存股账面余额与冲减股本的差额可能涉及的会计科目有（ ）。

A.盈余公积 B.利润分配——未分配利润

C.营业外收入 D.资本公积

【答案】ABD

【解析】回购支付的价款>面值总额时会计处理：

借：股本

资本公积——段本溢价

盈余公积

利润分配——未分配利润

贷：库存股

三、判断题

1.（2014）企业接受投资者以非现金资产投资时，应按投资合同或协议约定的价值确认资产的价值和在注册资本中应享有的份额，并将其差额确认为资本公积，但投资合同或协议约定的价值不公允的除外。（ ）

【答案】正确。

【解析】企业接受投资时应按投资合同或协议约定的价值确认资产的价值和在注册资本中应享有的份额，价值不公允的除外，差额记入资本公积。

2.以资本公积转增资本会导致实收资本增加，从而导致企业所有者权益总额增加。（ ）

【答案】错误。

【解析】以资本公积转增资本是所有者权益内部的转换，不会会导致实收资本增加。

3.（2018）企业收到的投资者超出其在企业注册资本中所占份额的投资，应直接计入当期损益。（ ）

【答案】错误。

【解析】企业收到的投资者超过其在企业注册资本中所占份额的投资，计入资本公积——资本（股本）溢价中。

4.（2018）企业接受投资者作价投入的材料物资，按投资合同或协议约定的投资者在企业注册资本或股本中所占份额的部分作为实收资本或股本入账。（ ）

【答案】正确。

【解析】企业接受投资者作价投资应按按投资合同或协议约定的投资者在企业注册资本或股本中所占份额的部分作为实收资本或股本入账，超出部分记入资本公积。

5.股份有限公司溢价发行股票时，发行费用应冲抵“财务费用”。（ ）

【答案】错误。

【解析】股票发行费用应从从股票溢价中抵扣冲减“资本公积——股本溢价”；溢价金额不足抵扣的部分依次冲减“盈余公积”和“未分配利润”。

第二节 资本公积

一、资本公积的概述

资本公积是企业收到投资者出资额超出其在注册资本（或股本）中所占份额的部分，以及直接计入所有者权益的利得和损失。资本公积包括资本溢价（或股本溢价）和其他资本公积等。

资本溢价（或股本溢价）是企业收到投资者的超出其在企业注册资本（或股本）中所占份额的投资。形成资本溢价（或股本溢价）的原因有溢价发行股票、投资者超额缴入资本等。

其他资本公积是指除净损益、其他综合收益和利润分配以外所有者权益的其他变动。

【例题·多选题】（2017）下列各项中，不应计入资本公积的有（　　）。

A.滞销的库存股账面余额低于所冲减股本的差额

B.投资者超额缴入的资本

C.交易性金融资产发生的公允价值变动

D.采用公允价值计量的投资性房地产发生的公允价值变动

【答案】CD

【解析】选项CD计入公允价值变动损益，不计入资本公积。

二、资本公积的账务处理

表4-3 资本公积的账务处理

<table>
<tr><th colspan="2">经济业务</th><th>账务处理</th></tr>
<tr><td colspan="2">资本溢价/股本溢价的形成</td><td>借：银行存款
固定资产
原材料
应交税费——应交增值税（进项税额）
——待抵扣进项税额
无形资产等
贷：实收资本/股本
资本公积——资本溢价/股本溢价</td></tr>
<tr><td colspan="2">资本公积转增资本（所留有的资本公积不得少于转增前公司注册资本的25%）</td><td>借：资本公积——资本溢价/股本溢价
贷：实收资本/股本</td></tr>
<tr><td rowspan="2">其他资本公积</td><td>以权益结算的股份支付</td><td>借：资本公积——其他资本公积
资本公积——资本溢价/股本溢价（可借可贷）
贷：实收资本/股份</td></tr>
<tr><td>采用权益法核算的长期股权投资</td><td>借：长期股权投资——其他权益变动
贷：资本公积——其他资本公积</td></tr>
</table>

【例题·单选题】（2015）某股份有限公司委托证券公司代理发行普通股2 000股，每股股价1元，发行价格每股4元。证券公司按发行价格的2%收取手续费，该公司这项业务应记在资本公积的金额为（　　）元。

A.5 840　　B.5 880　　C.5 960　　D.6 000

【答案】A

【解析】应计入资本公积的金额=2 000×4×98%-2 000=5 840万元。

【例题·判断题】其他综合收益项目在满足一定的条件时可以重新分类确认为损益，成为企业利润的一部分。（　　）

【答案】正确。

【解析】资本公积不会影响企业的损益，部分其他综合收益项目在满足会计准则条件时，可以重分类进损益，成为企业利润的一部分。

【例题·不定项选择题】甲有限责任公司注册资本1 000万元。于设立时收到乙公司投入不需安装的设备一台，合同约定该设备价值300万元与公允价值相符，增值税发票上注明的增值税进项税48万元，占注册资本的25%；收到丙公司以一项专利技术使用权作价投资，合同约定100万元与公允价值相符，占注册资本的5%。请回答以下问题：

（1）甲公司收到乙公司投资的会计分录涉及的会计科目有（　　）。

A.实收资本　　B.资本公积——资本溢价

C.应交税费——应交增值税（进项税）　　D.固定资产

E.应交税费——待抵扣进项税额

【答案】ABCDE

【解析】甲公司收到乙公司投资的会计分录：

借：固定资产　3000 000

　　应交税费——应交增值税（进项税）　288 000

　　应交税费——待抵扣进项税额　192 000

　　贷：实收资本　2500 000

　　　　资本公积——资本溢价　980 000

（2）甲公司收到乙公司投资的设备应计入“资本公积—资本溢价”科目的金额是多少（　　）万元。

A. 50　　B.51　　C. 91　　D.98

【答案】D

【解析】3000 000–10000 000×25%+480 000=980 000元

（3）甲公司收到丙公司投资的会计分录涉及的会计科目有哪些（　　）。

A.实收资本　　B.资本公积——资本溢价　　C.盈余公积　　D.无形资产

【答案】ABD

【解析】借：无形资产　1000 000

　　贷：实收资本　500 000

　　　　资本公积——资本溢价　500 000

【例题·多选题】2018年1月1日A公司向B公司投资800万元占20%股份，并对B公司股权采用权益法核算。2018年12月31日，B公司除净损益、其他综合收益和利润分配之外的所有者权益增加了100万元，下列关于A公司的描述正确的是（　　）。

A. 资本公积增加20万元　　B. 借：长期股权投资——其他权益变动　200 000

C. 贷：资本公积——其他资本公积　200 000　　D. 贷：投资收益　200 000

【答案】ABC

【解析】A公司应做会计分录：

借：长期股权投资——其他权益变动　200 000

　　贷：资本公积——其他资本公积　200 000

★【专家一点通】

会计科目	概　　念	与资本公积的区别
实收资本	实收资本是指企业按照章程规定或合同、协议约定，接受投资者投入企业的资本	实收资本（股本）体现了企业所有者对企业的基本产权关系，实收资本（股本）的构成比例是企业清算时确定所有者对净资产的要求权的依据；资本公积并不直接表明企业所有者对企业的基本产权关系，其用途主要是用来转增资本（股本）
留存收益	留存收益是指企业从历年实现的利润中提取或形成的留存于企业的内部积累，包括盈余公积和未分配利润两类	留存收益来源于企业生产经营活动实现的利润；资本公积的来源不是企业实现的利润，主要来自资本溢价
其他综合收益	其他综合收益是指企业根据会计准则规定未在当期损益中确认的各项利得和损失	资本公积不会影响企业的损益；其他综合收益项目在满足企业会计准则规定的条件时，可以重新分类进损益成为企业利润的一部分

知识图谱

资本公积
- 资本公积概述
- 资本公积账务处理
  - 资本（股本）溢价
  - 资本公积转增资本
  - 其他资本公积
    - 以权益结算的股份支付
    - 权益法核算的长期股权投资

节节测

一、单项选择题

1.某股份有限公司首次公开发行普通股500万股。每股面值1元，发行价格6元，相关手续费和佣金共计95万元（不考虑增值税）。不考虑其他因素，该公司发行股票应计入资本公积的金额为（　　）万元。

A.2 905　B.2 405　C.2 500　D.3 000

【答案】B

【解析】应计入资本公积的金额=500×6−500−95=2 405万元。

2.（2017）下列各项中，关于股份公司溢价发行股票的相关会计处理表述正确的是（　　）。

A.发行股票溢价计入盈余公积

B.发行股票相关的印花税计入股票成本

C.发行股票相关的手续费应从溢价中抵扣

D.发行股票取得的款项全部计入股本

【答案】C

【解析】股份公司溢价发行股票的会计处理为：

借：银行存款

　贷：股本

　　资本公积——股本溢价

选项A错误，发行股票的溢价计入资本公积；选项B错误，发行股票相关的印花税计入税金及附加核算；选项D错误，发行股票取得的款项计入银行存款等科目，股票的面值计入股本核算。

3.某公司年初资本公积为1 500万元，本年已入账交易性金融资产公允价值增值净额200万元；经股东大会批准，用资本公积转增资本300万元。不考虑其他因素，该公司年末的资本公积为（　　）万元。

A.1 700　B.1 500　C.1 200　D.1 400

【答案】C

【解析】该公司年末的资本公积=1 500−300=1 200万元。

4.（2018）某公司委托证券公司发行普通股400 000股，每股面值为1元，每股发行价格为16元。双方协议约定，证券公司按发行收入的2%收取佣金，并直接从发行收入中扣除。不考虑其他因素，该公司发行股票应计入资本公积的金额为（　　）元。

A.6272 000　B.5880 000

C.5872 000　D.6000 000

【答案】C

【解析】该公司发行股票应计入资本公积的金额=400 000×16×（1−2%）−400 000×1=5872 000元。

5.（2018）某公司公开发行普通股100万股，每股面值1元，每股发行价格为10元，按发行收入的3%向证券公司支付佣金，从发行收入中扣除，收到的款项已存入银行。不考虑其他因素，该公司发行股票应计入资本公积的金额为（　　）万元。

A.893　B.970　C.870　D.900

【答案】C

【解析】应计入资本公积的金额=100×10−100×1−100×10×3%=870万元。

二、多项选择题

1.下列各项中，应计入资本公积的有（　　）。

A.注销的库存股账面余额低于所冲减股本的差额

B.投资者超额缴入的资本

C.交易性金融资产发生的公允价值变动

D.采用公允价值计量的投资性房地产发生的公允价值变动

【答案】AB

【解析】C应计入公允价值变动损益；D应计入投资性房地产——公允价值变动

2.（2015）下列各项中，会引起资本公积发生增减变动的有（　　）。

A.接受社会捐赠非流动资产

B.资产负债表日可供出售金融资产的公允价值变动

C.溢价发行股票（不考虑发行的手续费）

D.资本公积转增资本

【答案】CD

【解析】A应计入营业外收入；B应计入公允价值变动损益

3.下列各项中，不能同时引起资产和所有者权益发生变动的有（　　）。

A.接受现金捐赠　B.投资者投入资本

C.资本公积转增资本　D.分配股票股利

【答案】CD

【解析】CD选项不影响所有者权益总额发生变化，只是所有者权益内部项目结构发生变化。

4.下列关于资本公积与实收资本（股本）、留存收益的区别，说法正确的有（　　）。

A.实收资本（股本）体现了企业所有者对企业的基本产权关系，而资本公积并不直接表明企业所有者对企业的基本产权关系。

B.实收资本（股本）的构成比例是企业清算时确定所有者对净资产的要求权的依据，资本公积的用途主要是用来转增资本（股本）。

C.留存收益来源于企业生产经营活动实现的利润，资本公积的来源不是企业实现的利润。

D.实收资本（股本）的构成比例是企业清算时确定所有者对净资产的要求权的依据，资本公积的用途主要是用来弥补亏损。

【答案】ABC

【解析】资本公积是投资者出资中超出其在注册资本中所占份额的部分，以及直接计入所有者权益中的利得和损失，它不直接表明企业所有者对企业的基本产权关系。资本公积的来源不是企业实现的利润，而主要来自资本溢价（股本溢价）等。D选项中资本公积并不直接表明企业所有者对企业的基本产权关系，其用途主要是用来转增资本（股本）。

5.（2014）下列各项中，不会使资本公积发生增减变动的有（　　）。

A.企业实现净利润

B.可供出售金融资产的公允价值变动

C.资本公积转增资本

D.投资者超过注册资本额的投入资本

【答案】AB

【解析】A应计入利润分配——未分配利润；B应计入公允价值变动损益

三、判断题

1.（2016）股份有限公司溢价发行股票时，按股票面值计入股本，溢价收入扣除发行手续费、佣金等发行费用后的金额计入资本公积。（　　）

【答案】正确。

【解析】股票发行费用应从股票溢价中抵扣冲减“资本公积——股本溢价”；溢价金额不足抵扣的部分依次冲减“盈余公积”和“未分配利润”。

2.（2018）资本公积项目在满足一定的条件时可以重新分类确认为损益，成为企业利润的一部分。（　　）

【答案】错误。

【解析】资本公积不会影响企业的损益，部分其他综合收益项目在满足会计准则条件时，可以重分类进损益，成为企业利润的一部分。

3.（2016）乙公司按面值发行股票时，发生的相关交易费用冲减“资本公积——其他资本公积”科目。（　　）

【答案】错误。

【解析】发行股票时发生的相关交易费用是冲减“资本公积——股本溢价”，股本溢价不足冲减的，冲减留存收益。

4.资本公积转增资本后，所留有的资本公积不得少于转增前公司注册资本的20%（　　）。

【答案】错误。

【解析】资本公积转增资本后，所留有的资本公积不得少于转增前公司注册资本的25%

5.企业在非日常活动中形成的利得都应该直接增加资本公积。（　　）

【答案】错误。

【解析】虽然利得最终会导致所有者权益的增加，但是并非一切利得都直接计入所有者权益，如非流动资产的处置利得、捐赠利得等应计入营业外收入，而不是直接计入资本公积。

第三节　留存收益

一、留存收益概述

留存收益是指企业从历年实现的利润中提取或形成的留存于企业的内部积累，包括盈余公积和未分配利润两类。

【例题·多选题】（2015）下列各项中，属于企业的留存收益的有（　　）。
A.累计未分配的利润
B.按规定从净利润中提取的法定盈余公积
C.按股东大会决议从净利润中提取的任意盈余公积
D.发行股票的溢价收入
【答案】ABC
【解析】留存收益包括盈余公积和未分配利润两类，盈余公积包括法定盈余公积和任意盈余公积。选项D计入“资本公积——股本溢价”。

二、盈余公积

盈余公积是指企业按照有关规定从净利润中提取的积累资金。

公司制企业的盈余公积包括法定盈余公积和任意盈余公积。法定盈余公积是指企业按照规定的比例从净利润中提取的盈余公积；任意盈余公积是指企业按照股东大会或股东大会决议提取的任意盈余公积。

【例题·判断题】（2015）如果以前年度未分配利润有盈余，在计算提取法定盈余公积的基数时，应包括企业年初未分配利润。（　　）
【答案】错误。
【解析】企业在计算确定提取法定盈余公积时，以当年实现的净利润为基数。

（一）盈余公积的相关规定

★【专家一点通】

表4–4　盈余公积的相关规定

相关规定	内容注释	
利润分配顺序	①提取法定公积金	企业的法定公积金按照税后利润的10%提取，在计算提取法定盈余公积的基数时，不应包括企业年初未分配利润。累计额已达到注册资本的50%时可以不再提取。法定公积金不足以弥补以前年度亏损的，在提取法定公积金之前，应当先用当年利润弥补亏损
	②提取任意公积金	企业从税后利润中提取法定公积金后，经股东会或股东大会决议，还可以从税后利润中提取任意盈余公积
	③向投资者分配利润或股利	
提取盈余公积的主要用途	企业提取盈余公积的作用：弥补亏损；转增资本；发放现金股利或利润；扩大企业生产经营	企业发生亏损时，应由企业自行弥补，弥补亏损的渠道：①用以后年度税前利润弥补，按照规定企业发生亏损时可用以后5年内实现的税前利润弥补；②用以后年度税后利润弥补，企业发生的亏损经过5年没有弥补足额的尚未弥补的亏损可用所得税后利润弥补；③以盈余公积弥补亏损，企业以提取的盈余公积弥补亏损时应当由公司董事会提议并经股东大会批准

【例题·多选题】（2017）下列各项中,导致企业留存收益发生增减变动的有（　　）。
A.盈余公积转增资本
B.盈余公积弥补亏损
C.资本公积转增资本
D.盈余公积分配现金股利
【答案】AD
【解析】选项A，减少盈余公积，减少留存收益；选项B，属于留存收益内部的增减变动；选项C，不影响留存收益；选项D，减少盈余公积，减少留存收益。

【例题·多选题】下列各项中,不会导致企业留存收益发生变动的有（　　）。

A.盈余公积弥补亏损　　B.税后净利润弥补亏损

C.盈余公积分配现金股利　　D.盈余公积转增资本

【答案】AB

【解析】选项A：借：盈余公积

　　　　　　　　贷：利润分配——盈余公积补亏

　　　　　　借：利润分配——盈余公积补亏

　　　　　　　　贷：利润分配——未分配利润

B：本年实现净利润时转入“利润分配——未分配利润”贷方，自动抵补“利润分配——未分配利润”借方金额，所以税后利润补亏不会影响留存收益。

【例题·多选题】提取盈余公积的主要用途有（　　）。

A.弥补亏损　　B.转增资本　　C.发放现金股利或利润　　D.扩大企业生产经营

【答案】ABCD

【解析】提取盈余公积的主要用途有：弥补亏损；转增资本；发放现金股利或利润；扩大企业生产经营。

【例题·判断题】企业应按照税后利润的10%提取法定公积金，在计算提取法定盈余公积的基数时，还应包括企业年初未分配利润。（　　）

【答案】错误。

【解析】企业的法定公积金按照税后利润的10%提取，在计算提取法定盈余公积的基数时，不应包括企业年初未分配利润。

【例题·多选题】发生亏损时，企业弥补亏损的渠道有（　　）。

A.用以后年度税前利润弥补　　B.用以后年度税后利润弥补

C.以盈余公积弥补亏损　　D.以资本公积弥补亏损

【答案】ABC

【解析】发生亏损时，企业弥补亏损的渠道有：用以后年度税前利润弥补；用以后年度税后利润弥补；以盈余公积弥补亏损。D中资本公积不能补亏，可以转增资本。

【例题·判断题】企业的法定公积金按照税后利润的10%提取，可以每年提取。（　　）

【答案】错误。

【解析】企业的法定公积金按照税后利润的10%提取，累计额已达到注册资本的50%时可以不再提取。

（二）盈余公积的确认和计量

表4–5　盈余公积的确认和计量

经济业务	账务处理
提取盈余公积	借：利润分配——提取法定盈余公积 　　　　　——提取任意盈余公积 　贷：盈余公积——法定盈余公积 　　　　　　——法定盈余公积
盈余公积补亏	借：盈余公积 　贷：利润分配——盈余公积补亏
盈余公积转增资（股）本	借：盈余公积 　贷：实收资本/股本
用盈余公积发放现金股利或利润	借：盈余公积 　贷：应付股利
外商投资企业按规定提取的储备基金、企业发展基金、职工奖励及福利基金	借：利润分配——提取储备基金 　　　　　——提取企业发展基金 　　　　　——提取职工奖励及福利基金 　贷：盈余公积——储备基金 　　　　　　——企业发展基金 　　　　　　——应付职工薪酬

【例题·单选题】(2018)2017年1月1日，某股份有限公司未分配利润为100万元，2017年度实现净利润400万元，法定盈余公积的提取率为10%，不考虑其他因素，下列关于盈余公积的账务处理正确的是(　　)。

A.借：利润分配——提取法定盈余公积　400 000
　　贷：盈余公积　400 000

B.借：本年利润——提取法定盈余公积　400 000
　　贷：盈余公积　400 000

C.借：本年利润——提取法定盈余公积　500 000
　　贷：盈余公积　500 000

D.借：利润分配——提取法定盈余公积　500 000
　　贷：盈余公积　500 000

【答案】A

【解析】如果以前年度未分配利润有盈余(即年初未分配利润余额为正数)，在计算提取法定盈余公积的基数时，不应包括年初未分配利润，所以2017年提取法定盈余公积的金额=400×10%=40万元。企业按规定提取盈余公积时，应通过"利润分配"和"盈余公积"等科目核算。

【例题·多选题】乙公司本年实现净利润500万元，年初未分配利润100元。公司按当年净利润的10%提取法定盈余公积。对提取盈余公积会计处理下列描述正确的有(　　)。

A.借：利润分配——提取法定盈余公积　500 000

B.借：利润分配——提取法定盈余公积　600 000

C.贷：盈余公积——法定盈余公积　500 000

D.贷：盈余公积——法定盈余公积　600 000

【答案】AC

【解析】提取盈余公积会计分录：

借：利润分配——提取法定盈余公积　500 000
　　贷：盈余公积——法定盈余公积　500 000

【例题·多选题】甲公司当年亏损100万，经股东大会批准由以前年度的盈余公积弥补当年亏损。对补亏的会计处理下列描述正确的有(　　)。

A.借：盈余公积　1000 000

B.借：资本公积　1000 000

C.贷：利润分配——盈余公积补亏　1000 000

D.贷：实收资本　1000 000

【答案】AC

【解析】盈余公积补亏会计分录：

借：盈余公积　1000 000
　　贷：利润分配——盈余公积补亏　1000 000

【例题·多选题】(2013)下列各项中，不会导致留存收益总额发生增减变动的有(　　)。

A.资本公积转增资本　　B.盈余公积补亏

C.盈余公积转增资本　　D.以当年净利润弥补以前年度亏损

【答案】ABD

【解析】C项会导致留存收益减少实收资本变多。

三、未分配利润

未分配利润是企业留待以后年度进行分配的结存利润，也是企业所有者权益的组成部分。相对于所有者权益的其他部分来说，企业对于未分配利润的使用分配有较大自主权。

期末未分配利润=期初未分配利润+本期实现的净利润-提取的盈余公积-分配利润

表4-6　未分配利润的税务处理

经济业务	账务处理
分配股利或利润	借：利润分配——应付现金股利或利润 　　贷：应付股利 或 借：利润分配——转作股本的股利 　　贷：股本
期末结转	借：本年利润 　　贷：利润分配——未分配利润 借：利润分配——未分配利润 　　贷：利润分配——提取法定盈余公积 　　　　　　　——提取任意盈余公积 　　　　　　　——应付现金股利
弥补亏所	借：利润分配——未分配利润 　　贷：本年利润

【例题·单选题】（2017）某股份有限公司年初未分配利润75万元，当年实现净利润750万元，分别按10%和5%计提法定盈余公积和任意盈余公积，当年宣告发放现金股利60万元。不考虑其他因素，该公司年末未分配利润余额为（　　）万元。

A.577.5　　B.641.25　　C.652.5　　D.712.5

【答案】C

【解析】该公司年末未分配利润余额=75+750×（1-10%-5%）-60=652.5万元。

【例题·不定项选择题】某公司年初未分配利润为400万元，当年实现净利润800万元，按10%提取法定盈余公积，5%提取任意盈余公积，宣告发放现金股利75万元。回答以下问题：

（1）对该公司结转未分配利润的处理正确的有（　　）。

A.借：利润分配——未分配利润　　1200 000

B.贷：本年利润　　1200 000

C.贷：利润分配——提取法定盈余公积　　800 000

D.贷：利润分配——提取任意盈余公积　　400 000

【答案】ACD

【解析】结转未分配利润的会计分录为：

借：利润分配——未分配利润　　1200 000
　　贷：利润分配——提取法定盈余公积　　800 000
　　　　　　　　——提取任意盈余公积　　400 000

（2）对宣告发放和支付现金股利时的处理正确的有（　　）。

A.借：利润分配——应付股利　　750 000
　　贷：应付股利　　750 000

B.借：利润分配——应付股利　　750 000
　　贷：银行存款　　750 000

C.借：应付股利　　750 000
　　贷：银行存款　　750 000

D.借：利润分配——转做股本的股利　　750 000
　　贷：股本　　750 000

【答案】AC

【解析】支付股利会计分录为：

借：应付股利　　750 000
　　贷：银行存款　　750 000

宣告发放现金股利会计分录为：

借：利润分配——应付股利　　750 000
　　贷：应付股利　　750 000

（3）该公司年末未分配利润为（　　）万元。

A.1 200　　B.1 080　　C.1 005　　D.605

【答案】C

【解析】该公司年末未分配利润
=400+800−800×（10%+5%）−75=1 005万元。

（4）本题中期末结转处理表述正确的有（　　）。

A.借：本年利润　　1950 000
　贷：利润分配——未分配利润　　1950 000

B.借：利润分配——未分配利润　　800 000
　贷：利润分配——提取法定盈余公积　　800 000

C.借：利润分配——未分配利润　　400 000
　贷：利润分配——提取任意盈余公积　　400 000

D.借：利润分配——未分配利润　　750 000
　贷：利润分配——应付现金股利　　750 000

【答案】ABCD

【解析】提取盈余公积会计分录：

借：利润分配——提取法定盈余公积　　800 000
　　　　　　——提取任意盈余公积　　400 000
　贷：盈余公积——法定盈余公积　　800 000
　　　　　　——提取法定盈余公积　　400 000

计提现金股利：

借：利润分配——应付现金股利　　750 000
　贷：应付股利　　750 000

结转分配利润：

借：利润分配——未分配利润　　1950 000
　贷：利润分配——提取法定盈余公积　　800 000
　　　　　　——提取任意盈余公积　　400 000
　　　　　　——应付现金股利　　750 000

借：本年利润　　1950 000
　贷：利润分配——未分配利润　　1950 000

★【专家一点通】

留存收益结转

留存收益结转	结转本年利润贷方余额	借：本年利润 　贷：利润分配——未分配利润
	计提盈余公积	借：利润分配——提取法定盈余公积 　　　　——提取任意盈余公积 　贷：盈余公积——法定盈余公积 　　　　——提取法定盈余公积
	计提现金股利或利润	借：利润分配——应付现金股利或利润 　贷：应付股利
	结转分配利润	借：利润分配——未分配利润 　贷：利润分配——提取法定盈余公积 　　　　——提取任意盈余公积 　　　　——应付现金股利

法定盈余公积和任意盈余公积

法定盈余公积（按规定比例提取）	企业按照规定的比例从净利润中提取的盈余公积。企业的法定盈余公积按照税后利润的10%提取，累计额已达到注册资本的50%时可以不再提取
任意盈余公积（由股东大会决议）	企业按照股东大会或股东大会决议提取的任意盈余公积

知识图谱

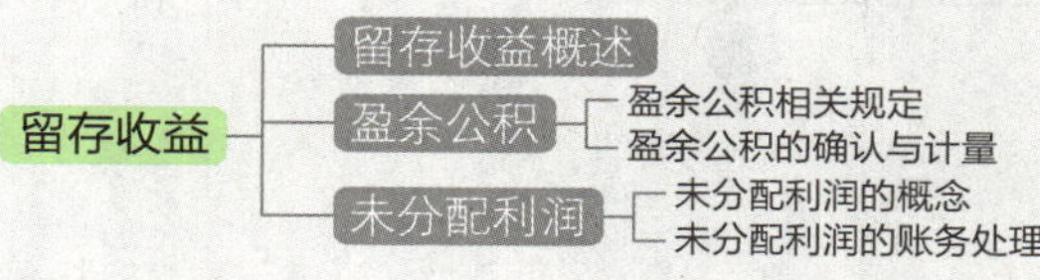

节节测

一、单项选题

1.（2016）甲企业年初未分配利润1 000万元，盈余公积500万元，本年实现净利润5 000万元，分别提取法定盈余公积500万元，任意盈余公积250万元，宣告发放现金股利500万元，年末留存收益为（　　）万元。

A.6 500　B.5 250　C.5 750　D.6 000

【答案】D

【解析】留存收益包括盈余公积和未分配利润两类。年初留存收益为1 000+500=1 500万元。年末盈余公积为500+250=750万元，未分配利润为5 000−500−250−500=3 750万元。年末，留存收益=3 750+750+1 500=6 000万元。

2.（2011）下列各项中，不属于留存收益的是（　　）。

A.资本溢价　B.任意盈余公积

C.未分配利润　D.法定盈余公积

【答案】A

【解析】留存收益包括盈余公积和未分配利润两类，盈余公积包括法定盈余公积和任意盈余公积。

3.（2015）2014年初某企业“利润分配——未分配利润”科目借方余额20万元，2014年该企业实现净利润160万元，按净利润的10%提取法定盈余公积，2014年末该企业可供分配的利润金额是（　　）万元。

A.126　B.124　C.140　D.160

【答案】C

【解析】2014年末该企业可供分配的利润金额=160−20=140万元。

4.下列各项中，会使所有者权益总额发生增减变动的是（　　）。

A.支付已宣告的现金股利

B.股东大会宣告派发现金股利

C.实际发放股票股利

D.盈余公积补亏

【答案】B

【解析】B项会导致所有者权益减少

股东大会宣告派发现金股利会计分录

借：利润分配——应付现金股利

　贷：应付股利

5.甲公司年初未分配利润105万元，当年实现净利润800万元，分别按10%和5%计提法定盈余公积和任意盈余公积，当年宣告发放现金股利100万元。不考虑其他因素，该公司年末未分配利润余额为（　　）万元。

A. 580　B.685　C.785　D.805

【答案】B

【解析】该公司年末未分配利润余额=105+800×（1−10%−5%）−100=685万元。

二、多项选择题

1.下列各项中,不会导致企业留存收益发生增减变动的有（　　）。

A.盈余公积弥补亏损

B.税后净利润弥补亏损

C.盈余公积分配现金股利

D.资本公积转增资本

【答案】ABD

【解析】选项A业务发生时将“盈余公积”贷方转入“利润分配”贷方，属于留存收益内部转换。选项B本年实现净利润时转入“利润分配——未分配利润”贷方，自动抵补“利润分配——未分配利润”借方金额，所以税后利润补亏不会影响留存收益。选项D不涉及留存收益的变动。

2.（2015）下列各项中，会引起留存收益总额发生增减变动的有（　　）。

A.以盈余公积分配现金股利

B.以资本公积转增资本

C.以盈余公积转增资本

D.提取法定盈余公积

【答案】AC

【解析】B不属于留存收益范畴D不会引起留存收益变动，只是留存收益内部增减转化。

3.甲公司2016年1月1日，“盈余公积”科目的年初余额为300万元，本期提取盈余公积170万元，转增资本30万元，则该公司2016年12月31日“盈余公积”科目的年末余额为（　　）万元。

A. 300　B.330　C. 440　D. 470

【答案】C

【解析】该公司2016年12月31日“盈余公积”科目的年末余额= 300+170−30=440万元。

4.下列各项中，关于盈余公积的用途表述正确的有（　　）。

A.以盈余公积转增实收资本

B.以盈余公积转增资本公积

C.以盈余公积弥补亏损
D.盈余公积发放现金股利
【答案】ACD
【解析】盈余公积的用途有：以盈余公积转增实收资本；以盈余公积弥补亏损；盈余公积发放现金股利。

5.（2018）下列各项中，引起企业留存收益总额增减变动的有（　　）。
A.向投资者宣告分配现金股利
B.本年度实现净利润
C.提取法定盈余公积
D.用盈余公积转增资本
【答案】ABD
【解析】向投资者宣告分配现金股利，减少企业的留存收益；本年度实现净利润增加企业的留存收益；提取法定盈余公积属于留存收益内部变动，不影响留存收益总额；用盈余公积转增资本，减少企业的留存收益。

三、判断题

1.（2014）企业在计算确定提取法定盈余公积的基数时，不应包括年初未分配利润的贷方余额。（　　）
【答案】正确。
【解析】企业在计算确定提取法定盈余公积时，以当年实现的净利润为基数。

2.企业年末资产负债表中的未分配利润金额一定等于“本年利润”科目的年末余额。（　　）
【答案】错误。
【解析】期末未分配利润=期初未分配利润+本期实现的净利润-提取的盈余公积-分配利润

3.（2011）企业溢价发行股票发生的手续费、佣金应从溢价中抵扣，溢价金额不足抵扣的调整留存收益。（　　）
【答案】正确。
【解析】发行股票时发生的相关交易费用是冲减“资本公积—— 股本溢价”，股本溢价不足冲减的，冲减留存收益。

4.盈余公积包括法定盈余公积和任意盈余公积。法定盈余公积和任意盈余公积都是企业按照规定的比例从净利润中提取的。（　　）
【答案】错误。
【解析】任意盈余公积是企业按照股东大会或股东大会决议提取的。

5.（2016）企业提取的盈余公积可用来发放现金股利。（　　）
【答案】正确。
【解析】盈余公积的作用：弥补亏损；转增资本；发放现金股利或利润；扩大企业生产经营。

章章练

一、单项选择题

1.某上市公司发行普通股2000万股，每股面值1元，每股发行价格3元，支付手续费180万元。该公司发行普通股计入股本的金额为（　　）万元。

A.2 000　B.3 820　C.5 820　D.6 000

2.某股份有限公司依法采用收购本公司股票方式减资。自购股票支付的价款低于股票面值总额。下列各项中，注销股本时，冲减股本后的差额应贷记的会计科目是（　　）。

A.利润分配——未分配利润　B.盈余公积
C.资本公积　D.营业外收入

3.2017年初企业“利润分配——未分配利润”科目贷方余额75万元，2017年度该企业实现净利润为320万元，根据净利润的10%提取盈余公积，2017年年末该企业可供分配利润的金额为（　　）万元。

A.245　B.355.5　C.363　D.395

4.（2018）下列各项中，导致企业所有者权益总额增加的事项是（　　）。

A.以盈余公积发放现金股利
B.以盈余公积弥补以前年度亏损
C.资本公积转增资本
D.当年实现净利润

5. 2017年6月30日，某股份有限公司的股本为5 000万元（面值为1元），资本公积（股本溢价）为1 000万元，盈余公积为1 600万元。经股东大会批准，该公司回购本公司股票200万股并注销，回购价格为每股3元。不考虑其他因素，下列各项中，关于该公司注销全部库存股的会计处理结果正确的是（　　）。

A.盈余公积减少600万元
B.股本减少600万元
C.资本公积减少400万元
D.盈余公积减少400万元

6.A公司年初未分配利润为800万元，盈余公积为200万元；本年实现净利润3 000万元，分别提取法定盈余公积300万元、任意盈余公积150万元，宣告发放现金股利200万元。不考虑其他因素，该公司年末留存收益为（ ）万元。

A.3 000　B.3 350　C.3 800　D.4 000

7.（2012）甲乙公司均为增值税一般纳税人，适用增值税税率17%，甲公司接受乙公司投资转入的原材料一批，账面价值100 000元，投资协议约定价值120 000元，假定投资协议约定的价值与公允价值相符，该项资产没有产生溢价，则甲公司实收资本应增加（　　）元

A.100 000 B.117 000　C.120 000　D.140 400

8.（2013）某股份有限公司首次公开发行普通股6 000万股，每股价值1元，每股发行价格3元，发生手续费、佣金等500万元，该项业务应计入资本公积的金额（　　）万元。

A.11 500　B.12 000　C.12 500　D.17 500

9.（2014）2013年初，某公司“盈余公积”余额为120万元，当年实现利润总额900万元，所得税费用300万元，按净利润的10%提取法定盈余公积，经股东大会批准将盈余公积50万元转增资本。2013年12月31日，该公司资产负债表中“盈余公积”项目年末余额（　　）万元。

A.180　B.120　C.70　D.130

10.甲股份有限公司回购股票1 000万股，股票每股面值1元，共支付回购款4 050万元。回购时，公司的股本为11 000万元，资本公积——股本溢价为3 000万元（均为该股票产生），盈余公积为450万元，未分配利润为550万元。回购并注销股票后甲股份有限公司的所有者权益总额为（　　）万元。

A.15 000　B.14 000　C.11 950　D.10 950

11.甲公司收到乙企业以一台设备投入的资本。甲公司的注册资本为200万元。该设备的原价为100万元，已提折旧30万元，投资合同约定该设备的价值为80万元（假定是公允的，不考虑增值税等相关税费），占原注册资本的30%，则该公司应做的会计处理为（　　）。

A.借：固定资产　100
　贷：实收资本　100

B.借：固定资产　70
　贷：实收资本　70

C.借：固定资产　80
　贷：实收资本　60
　　资本公积　20

D.借：固定资产　100
　贷：累计折旧　30
　　实收资本　70

12.某公司发行普通股100万股，每股面值为1元，每股发行价格为23元。手续费2%直接从发行收入中扣除。不考虑其他因素，该公司发行股票应计入资本公积的金额为（　　）万元。

A.1 254　B.2 154　C.2 200　D.2 300

13.甲股份有限公司委托乙证券公司发行普通股，股票面值总额4 000万元，发行总额16 000万元，发行费按发行总额的2%计算（不考虑其他因素），股票发行净收入全部收到。甲股份有限公司该笔业务计入“资本公积”科目的金额为（　　）万元。

A.4 000　B.11 680　C.11 760　D.12 000

14.下列各项中，不属于企业的留存收益的有（　　）。

A.累计未分配的利润
B.按规定从净利润中提取的法定盈余公积
C.按股东大会决议从净利润中提取的任意盈余公积
D.发行股票的溢价收入

15.下列经济业务中，不会引起所有者权益发生变动的是（　　）。

A.发行股票发生的股本溢价
B.企业宣告发放现金股利
C.所有者向企业投入设备
D.企业提取盈余公积

16.甲公司委托乙证券公司代理发行普通股3 000万股，每股面值1元，每股发行价值3元，按协议约定，乙证券公司从发行收入中提取3%的手续费，甲公司发行普通股应计入资本公积的金额为（　　）万元。

A.9 000　B.6 000　C.5 730　D.8730

17.股份有限公司采用收购本公司股票方式减资的，按注销股票的面值总额减少股本，购回股票支付的价款超

过面值的部分，应依次冲减的会计科目是（　　）。

A.盈余公积、资本公积、利润分配——未分配利润

B.利润分配——未分配利润、资本公积、盈余公积

C.利润分配——未分配利润、盈余公积、资本公积

D.资本公积、盈余公积、利润分配——未分配利润

18.某股份有限公司依法采用收购本公司股票方式减资。自购股票支付的价款低于股票面值总额。下列各项中，注销股价时，冲减股本后的差额应贷记的会计科目是（　　）。

A.利润分配——未分配利润　　B.盈余公积

C.资本公积　　D.营业外收入

19.下列各项中，能够引起留存收益总额发生增减变动的是（　　）。

A.用税后利润补亏

B.盈余公积补亏

C.盈余公积分配现金股利

D.资本公积转增资本

20.某公司年初未分配利润为1 000万元，当年实现净利润500万元，按10%提取法定盈余公积，5%提取任意盈余公积，宣告发放现金股利100万元，不考虑其他因素，该公司年末未分配利润为（　　）万元。

A.1 450　B.1 475　C.1 325　D.1 400

21.甲股份有限公司股本为1 000万元（每股面值1元），资本公积（股本溢价）为150万元，盈余公积为100万元。经股东大会批准以每股3元价格回购本公司股票100万股并予以注销，不考虑其他因素，下列关于甲公司注销库存股的会计处理正确的是（　　）。

A.借：股本　1000 000
　　资本公积——股本溢价　1500 000
　　盈余公积　500 000
　　贷：库存股　3000 000

B.借：股本　1000 000
　　资本公积——股本溢价　1500 000
　　盈余公积　500 000
　　贷：银行存款　3000 000

C.借：库存股　3000 000
　　贷：银行存款　3000 000

D.借：股本　3000 000
　　贷：银行存款　3000 000

22.A企业年初未分配利润贷方余额为1 000万元，本年利润总额为7 000万元，本年所得税费用为3 000万元，按净利润的10%提取法定盈余公积，提取任意盈余公积250万元，向投资者分配利润250万元，以500万元资本公积转增资本。该企业年末未分配利润贷方余额为（　　）万元。

A.4 600　B.4100　C.4 350　D.3 600

23.某股份有限公司年初未分配利润36万元，当年实现净利润650万元，分别按10%和5%计提法定盈余公积和任意盈余公积，当年宣告发放现金股利90万元。不考虑其他因素，该公司年末未分配利润余额为（　　）万元。

A.552.5　B.541.25　C.588.5　D.498.5

24.下列各项中，能够导致企业盈余公积减少的是（　　）。

A.股东大会宣告分配股票股利

B.以资本公积转增资本

B.提取盈余公积

D.以盈余公积弥补亏损

二、多项选择题

1.下列各项中，会导致所有者权益总额减少的事项有（　　）。

A.分派现金股利

B.可供出售金融资产公允价值下降

C.企业发生亏损

D.投资者撤资

2.（2018）下列各项中，引起企业留存收益总额发生增减变动的有（　　）。

A.用盈余公积发放现金股利

B.用盈余公积弥补亏损

C.用盈余公积转增资本

D.用净利润发放现金股利

3.（2018）有限责任公司将盈余公积转增资本的变动情况中，正确的有（　　）。

A.留存收益减少

B.实收资本增加

C.所有者权益总额不变

D.资本公积增加

4.甲公司注册资本总额为500万元，收到乙公司投入的现金120万元，在原注册资本中占20%的份额，甲公司进行账务处理时，可能涉及的科目有（　　）。

A.银行存款　　B.实收资本（或股本）

C.资本公积　　D.盈余公积

5.甲股份有限公司以银行存款收购本企业股票方式减资，在进行会计处理时，可能涉及的会计科目（　　）。

A.股本　B.资本公积　C.盈余公积　D.财务费用

6.所有者权益的特征包括（　　）。

A.所有者凭借所有者权益能够参与企业的利润分配

B.企业清算时，只有在清偿所有负债后，所有者权益才会返还给所有者

C.除非发生减资、清算或分配现金股利，企业不需要偿还所有者权益

D.企业清算时，只有在清偿所有者权益之后，才能偿还负债

7.下列各项中，能同时引起资产和所有者权益发生变动的有（　　）。

A.接受现金捐赠　　B.投资者投入资本

C.资本公积转增资本　　D.分配股票股利

8.下列各项中，应直接计入所有者权益的有（　　）。

A.接受投资者以存货进行的投资

B.从当期税后净利中提取的盈余公积

C.持有的交易性金融资产期末公允价值变动产生的损益

D.出资者实际缴付的出资超出在实收资本中占有份额的部分

9.M公司2017年12月31日股本为5 000万元（面值1元），可供投资者分配的利润为800万元，盈余公积为2 000万元。2018年3月21日股东大会批准了2017年利润分配方案为每10股按2元发放现金股利。M公司共需分派1 000万元现金股利，M公司的会计分录处理描述正确的有（　　）。

A.分配股利时
　借：利润分配——应付现金股利　8000 000
　　盈余公积　2000 000
　　贷：应付股利　10000 000

B.分配股利时
　借：利润分配——应付现金股利　10000 000
　　贷：应付股利　10000 000

C.分配股利时

借：盈余公积　　10000 000

　　贷：应付股利　　10000 000

D.支付股利时

借：应付股利　　10000 000

　　贷：银行存款　　10000 000

10.（2014）下列各项中，会引起企业实收资本金额发生增减变动的有（　　）。

A.资本公积转增资本　　B.对外债券投资

C.盈余公积转增资本　　D.处置长期股权投资

11.下列关于接受现金资产投资的会计处理正确的有（　　）。

A.借记“银行存款”科目

B.贷记“实收资本”科目

C.实际收到的金额超过投资者在注册资本中所占份额的部分，计入资本公积——资本溢价

D.实际收到的金额超过投资者在注册资本中所占份额的部分，计入其他综合收益

12.下列各项中，仅引起所有者权益内部结构发生变动而不影响所有者权益总额的有（　　）。

A.用盈余公积弥补亏损

B.用盈余公积转增资本

C.股东大会宣告分配现金股利

D.实际发放股票股利

三、判断题

1.企业溢价发行股票发生的手续费、佣金应从溢价中扣除，溢价金额不足抵扣的调整留存收益。（　　）

2.企业接受投资者投资，投资者超额缴入的资本应该计入资本公积。（　　）

3.企业接受投资者以非现金资产投资时，应按投资合同约定的价值确定非现金资产的入账价值。（　　）

4.资本公积的用途主要用来转增资本，所以可以体现所有者的占有比例。（　　）

5.企业发生利得和损失时，一定会直接导致所有者权益发生增减变动。（　　）

6.企业需要偿还所有的所有者权益和负债。（　　）

7.（2017）除投资合同或协议约定价值不公允的以外，企业接受投资者作为资本投入的固定资产，应按投资合同或协议的约定价值确定其入账价值。（　　）

8.（2018）企业收到的投资者超出其在企业注册资本中所占份额的投资，应直接计入当期损益。（　　）

9.（2018）资本公积项目在满足一定的条件时可以重新分类确认为损益，成为企业利润的一部分。（　　）

10.资本公积转增资本后，所留有的资本公积不得少于转增前公司注册资本的25%（　　）

四、不定项选择题

（一）【资料1】（2018）2017年1月1日，某股份有限公司资产负债表中股东权益各项目年初余额为股本3 000万元，资本公积4 000万元，盈余公积400万元，未分配利润2 000万元。2017年公司发生相关业务资料如下：

（1）经股东大会批准，宣告发放2016年度现金股利1 500万元。

（2）经股东大会批准已履行相应增资手续，将资本公积4 000万元转增股本。

（3）经批准增资扩股。委托证券公司发行普通股400万股，每股面值1元，每股发行价6元，按照发行价的3%向证券公司支付相关发行费用（不考虑增值税）。

（4）当年实现净利润3 000万元。提取法定盈余公积和任意盈余公积的比例分别为10%和5%。

要求：根据上述资料，不考虑其他因素，分别回答下列小题。（答案中的金额单位用万元表示）

1.根据期初资料和事项（1），下列各项中，关于宣告发放现金股利对该公司股东权益和负债项目影响结果表述正确的是（　　）。

A.“负债合计”项目增加1 500万元

B.“未分配利润”项目减少1 500万元

C.“股东权益合计”项目减少1 500万元

D.“盈余公积”项目减少1500万元

2.根据事项（2），下列各项中，关于该公司以资本公积转增资本的会计处理结果表述正确的是（　　）。

A.股东权益总额减少4 000万元

B.股东权益总额不变

C.留存收益减少4 000万元

D.股本增加4 000万元

3.根据事项（3），该公司增发股票计入资本公积的金额是（　　）万元。

A.2 000　　B.2 324　　C.1 928　　D.1 940

4.根据期初资料和事项（4），下列关于该公司盈余公积的计算结果正确的是（　　）。

A.本年增加盈余公积450万元

B.期末盈余公积余额为1 100万元

C.本年增加盈余公积300万元

D.期末盈余公积余额为850万元

5.根据期初资料，事项（1）至（4），下列各项中，关于2017年12月31日该公司资产负债表“股东权益”有关项目的期末余额计算结果正确的是（　　）。

A.“股本”项目为7 400万元

B.“股东权益合计”项目为17 626万元

C.“资本公积”项目为5 928万元

D.“未分配利润”项目为3 050万元

【资料二】2016年1月1日，某公司股东权益合计金额为20 000万元，其中，股本5 000万元（每股面值为1元），资本公积10 000万元。盈余公积3 000万元，未分配利润2 000万元。该公司2016年发生与所有者权益相关的交易或事项如下：

（1）1月8日，委托证券公司发行普通股6 000万股，每股面值1元，发行价格为每股4元，按发行收入的3%支付佣金，发行完毕。收到股款存入银行。

（2）9月10日，经股东大会批准，用资本公积转增股本800万元。并办妥相关增资手续。

（3）11月8日，经股东大会批准，以银行存款回购本公司股票1000万股，回购价格为每股5元。

（4）12月28日，经股东大会批准，将回购的本公司股票1 000万股注销，并办妥相关减资手续。

要求：根据上述资料，不考虑其他因素。分析回答下列小题。（答案中的金额单位用万元表示）（2017）

1.根据事项（1），下列各项中，该公司发行股票业务会计处理结果正确的是（　　）。

A.“财务费用”科目借方登记720万元

B.“银行存款”科目借方登记23 280万元

C.“股本”科目贷方登记6 000万元

D.“资本公积”科目贷方登记17 280万元

2.根据事项（2），下列各项中，该公司用资本公积转增股本会计处理结果正确的是（　　）。

A.资本公积减少800万元

B.库存股增加800万元
C.未分配利润增加800万元
D.股本增加800万元

3.根据事项（3），下列各项中，该公司回购股票会计处理正确的是（　　）。
A.借：股本5 000贷：银行存款5 000
B.借：股本1 000贷：库存股1 000
C.借：库存股5 000贷：银行存款5 000
D.借：库存股1 000贷：股本1 000

4.根据期初资料和事项（1）至（4），下列各项中，该公司注销股票的会计处理结果正确的是（　　）。
A.“资本公积”科目借方登记4 000万元
B.“库存股”科目贷方登记5 000万元
C.“资本公积”科目贷方登记4 000万元
D.“股本”科目借方登记1 000万元

5.根据期初资料和事项（1）至（4），下列各项中，该公司2016年末资产负债表“股东权益”项目期末余额填列正确的是（　　）。
A.“库存股”项目为1 000万元
B.“盈余公积”项目为26 480万元
C.“资本公积”项目为22 480万元
D.“股本”项目为10 800万元

（三）【资料3】2015年1月1日，某股份有限公司股东权益各项目年初余额为：股本6 000万元（每股面值为1元），资本公积3 000万元，盈余公积500万元，未分配利润500万元。2015年公司发生相关业务资料如下：

（1）当年实现净利润1 000万元。提取法定盈余公积和任意盈余公积的比例分别为10%和5%。

（2）经股东大会批准已履行相应增资手续，将资本公积1000万元转增股本。

（3）经股东大会批准，宣告发放2015年度现金股利500万元。

（4）经股东大会批准，以银行存款回购本公司股票1 000万股并注销，回购价格为每股2.5元。已办妥相关减资手续。

要求：根据上述资料，不考虑其他因素，分别回答下列小题。（答案中的金额单位用万元表示）

1.根据期初资料和事项（1），关于该公司盈余公积的计算结果正确的是（　　）。
A.本年增加盈余公积150万元
B.期末盈余公积余额为500万元
C.本年增加盈余公积200万元
D.期末盈余公积余额为650万元

2.根据事项（2），下列各项中，关于该公司以资本公积转增资本的会计处理结果表述正确的是（　　）。
A.股东权益总额减少1 000万元
B.留存收益减少1 000万元
C.股东权益总额不变
D.股本增加1 000万元

3.根据事项（3），关于该公司宣告发放现金股利表述正确的是（　　）。
A.“盈余公积”项目减少500万
B.“未分配利润”项目减少500万元
C.“负债合计”项目增加500万元
D.“股东权益合计”项目减少500万元

4.根据事项（4），该公司回购股票会计处理正确的是（　　）。
A.借：股本2 500，贷：银行存款2 500
B.借：股本2 500，贷：库存股2 500
C.借：库存股2 500，贷：银行存款2 500
D.借：库存股1 000，贷：股本1 000

5.根据期初资料和事项（1）至（4），该公司2015年末资产负债表“股东权益”项目期末余额填列正确的是（　　）。
A.“库存股”项目为2 500万元
B.“盈余公积”项目为650万元
C.“资本公积”项目为2 000万元
D.“股本”项目为5 000万元

章章练参考答案及解析

一、单项选择题

1.【答案】A
【解析】计入股本金额=2 000万股×1（元/股）=2 000万元。

2.【答案】C
【解析】注销股本时冲减股本后的差额应计入资本公积。会计分录为借记“股本”贷记“库存股”、“资本公积——股本溢价”。

3.【答案】D
【解析】该年末该企业的可供分配利润的金额＝年初未分配利润+本年实现的净利润+其他转入＝75+320＝395万元。

4.【答案】D
【解析】选项 D当年实现净利润的会计分录为：借记“本年利润”，贷记“利润分配——未分配利润”。未分配利润是所有者权益类科目，未分配利润在贷方表示增加，进而所有者权益的总额增加。

5.【答案】C
【解析】回购股票时：
借：库存股（每股回购价×回购股数）600
　贷：银行存款　600
注销库存股时：
回购价大于回购股份对应的股本
借：股本　200
　资本公积——股本溢价　400
　贷：库存股　600

6.【答案】C
【解析】年末留存收益=800+200+3000-200=3 800万元 。

7.【答案】D
【解析】甲公司实收资本增加=120 000×（1+17%）= 140 400元。

8.【答案】A
【解析】该项业务应计入资本公积=6000×（3-1）-500=11 500万元。

9.【答案】D
【解析】盈余公积年末余额=120+（900-300）×10%-50=130万元。

10.【答案】D
【解析】回购股票后所有者权益=（11 000+3 000+450+550）-4 050=10 950万元。

11.【答案】C
【解析】接受投资者投入的固定资产应当按合同或协议约定的价值（不公允的除外）记入“固定资产”科目，按在注册资本中所占的份额贷记“实收资本”科目，超出部分记入“资本公积”科目。

12.【答案】B
【解析】该公司发行股票应计入资本公积的金额=1000 000×23×（1-2%）-1000 000×1=21 540 000元。

13.【答案】B
【解析】计入“资本公积”科目的金额=16 000-4 000-16 000×2%=11 680万元。会计分录:
借：银行存款　15 680
　贷：股本　4 000
　资本公积——股本溢价　11 680

14.【答案】D
【解析】选项D计入“资本公积——股本溢价”。

15.【答案】D
【解析】企业提取盈余公积，借记“利润分配——未分配利润”贷记“盈余公积——提取盈余公积”，引起企业未分配利润减少盈余公积增加，所有者权益总额不变。

16.【答案】C
【解析】甲公司发 行普通股应计入资本公积的金额=3 000×3-3 000-3 000×3×3%=5730万元。

17.【答案】D
【解析】股份有限公司发行股票发生的手续费、佣金等交易费用，应从股票溢价中抵扣冲减“资本公积——股本溢价”；溢价金额不足抵扣的部分依次冲减“盈余公积”和“未分配利润”。

18.【答案】C
【解析】回购股票支付的价款低于股票面值总额，
回购时：借：库存股
　　贷：银行存款
注销时：借：股本
　　贷：库存股
　　　资本公积——股本溢价

19.【答案】C
【解析】留存收益包括盈余公积和未分配利润。税后利润补亏不做账务处理不影响留存收益总额；盈余公积补亏不影响留存收益总额变化；资本公积转增资本不涉及留存收益的变化；盈余公积分配现金股利使盈余公积减少影响留存收益总额减少。

20.【答案】C
【解析】该公司年末未分配利润
=1 000+500-500×（10%+5%）-100=1325万元。

21.【答案】A
【解析】回购本公司股票：
借：库存股　3000 000
　贷：银行存款 3000 000（1000 000×3）
注销本公司股票时：
借：股本　1000 000
　资本公积——股本溢价　1500 000
　盈余公积　500 000
　贷：库存股　3000 000

22.【答案】B
【解析】该企业年末来分配利润贷方余额=1 000+（7 000-3 000）×（1-10%）-250-250=4 100万元。

23.【答案】D
【解析】该公司年末未分配利润余额=36+650×（1-10%-5%）-90=498.5万元。

24.【答案】D
【解析】股东大会宣告分配股票股利，企业不需要做账务处理；以资本公积转增资本不涉及未分配利润和盈余公积；提取盈余公积会增加企业的盈余公积，减少来分配利润；盈余公积补亏会减少企业的盈余公积。

二、多项选择题

1.【答案】ABCD
【解析】AC会导致未分配利润减少；B会导致公允价值变动损益减少；D会导致实收资本减少。
2.【答案】ACD
【解析】选项A，减少盈余公积，减少留存收益；选项B，属于留存收益内部的增减变动；选项C，减少盈余公积，减少留存收益；选项D，减少利润分配，减少留存收益。
3.【答案】ABC
【解析】因盈余公积和实收资本均为所有者权益项目，所以其变动属于内部变动，不影响所有者权益总额。
借：盈余公积
　贷：实收资本
4.【答案】ABC
【解析】甲公司应作的账务处理为：
借：银行存款　　120
　贷：实收资本（或股本）　　100
　　资本公积　　20
5.【答案】ABC
【解析】股份有限公司采用收购本公司股票方式减资的，按注销股票的面值总额减少股本，购回股票支付的价款超过面值总额的部分，依次冲减资本公积、盈余公积和未分配利润；反之，增加资本公积。
6.【答案】ABC
【解析】企业清算时，只有在清偿所有负债后，所有者权益才会返还给所有者。所以D不对。
7.【答案】AB
【解析】“接受现金捐赠”计入营业外收入，最终导致所有者权益增加；“接受投资者投入资本”使所有者权益增加。“分配股票股利”和“资本公积转增资本”两项，不影响所有者权益总额发生变化，只是所有者权益内部项目结构发生变化。
8.【答案】ABD
【解析】选项C应计入当期损益。
9.【答案】AD
【解析】分配股利时：
借：利润分配——应付现金股利　8000 000
　　盈余公积　2000 000
　贷：应付股利　10000 000
支付股利时：
借：应付股利　10000 000
　贷：银行存款　10000 000
10.【答案】AC
【解析】BD会引起资产负债变化，不影响所有者权益。
11.【答案】ABC
【解析】接受现金资产投资的会计处理借记“银行存款”贷记“实收资本”，“资本公积——资本溢价”。
12.【答案】ABD
【解析】用盈余公积弥补亏损，盈余公积减少，未分配利润增加；用盈余公积转增资本，盈余公积减少，实收资本或股本增加；实际发放股票股利，未分配利润减少，股本增加。上述三项均不引起所有者权益总额的变动，但都导致所有者权益内部结构发生变动。支付现金股利时，应付股利减少，银行存款减少，不涉及所有者权益变化。

三、判断题

1.【答案】正确。
【解析】企业发行股票支付的手续费，如果是溢价发行股票的，应从溢价中抵扣，冲减资本公积（股本溢价），无益价发行股票或监价全额不足以报扣的，应样不足抵扣的部分冲减盈余公积和未分配利润。
2.【答案】正确。
【解析】接投资的会计处理应贷记“实收资本”，“资本公积——资本溢价”。
3.【答案】错误。
【解析】如果投资合同或协议约定的价值不公允，则按照公允价值入账。
4.【答案】错误。
【解析】资本公积不体现所有者的占有比例，也不能作为所有者参与企业经营决策或进行利润分配的依据。
5.【答案】错误。
【解析】只有直接计入所有者权益的利得和损失才会直接导致所有者权益发生增减变动。
6.【答案】错误。
【解析】所有者权益是指企业资产扣除负债后由所有者享有的剩余权益，除非发生减资、清算或分派现金股利，企业不需要偿还所有者权益。
7.【答案】正确。
【解析】企业接受投资者作为资本投入的固定资产，应按投资合同或协议的约定价值确定其入账价值。价值不公允的除外。
8.【答案】错误。
【解析】企业收到的投资者超过其在企业注册资本中所占份额的投资，计入资本公积——资本（股本）溢价中。
9.【答案】错误。
【解析】资本公积不会影响企业的损益，部分其他综合收益项目在满足会计准则条件时，可以重分类进损益，成为企业利润的一部分。
10.【答案】正确。
【解析】资本公积转增资本后，所留有的资本公积不得少于转增前公司注册资本的25%。

四、不定项选择题

（一）【答案】1.ABC；2.BD；3.C；4.AB；5.AD
【解析】
1.根据事项（1），相关会计分录为：
借：利润分配——应付现金股利　1 500
　贷：应付股利　1 500
期初未分配利润2 000万元足够分配现金股利，因而不涉及盈余公积，选项D不正确。
2.根据事项（2），相关会计分录为：
借：资本公积　4 000
　贷：股本　4 000
属于所有者权益内部项目之间的增减变动，所以股东权益总额不变；不影响留存收益。
3.根据事项（3），相关会计分录为：
借：银行存款　2 328
　贷：股本　400
　　资本公积——股本溢价　1 928
4.根据事项（4），相关会计分录为：
借：利润分配——法定盈余公积　300
　　——任意盈余公积　150

贷：盈余公积——法定盈余公积 300
——任意盈余公积 150

盈余公积增加=300+150=450万元；期末盈余公积=400+450=850万元。

5.股本=3 000+4 000+400=7 400万元；资本公积=4 000−4 000+2 000−72=1 928万元；未分配利润=2 000−1 500+3 000−450=3 050万元，股东权益合计=7 400+1 928+850+3 050=13 228万元。

（二）【答案】1.BCD；2.AD；3.C；4.ABD；5.CD

【解析】

1.该公司发行股票的会计处理为：

借：银行存款 23 280
贷：股本 6 000
资本公积——股本溢价
17 280（6 000×4−6 000−6000×4×3%）

2.该公司用资本公积转增股本的会计处理为：

借：资本公积 800
贷：股本 800

3. 11月8日，公司回购股票的会计处理为：

借：库存股 5 000
贷：银行存款 5 000

4.该公司注销股票的会计处理为：

借：股本 1 000
资本公积——股本溢价 4 000
贷：库存股 5000

5.该公司 2016 年末资产负债表“股东权益”项目期末余额：

“股本”项目=5 000+6 000（资料1）+800（资料2）−1 000（资料4）=10 800万元；

“库存股”项目=5 000−5 000（资料3）=0万元；

“资本公积”项目=10 000+17 280（资料1）−800（资料2）−4 000（资料4）=22 480万元；

“盈余公积”项目=3 000万元。

（三）【答案】1.AD；2.CD；3.BCD；4.C；5.BD

【解析】

1.根据事项（1），相关会计分录为：

借：利润分配——法定盈余公积 100
——任意盈余公积 50
贷：盈余公积——法定盈余公积 100
——任意盈余公积 50

盈余公积增加=100+50=150万元；期末盈余公积=500+150=650万元。

2.资本公积转增资本属于所有者权益内部项目之间的增减变动，所以股东权益总额不变，相关会计分录为：

借：资本公积 1 000
贷：股本 1 000

3.宣告发放现金股利相关会计分录为：

借：利润分配——应付现金股利 500
贷：应付股利 500

4.公司回购并注销股票的会计处理为：

借：库存股 2 500
贷：银行存款 2 500
借：股本 1 000
资本公积——资本溢价 1 500
贷：库存股 2500

5.该公司2015年末资产负债表“股东权益”项目期末余额：

“股本”项目=6 000+1 000−1 000=5 000万元；

“库存股”项目=2 500−2 500=0万元；

“资本公积”项目=3 000−1 000−1 500=500万元；

“盈余公积”项目=650万元。

05

第五章 收入、费用和利润

考情早知道

【考情分析】

本章预计分值比重为25分左右，易考单选题、多选题、判断题、不定项选择题，所以各位考生应掌握收入基础内容、期间费用各项目的核算内容、税金及附加的核算内容、利润的构成及各项利润指标的计算，需要准确理解并灵活运用。

本章共分三节。

【考题形式及重要程度】

节	考试题型	重要程度
第一节　收入	单选、多选、判断	★★★
第二节　费用	单选、多选、判断	★★
第三节　利润	单选、多选、判断	★★

【考纲新动态】

本章内容与2018年相比，没有什么变化。

第一节　收　入

一、收入概述

（一）概念（★）

收入是指企业在日常活动中形成的、会导致所有者权益增加的、与所有者投入资本无关的经济利益的总流入。

（二）特点（★）

1.日常活动中形成。

2.导致所有者权益增加。

3.与所有者投入资本无关。

（三）分类（★）

1.按企业从事日常活动的性质不同，分为销售商品收入、提供劳务收入和让渡资产使用权收入。

2.按企业经营业务的主次不同，分为主营业务收入和其他业务收入。

【例题·单选】下列各项中，属于企业收入的是（　　）。

A. 出租固定资产取得的租金

B. 接收捐赠取得的净收益

C. 处置交易性金融资产取得的净收益

D. 股权投资取得的现金股利

【答案】A

【解析】选项B计入营业外收入，选项CD计入投资收益。

二、销售商品收入（★★★）

（一）销售商品收入的确认

同时满足下列条件的，才能予以确认：

1.企业已将商品所有权上的主要风险和报酬转移给购货方。

2.企业既没有保留通常与所有权相联系的继续管理权，也没有对已售出的商品实施有效控制。

3.相关的经济利益很可能流入企业。

4.收入的金额能够可靠地计量。

5.相关的已发生或将发生的成本能够可靠地计量。

★【专家一对一】

（1）如果商品所有权上的主要风险和报酬没有转移，销售交易不能成立，不能确认收入，例如售后租回。

（2）极小可能：0＜可能性≤5%；可能：5%＜可能性≤50%；很可能：50%＜可能性≤95%；基本确定：95%＜可能性＜100%。

（3）如果企业根据以前与买方交往的直接经验判断买方信誉较差，或销售时得知买方在另一项交易中发生巨额亏损、资金周转十分困难，就不应确认收入。

（4）销售商品相关的已发生或将发生的成本不能够合理地估计，此时企业不应确认收入，若已收到价款，应将已收到的价款确认为负债。

【例题·判断题】（2016）销售商品相关的已发生或将发生的成本不能合理估计的，企业应在收到货款时确认收入。（　　）

【答案】错误。

【解析】销售商品相关的已发生或将发生的成本不能合理估计的，不满足收入确认条件的，企业不应确认收入。

（二）一般销售商品业务收入的处理

1.销售商品收入的确认时点。

表5-1　销售商品收入的确认时点

情　　形	确认时点
采用托收承付方式销售商品	在发出商品且办妥托收手续时
交款提货方式销售商品	在开出发票账单收到货款时
预收款方式销售商品	通常在发出商品时
采用支付手续费方式委托代销商品	在收到受托方开出的代销清单时

2.符合销售商品收入确认条件的账务处理：

借：应收账款等

　　贷：主营业务收入

　　　　应交税费——应交增值税（销项税额）

借：主营业务成本

　　贷：库存商品

【例题·单选题】（2016）2015年9月10日，某企业与客户签订销售合同并预收客户贷款55 000元，9月20日，商品发出，增值税专用发票上注明价款为50 000元，增值税税额为8 000元，当日发出商品的同时收到剩余贷款，该企业应确认的商品销售收入金额为（　　）元。

A.55 000　　B.58 000　　C.3 500　　D.50 000

【答案】D

【解析】预收账款销售方式下，销售方直到收到最后一笔款项才将商品交付购货方，表明商品所有权上的主要风险和报酬只有在收到最后一笔款项时才转移给购货方，销售方通常应在发出商品时确认收入，在此之前预收的货款应确认为预收账款。

3.已经发出但不符合销售商品收入确认条件的商品的处理。

（1）发出商品时：

借：发出商品（成本价）

　　贷：库存商品（成本价）

（2）若已经开出了增值税专用发票，则纳税义务已经发生，应确认应交增值税销项税额：

借：应收账款

　　贷：应交税费——应交增值税（销项税额）（售价×适用税率）

（3）满足收入确认条件时：

借：银行存款、应收账款等

　　贷：主营业务收入

　　　　应交税费——应交增值税（销项税额）

（如之前开出增值税专用发票时已做应交增值税销项税处理，此处无须再做。）

同时，借：主营业务成本

　　　　　贷：发出商品

【例题·判断题】（2017）如果销售商品不符合收入确认条件，在商品发出时不需要进行会计处理。（ ）
【答案】错误。
【解析】如果销售商品不符合收入确认条件，在商品发出时不需要确认收入，但是需要将库存商品转出计入“发出商品”科目。

4.商业折扣、现金折扣和销售折让的处理。

（1）商业折扣：企业为促进商品销售而给予的价格扣除。

①商业折扣在销售时即已发生，并不构成最终成交价格的一部分。

②处理：不涉及专门会计分录，直接按扣除商业折扣后的金额确认收入。

（2）现金折扣：债权人为鼓励债务人在规定期限内付款而向债务人提供的账务扣除。

①表现形式：“折扣率／付款期限”，如，“2/10，1/20，N/30”。（代表：销货方允许客户最长的付款期限为30天，如果客户在10天内付款，销货方可按商品售价给予客户2%的折扣；如果客户在20天内付款，销货方可按商品售价给予客户1%的折扣；如果客户在21天至30天内付款，将不能享受现金折扣。）

②处理：企业销售商品涉及现金折扣的，应当按照扣除现金折扣前的金额确定销售商品收入。现金折扣在实际发生时计入当期财务费用。

③账务处理

a.销售实现时

借：应收账款（全额）
　　贷：主营业务收入（扣除现金折扣前的金额）
　　　　应交税费——应交增值税（销项税额）
借：主营业务成本
　　贷：库存商品

b.收到货款（实际发生现金折扣）时

借：银行存款（扣除现金折扣后的金额）
　　财务费用（现金折扣额）
　　贷：应收账款

★【专家一对一】

针对考试而言，需要注意题目（题目会明确说明）要求，计算现金折扣时是否需要考虑增值税；现金折扣的付款期限，算头不算尾，是从购买当日开始计算的。

【例题·单选题】（2017）某企业为增值税一般纳税人，适用的增值税税率为16%。2016年11月1日，对外销售M商品20 000件，每件不含增值税销售价格为15元，给予10%的商业折扣，符合收入确认条件。下列各项中，该企业销售商品会计处理正确的是（ ）。

A.确认管理费用3万元　　B.确认主营业务收入27万元
C.确认应交税费4.8万元　　D.确认财务费用3万元

【答案】B
【解析】相关会计分录为：

借：应收账款　313 200
　　贷：主营业务收入　270 000［20 000×15×（1−10%）］
　　　　应交税费——应交增值税（销项税额）　43 200

【例题·单选题】（2017）A企业为增值税一般纳税人，适用的增值税税率为16%，2016年12月1日，A企业向B企业销售产品500件，每件不含增值税销售价格为1 500元。现金折扣条件为2/10，1/20，N/30，计算现金折扣时不考虑增值税。B企业于12月15日交付货款，A企业实际收到的款项为（ ）元。

A.877 500　　B.862 500　　C.750 000　　D.870 000

【答案】D
（3）【解析】A企业实际收到的款项=500×1 500×16%+（500×1 500×99%）=862 500元。

销售折让：企业因售出商品质量不符合要求等原因而在售价上给予的减让。

①发生在确认销售收入之前：应在确认销售收入时直接按扣除销售折让后的金额确认。

②发生在确认销售收入之后：

a销售实现时

借：应收账款

贷：主营业务收入

应交税费——应交增值税（销项税额）

借：主营业务成本

贷：库存商品

b分情况

如果已收款

借：银行存款

贷：应收账款

发生折让时：

借：主营业务收入

应交税费——应交增值税（销项税额）

贷：银行存款

如果未收款

发生折让时：

借：主营业务收入

应交税费——应交增值税（销项税额）

贷：应收账款

实际收款时：

借：银行存款

贷：应收账款

【例题·单选题】（2017）2016年8月2日，甲公司向乙公司赊销一批商品。增值税专用发票上注明的价款为300万元。增值税税额为48万元。符合收入确认条件。9月15日，乙公司发现该批商品外观有瑕疵，要求按不含税销售价格给予5%的折让。甲公司同意并开具了红字增值税专用发票。同日收到乙公司支付的货款。下列各项中，关于甲公司销售折让会计处理结果表述不正确的是（　　）。

A.冲减应交税费2.4万元　　B.增加销售费用17.55万元

C.冲减主营业务收入15万元　　D.冲减应收账款17.55万元

【答案】B

【解析】2016年8月2日，赊销商品：

借：应收账款　348

贷：主营业务收入　300

应交税费——应交增值税（销项税额）　48

9月15日，发生销售折让：

借：主营业务收入　15

应交税费——应交增值税（销项税额）　2.4

贷：应收账款　17.4

借：银行存款　330.6

贷：应收账款　330.6

【例题·判断题】（2017）已确认销售收入的售出商品发生销售折让，且不属于资产负债表日后事项的，企业应在销售折让发生时冲减当期销售商品收入。（　　）

【答案】正确。

5.销售退回的处理。

企业售出的商品由于质量、品种不符合要求等原因而发生的退回。

（1）发生在确认销售收入之前

借：库存商品

贷：发出商品

（2）发生在确认销售收入之后

①销售实现时：

借：应收账款

　　贷：主营业务收入

　　　　应交税费——应交增值税（销项税额）

借：主营业务成本

　　贷：库存商品

②分情况

a.已收款：

借：银行存款

　　贷：应收账款

销售退回时：

借：主营业务收入

　　应交税费——应交增值税（销项税额）

　　贷：银行存款

借：库存商品

　　贷：主营业务成本

b.未收款：

销售退回时：

借：主营业务收入

　　应交税费——应交增值税（销项税额）

　　贷：应收账款

借：库存商品

　　贷：主营业务成本

★【专家一对一】

(1)销售折让：涉及收入的减少及增值税税额的调整，不涉及成本和存货的调整。

(2)销售退回：既涉及收入的减少及增值税税额的调整，也涉及成本和存货的调整；如该项销售退回已发生现金折扣，应同时调整相关财务费用的金额。

【例题·单选题】（2017）某企业售出商品发生销售退回，该商品销售尚未确认收入且增值税纳税义务尚未发生，该企业收到退回的商品应贷记的会计科目是（　　）。

A.应收账款　　　　B.主营业务成本

C.发出商品　　　　D.其他业务成本

【答案】C

【解析】未确认收入的发出商品退回，由于这种销售退回发生在企业确认收入之前，因此只需要将已计入“发出商品”科目的商品成本转回即可。发出商品被退回时，应按其成本，借记“库存商品”科目，贷记“发出商品”科目。

【例题·判断题】（2017）企业售出商品发生销售退回，对于已确认收入且不属于资产负债表日后事项的，应冲减退回当期的销售收入和销售成本。（　　）

【答案】正确。

【解析】企业售出商品发生销售退回，对于已确认收入且不属于资产负债表日后事项的，应冲减退回当期的销售收入和销售成本。

（三）采用预收款方式销售商品的处理

1.收到预收款项时：

借：银行存款

　　贷：预收账款

2.满足收入确认条件时：

借：预收账款

　　贷：主营业务收入

　　　　应交税费——应交增值税（销项税额）

借：主营业务成本

　　贷：库存商品

（四）采用支付手续费方式委托代销商品的处理

在这种销售方式下，委托方在发出商品时，通常不应确认销售商品收入，而应在收到受托方开出的代销清单时确认为销售商品收入，同时将应支付的代销手续费计入销售费用。

表5-2　采用支付手续费方式委托代销商品的处理

委托方	业务处理	受托方	业务处理
（1）发出商品	借：委托代销商品（发出商品） 　贷：库存商品	（1）收到商品	借：受托代销商品（售价） 　贷：受托代销商品款（售价）
（2）收到受托方开具的代销清单，根据已售商品确认收入	借：应收账款 　贷：主营业务收入 　　应交税费——应交增值税（销项税额） 借：主营业务成本 　贷：委托代销商品（发出商品）	（2）对外销售	借：银行存款 　贷：受托代销商品（售价） 　　应交税费——应交增值税（销项税额）
（3）确定代销手续费	借：销售费用 　贷：应收账款	（3）收到委托方开具的增值税专用发票	借：应交税费——应交增值税（进项税额） 　贷：应付账款 借：受托代销商品款 　贷：应付账款
（4）收到款项	借：银行存款 　贷：应收账款	（4）支付货款并计算代销手续费时	借：应付账款 　贷：银行存款 　　其他业务收入（手续费） 　　应交税费–应交增值税（销项税额）

【例题·单选题】（2017）下列各项中，采用支付手续费方式委托代销商品，委托方支付的手续费应借记的会计科目（　　）。

A.管理费用　　B.其他业务成本

C.销售费用　　D.主营业务成本

【答案】C

【解析】采用支付手续费方式委托代销商品，在这种销售方式下，委托方在发出商品时，通常不应确认销售商品收入，而应在收到受托方开出的代销清单时确认为销售商品收入，同时将应支付的代销手续费计入销售费用。选项C正确。

【例题·单选题】委托方采用支付手续费的方式委托代销商品，委托方在收到代销清单后应按（　　）确认收入。

A.销售价款和增值税之和　　B.商品的进价

C.销售价款和手续费之和　　D.商品售价

【答案】D

【解析】选项A，销售价款和增值税之和，通过“应收账款”或“银行存款”等科目核算；选项B，结转销售成本时，通过“主营业务成本”核算；选项C，销售的价款通过“主营业务收入”核算，手续费通过“销售费用”核算。

（五）销售材料等存货的处理

借：银行存款

贷：其他业务收入
　　应交税费——应交增值税（销项税额）
借：其他业务成本
　　贷：原材料等

【例题·判断题】企业出售不需用原材料取得的收入计入“主营业务收入”中，结转的成本计入“主营业务成本”中。（ ）
【答案】错误。
【解析】企业出售不需用原材料取得的收入应确认为其他业务收入，相应的成本应转入其他业务成本。

★【专家一对一】

其他业务收入：销售材料、出租包装物和商品、出租固定资产、出租无形资产等实现的收入。投资性房地产的租金收入或处置收入也属于其他业务收入。

其他业务成本：销售材料的成本、出租固定资产的折旧额、出租无形资产的摊销额、出租包装物的成本或摊销额。采用成本模式计量投资性房地产的，其投资性房地产计提的折旧额或摊销额，也属于其他业务成本。

出售固定资产、转让无形资产所有权等实现的净收益或净损失属于非日常活动的利得或损失，计入营业外收入或营业外支出。

三、提供劳务收入

（一）在同一会计期间内开始并完成的劳务
（1）一次就能完成的劳务
借：银行存款等
　　贷：主营业务收入等
借：主营业务成本等
　　贷：银行存款等
（2）持续一段时间但在同一会计期间内开始并完成的劳务
①发生相关支出时：
借：劳务成本（成本类会计科目）（归集发生的成本支出）
　　贷：银行存款/应付职工薪酬/原材料等
②劳务完成时：
借：银行存款/应收账款
　　贷：主营业务收入等
借：主营业务成本等
　　贷：劳务成本
（二）劳务的开始和完成分属不同的会计期间（★★★）
（交易结果能够可靠估计）
1.应采用完工百分比法确认劳务收入。
2.企业可以根据提供劳务的特点，选用下列方法确定提供劳务交易的完工进度：
①已完工作的测量（比较专业的测量方法）
②已经提供的劳务占应提供劳务总量的比例（主要以劳务量为标准确定完工程度）
完工程度=已完成的劳务量÷劳务总量
③已经发生的成本占估计总成本的比例（主要以成本为标准确定完工程度）
完工程度=已发生的劳务成本÷估计的总成本
3.账务处理。
①预收劳务款时：
借：银行存款
　　贷：预收账款
②发生相关支出时：
借：劳务成本
　　贷：银行存款/应付职工薪酬/原材料等

③确认收入、结转成本（一般期末）：

借：预收账款/银行存款/应收账款

　　贷：主营业务收入等

借：主营业务成本等

　　贷：劳务成本

★【专家一对一】

1.本期确认的收入=劳务总收入×本期末止劳务的完工进度-以前期间已确认的收入

2.本期确认的成本=劳务总成本×本期末止劳务的完工进度-以前期间已确认的成本

3.劳务总成本=资产负债表日已发生的成本+尚需发生的成本

【例题·单选题】（2017）2016年12月1日，甲企业与乙企业签订为期两个月的软件开发合同，合同总价为60万元（不考虑增值税），当日收到乙企业预付的合同款40万元，截至2016年12月31日，甲企业履行该合同累计发生劳务成本24万元。预计还将发生劳务成本16万元，经测定该合同完工进度为60%。不考虑其他因素，2016年12月甲企业确认的该项业务劳务收入为（　　）万元。

A.24　　B.60　　C.40　　D.36

【答案】D

【解析】题干给出，经测定该合同完工进度为60%，所以应确认的劳务收入=60×60%=36万元。

（三）劳务的开始和完成分属不同的会计期间（★★）

（交易结果不能可靠估计）

1.不能采用完工百分比法确认劳务收入，而是以能收到金额确认。

2.企业应当正确预计已经发生的劳务成本能否得到补偿，分为下列情况处理：

①预计全部能够得到补偿的：应按已收或预计能够收回的金额确认提供劳务收入，并结转已经发生的劳务成本。

②预计部分能够得到补偿的：应按能够得到部分补偿的劳务成本金额确认提供劳务收入，并结转已经发生的劳务成本。

③预计全部不能得到补偿的：应将已经发生的劳务成本计入当期损益（主营业务成本或其他业务成本），不确认提供劳务收入。

【例题·判断题】（2017）企业对外提供的劳务分属不同会计期间且资产负债日提供劳务的交易结果不能可靠估计的，不能采用完工百分比法确认其当期劳务收入。（　　）

【答案】正确。

【解析】企业对外提供的劳务分属不同会计期间且资产负债日提供劳务的交易结果不能可靠估计的，不能采用完工百分比法确认其当期劳务收入。

四、让渡资产使用权收入

（一）让渡资产使用权收入的内容：（★★）

1.利息收入。

利息收入主要是指金融企业对外贷款形成的利息收入，以及同业之间发生往来形成的利息收入等。

2.使用费收入。

使用费收入主要是指企业转让包装物、固定资产、无形资产（如商标权、专利权、专营权、软件、特许权、版权）等资产的使用权形成的使用费收入。

3.其他。

企业对外进行债权投资收取的利息、股权投资取得的现金股利，也属于让渡资产使用权收入。

★【专家一对一】

这里主要介绍让渡无形资产等资产使用权的使用费收入的核算。

【例题·多选题】（2017）下列各项中，属于企业让渡资产使用权收入的有（ ）。

A.股权投资取得的现金股利

B.接受捐赠取得的现金

C.处置无形资产取得的净收益

D.出租固定资产取得的租金

【答案】AD

【解析】选项BC计入营业外收入，不属于让渡资产使用权收入。

（二）让渡资产使用权收入的账务处理

1.确认收入时。

借：银行存款、应收账款等

　　贷：其他业务收入

　　　　应交税费—应交增值税（销项税额）

2. 企业对所让渡资产计提摊销以及所发生的与让渡资产有关的支出等。

借：其他业务成本

　　贷：累计摊销等

【例题·不定项选择题】（2017）甲公司为增值税一般纳税人，适用的增值税税率为16%。2016年7月甲公司发生如下业务：

（1）1日，与乙公司签订委托代销合同，委托乙公司销售N商品2 000件，合同约定乙公司按每件100元对外销售。甲公司按售价的10%同乙公司支付手续费（手续费不考虑增值税）。商品已经发出，每件成本为60元。

（2）8日，收到乙公司开具的代销清单，乙公司实际对外销售N商品1 000件。甲公司开具的增值税专用发票上注明的价款为100 000元。增值税税额为16 000元，款项尚未收到。

（3）10日，用托收承付结算方式向丙公司销售M商品，并办妥托收手续。开具的增值税专用发票上注明的价款为500 000元。增值税税额为80 000元，该批M商品的成本为350 000元。15日丙公司发现该批商品有假货，要求给予5%的折让。甲公司同意并办妥相关手续，开具了增值税专用发票（红字）。20日，甲公司收到扣除折让后的全部款项存入银行。

（4）25日，收到以经营租赁方式出租设备的本月租金20 000元及相应增值税税额3 200元。该设备本月应计提折旧12 000元。

要求：根据上述资料，不考虑其他因素，分析回答下列小题。

1.根据业务（1），下列各项中，甲公司发出委托代销商品时会计处理结果表述正确的是（ ）。

A.“应交税费”科目贷方登记32 000元

B.“库存商品”科目贷方登记120 000元

C.“发出商品”科目借方登记200 000元

D.“委托代销商品”科目借方登记120 000元

【答案】BD

【解析】甲公司发出委托代销商品时的会计处理为：

借：委托代销商品　　120 000

　　贷：库存商品　　120 000

2.根据业务（1）和（2），下列各项中，甲公司收到代销清单会计处理结果表述正确的是（ ）。

A.结转主营业务成本60 000元

B.确认销售费用10 000元

C.确认应收账款107 000元 D.确认主营业务收入100 000元

【答案】ABCD

【解析】甲公司收到代销清单时：

借：应收账款　　116 000

　　贷：主营业务收入　　100 000

　　　　应交税费——应交增值税（销项税额）　　16 000

借：主营业务成本　　60 000

　　贷：委托代销商品　　60 000

借：销售费用　　10 000

　　贷：应收账款　　10 000

3.根据业务（3），下列各项中，关于甲公司销售M商品会计处理结果表述正确的是（ ）。

A.发生销售折让时，确认销售费用24 000元

B.发生销售折让时，冲减主营业务收入25 000元

C.收到销售款项时，增加银行存款551 000元

D.办妥托收手续时，确认应收账款 580 000 元
【答案】BCD
【解析】10 日销售 M 产品时：
借：应收账款　580 000
　贷：主营业务收入　500 000
　　应交税费——应交增值税（销项税额）　80 000
借：主营业务成本　350 000
　贷：库存商品　350 000
15日发生销售折让时：
借：主营业务收入　25 000
　应交税费——应交增值税（销项税额）　4 000
　贷：应收账款　29 000
20日收到款项时：
借：银行存款　551 000
　贷：应收账款　551 000

4.根据业务（4），下列各项中，甲公司7月份出租设备相关的会计处理正确的是（　　）。
A.收到租金时，借：银行存款23 400，贷：其他业务收入23 400
B.计提折旧时，借：制造费用12 000，贷：累计折旧12 000
C.收到租金时，借：银行存款23 200，贷：其他业务收入20 000应交税费——应交增值税（销项税额）3 200
D.计提折旧时，借：其他业务成本12 000，贷：累计折旧12 000
【答案】CD
【解析】甲公司7月份出租设备的会计处理为：
借：银行存款　23 200
　贷：其他业务收入　20 000
　　应交税费——应交增值税（销项税额）　3 200
借：其他业务成本　12 000
　贷：累计折旧　12 000

5.根据业务（1）至（4），上述业务对甲公司7月份利润表中“营业收入”项目本期金额的影响是（　　）元。
A.600 000　B.595 000　C.575 000　D.620 000
【答案】B
【解析】对甲公司7月份利润表中“营业收入”项目本期金额的影响=100 000（业务2）+（500 000–25 000）（业务3）+20 000（业务4）=595 000元。

★【专家一点通】
（1）销售商品收入的确认，一定是同时满足五个条件，才能予以确认。
（2）商业折扣在销售时即已发生，并不构成最终成交价格的一部分。不涉及专门会计分录，直接按扣除商业折扣后的金额确认收入。
（3）现金折扣：债权人为鼓励债务人在规定期限内付款而向债务人提供的账务扣除。
企业销售商品涉及现金折扣的，应当按照扣除现金折扣前的金额确定销售商品收入。现金折扣在实际发生时计入当期财务费用。
（4）劳务的开始和完成分属不同的会计期间（交易结果能够可靠估计），应采用完工百分比法确认劳务收入。企业可以根据提供劳务的特点，选用下列方法确定提供劳务交易的完工进度：
①已完工作的测量（比较专业的测量方法）
②已经提供的劳务占应提供劳务总量的比例（主要以劳务量为标准确定完工程度）
完工程度=已完成的劳务量÷劳务总量
③已经发生的成本占估计总成本的比例（主要以成本为标准确定完工程度）
完工程度=已发生的劳务成本÷估计的总成本
（5）劳务的开始和完成分属不同的会计期间（交易结果不能可靠估计），不能采用完工百分比法确认劳务收入，而是以能收到金额确认。企业应当正确预计已经发生的劳务成本能否得到补偿，分为下列情况处理：

①预计全部能够得到补偿的：应按已收或预计能够收回的金额确认提供劳务收入，并结转已经发生的劳务成本。

②预计部分能够得到补偿的：应按能够得到部分补偿的劳务成本金额确认提供劳务收入，并结转已经发生的劳务成本。

③预计全部不能得到补偿的：应将已经发生的劳务成本计入当期损益（主营业务成本或其他业务成本），不确认提供劳务收入。

★【专家一对一】

(1)如果合同或协议规定一次性收取使用费，且不提供后续服务的，应当视同销售该项资产一次性确认收入；提供后续服务的，应在合同或协议规定的有效期内分期确认收入。

(2)如果合同或协议规定分期收取使用费的，应按合同或协议规定的收款时间和金额或规定的收费方法计算确定的金额分期确认收入。

知识图谱

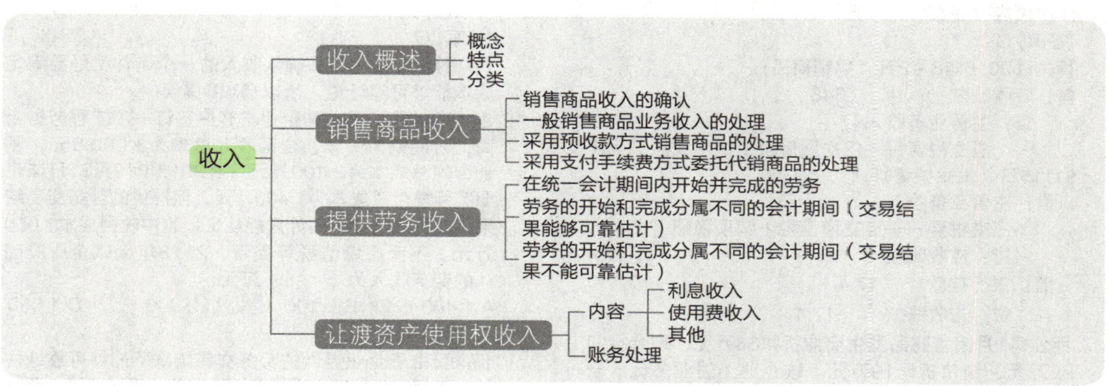

节节测

一、单项选择题

1. 下列各项中，不属于企业“收入”核算范围的是（　　）。

A.工业企业销售原材料

B.4S店销售小汽车

C.商贸企业销售商品电脑

D.无法查明原因的现金溢余

【答案】D

【解析】选项D是计入营业外收入，属于企业的利得。

2. 企业对于已经发出但不符合收入确认条件的商品，其成本应借记的科目是（　　）。

A.在途物资　　B.发出商品

C.库存商品　　D.主营业务成本

【答案】B

【解析】企业对于已经发出但不符合收入确认条件的商品，其成本应借记的科目为发出商品。

3. 某企业为增值税一般纳税人，适用的增值税税率为16%。2014年4月1日，该企业向某客户销售商品20 000件，单位售价为20元（不含增值税），单位成本为10元，给予客户10%的商业折扣，当日发出商品，并符合收入确认条件。销售合同约定的现金折扣条件为2/10，1/20，N/30（计算现金折扣时不考虑增值税）。不考虑其他因素，该客户于4月15日付款时享有的现金折扣为（　　）元。

A.4 680　　B.3 600　　C.4 212　　D.4 000

【答案】B

【解析】销售商品确认的收入=20 000×20×（1−10%）=360 000元；现金折扣=360 000×1%=3 600元。

4. 企业销售商品确认收入后，对于客户实际享受的现金折扣，应当（　　）。

A.确认当期财务费用

B.冲减当期主营业务收入

C.确认当期管理费用

D.确认当期主营业务成本

【答案】A

【解析】企业销售商品涉及现金折扣的，应当按照扣除现金折扣前的金额确定销售商品收入。现金折扣在实际发生时计入当期财务费用。

5. 某企业2018年8月1日赊销一批商品，售价为120 000元（不含增值税），适用的增值税税率为16%。规定的现金折扣条件为2/10，1/20，N/30，计算现金折扣时考虑增值税。客户于2018年8月15日付清货款，该企业实际收款金额为（　　）元。

A.118 800　　B.137 592
C.138 996　　D.140 400

【答案】C

【解析】应收账款确认金额=120 000×（1+16%）=139 200元；8月15日付款应当享受的现金折扣为1%，则该企业实际收款金额=120 000×（1+16%）×（1−1%）=137 808元。

6. 2016年8月2日，甲公司向乙公司赊销一批商品。增值税专用发票上注明的价款为300万元。增值税税额为48万元。符合收入确认条件。9月15日，乙公司发现该批商品外观有瑕疵，要求按不含税销售价格给予5%的折让。甲公司同意并开具了红字增值税专用发票。同日收到乙公司支付的货款。下列各项中，关于甲公司销售折让会计处理结果表述不正确的是（　　）。

A.冲减应交税费2.4万元
B.冲减主营业务收入15万元
C.增加销售费用17.4万元
D.冲减应收账款17.4万元

【答案】C

【解析】2016年8月2日，赊销商品：

借：应收账款　348
　贷：主营业务收入　300
　　应交税费——应交增值税（销项税额）　48

9月15日，发生销售折让：

借：主营业务收入　15
　应交税费——应交增值税（销项税额）　2.4
　贷：应收账款　17.4

借：银行存款　17.4
　贷：应收账款　17.4

7. 甲公司1月销售商品发生商业折扣38万元、现金折扣22万元、销售折让10万元。该企业上述业务计入当月财务费用的金额为（　　）万元。

A.22　　B.32　　C.48　　D.60

【答案】A

【解析】商业折扣、现金折扣、销售折让三者的处理中，只有现金折扣在财务费用科目中体现。

8. 在收取手续费代销方式下，委托方确认销售收入的时间是（　　）。

A.签订代销协议时　　B.收到代销商品款时
C.发出商品时　　D.收到代销清单时

【答案】D

【解析】在收取手续费代销方式下，委托方确认销售收入的时间是收到代销清单时。

9. 2015年11月20日，甲公司与乙公司签订一项为期3个月的劳务合同，合同总价款为70万元（不含增值税）；当日收到乙公司预付合同款项30万元。该劳务符合按完工百分比法确认收入的条件。2015年末经过专业测量师测量，劳务的完工程度为40%。甲公司2015年末应确认的该劳务收入为（　　）万元。

A.12　　B.28　　C.30　　D.70

【答案】B

【解析】甲公司2015年末应确认的劳务收入=70×40%=28万元。

10. 2014年11月1日，甲公司接受乙公司委托为其安装一项大型设备，安装期限为3个月，合同约定乙公司应支付安装费总额为60 000元（不含增值税）。当日收到乙公司20 000元预付款，其余款项安装结束验收合格后一次付清。截至2014年12月31日，甲公司实际发生安装费15 000元，预计至安装完成还将发生安装费用25 000元；该公司按已发生的成本占估计总成本的比例确定完工进度。不考虑其他因素，甲公司2014年应确认的收入为（　　）元。

A.20 000　　B.22 500　　C.15 000　　D.60 000

【答案】B

【解析】2014年年末的完工进度=15 000÷（15 000+25 000）×100%=37.5%，应确认的收入=60 000×37.5%=22 500元。

11. 下列各项中，关于收入表述不正确的是（　　）。

A.企业在商品销售后如能够继续对其实施有效控制，则不应确认收入
B.企业采用交款提货方式销售商品，通常应在开出发票账单并收到货款时确认收入
C.企业在资产负债表日提供劳务交易结果能够可靠估计的，应采用完工百分比法确认提供劳务收入
D.企业销售商品相关的已发生或将发生的成本不能可靠计量，但已收到价款的，应按照已收到的价款确认收入

【答案】D

【解析】企业销售商品确认收入的一个条件就是要满足成本能够可靠计量，所以选项D错误。

12. 2013年4月12日，某企业与客户签订一项工程劳务合同，合同期为一年，合同收入总额为3 000万元，预计合同总成本为2 100万元，至2013年12月31日该企业实际发生总成本为1 400万元，但提供的劳务交易结果不能可靠估计，估计只能从工程款中收回成本1 050万元，不考虑增值税等因素，2013年度该企业应确认的劳务收入为（　　）万元。

A.1 400　　B.2 100　　C.2 900　　D.1 050

【答案】D

【解析】由于企业提供的劳务交易结果不能够可靠地估计，已经发生的劳务成本预计能够部分得到补偿，所以按照能够得到补偿的1 050万元来确认劳务收入，2013年度该企业应确认的劳务收入的金额为1 050万元。

二、多项选择题

1. 下列各项中，属于工业企业营业收入的有（　　）。

A.债权投资的利息收入
B.出租无形资产的租金收入
C.销售产品取得的收入
D.出售无形资产的净收益

【答案】BC

【解析】营业收入包括主营业务收入和其他业务收入。选项A计入投资收益；选项B计入其他业务收入；选项C计入主营业务收入；选项D计入营业外收入。

2. 下列各项中不满足收入确认条件，不应当确认企业收入的有（　　）。

A.寄存本单位的已售商品
B.售后回购的商品
C.售出商品后得知对方公司已破产清算
D.已售商品成本无法可靠取得

【答案】BCD

【解析】销售商品收入的确认，同时满足下列条件的，才能予以确认：企业已将商品所有权上的主要风险和报酬转移给购货方；企业既没有保留通常与所有权相联系的继续管理权，也没有对已售出的商品实施有效

控制；相关的经济利益很可能流入企业；收入的金额能够可靠地计量；相关的已发生或将发生的成本能够可靠地计量。

3.下列关于现金折扣会计处理的表述中，正确的有（ ）。

A.销售企业在确认销售收入时将现金折扣抵减收入

B.销售企业在取得价款时将实际发生的现金折扣计入财务费用

C.购买企业在购入商品时将现金折扣直接抵减应确认的应付账款

D.购买企业在偿付应付账款时将实际发生的现金折扣冲减财务费用

【答案】BD

【解析】企业销售商品涉及现金折扣的，应当按照扣除现金折扣前的金额确定销售商品收入。现金折扣在实际发生时计入当期财务费用。

4.下列各项中，关于收入确认表述正确的有（ ）。

A.已确认收入的商品发生销售退回，除属于资产负债表日后事项外，一般应在发生时冲减当期销售收入

B.采用托收承付方式销售商品，应在发出商品时确认收入

C.销售折让发生在收入确认之前，销售收入应按扣除销售折让后的金额确认

D.采用预收款方式销售商品，应在款项全部收妥时确认收入

【答案】AC

【解析】选项B采用托收承付方式销售商品，在发出商品且办妥托收手续时确认收入。选项D采用预收款方式销售商品，通常在发出商品时确认收入。

5.下列各项中，关于采用支付手续费方式委托代销商品的会计处理，表述正确的有（ ）。

A.委托方通常在收到受托方开出的代销清单时确认销售商品收入

B.委托方发出商品时应按约定的售价记入“委托代销商品”科目

C.受托方应在代销商品销售后按照双方约定的手续费确认劳务收入

D.受托方一般应按其与委托方约定的售价总额确认受托代销商品款

【答案】ACD

【解析】选项B委托方在发出商品时，通常不应确认销售商品收入，而应在收到受托方开出的代销清单时确认为销售商品收入，同时将应支付的代销手续费计入销售费用。发出商品时：

借：委托代销商品（发出商品）

贷：库存商品

6.下列各项中，应计入工业企业其他业务收入的有（ ）。

A.出售投资性房地产取得的收入

B.随同商品出售且单独计价的包装物取得的收入

C.股权投资取得的现金股利收入

D.经营性租赁固定资产的现金收入

【答案】ABD

【解析】选项C股权投资取得的现金股利收入是让渡资产使用权收入，计入投资收益。

7.下列各项中，工业企业应确认为其他业务收入的有（ ）。

A.对外销售材料收入

B.出售专利所有权收入

C.处置营业用房净收益

D.转让商标使用权收入

【答案】AD

【解析】让渡资产使用权收入的内容：利息收入，主要是指金融企业对外贷款形成的利息收入，以及同业之间发生往来形成的利息收入等。使用费收入，主要是指企业转让包装物、固定资产、无形资产（如商标权、专利权、专营权、软件、特许权、版权）等资产的使用权形成的使用费收入。其他，主要是指企业对外进行债权投资收取的利息、股权投资取得的现金股利，也构成让渡资产使用权收入。选项B、D计入主营业务收入。

8.下列各项中，属于让渡资产使用权收入的有（ ）。

A.债券投资取得的利息

B.出租固定资产取得的租金

C.股权投资取得的现金股利

D.转让商标使用权取得的收入

【答案】ABCD

【解析】让渡资产使用权收入的内容：利息收入，主要是指金融企业对外贷款形成的利息收入，以及同业之间发生往来形成的利息收入等。使用费收入，主要是指企业转让包装物、固定资产、无形资产（如商标权、专利权、专营权、软件、特许权、版权）等资产的使用权形成的使用费收入。其他，主要是指企业对外进行债权投资收取的利息、股权投资取得的现金股利，也构成让渡资产使用权收入。

三、判断题

1.销售商品相关的已发生或将发生的成本不能合理估计的，企业应在收到货款时确认收入。（ ）

【答案】错误。

【解析】销售商品相关的已发生或将发生的成本不能够合理地估计，此时企业不应确认收入，若已收到价款，应将已收到的价款确认为负债。

2.企业已确认销售收入的售出商品发生销售折让，且不属于资产负债表日后事项的，应在发生时冲减当期销售收入。（ ）

【答案】正确。

【解析】企业已确认销售收入的售出商品发生销售折让，且不属于资产负债表日后事项的，应在发生时冲减当期销售收入。

3.企业采用支付手续费方式委托代销商品，委托方应在发出商品时确认销售商品收入。（ ）

【答案】错误。

【解析】采用支付手续费方式委托代销商品的，在这种销售方式下，委托方在发出商品时，通常不应确认销售商品收入，而应在收到受托方开出的代销清单时确认为销售商品收入，同时将应支付的代销手续费计入销售费用。

4.企业对外提供的劳务分属不同会计期间且资产负债日提供劳务的交易结果不能可靠估计的，不能采用完工百分比法确认其当期劳务收入。（ ）

【答案】正确。

【解析】企业对外提供的劳务分属不同会计期间且资产负债日提供劳务的交易结果不能可靠估计的，不能采用完工百分比法确认其当期劳务收入。

5.资产负债表日，提供劳务结果不能可靠估计，且已经发生的劳务成本预计部分能够得到补偿的，应按能够得到部分补偿的劳务成本金额确认劳务收入，并结转已经发生的劳务成本。（ ）

【答案】正确。

【解析】资产负债表日，提供劳务结果不能可靠估计，且已经发生的劳务成本预计部分能够得到补偿的，应按能够得到部分补偿的劳务成本金额确认劳务收入，并结转已经发生的劳务成本。

6.企业资产负债表日提供劳务交易结果不能可靠估计，且已发生的劳务成本预计全部不能得到补偿的，应按已发生的劳务成本金额确认收入。（　　）

【答案】错误。

【解析】劳务的开始和完成分属不同的会计期间（交易结果不能可靠估计），不能采用完工百分比法确认劳务收入，而是以能收到金额确认。企业应当正确预计已经发生的劳务成本能否得到补偿，分为下列情况处理：①预计全部能够得到补偿的：应按已收或预计能够收回的金额确认提供劳务收入，并结转已经发生的劳务成本。②预计部分能够得到补偿的：应按能够得到部分补偿的劳务成本金额确认提供劳务收入，并结转已经发生的劳务成本。③预计全部不能得到补偿的：应将已经发生的劳务成本计入当期损益（主营业务成本或其他业务成本），不确认提供劳务收入。

7.企业债券投资获得的利息收入属于让渡资产使用权收入。（　　）

【答案】正确。

【解析】企业债券投资获得的利息收入属于让渡资产使用权收入。

8.企业转让无形资产使用权时，如果合同或协议规定一次性收取使用费，且不提供后续服务的，应视同销售该项无形资产一次性确认收入。（　　）

【答案】正确。

【解析】企业转让无形资产使用权时，如果合同或协议规定一次性收取使用费，且不提供后续服务的，应视同销售该项无形资产一次性确认收入。

四、业务题

1.甲公司为增值税一般纳税企业，适用的增值税税率为16%。2011年3月1日，向乙公司销售某商品1 000件，每件标价2 200元，实际售价2 000元（售价中不含增值税税额），已开出增值税专用发票，商品已交付给乙公司。为了及早收回货款，甲公司在合同中规定的现金折扣条件为：2/10，1/20，n/30。假定计算现金折扣时不考虑增值税。

要求：

（1）编制甲公司销售商品时的会计分录。（答案中的金额单位用万元表示）

（2）如乙公司在3月8日付款，享受4万元的现金折扣。

（3）如乙公司在3月19日付款，享受2万元的现金折扣。

（4）如乙公司在3月29日付款，不能享受折扣应全额付款。

【答案】

借：应收账款　232
　贷：主营业务收入　200
　　应交税费——应交增值税（销项税额）　32

借：银行存款　288
　财务费用　4
　贷：应收账款　232

借：银行存款　230
　财务费用　2
　贷：应收账款　232

借：银行存款　232
　贷：应收账款　232

【解析】企业销售商品涉及现金折扣的，应当按照扣除现金折扣前的金额确定销售商品收入。现金折扣在实际发生时计入当期财务费用。

第二节　费　用

一、费用概述（★）

1.费用的概念。

费用是指企业在日常活动中发生的、会导致所有者权益减少的、与向所有者分配利润无关的经济利益的总流出。

2.费用的构成。

表5-3　费用的构成

费用	成本费用	主营业务成本、其他业务成本、税金及附加等
	期间费用	销售费用、管理费用和财务费用

3.费用的特点。

（1）在日常活动中形成的；

（2）会导致所有者权益的减少；

（3）导致的经济利益总流出与向所有者分配利润无关。

★【专家一对一】

企业处置固定资产、无形资产等非流动资产，因违约支付罚款，对外捐赠，因自然灾害等非常原因造成财产毁损等，属于企业的损失而不是费用。

二、营业成本（★★）

1.营业成本的构成。

营业成本分为主营业务成本和其他业务成本。

2.主营业务成本。

主营业务成本是指企业销售商品、提供劳务等经常性活动所发生的成本。

3.主营业务成本的账务处理。

（1）确认主营业务成本时：

借：主营业务成本（劳务成本）

　　贷：库存商品（等）

（2）期末结转到本年利润：

借：本年利润

　　贷：主营业务成本

★【专家一对一】

期末结转后，“主营业务成本”科目无余额。

4.其他业务成本。

其他业务成本是指企业确认的除主营业务活动以外的其他经营活动所发生的支出。包括：

（1）销售材料的成本；

（2）出租固定资产的折旧额；

（3）出租无形资产的摊销额；

（4）出租包装物的成本或摊销额；

【例题·多选题】（2017）下列各项中，应计入工业企业其他业务成本的有（　　）。

A.结转销售商品的成本

B.结转销售原材料的成本

C.计提以成本模式计量的投资性房地产的折旧额

D.结转随同产品出售单独计价的包装物成本

【答案】BCD
【解析】结转销售商品的成本计入主营业务成本。

【例题·多选题】（2017）下列各项中，企业不应通过“其他业务成本”科目核算的有（　　）。
A.销售原材料所结转的实际成本
B.预计的产品质量保证损失
C.采用成本模式进行后续计量的投资性房地产计提的折旧
D.行政管理部门发生的固定资产修理费
【答案】BD
【解析】选项B计入销售费用；选项D计入管理费用。

（5）以成本模式计量的投资性房地产计提的折旧与摊销额等。
5.其他业务成本的账务处理。
（1）确认时：
借：其他业务成本
　　贷：原材料/周转材料/累计折旧/累计摊销等
（2）期末结转到本年利润：
借：本年利润
　　贷：其他业务成本

★【专家一对一】
期末结转后，“其他业务成本”科目无余额。

三、税金及附加（★★）

1.税金及附加的概念。
税金及附加是指企业经营活动应负担的相关税费，包括消费税、城市维护建设税、教育费附加和资源税等。（不包括增值税和所得税）
2.税金及附加的账务处理。
（1）发生相关税费时：
借：税金及附加
　　贷：应交税费——应交城建税/应交教育费附加等
（2）实际缴纳税费时：
借：应交税费——应交城建税/应交教育费附加等
　　贷：银行存款
（3）期末结转到本年利润：
借：本年利润
　　贷：税金及附加

★【专家一对一】
期末结转后，“税金及附加”科目无余额。

【例题·多选题】（2014）下列各项中，应列入利润表中“税金及附加”项目的有（　　）。
A.销售应税矿产品计提的应交资源税
B.经营活动中计提的应交教育费附加
C.销售应税消费品计提的应交消费税
D.经营活动中计提的应交城市维护建设税
【答案】ABCD
【解析】税金及附加是指企业经营活动应负担的相关税费，包括消费税、城市维护建设税、教育费附加和资源税等，以上四个选项均正确。

四、期间费用

1.期间费用的概念。

期间费用是指企业日常活动发生的不能计入特定核算对象的成本，而应计入发生当期损益的费用。

2.期间费用的构成。

期间费用一般分为销售费用、管理费用和财务费用。

五、销售费用（★★）

1.销售费用的概念。

销售费用是指企业销售商品和材料、提供劳务的过程中发生的各种费用。

2.销售费用的构成。

销售费用可具体分为保险费、包装费、展览费和广告费、预计产品质量保证损失、商品维修费、运输费、装卸费以及专设的销售机构的职工薪酬、业务费、折旧费、固定资产修理费用等。

★【专家一对一】

1.销售费用不包括销售商品本身的成本和劳务成本。销售产品的成本属于“主营业务成本”，提供劳务所发生的成本属于“劳务成本”。

2.随同商品出售而不单独计价的包装物成本，应在发生时计入销售费用。委托代销商品所支付的手续费计入销售费用。

【例题·单选题】（2017）下列各项中，企业应计入销售费用的是（　　）。

A.商标法权案发生的诉讼费

B.行政管理部门负担的工会经费

C.向中介机构支付的咨询费

D.专设销售机构固定资产的管理费

【答案】D

【解析】选项ABC计入管理费用核算。

【例题·多选题】（2017）下列各项中，应计入销售费用的有（　　）。

A.预计产品质量保证损失

B.结转随同产品出售不单独计价的包装物成本

C.销售产品为购货方代垫的运费

D.专设销售机构固定资产折旧费

【答案】ABD

【解析】销售商品为购货单代垫的运费，计入应收账款核算。

【例题·多选题】（2017）下列各项中，应计入销售费用的有（　　）。

A.推广新产品的宣传费

B.预计产品质量保证损失

C.销售商品发生的运输费

D.专设销售机构的办公费

【答案】ABCD

【解析】四个选项均正确。

3.“销售费用”科目。

借方登记企业所发生的各项销售费用，贷方登记期末转入“本年利润”科目的销售费用，结转后该科目应无余额。

4.销售费用的账务处理。

（1）发生时：

借：销售费用

　　贷：应付职工薪酬

　　　　累计折旧

　　　　银行存款等

（2）期末结转到本年利润：

借：本年利润

　　贷：销售费用

六、管理费用（★★）

1.管理费用的概念。

管理费用是指企业为组织和管理生产经营而发生的各种费用。

2.管理费用的构成。

（1）在筹建期间内发生的开办费（包括筹建期间人员工资、办公费、培训费、差旅费、印刷费、注册登记费以及不符合资本化条件的借款费用等）；

（2）企业董事会和行政管理部门在企业的经营管理中发生的，以及应由企业统一负担的公司经费（包括行政管理部门职工工资及福利费、物料消耗、低值易耗品摊销、办公费和差旅费等）；

（3）行政管理部门负担的工会经费、董事会费（包括董事会成员津贴、会议费和差旅费等）；

（4）聘请中介机构费、咨询费（含顾问费）、诉讼费、业务招待费、研究费用、排污费；

（5）企业生产车间和行政管理部门发生的固定资产修理费用。

【例题·单选题】（2017）下列各项中，应计入企业管理费用的是（　　）。

A.收回应收账款发生的现金折扣　　B.处置无形资产净损失

C.生产车间机器设备的折旧费　　D.生产车间发生的排污费

【答案】D

【解析】选项A计入财务费用，选项B计入营业外支出，选项C计入制造费用。

【例题·单选题】（2017）下列各项中，筹建期间用于日常管理活动的借款利息应记入的会计科目是（　　）。

A.长期待摊费用　　B.财务费用　　C.管理费用　　D.销售费用

【答案】C

【解析】筹建期间非资本化利息费用应计入管理费用。

【例题·判断题】（2017）企业生产车间发生的固定资产日常维修费，应作为制造费用核算计入产品成本。（　　）

【答案】错误。

【解析】企业生产车间发生的固定资产日常维修费，应计入管理费用。

3.“管理费用”科目。

借方登记企业发生的各项管理费用，贷方登记期末转入“本年利润”科目的管理费用，结转后该科目应无余额。

4.管理费用的账务处理。

（1）发生时：

借：管理费用

　　贷：应付职工薪酬/累计折旧/银行存款等

（2）期末结转到本年利润：

借：本年利润

　　贷：管理费用

【例题·多选题】（2017）下列各项中，企业应通过“其他业务成本”科目核算的有（　　）。

A.销售原材料所结转的实际成本

B.预计的产品质量保证损失

C.采用成本模式进行后续计量的投资性房地产计提的折旧

D.行政管理部门发生的固定资产修理费

【答案】AC

【解析】选项B计入销售费用；选项D计入管理费用。

【例题·多选题】（2015）下列各项中，应通过“管理费用”科目核算的有（　　）。

A.支付的排污费

B.支付的企业年度财务报告审计费

C.支付的广告费

D.发生的罚款支出
【答案】AB
【解析】选项C计入销售费用；选项D计入营业外支出。

七、财务费用

1.财务费用的概念。

财务费用是指企业为筹集生产经营所需资金等而发生的筹资费用。

2.财务费用的构成。

（1）利息支出（减利息收入）；

（2）汇兑损益；

（3）相关的手续费（金融机构手续费）；

（4）企业发生或收到的现金折扣等。

【例题·单选题】（2017）2016年11月份，某企业确认短期借款利息7.2万元（不考虑增值税），收到银行活期存款利息收入1.5万元。开具银行承兑汇票支付手续费0.5万元（不考虑增值税）。不考虑其他因素。11月份企业利润表中“财务费用”项目的本期金额为（　　）万元。

A.5.7　　B.7.7　　C.5.2　　D.6.2

【答案】D
【解析】11月份企业利润表中“财务费用”项目的本期金额=7.2-1.5+0.5=6.2万元。

3.“财务费用”科目。

借方登记企业发生的各项财务费用，贷方登记期末转入“本年利润”科目的财务费用，结转后该科目应无余额。

4.财务费用的账务处理。

（1）发生时：

借：财务费用

　　贷：银行存款等

（2）期末结转到本年利润：

借：本年利润

　　贷：财务费用

【例题·单选题】（2017）企业为采购存货签发银行承兑汇票而支付的手续费应计入（　　）。

A.营业外支出　　B.财务费用　　C.管理费用　　D.采购存货成本

【答案】B
【解析】签发银行承兑汇票而支付的手续费应计入财务费用。

★【专家一点通】

（1）成本费用与期间费用

成本费用	主营业务成本、其他业务成本、税金及附加等
期间费用	销售费用、管理费用和财务费用

（2）营业成本的构成：主营业务成本和其他业务成本。

（3）税金及附加：包括消费税、城市维护建设税、教育费附加和资源税等。（不包括增值税和所得税）

知 识 图 谱

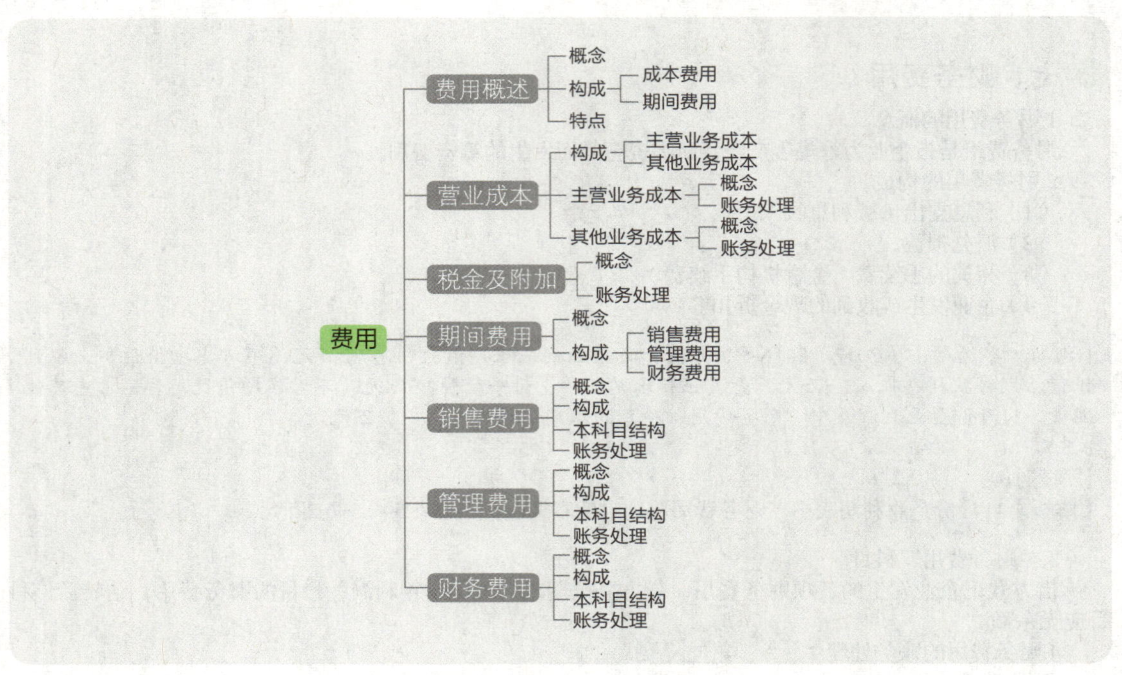

节 节 测

一、单项选择题

1.下列各项中，不应列入利润表“营业成本”项目的是（　　）。

A.销售商品成本

B.处置固定资产净损失

C.提供劳务成本

D.让渡无形资产使用权成本

【答案】B

【解析】处置固定资产净损失应该计入营业外支出。

2.2015年10月，某企业销售应税消费品确认应交增值税20万元、消费税30万元、应交城市维护建设税3.5万元。不考虑其他因素，该企业2015年10月份利润表“税金及附加”项目本期金额为（　　）万元。

A.53.5　　B.23.5　　C.50　　D.33.5

【答案】D

【解析】该企业2015年10月份利润表“税金及附加”项目本期金额=30+3.5=33.5万元。

3.2018年5月，甲公司销售商品实际应交增值税38万元，应交消费税35万元，转让办公楼交纳的土地增值税为15万元；适用的城市维护建设税税率为7%，教育费附加为3%。假定不考虑其他因素，甲公司当月应列入利润表“税金及附加”项目的金额为（　　）万元。

A.7.3　　B.38.5　　C.42.3　　D.80.3

【答案】C

【解析】利润表“税金及附加”项目的金额=35+（38+35）×（7%+3%）=42.3万元。

4.下列各项中，应计入企业管理费用的是（　　）。

A.收回应收账款发生的现金折扣

B.处置无形资产净损失

C.生产车间机器设备的折旧费

D.生产车间发生的排污费

【答案】D

【解析】选项A计入财务费用；选项B计入营业外支出；选项C计入制造费用。

5.下列各项中，企业不应计入管理费用的是（　　）。

A.年度财务报告的审计费用

B.董事会成员的津贴

C.专设销售机构的业务费

D.筹建期间内发生的开办费

【答案】C

【解析】选项C计入销售费用。

6.下列各项中，企业应计入销售费用的是（　　）。

A.商标法权案发生的诉讼费

B.行政管理部门负担的工会经费

C.专设销售机构固定资产的管理费

D.向中介机构支付的咨询费

【答案】C

【解析】选项ABD计入管理费用。

7.2018年2月，某企业发生自用房地产应交房产税2 000元，应交增值税10 000元、车船税3 000元、城镇土地使用税1 500元、消费税16 000元，支付印花税800元。不考虑其他因素，该企业当月应计入管理费用的税金为（　　）元。

A.0　　B.7 300　　C.33 300　　D.26 000

【答案】A

【解析】应交房产税2 000元，应交增值税10 000元、车船税3 000元、城镇土地使用税1 500元、消费税16 000元，都相应的计入应交税费。支付印花税800元是发生的企业资金减少。

二、多项选择题

1.下列各项中，符合费用定义的有（　　）。

A.财务费用

B.税金及附加

C.生产成本

D.营业外支出

【答案】ABC

【解析】选项D是非日常活动产生的，是损失，不是费用。

2.下列关于费用的说法中，正确的有（　　）。

A.费用会导致所有者权益减少

B.费用是企业日常活动中发生的

C.费用导致经济利益总流出，与向所有者分配利润无关

D.企业在筹建期间发生的支出不属于费用

【答案】ABC

【解析】选项D是费用。

3.下列各项中，应计入工业企业其他业务成本的有（　　）。

A.结转销售原材料的成本

B.结转销售商品的成本

C.计提经营租赁固定资产的折旧额

D.结转随同产品出售单独计价的包装物成本

【答案】ACD

【解析】选项B是计入主营业务成本。

4.下列各项中，工业企业应计入其他业务成本的有（　　）。

A.销售材料的成本

B.出售单独计价包装物的成本

C.出租包装物的成本

D.经营租赁出租设备计提的折旧

【答案】ABCD

【解析】选项ABCD是计入其他业务成本。

5.下列各项中，应列入利润表中“税金及附加”项目的有（　　）。

A.销售应税矿产品计提的应交资源税

B.经营活动中计提的应交教育费附加

C.经营活动中计提的应交城市维护建设税

D.销售应税消费品计提的应交消费税

【答案】ABCD

【解析】选项ABCD是应列入利润表中“税金及附加”项目的。

6.下列各项中，应计入税金及附加的有（　　）。

A.购置办公楼交纳的契税

B.销售商品应交的增值税

C.销售应税矿产品的资源税

D.销售应税消费品应交的消费税

【答案】CD

【解析】选项A是计入固定资产成本；选项B是计入应交税费——应交增值税。

7.下列各项中，应计入销售费用的有（　　）。

A.预计产品质量保证损失

B.销售产品为购货方代垫的运费

C.结转随同产品出售不单独计价的包装物成本

D.专设销售机构固定资产折旧费

【答案】ACD

【解析】选项B是计入应收账款。

8.下列各项中，资产的净损失报经批准应计入管理费用的有（　　）。

A.火灾事故造成的库存商品毁损

B.自然灾害造成的包装物毁损

C.属于一般经营损失的原材料毁损

D.无法查明原因的现金短缺

【答案】ACD

【解析】选项B是计入营业外支出。

9.下列关于现金折扣会计处理的表述中，正确的有（　　）。

A.销售企业在确认销售收入时将现金折扣抵减收入

B.销售企业在取得价款时将实际发生的现金折扣计入财务费用

C.购买企业在购入商品时将现金折扣直接抵减应确认的应付账款

D.购买企业在偿付应付账款时将实际发生的现金折扣冲减财务费用

【答案】BD

【解析】企业销售商品涉及现金折扣的，应当按照扣除现金折扣前的金额确定销售商品收入。现金折扣在实际发生时计入当期财务费用；购买企业在偿付应付账款时将实际发生的现金折扣冲减财务费用。

第三节 利 润

一、利润概述（★）

（一）利润的概念

利润是指企业在一定会计期间的经营成果。利润包括收入减去费用后的净额、直接计入当期利润的利得和损失等。

利润=收入–费用+利得–损失

★【专家一对一】

(1)未计入当期利润的利得和损失扣除所得税影响后的净额计入其他综合收益项目。

(2)净利润与其他综合收益的合计金额为综合收益总额。

（二）利得的概念

利得是指由企业非日常活动所形成的、会导致所有者权益增加的、与所有者投入资本无关的经济利益的流入。

（三）损失的概念

损失是指由企业非日常活动所发生的、会导致所有者权益减少的、与向所有者分配利润无关的经济利益的流出。

【例题·判断题】（2017）损失是指企业非日常活动所发生的，会导致所有者权益减少的，与向所有者分配利润无关的经济利益的流出。（　　）

【答案】正确。

【解析】损失：由企业非日常活动所发生的、会导致所有者权益减少的、与向所有者分配利润无关的经济利益的流出。

（四）与利润相关的计算公式

1.营业利润=营业收入（主营业务收入+其他业务收入）–营业成本（主营业务成本+其他业务成本）–税金及附加–销售费用–管理费用–财务费用–资产减值损失+公允价值变动收益（–公允价值变动损失）+投资收益（–投资损失）+其他收益+资产处置收益（–资产处置损失）

2.利润总额=营业利润+营业外收入–营业外支出

3.净利润=利润总额–所得税费用

【例题·单选题】（2015）下列各项中，不会引起利润总额发生增减变动的是（　　）。

A.确认劳务收入　　B.计提存货跌价准备

C.确认所得税费用　　D.取得持有国债的利息收入

【答案】C

【解析】取得国债利息收入的分录是：

借：银行存款（应收利息）

　贷：投资收益

投资收益影响利润总额；所得税费用影响净利润，不影响利润总额。

【例题·单选题】（2015）下列各项中，不影响净利润的是（　　）。

A.转回已计提的存货跌价准备　　B.长期股权投资权益法下确认的其他综合收益

C.出租包装物的摊销额　　D.计算确认应交的房产税

【答案】B

【解析】选项A，贷记资产减值损失；选项C，借记其他业务成本；选项D，计入税金及附加，所以选项ACD都会影响净利润。

二、营业外收入（★）

（一）营业外收入的概念

营业外收入是指企业确认的与其日常活动无直接关系的各项利得。

（二）营业外收入的内容

营业外收入包括非流动资产的处置利得、政府补助、盘盈利得、捐赠利得、非货币性资产交换利得和债务重组利得等。

（三）营业外收入的账务处理

1.企业确认处置非流动资产利得时。

借：固定资产清理/银行存款/待处理财产损溢/无形资产

　　贷：营业外收入

2.确认政府补助利得。

①与资产相关的政府补助：

a.收到与资产相关的政府补助时

借：银行存款等

　　贷：递延收益

b.分配递延收益时

借：递延收益

　　贷：营业外收入

②与收益相关的政府补助：

a.收到补偿以前年度的政府补助时

借：银行存款

　　贷：营业外收入

b.收到补偿以后将要发生的政府补助

借：银行存款

　　贷：递延收益

借：递延收益

　　贷：营业外收入

3.企业确认盘盈利得、捐赠利得计入营业外收入时。

借：库存现金、待处理财产损溢等科目

　　贷：营业外收入

4.期末结转到本年利润。

借：营业外收入

　　贷：本年利润

★【专家一对一】

(1)对于存货的盘盈，报经批准后计入管理费用。

(2)对于固定资产的盘盈，通过“以前年度损益调整”科目，报经批准后调整留存收益，不计入营业外收入。

(3)结转后，“营业外收入”科目应无余额。

【例题·单选题】（2017）下列各项中，企业收到与资产相关的政府补助时应贷记的会计科目是（　　）。

A.实收资本　　B.固定资产　　C.营业外收入　　D.递延收益

【答案】D

【解析】相关会计分录为：

借：银行存款

　　贷：递延收益

【例题·单选题】（2017）下列各项中，企业收到用于补偿当期已经发生的费用的政府补助，应将款项计入的会计科目是（　　）。

A.其他综合收益　　B.递延收益　　C.资本公积　　D.营业外收入

【答案】D

【解析】企业收到的用于补偿当期已经发生的费用的政府补助，在收到时，应将款项计入营业外收入核算。

【例题·单选题】（2016）企业获得用于购买环保设备的政府补助，在收到补助款时借记“银行存款”科目的同时，应贷记的会计科目是（　　）。

A.营业外收入　　B.递延收益　　C.其他业务收入　　D.未实现融资收益

【答案】B

【解析】企业收到与资产相关的政府补助应当确认为递延收益，然后自长期资产可供使用时起，按照长期资产的预计使用期限，将递延收益平均分摊至当期损益，计入营业外收入。

三、营业外支出（★）

（一）营业外支出的概念

营业外支出是指企业发生的与其日常活动无直接关系的各项损失。

（二）营业外支出的内容

营业外支出包括非流动资产处置损失（固定资产、无形资产等）、公益性捐赠支出、盘亏损失（报经批准计入营业外支出的损失）、非常损失（客观原因，如自然灾害造成的损失，扣除保险公司赔偿后）、罚款支出（罚款、违约金、赔偿金等）、非货币性资产交换损失和债务重组损失等。

【例题·单选题】（2017）下列各项中，属于营业外支出核算内容的是（　　）。

A.无法查明原因的现金短缺　　B.处置固定资产的净损失

C.因计量误差造成的存货盘亏　　D.结转售出投资性房地产的成本

【答案】B

【解析】选项A，通过管理费用核算；选项C，通过管理费用核算；选项D，通过其他业务成本核算。

【例题·单选题】（2017）下列各项中，应通过“营业外支出”科目核算的是（　　）。

A.采购人员差旅费　　B.销售部门业务招待费

C.外币存款汇兑损失　　D.公益性捐赠支出

【答案】D

【解析】选项A计入管理费用；选项B计入销售费用；选项C计入财务费用。

【例题·单选题】（2017）下列各项中，应计入营业外支出的是（　　）。

A.合同违约金　　B.法律诉讼费

C.出租无形资产的摊销额　　D.广告宣传费

【答案】A

【解析】选项B计入管理费用；选项C计入其他业务成本，选项D计入销售费用。

【例题·单选题】（2017年）下列各项中，企业不应通过“营业外支出”科目核算的是（　　）。

A.违反合同的违约金　　B.公益性捐赠支出

C.处置固定资产净损失　　D.无法查明原因的现金短缺损失

【答案】D

【解析】无法查明原因的现金短缺损失计入管理费用。

（三）营业外支出的账务处理

（1）企业确认处置非流动资产损失时：

借：营业外支出

　　贷：固定资产清理/无形资产等

（2）确认盘亏、罚款支出时：

借：营业外支出

　　贷：待处理财产损溢/库存现金等

（3）期末结转到本年利润：

借：本年利润

　　贷：营业外支出

★【专家一对一】

（1）存货的盘亏损失，属于一般经营损失的部分，计入管理费用；属于非常损失的部分，计入营业外支出；无法查明原因的现金短缺，计入管理费用。

（2）结转后，"营业外支出"科目应无余额。

四、所得税费用（★★★）

（一）所得税费用的内容

所得税一般分为当期所得税和递延所得税。

1.当期所得税是指当期应交所得税。

2.递延所得税包括递延所得税资产和递延所得税负债。

（二）递延所得税资产的概念

递延所得税资产是指以未来期间很可能取得用来抵扣可抵扣暂时性差异的应纳税所得额为限确认的一项资产。

（三）递延所得税负债的概念

递延所得税负债是指根据应纳税暂时性差异计算的未来期间应付所得税的金额。

【例题·判断题】（2017）利润表中"所得税费用"项目的本期金额等于当期所得税，而不应考虑递延所得税。（　　）

【答案】错误。

【解析】企业根据会计准则的规定，计算确定的当期所得税和递延所得税之和，即为应从当期利润总额扣除的所得税费用。

（四）应交所得税的计算

1.应交所得税计算概述。

（1）应交所得税的概念

应交所得税是指企业按照税法规定计算确定的针对当期发生的交易和事项，应交纳给税务部门的所得税金额，即当期应交所得税。

（2）当期应交所得税的计算公式

应交所得税=应纳税所得额×所得税税率

（3）应纳税所得额的计算公式

应纳税所得额=税前会计利润（即利润总额）+纳税调整增加额-纳税调整减少额

2.纳税调整额的内容。

纳税调整额分为纳税调整增加额和纳税调整减少额。

(1)纳税调整增加额

①已计入当期费用但超过税法规定扣除标准的金额：

a. 职工福利费（工资总额×14%）、工会经费（工资总额×2%）、职工教育经费（工资总额×2.5%）；b.业务招待费广告费和业务宣传费（销售÷营业收入×15%）；c.公益性捐赠支出（利润总额×12%）等。

②已计入当期损失但税法规定不允许扣除项目的金额：a.税收滞纳金；b.罚款、罚金等。

（2）纳税调整减少额

①按税法规定允许弥补的亏损：前五年内未弥补亏损；

②准予免税的项目：国债利息收入等。

★【专家一对一】

考试会直接给出标准，或直接给出调整增加的金额。

【例题·单选题】（2017）甲公司2016年度实现利润总额1 350万元，适用的所得税税率为25%。本年度甲公司取得国债利息收入150万元，发生税收滞纳金4万元。不考虑其他因素，甲公司2016年度利润表"所得税费用"项目本期余额为（　　）万元。

A.338.5　　B.301　　C.374　　D.337.5

【答案】B

【解析】应纳税所得额=1 350–150+4=1 204万元，所得税费用=1 204×25%=301万元。

【例题·单选题】（2017）2016年A企业取得债券投资利息收入15万元，其中国债利息收入5万元，全年税前利润总额为150万元，所得税税率为25%，不考虑其他因素，2016年A企业的净利润为（　　）万元。

A.112.5　　B.113.75　　C.116.75　　D.111.25

【答案】B

【解析】2016年A企业的净利润=150–（150–5）×25%=113.75万元。

（五）所得税费用的账务处理

1.所得税费用的计算公式。

所得税费用=当期所得税＋递延所得税

2.递延所得税的计算公式。

递延所得税=（递延所得税负债期末数–期初数）–（递延所得税资产期末数–期初数）

【例题·单选题】（2016）2015年度某企业实现利润总额为960万元，当年应纳税所得额为800万元，适用的所得税税率为25%。当年影响所得税费用的递延所得税负债增加50万元，企业2015年度利润表“所得税费用”项目本期金额为（　　）万元。

A.250　　B.150　　C.240　　D.200

【答案】A

【解析】所得税费用=当期所得税+递延所得税费用，

当期所得税=应纳税所得额×所得税税率=800×25%=200万元，

递延所得税负债=50万元，

所得税费用=200+50=250万元，选项A正确。

3.所得税费用的账务处理。

（1）确认时：

借：所得税费用

　　贷：应交税费——应交所得税（当期所得税）

　　　　递延所得税资产（增加在借方）

　　　　递延所得税负债（减少在借方）

（2）期末结转到本年利润：

借：本年利润

　　贷：所得税费用

★【专家一对一】

结转后，“所得税费用”科目无余额。

五、本年利润（★★）

（一）结转本年利润的方法

结转本年利润的方法一般分为表结法和账结法。

（二）表结法与账结法的区别

1.表结法。

各损益类科目每月月末只需结计出本月发生额和月末累计余额，不结转到“本年利润”科目。

2.账结法。

每月月末均需编制转账凭证，将在账上结计出的各损益类科目的余额结转入“本年利润”科目。

★【专家一对一】

表结法只需要在年末的时候才需要结转，而账结法每月月末都需要进行结转。

【例题·单选题】（2017）下列各项中，关于本年利润结转方法表述正确的是（　　）。
A.采用表结法，增加“本年利润”科目的结转环节和工作量
B.采用表结法，每月月末应将各损益类科目的余额结转记入“本年利润”科目
C.采用账结法，减少“本年利润”科目的结转环节和工作量
D.采用账结法，每月月末应将各损益类科目的余额结转记入“本年利润”科目
【答案】D
【解析】表结法下，年中损益类科目无须结转入“本年利润”科目，从而减少了结转环节和工作量。账结法下，每月月末均须编制转账凭证，将在账上结计出的各损益类科目的余额结转入“本年利润”科目。账结法在各月均可通过“本年利润”科目提供当月及本年累计的利润（或亏损）额，但增加了转账环节和工作量。

【例题·判断题】（2017）账结法下，每月末应编制转账凭证，将账上结计出的各损益科目余额转入“本年利润”科目。（　　）
【答案】正确。
【解析】账结法下，每月末应编制转账凭证，将账上结计出的各损益科目余额转入“本年利润”科目。

【例题·判断题】（2017）会计年度终了，无论是表结法还是账结法，企业都应将各损益类科目的余额结转至“本年利润”科目。（　　）
【答案】正确。
【解析】会计年度终了，无论是表结法还是账结法，企业都应将各损益类科目的余额结转至“本年利润”科目。

（三）期末时会计处理

1.将损益类中的收益类账户的余额转入“本年利润”科目的贷方。

借：主营业务收入
　　其他业务收入
　　营业外收入
　　公允价值变动损益
　　投资收益
　　贷：本年利润

2.将损益类中的费用类账户的余额转入“本年利润”科目的借方。

借：本年利润
　　贷：主营业务成本
　　　　其他业务成本
　　　　税金及附加
　　　　销售费用
　　　　管理费用
　　　　财务费用
　　　　资产减值损失
　　　　营业外支出

3.将所得税费用结转入“本年利润”科目的借方。

借：本年利润
　　贷：所得税费用

4.年度终了，将“本年利润”科目的本年累计余额转入“利润分配——未分配利润”科目。

①“本年利润”为贷方余额：
借：本年利润
　　贷：利润分配——未分配利润

②“本年利润”为借方余额：
借：利润分配——未分配利润
　　贷：本年利润

★【专家一对一】

(1)结转后“本年利润”科目如为贷方余额，表示当年实现的净利润；如为借方余额，表示当年发生的净亏损。

(2)结转后，“本年利润”科目无余额。

(3)年度终了，企业应将“利润分配”科目所属其他明细科目的余额转入该科目“未分配利润”明细科目，结转后，“利润分配”科目中除“未分配利润”明细科目外，所属其他明细科目无余额。“未分配利润”明细科目的贷方余额表示累积未分配的利润，该科目如果出现借方余额，则表示累积未弥补的亏损。

【例题·多选题】下列各项中，在期末不需要结转到“本年利润”科目的有（　　）。

A.其他业务成本　　B.劳务成本　　C.所得税费用　　D.制造费用

【答案】BD

【解析】选项BD属于成本类科目，不结转入“本年利润”中。

【例题·不定项选择题】甲公司为增值税一般纳税人，2016年11月至12月发生如下经济业务：

（1）11月10日，购入一台不需要安装的设备并投入专设销售机构使用。取得该设备的增值税专用发票注明的价款为100万元，增值税为16万元，款项已用银行存款支付。该设备预计使用年限为10年，预计净残值为4%，采用直线法计提折旧。

（2）11月20日，购入行政管理用软件，以银行汇票支付价款和税款共计48万元，取得普通发票。该软件预计使用年限为10年，采用直线法摊销。

（3）12月31日，与乙公司签订经营租赁协议，将已使用4年的办公楼改变用途，出租给乙公司使用。该办公楼2016年折旧额为100万元。转换日，该办公楼账面价值为1 000万元，公允价值为1 500万元。甲公司投资性房地产采用公允价值模式进行后续计量。

要求：根据上述资料，不考虑其他因素，分析回答下列小题。（答案中的金额单位用万元表示）

1.根据事项（1），甲公司购入设备的入账价值是（　　）万元。

A.100　　B.112.32　　C.96　　D.116

【答案】A

【解析】甲公司购入设备的入账价值为100万元。

2.根据事项（1），甲公司2016年该设备应计提的折旧额是（　　）万元。

A.1.872　　B.1.6　　C.0.936　　D.0.8

【答案】D

【解析】2016年11月份购入固定资产，应从12月份开始计提折旧。甲公司2016年该设备应计提的折旧额=100×（1–4%）÷10×1÷12=0.8万元。

3.根据事项（2），下列各项中，关于甲公司2016年购入软件会计处理正确的是（　　）。

A.银行存款减少48万元　　B.其他货币资金减少48万元

C.应付票据增加48万元　　D.无形资产增加48万元

【答案】BD

【解析】甲公司2016年11月20日购入管理用软件的账务处理为：

借：无形资产　　48

　贷：其他货币资金　　48

4.根据事项（3），下列各项中，关于甲公司出租办公楼会计处理结果正确的是（　　）。

A.公价值变动损益增加500万元　　B.投资性房地产增加1 500万元

C.投资性房地产增加1 000万元　　D.其他综合收益增加500万元

【答案】BD

【解析】12月31日转换为投资性房地产的账务处理为：

借：投资性房地产——成本　　1 500

　累计折旧　　100

　贷：固定资产　　1 100

　　其他综合收益　　500

5.根据事项（1）至（3），上述业务对2016年营业利润的影响是（　　）。

A.增加399.6万元　　B.增加398.4万元

C.减少101.6万元　　D.减少100.4万元

【答案】C

【解析】对甲公司2016年度营业利润的影响=–0.8（资料1）–48/10×2/12（资料2）–100（资料3）=–101.6万元。

★【专家一点通】

1.利润=收入–费用+利得–损失

2.营业利润=营业收入（主营业务收入+其他业务收入）–营业成本（主营业务成本+其他业务成本）–税金及附加–销售费用–管理费用–财务费用–资产减值损失+公允价值变动收益（–公允价值变动损失）+投资收益（–投资损失）+其他收益+资产处置收益（–资产处置损失）

3.利润总额=营业利润+营业外收入–营业外支出

4.净利润=利润总额–所得税费用

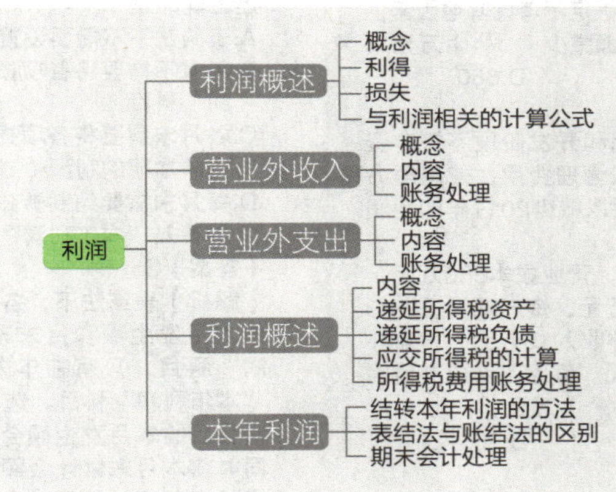

节节测

一、单项选择题

1.某企业为增值税一般纳税人，增值税税率为16%。本月销售一批材料，价值6 032元（含税）。该批材料计划成本为4 200元，材料成本差异率为2%，该企业销售材料应确认的损益为（　　）元。

A.916　B.1 084　C.1 884　D.1 968

【答案】A

【解析】销售材料确认的其他业务收入=6 032÷（1+16%）=5 200元；确认的其他业务成本=4 200×（1+2%）=4 284元；销售材料应确认的损益=5 200-4 284=916元。

2.2011年3月某企业开始自行研发一项非专利技术，至2011年12月31日研发成功并达到预定可使用状态，累计研究支出为160万元，累计开发支出为500万元（其中符合资本化条件的支出为400万元）。该非专利技术使用寿命不能合理确定，假定不考虑其他因素，该业务导致企业2011年度利润总额减少（　　）万元。

A.100　B.160　C.260　D.660

【答案】C

【解析】研究阶段支出160万元和开发阶段不符合资本化条件的支出100万元应计入管理费用，使用寿命不确定的无形资产无须摊销，所以减少2011年的利润总额=160+100=260万元。

3.某企业本期营业收入1 000万元，营业成本800万元，管理费用20万元，销售费用35万元，资产减值损失40万元，投资收益45万元，营业外收入15万元，营业外支出10万元，所得税费用32万元。假定不考虑其他因素，该企业本期营业利润为（　　）万元。

A.123　B.200　C.150　D.155

【答案】C

【解析】企业本期营业利润=1 000-800-20-35-40+45=150万元。

4.下列各项中，不应计入营业外收入的是（　　）。

A.债务重组利得

B.处置固定资产净收益

C.收发差错造成存货盘盈

D.确实无法支付的应付账款

【答案】C

【解析】选项C计入管理费用。

5.某企业适用的所得税税率为25%。2015年度该企业实现利润总额500万元，应纳税所得额为480万元，影响所得税费用的递延所得税资产增加8万元。不考虑其他因素，该企业2015年度利润表"所得税费用"项目本期金额为（　　）万元。

A.128　B.112　C.125　D.120

【答案】B

【解析】该企业2015年度利润表"所得税费用"项目本期金额=480×25%-8=112万元。

6.某企业2012年度税前会计利润为2 000万元，其中本年国债利息收入120万元，税收滞纳金20万元，企业所得税税率为25%，假定不考虑其他因素，该企业2012年度所得税费用为（　　）万元。

A.465　B.470　C.475　D.500

【答案】C

【解析】应纳税所得额=2 000-120+20=1 900万元；所得税费用=1 900×25%=475万元。

7.某企业2018年度利润总额为315万元；经查，国债利息收入为15万元；行政罚款10万元。假定该企业无其他纳税调整项目，适用的所得税税率为25%。该企业2018年应交所得税为（　　）万元。

A.75　B.77.5　C.78.5　D.81.5

【答案】B

【解析】根据税法的规定，国债利息收入免税，罚款支出不得在税前扣除，所以企业的应纳税所得额=315-15+10=310万元，当年应交所得税=310×25%=77.5万元。

8.下列各项中，关于会计期末结转本年利润的表结法表述正确的是（　　）。

A.表结法下不需要设置"本年利润"科目

B.年末不需要将各项损益类科目余额结转入"本年利润"科目

C.各月末需要将各项损益类科目发生额填入利润表来反映本期的利润（或亏损）

D.每月末需要编制转账凭证将当期各损益类科目余额结转入"本年利润"科目

【答案】C

【解析】表结法下，各损益类科目每月月末只需结计出本月发生额和月末累计余额，不结转到"本年利润"科目，只有在年末时才将全年累计余额结转入"本年利润"科目。选项AB错误；每月月末要将损益类科目的本月发生额合计数填入利润表的本月数栏，同时将本月末累计余额填入利润表的本年累计数栏，通过利润表计算反映各期的利润（或亏损），选项C正确；每月月末不需编制转账凭证将当期各损益类科目余额转入"本年利润"科目，选项D错误。

9.甲公司2017年初未分配利润为80万元，2017年利润总额为480万元，所得税费用为125万元，按税后利润的10%和5%提取法定盈余公积和任意盈余公积，向投资者宣告分配现金股利100万元。甲公司2017年年末的未分配利润余额为（　　）万元。

A.381.75　B.201.75　C.281.75　D.335

【答案】C

【解析】2017年年末未分配利润余额=80+（480-125）×（1-15%）-100=281.75万元。

二、多项选择题

1.下列各项中，不影响企业当期营业利润的有（　　）。

A.无法查明原因的现金短缺

B.公益性捐赠支出

C.固定资产处置净损失

D.支付的合同违约金

【答案】BCD

【解析】选项A计入管理费用，影响营业利润；选项

BCD计入营业外支出，不影响营业利润。

2.下列各项中，影响企业营业利润的有（　　）。

A.销售商品发生的展览费

B.出售包装物取得的净收入

C.出售固定资产的净损失

D.确认的资产减值损失

【答案】ABD

【解析】营业利润=营业收入-营业成本-税金及附加-销售费用-管理费用-财务费用-资产减值损失+公允价值变动损益（-公允价值变动损失）+投资收益（-投资损失）。

销售商品发生的展览费计入销售费用；出售包装物取得的净收入计入其他业务收入；出售固定资产的净损失计入营业外支出；确认的资产减值损失计入资产减值损失。

3.下列各项中，应计入营业外收入的有（　　）。

A.债务重组利得

B.接受捐赠利得

C.固定资产盘盈利得

D.非货币性资产交换利得

【答案】ABD

【解析】选项A债务重组利得是在债务方产生，计入营业外收入——债务重组利得。选项B接受捐赠利得计入营业外收入。选项C盘盈的固定资产作为前期差错处理，计入以前年度损益调整，不计入当期的营业外收入。选项D非货币性资产交换利得是指在非货币性资产交换中换出资产为固定资产、无形资产的，换入资产公允价值大于换出资产账面价值的差额，扣除相关费用后计入营业外收入的金额。

4.下列各项中，应计入营业外收入的有（　　）。

A.大型设备处置利得

B.存货收发计量差错形成的盘盈

C.无形资产出售利得

D.无法支付的应付账款

【答案】ACD

【解析】选项B冲减管理费用。对于收发差错造成的存货盘盈，应在按照管理权限报经批准后，冲减管理费用。

5.下列各项中，不应确认为营业外收入的有（　　）。

A.存货盘盈

B.固定资产出租收入

C.固定资产盘盈

D.无法查明原因的现金溢余

【答案】ABC

【解析】选项A应冲减管理费用；选项B应为其他业务收入；选项C应作以前年度损益调整；选项D无法查明原因的现金溢余应作为营业外收入。

6.下列各项中，按规定应计入营业外支出的有（　　）。

A.固定资产出售净收益

B.非常损失

C.固定资产盘亏净损失

D.计提的存货跌价准备

【答案】BC

【解析】固定资产出售净收益计入营业外收入；计提的存货跌价准备应计入资产减值损失。

7.下列各项中，影响利润表“所得税费用”项目金额的有（　　）。

A.当期应交所得税

B.递延所得税收益

C.递延所得税费用

D.代扣代缴的个人所得税

【答案】ABC

【解析】所得税费用=递延所得税+当期应交所得税，递延所得税分为递延所得税资产和递延所得税负债，所以选项ABC都会影响所得税费用项目的金额；选项D是减少应付职工薪酬，对所得税费用没有影响。

8.下列关于结转本年利润账结法的表述中，正确的有（　　）。

A.“本年利润”科目本年余额反映本年累计实现的净利润或发生的亏损

B.各月均可通过“本年利润”科目提供当月及本年累计的利润（或亏损）额

C.年末时需将各损益类科目的全年累计余额结转入“本年利润”科目

D.每月月末各损益类科目需将本月的余额结转入“本年利润”科目

【答案】ABD

【解析】在采用账结法结转本年利润时，每月月末均须编制转账凭证，将在账上结计出的各损益类科目的余额转入“本年利润”科目。结转后“本年利润”科目的本月余额反映的是当月实现的利润或者发生的亏损，“本年利润”科目的本年余额反映本年累计实现的利润或发生的亏损。账结法在各月均可通过“本年利润”科目提供当月及本年累计的利润或亏损额，但增加了转账环节和工作量，选项ABD正确；选项C属于表结法的特点。

章章练

一、单项选择题

1.按照会计准则的规定，下列项目中不应确认为收入的是（　　）。
A.出售原材料取得的收入
B.设备出租收入
C.违约金收入
D.销售商品收取的不含税价

2.某企业于2016年9月接受一项产品安装任务，安装期5个月，合同总收入30万元，年度预收款项20万元，余款在安装完成时收回，当年实际发生成本15万元，预计还将发生成本3万元。2016年年末请专业测量得测量，产品安装程度为60%。则年末应确认的劳务收入为（　　）万元。
A.30　B.20　C.18　D.15

3.某企业2015年10月承接一项设备安装劳务，劳务合同总收入为200万元，预计合同总成本为140万元，合同价款在签订合同时已收取，采用完工百分比法确认劳务收入。2015年已确认劳务收入80万元，截至2016年12月31日，该劳务的累计完工进度为60%。2016年该企业应确认的劳务收入为（　　）万元。
A.36　B.40　C.72　D.120

4.下列各项，不影响企业营业利润的是（　　）。
A. 计提的工会经费
B. 发生的业务招待费
C. 收到退回的所得税
D. 处置投资取得的净收益

5.某企业是一家工业企业，适用的增值税税率为16%，销售产品每件100元，若客户购买200件以上（含200件）产品可给予客户10%折扣。有一客户2016年3月8日购买该企业产品350件，按规定现金折扣条件为：2/10，1/20，n/30。假设购销双方约定计算现金折扣时考虑增值税，该企业于2016年3月25日收到该笔款项时，应给予客户的现金折扣为（　　）元。
A.0　B.737.1　C.365.4　D.409.5

6.某企业2016年8月1日赊销一批商品，售价为12 000元（不含增值税），适用的增值税税率为16%。规定的现金折扣条件为2/10，1/20，n/30，计算现金折扣时考虑增值税。客户于2016年8月15日付清货款，该企业收款全额为（　　）元。
A.118 800　B.137 592　C.137 808　D.140 400

7.下列关于“本年利润”账户的表述中不正确的是（　　）。
A.贷方登记营业收入、营业外收入等转入的金额
B.借方登记营业成本、营业外支出等转入的金额
C.年度终了结账后，该账户无余额
D.全年的任何一个月末都不应有余额

8.甲公司销售商品一批，商品的销售价款为2 000元，商业折扣10%，增值税率为16%，现金折扣条件为2/10，1/20，N/30。甲公司销售商品时为对方代垫运费150元（不考虑运费的增值税抵扣问题），则应收账款的入账金额为（　　）元。
A.2 490　B.2 238　C.2 106　D.2 340

9.对于企业已经发出商品但尚未确认销售收入的商品成本，应做出的会计处理是（　　）。
A.借：应收账款，贷：库存商品
B.借：应收账款，贷：主营业务收入
C.借：主营业务成本，贷：库存商品
D.借：发出商品，贷：库存商品

10.下列项目中，应计入财务费用的是（　　）。
A.购货方获得的现金折扣
B.为购建或生产满足资本化条件的资产发生的应予以资本化的借用
C.专设销售机构固定资产的折旧费
D.企业行政管理部门设备折旧费用

11.A公司于2016年1月9日向B公司销售一批商品，开出的增值税专用发票上注明售价为20万元，增值税税额为3.2万元；该批商品成本为12万元，A销售该批商品时已得知B公司资金流转发生暂时困难，但为了减少存货积压，同时为了维持与B公司长期以来建立的商业关系，A公司仍将商品发出。假定A公司销售该批商品的纳税义务已经发生。不考虑其他因素，则下列说法中正确的是（　　）。
A.甲公司应在发出商品当日确认主营业务收入20万元
B.甲公司应在发出商品当日确认主营业务成本12万元
C.甲公司在发出商品当日不需确认增值税销项税
D.甲公司应在发出商品时，借记“发出商品”12万元

12.A公司销售一批商品给B公司，开出的增值税专用发票上注明的售价为10 000万元。增值税税额为1 600万元。该批商品的成本为8 000万元，货到后B公司发现商品质量不合格，要求在价格上给予3%的折让。B公司提出的销售折让要求符合原合同的约定，A公司同意并办妥了相关手续，假定销售商品后还未确认收入，则A公司应确认销售商品收入的金额为（　　）万元。
A.351　B.9 700　C.11 349　D.11 600

13.某企业销售商品7 000件，每件售价50元（不含增值税），增值税税率16%，企业为购货方提供的商业折扣为15%，提供的现金折扣条件为2/10，1/20，n/30（计算现金折扣时不考虑增值税）。该企业在这项交易中应确认的收入金额为（　　）万元。
A.320 000　B.308 200
C.297 500　D.320 200

14.随同产品出售且单独计价的包装物，应于包装物发出时结转其成本，计入（　　）科目。
A.“主营业务成本”　B.“其他业务成本”
C.“管理费用”　D.“财务费用”

15.某企业2015年3月份发生的费用有：计提车间用固定资产折旧10万元，发生车间管理人员薪酬40万元，支付广告费用30万元，计提短期借款利息20万元，计提车船税10万元，则该企业当期的期间费用总额为（　　）万元。
A.50　B.60　C.100　D.110

16.下列各项中，不属于企业期间费用的是（　　）。
A.固定资产维修费
B.聘请中介机构费
C.生产车间管理人员工资
D.企业发生的现金折扣

17.下列各项费用，不应计入“管理费用”的是（　　）。
A.离退休人员的工资
B.业务招待费

C.发出商品途中保险费
D.管理部门国定资产折旧

18.某企业某月销售生产的商品确认销售成本100万元，销售原材料确认销售成本10万元，本月发生现金折扣1.5万元。不考虑其他因素，该企业该月计入其他业务成本的金额为（　　）万元。
A.100　　B.110　　C.10　　D.11.5

19.下列各项中，不应计入其他业务成本的是（　　）。
A.库存商品盘亏净损失
B.出租无形资产计提的摊销额
C.出售原材料结转的成本
D.成本模式投资性房地产计提的折旧额

20.企业为购买原材料所发生的银行承兑汇票手续费，应当计入（　　）。
A.管理费用　　B.财务费用
C.销售费用　　D.其他业务成本

21.下列各项业务中，不应通过营业外收入科目核算的有（　　）。
A.存货盘盈　　B.转销无法偿付的应付账款
C.接受现金捐赠　　D.接受政府补助

22.某企业20×9年度利润总额为1 800万元，其中本年度国债利息收入200万元，已计入营业外支出的税收滞纳金6万元；企业所得税税率为25%，假定不考虑其他因素，该企业20×9年度所得税费用为（　　）万元。
A.400　　B.401.5　　C.450　　D.498.5

23.会计期末损益类科目结转至本年利润后，“本年利润”科目的贷方额表示（　　）。
A.累计未分配的利润　　B.净利润
C.净损失　　D.利润总额

24.企业因债权人撤销而无法支付应付账款时，应将无法支付的应付账款计入（　　）。
A.营业外收入　　B.其他应付款
C.资本公积　　D.其他业务收入

二、多项选择题

1.下列各项中，不应确认为收入的有（　　）。
A.股票发行收入　　B.应收取的代垫运杂费
C.对外出租包装物收入　　D.接受捐赠收入

2.下列各项中，应计入财务费用的有（　　）。
A.支付银行承兑汇票的手续费
B.期末计算带息商业汇票的利息
C.外币应付账款汇兑损失
D.公司发行股票支付的手续费，佣金等发行费用

3.下列有关收入确认的表述中，正确的有（　　）。
A.在同一会计期间内开始并完成的劳务，应按完工百分比法确认收入
B.在资产负债表日，已发生的合同成本预计全部不能收回时，应将已发生的成本确认为当期损益，不确认收入
C.在提供劳务交易的结果不能可靠估计的情况下，已经发生的劳务成本预计能够得到补偿时，应在资产负债表日按已经发生的劳务成本确认成本
D.劳务的开始和完成分属不同的会计期间，在劳务的交易结果能够可靠地计量的情况下，应在资产负债表日按完工百分比法确认收入

4.企业跨期提供劳务的，期末可以按照完工百分比法确认收入的条件包括（　　）。
A.劳务总收入能够可靠地计量
B.相关的经济利益能够流入企业
C.劳务的完成程度能够可靠地确定
D.劳务总成本能够可靠地计量

5.下列有关收入确认的表述中，正确的有（　　）。
A.如劳务的开始和完成分属于不同会计期间，应按完工百分比法确认收入
B.在收取手续费方式下，委托代销方式销售商品时要在收到受托方开具的代销清单时确认收入
C.资产使用费收入应当按合同规定确认
D.在预收款销售方式下，收到货款时确认收入

6.下列各项中，应计入其他业务成本的有（　　）。
A.出借包装物成本的摊销
B.出租包装物成本的摊销
C.随同产品出售单独计价的包装物成本
D.随同产品出售不单独计价的包装物成本

7.现金折扣方式销售产品，购货方在折扣期内付款，则下列处理中正确的是（　　）。
A.按照扣除折扣后净价确认销售收入
B.按照商品总价确认销售收入
C.给予购货方的折扣确认为财务费用
D.给予购货方的折扣确认为销售费用

8.下列各项中，属于期间费用的有（　　）。
A.董事会会费　　B.管理部门的劳动保险费
C.销售人员工资　　D.季节性停工损失

9.下列各项业务，在进行会计处理时不应该计入管理费用的有（　　）。
A.离退休人员工资
B.出租的无形资产摊销
C.生产车间管理人员的工资
D.计提坏账准备

10.下列各项费用，应计入销售费用的有（　　）。
A.随同产品出售单独计价的包装物的成本
B.业务招待费
C.广告费
D.展览费

11.下列各项中，应在发生时直接确认为期间费用的有（　　）。
A.管理人员工资支出
B.广告费支出
C.固定资产安装工人工资支出
D.专设销售机构的职工工资支出

12.下列各项中，关于期间费用的处理正确的有（　　）。
A.董事会会费应计入管理费用
B.管理部门的劳动保险费属于销售费用核算的内容
C.销售人员工资计入销售费用
D.季节性停工损失应计入管理费用

三、判断题

1.企业销售商品一批，并已收到款项，即使商品的成本不能够可靠地计量，也要确认相关的收入。（　　）

2.企业的收入包括主营业务收入、其他业务收入和营业外收入。（　　）

3.企业提供劳务时，如资产负债表日能对交易的结果作出可靠估计，应按已经发生并预计能补偿的劳务成本确认收入，并按相同金额结转成本。（　　）

4.费用就是指成本费用，具体包括主营业务成本和其他业务成本。（　　）

5.企业发生的销售折让应在实际发生时计入当期财务费用。（ ）

6.企业为客户提供的现金折扣应在实际发生时冲减当期收入。（ ）

7.企业生产经营期间的长期借款利息支出应该全部计入财务费用中。（ ）

8.利得和损失是指不应计入当期损益，会导致所有者权益发生增减变动的，与所有者投入资本或者向所有者分配利润无关的经济利益的流入或流出。（ ）

9.表结法下，每月月末均须编制转账凭证，将在账上结计出的各损益类科目的余额结转转入本年利润科目。（ ）

10.企业盘盈的固定资产应该直接计入营业外收入中。（ ）

四、不定项选择题

（一）【资料1】甲公司为工业企业，系增值税一般纳税人，适用的增值税税率为16%。2018年12月发生如下经济业务：

（1）将外购的一批原材料对外销售，取得销售价款35万元，增值税税额为5.6万元，该批原材料的成本为22万元。以上款项已存入银行。

（2）将自产产品一批用于建设某生产线工程，该批产品成本为160万元，市场售价为200万元。

（3）将闲置设备与乙公司签订2019—2021年经营租赁协议，根据协议规定年租金500万元（含税，税率为17%），当日已收取下年度租金。

（4）销售一批产品给丙公司，该批产品标价200万元，由于已经陈旧过时，甲公司给予丙公司30%的商业折扣。同时，在合同中约定现金折扣条件为2/10，1/20，N/30。（计算现金折扣时不考虑增值税）

（5）将自行研发的一项专利权出租给丁公司使用，月租金为10万元（不含税，税率6%），当日已收到本月租金。已知该专利权年摊销额为12万元。

要求：根据上述资料，不考虑其他因素，分析回答下列问题。（答案中金额单位以万元表示）

1.根据上述资料，下列说法中正确的是（ ）。

A.销售材料应作为甲公司“营业外收入”核算

B.将自产产品用于工程建设应确认收入

C.将设备出租当年无须确认收入

D.出租专利权应在当年确认收入

2.根据业务（2），下列会计处理正确的是

A.借：在建工程 160
　　贷：库存商品 160

B.借：在建工程 192
　　贷：库存商品 160
应交税费——应交增值税（销项税额） 32

C.借：在建工程 232
　　贷：主营业务收入 200
应交税费——应交增值税（销项税额） 32

D.借：主营业务成本 160
　　贷：库存商品 160

3.根据业务（4），下列说法中正确的是（ ）。

A.甲公司应按200万元确认收入，按60万元确认销售费用

B.甲公司应按扣除商业折扣后的金额确认收入

C.甲公司应按扣除现金折扣后的金额确认收入

D.甲公司实际发生现金折扣时计入财务费用

4.根据业务（5），下列会计处理正确的是（ ）。

A.借：银行存款 10.6
　　贷：预收账款 10.6

B.借：银行存款 10.6
　　贷：主营业务收入 10
　　　　应交税费——应交增值税（销项税额） 0.6

C.借：银行存款 10.6
　　贷：其他业务收入 10
　　　　应交税费——应交增值税（销项税额） 0.6

D.借：其他业务成本 12
　　贷：累计摊销 12

5.根据上述资料，甲公司2018年12月应确认的收入为（ ）万元。

A.245 B.685 C.185 D.385

（二）【资料2】平安公司为增值税一般纳税人，2018年6月发生如下经济业务：

（1）4日，与甲公司签订购销合同，向甲公司销售产品一批，该批产品售价为315万元，由于甲公司批量购买，平安公司给予甲公司15万元的商业折扣，同日商品发出，该批产品的成本为260万元。平安公司按折扣后的金额开具了增值税专用发票，款项尚未收到。合同约定现金折扣的条件为2/10，1/20，N/30。（计算现金折扣时不考虑增值税）

（2）8日，上月销售给乙公司的一批商品由于质量问题被全部退回。平安公司根据乙公司提供的销货退回证明单开具了红字增值税专用发票，发票注明的价款200万元，增值税税额32万元，该批商品的成本为150万元。平安公司以银行存款支付了上述款项。

（3）15日，平安公司收到了甲公司支付的扣除现金折扣后的购货款，并存入银行。

（4）20日，平安公司将一项商标权的使用权出租给丙公司5年，一次性收取全部款项106万元，并存入银行。平安公司向丙公司开具增值税专用发票注明的价款100万元，增值税税额6万元。根据合同约定，平安公司不提供任何后续服务。这商标权的月摊销额为1.5万元。

（5）25日，平安公司与丁公司签订委托代销协议，协议约定平安公司委托丁公司销售一批成本价为800万元的产品，平安公司与丁公司结算价格为1 000万元，并按结算价格的10%向丁公司支付委托代销手续费。当日平安公司将产品发给了公司。

（6）28日，收到非关联方捐赠现金100万元，款项已存入银行。

要求：根据上述资料，不考虑其他因素，分析回答下列问题。（答案中金额单位以万元表示）

1.根据以上资料，平安公司向甲公司销售产品及收款时应当编制的会计分录为（ ）。

A.借：应收账款 348
　　贷：主营业务收入 300
应交税费—应交增值税（销项税额） 48

B.借：主营业务成本 260
　　贷：库存商品 260

C.借：银行存款 345
　　财务费用 3
　　贷：应收账款 348

D.借：银行存款 339
　　财务费用 6
　　贷：应收账款 348

2.下列关于平安公司销货退回的表述中正确的是（ ）。

A.收到销货退回时应当冲减5月的主营业务收入

B.收到销货退回时应当冲减6月的主营业务收入
C.退回商品验收入库后会增加企业库存商品150万元
D.收到销货退回时应当冲减退回当月的主营业务成本

3.平安公司将商标权的使用权出租给丙公司时应当编制的会计分录为（ ）。

A.借：银行存款 106
贷：其他业务收入 100
应交税费——应交增值税（销项税额） 6

B.借：银行存款 106
贷：其他业务收入 11.67
预收账款 88.33
应交税费——应交增值税（销项税额） 6

C.借：银行存款 106
贷：其他应付款 100
应交税费——应交增值税（销项税额） 6

D.借：银行存款 106
贷：预收账款 100
应交税费——应交增值税（销项税额） 6

4.下列关于平安公司与丁公司签订委托代销协议的表述中不正确的是（ ）。

A.平安公司应当在发出商品时确认收入
B.平安公司发出委托代销商品时不会减少企业的存货
C.平安公司支付给丁公司的手续费应计入管理费用
D.平安公司应在收到丁公司代销清单时确认收入

5.平安公司6月利润表中“营业收入”项目填列正确的是（ ）。

A.300万元 B.200万元
C.400万元 D.1 300万元

（三）【资料3】甲公司为增值税一般纳税人，2018年10月3日与乙公司签订一项工程安装合同（安装劳务为其主营业务），工期为8个月。合同约定总安装费为1 000万元（不含税，税率为11%）。根据合同约定乙公司须分三次支付甲公司安装费，第一次为签订合同时，预付合同总金额（不含税）的20%，第二次为2018年12月31日，预付合同总金额（不含税）的60%，第三次为安装结束验收合格时，支付剩余安装费（含全部增值税）。截至2018年12月3日，发生的安装成本为210万元，预计还须发生安装成本390万元。甲公司提供的劳务交易结果能够可靠估计，采用完工百分比法确认收入，按已发生成本占估计总成本的比例确认完工进度。假定收取预收款时增值税纳税义务尚未发生，也无需预缴增值税。

要求：根据上述资料，不考虑其他因素，分析回答下列问题。（答案中金额单位用万元表示）

1.甲公司与乙公司签订安装合同时预收20%安装费应当编制的会计分录为（ ）。

A.借：银行存款 200
贷：主营业务收入 200

B.借：银行存款 200
贷：其他业务收入 200

C.借：银行存款 200
贷：预收账款 200

D.借：银行存款 200
贷：其他应付款 200

2.甲公司截至2018年12月31日的完工进度为（ ）。

A.35% B.21% C.20% D.100%

3.甲公司截至2018年12月31日应该再次预收的工程款是（ ）。

A.210万元 B.200万元 C.600万元 D.350万元

4.甲公司截至2018年12月31日应编制的会计分录为（ ）。

A.借：银行存款 600
贷：预收账款 600

B.借：预收账款 388.5
贷：主营业务收入 350
应交税费——应交增值税（销项税额） 38.5

C.借：主营业务成本 210
贷：劳务成本 210

D.借：银行存款 388.5
贷：主营业务收入 350
应交税费——应交增值税（销项税额） 38.5

5.下列关于提供劳务收入的表述中，正确的是（ ）。

A.如果提供的劳务交易未跨年，提供劳务的交易结果如果能够可靠估计，应当采用完工百分比法确认收入
B.甲公司2018年12月31日的完工进度为35%
C.甲公司随着劳务的不断提供或外部情况的不断变化，需要随时对将要发生的成本进行修订
D.如果2018年12月31日乙公司未按合同约定支付工程款，有证据表明剩余款项难以收回且提供劳务交易结果不能可靠估计，则甲公司不应确认收入

章章练参考答案及解析

一、单项选择题

1.【答案】C
【解析】违约金收入记入“营业外收入”，属于利得，不属于收入。
2.【答案】C
【解析】跨年度劳务，结果可以可靠估计，按完工百分比法确认收入，应确认的收入=30×60%=18万元。
3.【答案】B
【解析】2016年该企业应确认的劳务收入=200×60%−80=40万元。
4.【答案】C
解析：收到退回的所得税应计入营业外收入；处置投资取得的净收益作为投资收益，属于营业利润的计算范围，故该题目答案应为C。
5.【答案】C
【解析】计算现金折扣的时候考虑增值税，即按照应收账款的入账价值计算现金折扣，因此应给予客户的现金折扣=350×100×（1−10%）×（1+16%）×1%=365.4元。
6.【答案】C
【解析】该企业收款金额=120 000×（1+16%）×（1−1%）=137 808元。
7.【答案】D
【解析】“本年利润”账户贷方登记转来的收入和利得，借方登记转来的费用和损失，各月末余额反映本年累计的利润或亏损，年末结转后无余额，故选项D不正确。
8.【答案】B
【解析】应收账款的入账金额=2 000×（1−10%）×（1+16%）+150=2 238元。
9.【答案】D
【解析】不符合销售商品收入确认条件的发出商品的处理。
10.【答案】A
【解析】为购建或生产满足资本化条件的资产发生的应予以资本化的借款费用应计入相关资产成本；专设销售机构固定资产的折旧费应计入销售费用；企业行政管理部门设备折旧费用应计入管理费用，所以答案选A。
11.【答案】D
【解析】因A公司在销售该批商品时已得知B公司资金流转发生暂时困难，不符合收入确认条件，因此A公司在2012年1月9日的分录为：
借：发出商品　　12
　贷：库存商品　　12
借：应收账款　　3.2
　贷：应交税费——应交增值税（销项税额）3.2
12.【答案】B
【解析】如果发生销售折让时，企业尚未确认销售品收入，应在确认销售商品时直接按扣除销售折让后的金额确认，则A公同应确认的收入=10 000×（1−3%）=9 700万元。
13.【答案】C
【解析】企业应该按照扣除商业折扣的金额确认收入，并且收入中应该包括现金折扣，因此该企业在这项交易中应确认的收入=7 000×10×（1−15%）=297 500元。
14.【答案】B
【解析】随同产品出售且单独计价的包装物，应于包装物发出时结转其成本，计入其他业务成本科目；随同产品出售不单独计价的包装物，应于包装物发出时结转其成本，并计入销售费用科目。
15.【答案】B
【解析】车间用固定资产折旧与车间管理人员的工资应该计入制造费用中，制造费用不属于企业的期间费用，所以不计算在内；支付广告费计入销售费用；计提短期借款的利息计入财务费用；支付的车船税计入管理费用。销售费用、管理费用与财务费用属于期间费用，企业当期期间费用总额=30+20+10=60万元。
16.【答案】C
【解析】选项A固定资产维修费计入管理费用中；选项B聘请中介机构费计入管理费用中；选项C生产车间管理人员工资计入制造费用中；选项D企业发生的现金折扣计入财务费用。制造费用属于成本类账户，构成企业产品成本，不属于企业的期间费用，而不直接影响本期损益。因此正确答案为C。
17.【答案】C
【解析】本题考查管理费用核算的内容。发出商品途中保险费用应记入“销售费用”科目。
18.【答案】C
【解析】销售商品确认的销售成本通过主营业务成本科目核算，销售原材确认的销售成本通过其他业务成本科目来核算，实际发生的现金折扣计入财务费用科目核算，因此该题中计入其他业务成本的金额为10万元。
19.【答案】A
【解析】选项A，库存商品盘亏损失，对于入库的残料价值计入原材料，应收保险公司和过失人赔款计入其他应收款，扣除了残料价值和应由保险公司、过失人赔款后的净损失，属于一般经营损失的部分，计入管理费用，属于非正常损失的部分计入营业外支出。
20.【答案】B
【解析】财务费用核算企业为筹集生产经营所需资金等而发生的筹资费用，包括利息支出（减利息收入）、汇兑损益以及相关的手续费、企业发生的现金折扣或收到的现金折扣等。
21.【答案】A
【解析】选项A，存货发生盘盈，在报经批准后，应借记“将处理财产损溢”科目，贷记“管理费用等”科目；选项B，转销无法偿付的应付账款，应借记“应付账款”科目，贷记“营业外收入”科目；选项C，接受现金捐赠，应借记“库存现金”科目，贷记“营业外收入”科目；选项D，接受政府补助最终计入营业外收入中。
22.【答案】B
【解析】根据税法的规定，国债利息收入免交所得税，企业发生的税收滞纳金是不能在税前扣除的，所以企业的应纳税所得额=1 800-200+6=1 606万元，该企业20×9年度所得税费用=（1 800-200+6）×25%=401.5万元。

23.【答案】B

【解析】本题考查本年利润的结转处理。期末将损益类科目结转至本年利润后，“本年利润”科目如为贷方余额，表示当年实现的净利润，如为借方余额，表示当年的净损失。

24.【答案】A

【解析】按照新的规定无法支付的应付账款应该计入“营业外收入”。

二、多项选择题

1.【答案】ABD

【解析】收入包含主营业务收入和其他业务收入，选项C对外出租包装物收入计入其他业务收入科目。其余选项不符合收入的确认条件，不应确认为收入。

2.【答案】ABC

【解析】本题考查财务费用核算的内容。支付银行承兑汇票的手续费，带息商业汇票的利息以及外币应付账款汇兑损失，计入财务费用。公司发行股票支付的手续费、佣金等发行费用并不计入财务费用，而是应从溢价发行收入中抵扣；无溢价或溢价不足以抵扣的部分，冲减盈余公积和未分配利润。

3.【答案】BCD

【解析】本题考查提供劳务收入的相关内容。在同一会计期间内开始并完成的劳务，应在劳务完成时确认收入，确认的金额为合同或协议总金额，因此，选项A不正确；如劳务的开始和完成分属不同的会计期间，且在资产负债表日能对该项交易物结果作出可靠估计的，应按完工百分比法确认收入，因此，选项D正确；企业在张负债表日，如不能可靠地估计所提供劳务的交易结果，则不能按完工百分比法确认收入。这时企业应正确预计已经收回或将要收回的款项能弥补多少已经发生的成本。如果已经发生的劳务成本预计部分能够得到补偿，应按能够得到补偿的劳务成本金额确认收入（全部不能得到补偿则收入为零），同时，按已经发生的金额结转成本，因此，选项B正确；如果已经发生的劳务成本预计全部能够得到补偿的，应按已收或预计能够收回的金额确认提供劳务收入，并结转已经发生的成本，因此，选项C正确。

4.【答案】ABCD

【解析】企业跨期提供劳务的，期末可以按照完工百分比法确认收入的条件包括：第一，劳务总收入和总成本能够可靠地计量；第二，与交易相关的经济利益能够流入企业；第三，劳务的完成程度能够可靠地确定。

5.【答案】BC

【解析】如劳务的开始和完成分属于不同会计期间，且在期末能对该项劳务交易的结果作出可靠估计的，应按完工百分比法确认收入，选项A叙述不完整，所以不正确。收取手续费方式下委托代销商品都是在收到代销清单时确认收入的，所以选项B是正确的。资产使用费收入应当按合同规定确认，选项C正确。预收款销售下，应该在发出商品时确认收入，因此，选项D不正确。

6.【答案】BC

【解析】出租包装物和随同产品出售单独计价的包装物产生的收入计入其他业务收入账户，其成本摊销应计入其他业务成本账户。选项A，出借包装物成本的摊销计入销售费用，选项D，随同产品出售不单独计价的包装物成本计入销售费用。

7.【答案】BC

【解析】现金折扣方式销售产品，销售方应按合同总价款全额计量收入，当现金折扣以后实际发生时，应确认为财务费用。

8.【答案】ABC

【解析】董事会会费，劳动保险费应计入管理费用，销售人员的工资应计入销售费用，季节性停工损失应计入制造费用，因此本题中属于期间费用的有选项ABC。

9.【答案】BCD

【解析】本题考查管理费用核算的内容。出租的无形资产摊销应记入“其他业务成本”科目，生产车间管理人员的工资应计入“制造费用”，计提坏账准备应计入“资产减值损失”科目。离退休人员工资直接记入“管理费用”。

10.【答案】CD

【解析】选项A应计入其他业务成本；选项B应计入管理费用。

11.【答案】ABD

【解析】管理人员的工资计入管理费用，广告费和专设销售机构的职工工资计入的费用，固定资产安装工人工资支出应计入在建工程成本。

12.【答案】AC

【解析】董事会会费、劳动保险费应计入管理费用，季节性停工损失应计入制造费用。

三、判断题

1.【答案】错误。

【解析】商品的成本能够可靠地计量是确认收入的五个条件之一，不满足则不该确认收入。

2.【答案】错误。

【解析】收入是从企业的日常经营活动中产生的，而不是从偶发的交易或事项中发生的。企业的收入包括主营业务收入和其他业务收入。营业外收入是非日常经营活动中产生的，不属于收入，属于利得。

3.【答案】错误。

【解析】企业跨期提供劳务的，如果资产负债表日能对交易的结果作出可靠估计，应该按完工百分比法确认收入，结转成本。

4.【答案】错误。

【解析】费用具体包括成本费用和期间费用。

5.【答案】错误。

【解析】本题考查财务费用的核算。非资产负债表日后期间发生销售折让应在实际发生时冲减当期销售收入（发生销售折让时已确认销售商品收入）及相关税金，或应直接按扣除折让后的金额确认销售商品收入（发生销售折让时未确认销售商品收入）。现金折扣在实际发生时才计入当期财务费用。

6.【答案】错误。

【解析】企业为客户提供的现金折扣应在实际发生时计入当期的财务费用。

7.【答案】错误。

【解析】企业生产经营期间的长期借款利息支出，如果满足资本化条件的，应该计入相关资产成本中，如果不满足资本化条件的，应该计入财务费用中。

8.【答案】错误。
【解析】利得和损失是指由企业非日常活动所形成的，会导致权益变动的，与所有者投入资本或向所有者分配利润无关的经济利益的流入或流出，利得和损失包括直接计入当期利润的利得和损失以及直接计入所有者权益的利得和损失，其中，直接计入所有者权益的利得和损失，是指不应计入当期损益，会导致所有者权益发生增减变动的，与所有者投入资本或者向所有者分配利润无关的利得或者失。
9.【答案】错误。
【解析】表结法下，各损益类科目每月只须结计出本月发生额和月末累计余颗，不结转到本年利润科目。而账结法下，每月月末均须编制转账凭证，将在账上结计出的各损益类科目的余额结转入本年利润科目。
10.【答案】错误。
【解析】企业盘盈的固定资产应该作为前期差错处理，计入以前年度损益调整科目。

四、不定项选择题

（一）【答案】1.CD；2.A；3.BD；4.C；5.C
【解析】
1.销售原材料应作为其他业务收入核算，选项A错误；自产产品用于工程建设无确认收入，选项B错误。
2.根据规定，企业将自产产品用于在建工程无须视同销售，所以选项BCD错误。
3.甲公司应按扣除商业折扣后的金额确认收入，同时确认收入时不考虑现金折扣，甲公司应编制的会计分录为：
借：应收账款　　163.8
　贷：主营业务收入　140
　　应交税费——应交增值税（销项税额）23.8
所以选项AC错误。
4.甲公司为工业企业，将专利权对外出租应作为“其他业务收入”核算，选项B错误；收取当月租金应计入其他业务收入，所以选项A错误；专利权月摊销额=12/12=1万元，所以选项D错误。
5.甲公司12月应确认的收入=35（1）+140（4）+10（5）=185万元。
（二）【答案】1.ABC；2.BCD；3.A；4.AC；5.B
【解析】
1.实际收款时发生的现金折扣=（315-15）×1%=3万元，所以选项D不正确。
2.平安公司销货退回时，应当编制的会计分录为：
借：主营业务收入　200
　应交税费——应交增值税（销项税额）　32
　贷：银行存款　232
借：库存商品　150
　贷：主营业务成本　150
3.如果合同或协议规定使用费一次性收取，且不提供后续服务的，视同销售该资产一次性确认收入。
4.采用支付手续费方式的委托代销，委托方应在收到受托方开出的代销清单时确认收入。支付给受托方的手续费入销售费用中。发出商品时应编制的会计分录为：
借：委托代销商　800
　贷：库存商品　800
5.营业收入=300-200+100=200万元。
（三）【答案】1.C；2.A；3.C；4.ABC；5.BC
【解析】
1.合同签订时取得的预收款项应当编的会计分录为：
借：银行存款　200
　贷：预收账款　200
选项C是正确的。
2.2018年12月31日，甲公司应当采用完工百分比法计算完工进度，并据此确定当期收入及成本。完工进度=210÷（210+390）×100%=35%，选项A是正确的。
3.根据合同约定2018年12月31日应当再次预收工程款=1 000×60%=600万元，所以选项C均是正确的。
4.2018年12月31日，甲公司应当采用完工百分比法计算完工进度，并据此确定当期收入及成本。完工进度=210÷（210+390）×100%=35%，所以应当确认的收入=1 000×35%=350万元，应当结转的成本为210万元；根据合同约定2018年12月31日应当再次预收工程款=1 000×60%=600万元，所以选项ABC均是正确的。
5.如果提供的劳务交易未跨年，提供劳务的交易结果能够可靠估计，则应在劳务完成时确认收入，选项A不正确；如果提供劳务交易结果不能可靠估计，已经发生的劳务成本预计部分能够得到补偿的，应按能够得到部分补偿的劳务成本金额确认提供劳务收入，并按已经发生的劳务成本结转成本，选项D不正确。

06

第六章 财务报表

精准考点　提前了解

财务报告 P251

资产负债表概述
P251

考情早知道

【考情分析】

本章预计分值为9分左右。在历年考试中，本章内容在各种题型中均出现相关考点。主要考查资产负债表的填列方法、利润表的相关计算等，覆盖了各种题型。同时，由于与前面五大章节的紧密联系，因此考查本章内容的不定项选择题往往具有较大的综合性，难度也较大，考生应高度注意。

本章共分三节。

【考题形式及重要程度】

节　　次	考试题型	重要程度
第一节　资产负债表	单选、多选、判断、不定项	★★★
第二节　利润表	单选、多选、判断、不定项	★★★
第三节　所有者权益变动表及附注	单选、判断	★

【考纲新动态】

2019年第六章财务报表中包含了三节内容，分别是资产负债表、利润表、所有者权益变动表及附注，与2018年相比较没有发生结构性的变化，内容变化很小。相比2017年及以前年度而言，删掉了财务报表概述和现金流量表两节内容。

第一节　资产负债表

一、资产负债表概述

资产负债表是指反映企业在某一特定日期的财务状况的报表，是企业经营活动的静态体现。资产负债表的编报基础是静态会计等式，即资产=负债+所有者权益。

（一）资产

按照流动资产和非流动资产两大类别列示。流动资产是指预计在一个正常营业周期中变现、出售或耗用，或者主要为交易目的而持有，或者预计在资产负债表日起一年内（含一年）变现的资产，或者自资产负债表日起一年内交换其他资产或清偿负债的能力不受限制的现金或现金等价物。流动资产以外的资产属于非流动资产。

【例题·多选题】下列各项中，属于企业流动资产的有（　　）。

A.为交易目的而持有的资产

B.预计自资产负债表日起一年内变现的资产

C.预计在一个正常企业周期中变现的资产

D.自资产负债表日起一年内清偿负债的能力不受限制的现金

【答案】ABCD

【解析】流动资产是指预计在一个正常营业周期中变现、出售或耗用，或者主要为交易目的而持有，或者预计在资产负债表日起一年内（含一年）变现的资产，或者自资产负债表日起一年内交换其他资产或清偿负债的能力不受限制的现金或现金等价物。

（二）负债

按照流动负债和非流动负债两大类别列示。

（三）所有者权益

所有者权益包括：实收资本、资本公积、其他综合收益、盈余公积和未分配利润。

二、资产负债表的结构

（一）基本结构

分表头、表体两个部分。

（二）表体的格式（★★）

我国的资产负债表采用账户式，即左侧列报资产方，反映全部资产的分布及存在形态，一般按资产的流动性大小排列；右侧列报负债方和所有者权益方，反映全部负债和所有者权益的内容及构成情况，一般按要求清偿时间的先后顺序排列。流动负债排在前面，非流动负债排在中间，在企业清算之前不需要偿还的所有者权益项目排在后面。

表6-1 资产负债表（简表）

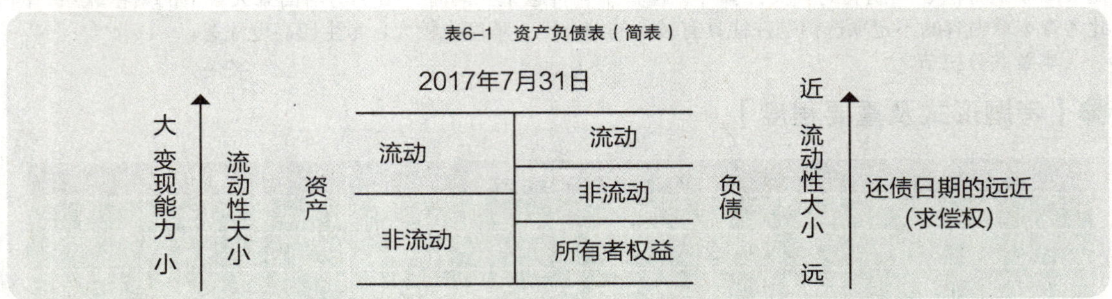

★【专家一对一】

资产负债表的表体格式主要有账户式和报告式两种，我国企业的资产负债表采用的是账户式。

【例题·判断题】我国企业资产负债表一般采用的是报告式结构。（　　）

【答案】错误。

【解析】我国企业的资产负债表采用的是账户式，这种结果的资产负债表分左右两方。

三、资产负债表的编制（★★★）

（一）资产负债表各项目均须填列“年初余额”和“期末余额”两栏。

（二）资产负债表的“年初余额”栏内各项数字，应根据上年年末资产负债表的“期末余额”栏内所列数字填列。

（三）资产负债表的“期末余额”是根据会计账簿中所反映的各类账户的期末余额填列的。

资产负债表的“期末余额”主要有以下几种填列方法：

1.根据总账科目的余额填列。

表6-2 资产负债表的“期末余额”填列方式

方　法	项　目
根据总账科目余额直接填列	以公允价值计量且其变动计入当期损益的金融资产、工程物资、固定资产清理、短期借款、应付票据、资本公积等
根据总账科目余额计算填列	货币资金=库存现金+银行存款+其他货币资金

【例题·单选题】（2015）下列各项中，资产负债表中“期末余额”根据总账科目余额直接填列的项目是（　　）。

A.固定资产　　B.在建工程　　C.应付账款　　D.短期借款

【答案】D

【解析】根据总账科目余额直接填列的包括以公允价值计量且其变动计入当期损益的金融资产、工程物资、固定资产清理、短期借款、应付票据、资本公积等，根据总账账户余额填列。

【例题·单选题】（2017）下列各项中，应根据总账科目的余额直接在资产负债表中填列的是（　　）。

A.应付账款　　B.货币资金　　C.长期借款　　D.短期借款

【答案】D

【解析】选项A，应付账款应根据“应付账款”和“预付账款”所属的明细科目的期末贷方余额合计数填列；选项B，货币资金应根据几个总账科目的期末余额计算填列；选项C，短期借款应根据总账科目和明细账科目余额分析计算填列。

2.根据明细账科目余额计算填列。

（1）应收账款、预收款项

①应收里面有预收，预收里面有应收；

②应收账款项目填列金额＝两收明细借方余额–“坏账准备”账户余额中的相应部分；

“坏账准备”是所有应收及预付款项的备抵项目。

③预收款项项目填列金额＝两收明细贷方余额。

（2）预付款项，应付账款

①应付里面有预付，预付里面有应付；

②预付款项项目填列金额＝两付明细借方余额–坏账准备账户余额中的相应部分；

③应付账款项目填列金额＝两付明细贷方余额。

（3）“预付款项”项目，根据“应付账款”和“预付 账款”科目 借方余额，减去与“预付账款”有关的坏账准备贷方余额计算填列；

（4）“预收款项”项目，根据“应收账款”和“预收账款”科目贷方余额计算填列；

【例题·单选题】下列各项中，关于资产负债表“预收款项”项目填列方法表述正确的是（　　）。

A.根据“预收账款”科目的期末余额填列

B.根据“预收账款”和“应收账款”科目所属各明细科目的期末贷方余额合计数填列

C.根据“预收账款”和“预付账款”科目所属各明细科目的期末借方余额合计数填列

D.根据“预收账款”和“应付账款”科目所属各明细科目的期末贷方余额合计数填列

【答案】B

【解析】“预收款项”项目根据“预收账款”和“应收账款”科目所属各明细科目的期末贷方余额合计数填列。

【例题·单选题】（2016）期末，某企业“预收账款”科目所属各明细科目借方余额合计20万元，“应收账款”科目所属各明细科目借方余额合计60万元，“坏账准备”科目贷方余额为30万元，该企业资产负债表“应收账款”项目期末余额为（　　）万元。

A.80　　B.30　　C.50　　D.60

【答案】C

【解析】“应收账款”项目期末余额＝“应收账款”科目所属各明细科目的期末借方余额合计数+“预收账款”科目所属各明细科目的期末借方余额合计数–应收账款“坏账准备”期末余额＝60+20–30＝50万元。

（5）“开发支出”项目：应根据“研发支出”账户中所属的“资本化支出”明细账户期末余额计算填列。

【例题·判断题】（2017）资产负债表中“开发支出”项目应根据“研发支出”科目中所属的“资本化支出”明细科目期末余额填列。（　　）

【答案】正确。

【解析】“开发支出”项目：应根据“研发支出”账户中所属的“资本化支出”明细账户期末余额计算填列。

（6）“应付职工薪酬”项目：根据“应付职工薪酬”账户的明细账户期末余额分析填列。

（7）“一年内到期的非流动资产”“一年内到期的非流动负债”项目：根据有关非流动资产和非流动负债项目的明细科目余额计算填列。

【例题·单选题】某企业2015年4月1日从银行借入期限为3年的长期借款400万元，编制2017年12月31日的资产负债表时，此项借款应填入的报表项目是（　　）。

A.短期借款　　B.长期借款

C.其他长期负债　　D.一年内到期的非流动负债

【答案】D

【解析】2015年4月1日从银行借入期限为3年的长期借款，该项借款到2017年12月31日还有3个月的时间就要到期，则该项借款应填入2017年度资产负债表中的“一年内到期的非流动负债”项目中。

（5）“未分配利润”项目，应根据“利润分配”账户中所属的“未分配利润”明细账户期末余额填列。

3.根据总账账户和明细账账户余额分析计算填列。

“长期借款”项目，应根据“长期借款”总账账户余额扣除“长期借款”账户所属的明细账户中将在资产负债表日起一年内到期且企业不能自主地将清偿义务展期的长期借款后的金额计算填列。

“长期待摊费用”项目，应根据“长期待摊费用”科目的期末余额减去将于一年内（含一年）摊销的数额后的金额填列。

4.根据有关科目余额减去其备抵科目余额后的净额填列。

“可供出售金融资产”“持有至到期投资”“长期股权投资”“在建工程”项目，应根据相关账户的期末余额填列，已计提减值准备的，还应扣减相应的减值准备。

“固定资产”“无形资产”“投资性房地产（采用成本模式计量的）项目，应根据相关账户的期末余额扣减相关的累计折旧（或摊销、折耗）填列，已计提减值准备的，还应扣减相应的减值准备。

【专家一对一】

几个常考的项目归纳：

①应收及预付款项＝有关科目的期末余额–坏账准备

②固定资产＝固定资产–累计折旧–固定资产减值准备

③无形资产＝无形资产–累计摊销–无形资产减值准备

④在建工程＝在建工程–在建工程减值准备

【例题·单选题】（2018）2017年12月31日，某企业“固定资产”科目借方余额为3000万元，“累计折旧”科目贷方余额为1400万元，“固定资产减值准备”科目贷方余额为200万元。2017年12月31日，该企业资产负债表中“固定资产”项目期末余额应列示的金额为（　　）万元。

A.3000　　B.1600　　C.1400　　D.2800

【答案】C

【解析】固定资产账面价值=固定资产账面余额–累计折旧–固定资产减值准备=3000–1400–200=1400万元。

【例题·单选题】（2017）下列资产负债表项目中，应根据有关科目余额减去其备抵科目余额填列的是（　　）。

A.长期待摊费用　　B.固定资产　　C.开发支出　　D.货币资金

【答案】B

【解析】选项A“长期待摊费用”项目，应根据“长期待摊费用”科目的期末余额减去将于一年内（含一年）摊销的数额后的金额填列；选项C“开发支出”项目：应根据“研发支出”账户中所属的“资本化支出”明细账户期末余额计算填列；选项D，应根据几个总账科目的期末余额计算填列。

5.综合运用上述填列方法分析填列。

存货＝原材料+库存商品+委托加工物资+周转材料+材料采购+在途物资+发出商品+委托代销商品+生产成本+材料成本差异（借加，贷减）+受托代销商品等–存货跌价准备–受托代销商品款–商品进销差价

【专家一对一】

工程物资不属于企业的存货，而是非流动资产，单独列示在资产负债表非流动资产中的“工程物资”项目。

【例题·单选题】2014年12月31日，某企业“工程物资”科目的借方余额为300万元，“发出商品”科目的借方余额为40万元，“原材料”科目的借方余额为70万元。“材料成本差异”科目的贷方余额为5万元，不考虑其他因素，该企业12月31日资产负债表中“存货”项目的期末余额为（ ）万元。

A.115　　B.105　　C.405　　D.365

【答案】B

【解析】“存货”项目的期末余额=40+70-5=105万元。

【例题·单选题】（2017）某企业采用实际成本法核算存货。年末结账后，该企业“原材料”科目借方余额为80万元，“工程物资”科目借方余额为16万元，“在途物资”科目借方余额为20万元。不考虑其他因素，该企业年末资产负债表“存货”项目的期末余额为（ ）万元。

A.100　　B.116　　C.96　　D.80

【答案】A

【解析】工程物资不属于存货，所以该企业资产负债表“存货”项目的期末余额＝80+20＝100万元。

【例题·单选题】（2016）2015年12月31日，某企业“材料采购”总账科目借方余额为20万元，“原材料”总账科目借方余额为25万元，“材料成本差异”总账科目贷方余额为3万元。不考虑其他因素，该企业资产负债表中“存货”项目期末余额为（ ）万元。

A.48　　B.45　　C.42　　D.22

【答案】C

【解析】该企业资产负债表中“存货”项目期末余额＝20+25-3＝42万元。

★【专家一点通】

资产项目	填列方法
货币资金	库存现金+银行存款+其他货币资金
应收票据及应收账款	应收票据+（应收账款+预收账款）明细账借方余额-坏账准备
预付款项	（预付账款+应付账款）明细账借方余额-坏账准备
存货	原材料+库存商品+委托加工物资+周转材料+材料采购+在途物资+发出商品+委托代销商品+生产成本+材料成本差异（借加，贷减）+受托代销商品等-存货跌价准备-受托代销商品款-商品进销差价
固定资产	账面余额-累计折旧-固定资产减值准备
在建工程	账面余额-在建工程减值准备
无形资产	账面余额-累计摊销-无形资产减值准备
开发支出	资本化支出明细科目的期末余额
长期待摊费用	总账科目余额-将于一年内摊销的金额
负债项目	**填列方法**
短期借款	“短期借款”总账科目余额
应付票据及应付账款	“应付票据”+（应付账款+预付账款）明细账贷方余额
预收款项	（应收账款+预收账款）明细账贷方余额
应付职工薪酬	所属明细科目期末贷方余额
长期借款	总账科目余额-所属的明细科目中将于一年内到期的金额
所有者权益项目	**填列方法**
实收资本	“实收资本”总账科目余额
未分配利润	本年利润+利润分配

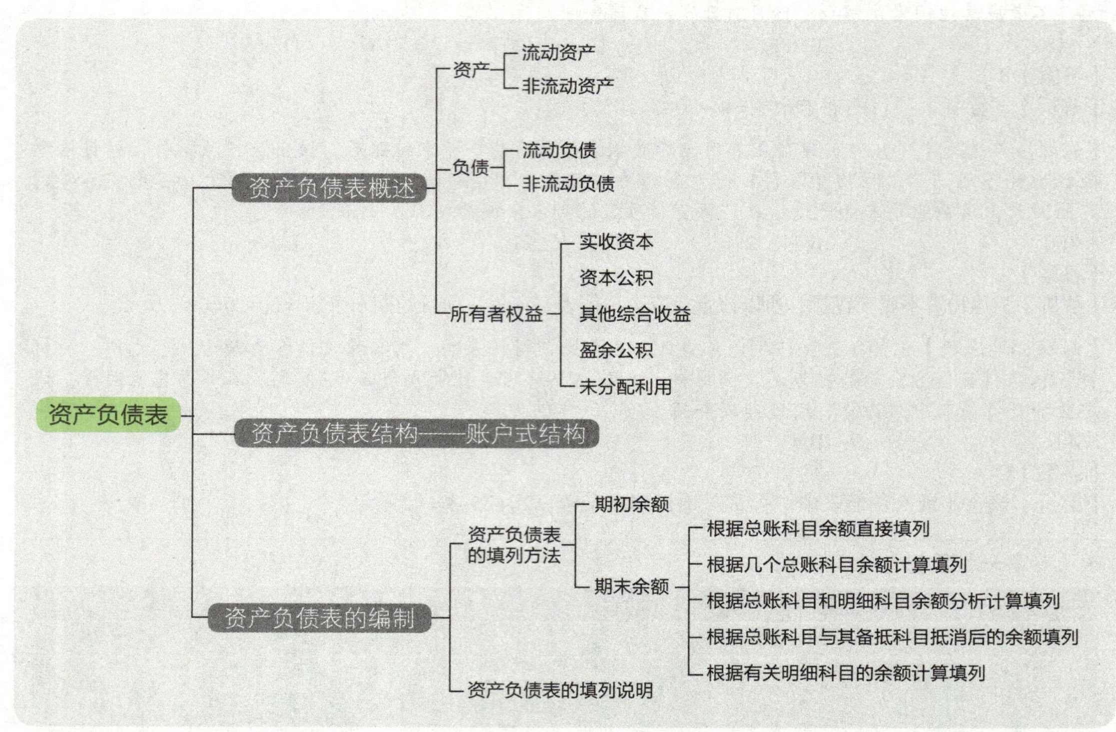

节 节 测

一、单项选择题

1.某企业“预收账款”科目年末贷方余额20 000元，其中：“预收账款——甲公司”明细科目贷方余额17 500元，“预收账款——乙公司”明细科目贷方余额2 500元；“应收账款”科目月末借方余额15 000元，其中：“应收账款——A工厂”明细科目借方余额25 000元，“应收账款——B工厂”明细科目贷方余额10 000元。假定不考虑其他因素，该企业年末资产负债表中“预收款项”项目的金额为（　　）元。

A.10 000　B.15 000　C.20 000　D.30 000

【答案】D

【解析】预收款项=17 500+2 500+10 000=30 000元

2.2017年12月初某企业“应收账款”科目借方余额为300万元，相应的“坏账准备”科目贷方余额为20万元，本月实际发生坏账损失6万元。2017年12月31日经减值测试，该企业应补提坏账准备11万元。假定不考虑其他因素，2017年12月31日该企业资产负债表“应收账款”项目的金额为（　　）万元。

A.269　B.274　C.275　D.280

【答案】A

【解析】应收账款项目金额=（300−6）−（20−6+11）=269万元。

3.下列各项中，属于直接根据总分类账户余额填列的资产负债表项目是（　　）。

A.应付票据　B.应收账款
C.未分配利润　D.存货

【答案】A

【解析】在资产负债表中，可直接根据总账账户的期末余额填列的项目有“应付票据”“短期借款”“应付职工薪酬”等。

4.甲企业采用计划成本法核算材料，2013年12月31日结账后有关科目的余额如下：材料采购借方余额为100万元，原材料借方余额为2 600万元，周转材料借方余额为200万元，库存商品借方余额为5 000万元，发出商品为300万元，委托代销商品借方发生额为400万元，生产成本借方余额为1 000万元，材料成本差异贷方发生额为600万元，存货跌价准备贷方发生额为400万元。则2013年12月31日，甲企业资产负债表中的存货项目的金额是（　　）万元。

A.8 600　B.8 723　C.7 600　D.9 800

【答案】A

【解析】存货=100+2 600+200+5 000+300+400+1 000−600−400=8 600万元

5.下列资产负债表项目中，根据有关科目余额减去其备抵科目余额后的净额填列的是（　　）。

A.预收账款 B.短期借款 C.无形资产 D.长期借款

【答案】C

【解析】“预收款项”项目，需要根据“应收账款”科目贷方余额和“预收账款”科目贷方余额计算填列，选项A错误；“短期借款”项目直接根据有关总账科目的期末余额填列，选项B错误；“无形资产”项目，应当根据“无形资产”科目的期末余额，减去“累计摊销”“无形资产减值准备”等备抵科目余额后的净额填列，选项C正确；“长期借款”项目，根据“长期借款”总账科目余额扣除“长期借款”科目所属的明细科目中将在一年内到期且企业不能自主地将清偿义务展期的长期借款后的金额计算填列，选项D错误。

二、多项选择题

1.下列各项中，应在资产负债表“预付款项”项目列示的有（ ）。

A.“应付账款”科目所属明细账科目的借方余额

B.“应付账款”科目所属明细账科目的贷方余额

C.“预付账款”科目所属明细账科目的借方余额

D.“预付账款”科目所属明细账科目的贷方余额

【答案】AC

【解析】预付款项金额=预付账款所属明细科目借方余额+应付账款所属明细科目借方余额

2.下列各项中，应在资产负债表“应收账款”项目列示的有（ ）。

A.“预收账款”科目所属明细科目的贷方余额

B.“应收账款”科目所属明细科目的借方余额

C.“应收账款”科目所属明细科目的贷方余额

D.“预收账款”科目所属明细科目的借方余额

【答案】BD

【解析】应收账款金额=应收账款所属明细科目借方余额+预收账款所属明细科目借方余额

4.下列各项中，通过存货项目核算的有（ ）。

A.发出商品

B.存货跌价准备

C.材料成本差异

D.在途物资

【答案】ABCD

【解析】“存货”项目，反映企业期末在库、在途和在加工中的各种存货的可变现净值或成本（成本与可变现净值孰低）。本项目应根据“材料采购”“原材料”“低值易耗品”“库存商品”“周转材料”“委托加工物资”“委托代销商品”“生产成本”“受托代销商品”等科目的期末余额合计数，减去“受托代销商品款”“存货跌价准备”科目期末余额后的净额填列。材料采用计划成本核算，以及库存商品采用计划成本核算或售价核算的企业，还应按加或减材料成本差异、商品进销差价后的金额填列。

三、判断题

1.年末，企业应将于一年内（含一年）摊销的长期待摊费用，列入资产负债表“一年内到期的非流动资产”项目。（ ）

【答案】正确。

【解析】“长期待摊费用”项目，应根据“长期待摊费用”科目的期末余额减去将于一年内（含一年）摊销的数额后的金额填列。一年内（含一年）摊销的数额应列入资产负债表“一年内到期的非流动资产”项目。

2.资产负债表中“开发支出”项目应根据“研发支出”科目中所属的“资本化支出”明细科目期末余额填列。（ ）

【答案】正确。

【解析】“开发支出”项目：应根据“研发支出”账户中所属的“资本化支出”明细账户期末余额计算填列。

3.资产负债表日，应根据“库存现金”“银行存款”和“其他货币资金”三个总账科目的期末余额合计数填列资产负债表“货币资金”项目。（ ）

【答案】正确。

【解析】“货币资金”项目应根据“库存现金”“银行存款”和“其他货币资金”三个总账科目的期末余额合计数填列

4.“长期借款”项目，根据“长期借款”总账科目余额直接填列。（ ）

【答案】错误。

【解析】“长期借款”项目，应根据“长期借款”总账账户余额扣除“长期借款”账户所属的明细账户中将在资产负债表日起一年内到期且企业不能自主地将清偿义务展期的长期借款后的金额计算填列。

第二节 利润表

一、利润表概述（★）

利润表的概念：又称损益表，是指反映企业在一定会计期间的经营成果的报表。

编制原理：收入-费用=利润。

利润表包括的项目主要有营业收入、营业成本、税金及附加、销售费用、管理费用、研发费用、财务费用、资产减值损失、其他收益、投资收益、公允价值变动收益、资产处置收益、营业利润、营业外收入、营业外支出、利润总额、所得税费用、净利润、其他综合收益的税后净额、综合收益总额、每股收益等。

二、利润表的结构（★★）

在我国，企业利润表采用的基本上是多步式结构，即通过对当期的收入、费用项目按性质加以归类，按利润形成的主要环节列示一些中间性利润指标，分步计算当期净损益。

表6-3 利润表

编制单位：×× ××年度 单位：元

项 目	本年金额	上年金额
一、营业收入		
减：营业成本		
税金及附加		
销售费用		
管理费用		
研发费用		
财务费用		
其中：利息费用		
利息收入		
资产减值损失		
信用减值损失		
加：其他收益		
投资收益（损失以“-”号填列）		
公允价值变动收益（损失以“-”号填列）		
资产处置收益（损失以“-”号填列）		
二、营业利润（亏损以“-”号填列）		
加：营业外收入		
减：营业外支出		
三、利润总额（亏损总额以“-”号填列）		
减：所得税费用		
四、净利润（净亏损以“-”号填列）		
五、其他综合收益的税后净额		
（一）以后会计期间不能重分类进损益的其他综合收益		
（二）以后会计期间在满足规定条件时将重分类进损益的其他综合收益		
六、综合收益总额		
七、每股收益		
（一）基本每股收益		
（二）稀释每股收益		

【例题·单选题】下列各项中，影响利润表中“营业利润”项目的是（　　）。
A.盘亏固定资产净损失　　B.计提固定资产减值准备
C.发生的所得税费用　　D.转让无形资产的净收益
【答案】B
【解析】选项A和D影响利润总额，选项C影响净利润。

三、利润表的编制（★★★）

（一）编制步骤

我国企业利润表的主要编制步骤如下：

第一步，以营业收入为基础，减去营业成本、税金及附加、销售费用、管理费用、财务费用、资产减值损失，加上公允价值变动收益（或减去公允价值变动损失）、投资收益（或减去投资损失）和其他收益，计算出营业利润。

第二步，以营业利润为基础，加上营业外收入，减去营业外支出，计算出利润总额。

第三步，以利润总额为基础，减去所得税费用，即计算出净利润（或净亏损）。

第四步，以净利润（或净亏损）为基础，计算出每股收益。

第五步，以净利润（或净亏损）和其他综合收益为基础,计算出综合收益总额。

【例题·单选题】下列各项中,不属于利润表“利润总额”项目的内容的是（　　）。
A.确认的资产减值损失　　B.无法查明原因的现金溢余
C.确认的所得税费用　　D.收到政府补助确认的其他收益
【答案】C
【解析】净利润=利润总额-所得税费用，计算利润总额时不需要考虑所得税费用，计算净利润时需要考虑，故选项C 不属于。

【例题·单选题】（2017）下列各项中，不属于企业利润表项目的是（　　）。
A.综合收益总额　　B.公允价值变动收益
C.每股收益　　D.未分配利润
【答案】D
【解析】D选项“未分配利润”属于资产负债表中的所有者权益项目。

（二）利润表项目的填列说明

1.营业收入。

反映企业经营主要业务和其他业务所确认的收入总额。

本项目应根据“主营业务收入”和“其他业务收入”账户发生额分析填列。

【例题·单选题】（2018）2017年12月，甲公司的主营业务收入 60 万元，其他业务收入 10 万元，营业外收入 5 万元，则甲公司 12月份应确认的营业收入金额为（　　）万元。
A.70　　B.60　　C.75　　D.65
【答案】A
【解析】营业收入包括主营业务收入和其他业务收入，则甲公司 12月份应确认的营业收入金额=60+10=70万元。

2.营业成本。

本项目应根据“主营业务成本”和“其他业务成本”科目的发生额分析填列。

【例题·多选题】（2018）下列各项中，应列入利润表“营业成本”项目的有（　　）。
A.随同商品出售单独计价的包装物成本　　B.销售材料的成本
C.商品流通企业销售外购商品的成本　　D.随同商品出售不单独计价的包装物成本
【答案】ABC
【解析】营业成本包括主营业务成本和其他业务成本。选项 AB 计入其他业务成本；选项 C计入主营业务成本；选项 D 随同商品出售不单独计价的包装物，应按实际成本计入销售费用。

3.税金及附加。

反映企业经营业务应负担的消费税、城市维护建设税、资源税、土地增值税和教育费附加等。

本项目应根据“税金及附加”科目的发生额分析填列。

4.财务费用。

反映企业筹集生产经营所需资金等而发生的筹资费用。

本项目根据“财务费用”科目发生额分析填列。

【例题·单选题】（2017）2016年11月份，某企业确认短期借款利息7.2万元（不考虑增值税），收到银行活期存款利息收入1.5万元。开具银行承兑汇票支付手续费0.5万元（不考虑增值税）。不考虑其他因素。11月份企业利润表中“财务费用”项目的本期金额为（　　）万元。

A.5.7　　B.5.2　　C.7.7　　D.6.2

【答案】D

【解析】11月份企业利润表中“财务费用”项目的本期金额=7.2-1.5+0.5=6.2万元。

5.销售费用。

反映企业在销售商品过程中发生的包装费、广告费等费用和为销售本企业商品而专设的销售机构的职工薪酬、业务费等经营费用。

本项目应根据“销售费用”科目的发生额分析填列。

6.研发费用：反映企业进行研发过程中发生的费用化支出，该项目根据“管理费用”科目下的“研发费用”明细科目的发生额分析填列。

7.管理费用。

反映企业为组织和管理生产经营发生的管理费用。

本项目应根据“管理费用”的发生额分析填列。

8.资产减值损失。

本项目根据“资产减值损失”科目发生额分析填列。

9.信用减值损失。

反映企业计提的各项金融工具减值准备所形成的预期信用损失。该项目应根据“信用减值损失”科目的发生金额分析填列。

10.其他收益。

反映计入其他收益的政府补助等。本项目应根据“其他收益”科目 的发生额分析填列。

11.投资收益。

本项目根据“投资收益”科目发生额分析填列，如为投资损失，则以“-”号填列。

12.公允价值变动收益。

本项目根据“公允价值变动损益”科目发生额分析填列，如为净损失，则以“-”号填列。

【例题·单选题】（2016）2015年12月10日，甲公司购入乙公司股票10万股，作为交易性金融资产核算，支付价款249万元，另支付交易费用0.6万元。12月31日，该股票公允价值为258万元，2015年甲公司利润表中“公允价值变动收益”项目的本年金额为（　　）万元。

A.9　　B.9.6　　C.8.4　　D.0.6

【答案】A

【解析】购入交易性金融资产的交易费用不计入交易性金融资产的成本，所以“公允价值变动收益”本年金额=258-249=9万元。

13.资产处置收益。

反映企业出售划分为持有待售的非游动资产或处置旧时确认的处置利得或损失，以及处置未划分为持有待售的固定资产、在建工程、生产性生物资产及无形资产而产生的处置利得或损失。债务重组中因处置非流动资产产生的得利得或损失、非货币性资产交换中换出非流动资产产生的利得或损失也包括在本项目内。本项目应根据“资产处置损益”科目的发生额分析填列，如为处置损失，以“-”号填列。

14.营业利润。

反映企业实现的营业利润。

如为亏损，本项目以“-”号填列。

营业利润＝营业收入-营业成本-税金及附加-销售费用-管理费用-财务费用-资产减值损失+公允价值变动收益（-公允价值变动损失）+投资收益（-投资损失）+其他收益

【例题·多选题】（2016）下列各项中，影响当期利润表“营业利润”项目金额的有（ ）。
A.转让专利所有权取得的净收益
B.出租机器设备取得的租金
C.出售原材料的成本
D.支付税收滞纳金
【答案】BC
【解析】选项A，计入“营业外收入”；选项D，计入“营业外支出”，两者均影响“利润总额”项目，但不影响营业利润。选项B，计入“其他业务收入”；选项C，计入“其他业务成本”，两者均影响营业利润。

15.营业外收入。
本项目根据“营业外收入”科目发生额分析填列。
16.营业外支出。
本项目根据“营业外支出”科目发生额分析填列。

★【专家一对一】
“营业外收入”和“营业外支出”影响利润总额，不影响营业利润。

【例题·单选题】（2013）2012年6月，某企业发生以下交易或事项：支付诉讼费用10万元，固定资产处置净损失8万元，对外公益性捐赠支出5万元，支付税收滞纳金1万元，该企业2012年6月利润表“营业外支出”项目的本期金额为（ ）万元。
A.14
B.16
C.19
D.24
【答案】A
【解析】诉讼费计入管理费用，该企业2012年6月利润表“营业外支出”项目的本期金额＝8+5+1＝14万元。

17.利润总额。
利润总额＝营业利润+营业外收入–营业外支出
如为亏损，则以“–”号填列。
18.所得税费用。
本项目根据“所得税费用”科目的发生额分析填列。

★【专家一对一】
“所得税费用”影响的是净利润，不影响营业利润和利润总额。

19.净利润。
净利润＝利润总额–所得税费用
如为亏损，则以“–”号填列。
20.其他综合收益的税后净额。
本项目反映企业根据企业会计准则规定未在损益中确认的各项利得和损失扣除所得税影响的净额。
21.综合收益总额。
综合收益总额＝净利润+其他综合收益（税后净额）
22.每股收益。
包括基本每股收益和稀释每股收益两项指标，反映普通股股东每持有一股所能享有的企业净利润或需承担的企业净亏损信息。

★【专家一点通】

项 目	填列方法
营业收入	“主营业务收入”+“其他业务收入”
营业成本	“主营业务成本”+“其他业务成本”
营业利润	计算公式
利润总额	计算公式
所得税费用	所得税费用
净利润	计算公式
综合收益总额	“净利润”+“其他综合收益的税后净额”

知 识 图 谱

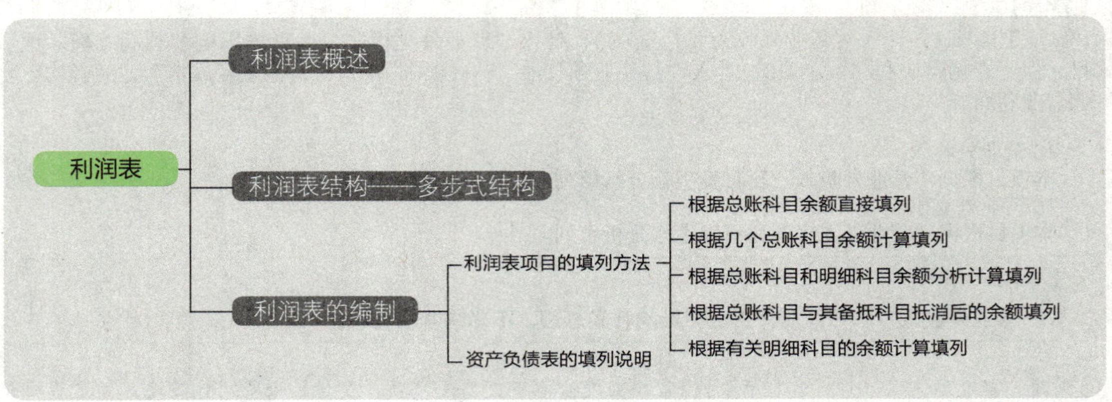
利润表
利润表概述
利润表结构——多步式结构
利润表的编制
利润表项目的填列方法
资产负债表的填列说明
根据总账科目余额直接填列
根据几个总账科目余额计算填列
根据总账科目和明细科目余额分析计算填列
根据总账科目与其备抵科目抵消后的余额填列
根据有关明细科目的余额计算填列

节节测

一、单项选择题

1.下列各项中，不影响企业当期营业利润的是（　　）。
A.销售原材料取得的收入
B.资产负债表日持有交易性金融资产的公允价值变动
C.无法查明原因的现金溢余
D.资产负债表日计提的存货跌价准备
【答案】C
【解析】选项A，计入其他业务收入，影响营业利润；选项B，计入公允价值变动损益，影响营业利润；选项C，计入营业外收入，不影响营业利润；选项D，计入资产减值损失，影响营业利润。

2.某企业销售原材料取得收入40 000元，增值税销项税额为6 800元，该材料成本为30 000元，出租设备取得租金收入2 000元（不含增值税），计提该设备折旧1 200元。不考虑其他因素，上述业务导致当期营业利润增加（　　）元。
A.10 000　　B.10 800　　C.800　　D.42 000
【答案】B
【解析】营业利润＝营业收入－营业成本－税金及附加－销售费用－管理费用－财务费用－资产减值损失+公允价值变动收益－公允价值变动损失+投资收益－投资损失+其他收益＝40 000+2 000－30 000－1 200＝10 800元。

3.下列各项中，应列入一般企业利润表“营业收入”项目的是（　　）。
A.处置专利技术净收益
B.经营租赁租金收入
C.接受捐赠利得
D.债券投资利息收入
【答案】B
【解析】选项AC 计入营业外收入；选项 D 计入投资收益。

4.下列各项中，不属于企业利润表项目的是（　　）。
A.综合收益总额　　B.未分配利润
C.每股收益　　D.公允价值变动收益
【答案】B
【解析】未分配利润属于资产负债表中的所有者权益项目。

二、多项选择题

1.下列各项中，关于利润表项目本期金额填列方法表述正确的有（　　）。
A.“管理费用”项目应根据“管理费用”科目的本期发生额分析填列
B.“营业利润”项目应根据“本年利润”科目的本期发生额分析填列
C.“税金及附加”项目应根据“应交税费”科目的本期发生额分析填列
D.“营业收入”项目应根据“主营业务收入”和“其他业务收入”科目的本期发生额分析填列
【答案】AD
【解析】“管理费用”项目应根据“管理费用”科目的发生额分析填列，选项 A 正确；本年利润不仅仅包含营业利润，还包含营业外收支和所得税费用，因此“营业利润”项目不是以本年利润的本期发生额填列的，选项 B 不正确；“税金及附加”项目应根据“税金及附加”科目的发生额分析填列，不是根据“应交税费”科目本期发生额分析填列的，选项 C 不正确；“营业收入”项目根据“主营业务收入”和“其他业务收入”的发生额分析填列，选项 D 正确。

2.下列各项中应列入利润表“营业成本”项目的有（　　）。
A.随同商品出售不单独计价的包装物成本
B.商品流通企业销售外购商品的成本
C.随同商品出售单独计价的包装物成本
D.销售材料的成本
【答案】BCD
【解析】营业成本包括主营业务成本和其他业务成本。选项A随同商品出售不单独计价的包装物，应按实际成本计入销售费用；选项B计入主营业务成本。选项CD计入其他业务成本。

3.下列各项中，影响企业营业利润的有（　　）。
A.销售商品发生的展览费
B.出售包装物取得的净收入
C.出售固定资产的净损失
D.确认的资产减值损失
【答案】ABD
【解析】选项A计入销售费用；选项B通过其他业务收入和其他业务成本核算；选项D计入资产减值损失科目；选项C计入营业外支出，不影响营业利润。

4.下列各项中，既影响企业营业利润又影响利润总额的有（　　）。
A.出租包装物取得的收入
B.经营租出固定资产的折旧额
C.接受公益性捐赠利得
D.所得税费用
【答案】ABC
【解析】D选项影响净利润，不影响营业利润和利润总额。

三、判断题

1.利润表中“综合收益总额”项目，反映净利润与其他综合收益扣除所得税影响后的净额相加后的合计金额。（　　）
【答案】正确。
【解析】“综合收益总额”项目应根据企业净利润与其他综合收益税后净额的合计金额填列。

2.利润表是反映企业一定时期全部资产、负债和所有者权益情况的会计报表。（　　）
【答案】错误。
【解析】利润表是反映企业在一定会计期间经营成果及其分配情况的报表。

3.净利润是指营业利润减去所得税费用后的金额。（　　）
【答案】错误。
【解析】净利润是利润总额减去所得税费用后的金额。

第三节 所有者权益变动表及附注

一、所有者权益变动表的作用

所有者权益变动表——反映构成所有者权益的各组成部分当期的增减变动情况的报表。

通过所有者权益变动表既可以为报表使用者提供所有者权益总量增减变动的信息，也能为其提供所有者权益增减变动的结构性信息，特别是能够让报表使用者理解所有者权益增减变动的根源。

二、所有者权益变动表的结构和主要内容

1.结构。

准则规定，企业应当反映所有者权益各组成部分的期初和期末余额及其调节情况。因此，企业应当以矩阵的形式列示所有者权益变动表。

按规定，企业需要提供比较所有者权益变动表，所有者权益变动表各项目应分为“本年金额”和“上年金额”分别填列。

表6-4 所有者权益变动表的结构

项目	本年金额									上年金额
	实收资本（或股本）	其他权益工具			减：库存股	其他综合收益	盈余公积	未分配利润	所有者权益合计	××
		优先股	永续债	其他						
一、上年年末余额										
加：会计政策变更										
前期差错更正										
其他										
二、本年年初余额										
三、本年增减变动金额（减少以“-”号填列）										
（一）综合收益总额										
（二）所有者投入和减少资本										
1.所有者投入资本										
2.其他权益工具持有者投入资本										
3.股份支付计入所有者权益的金额										
4.其他										
（三）利润分配										
1.提取盈余公积										
2.对所有者（或股东）的分配										
3.其他										
（四）所有者权益内部结转										
1.资本公积转增资本（或股本）										
2.盈余公积转增资本（或股本）										
3.盈余公积弥补亏损										
4.设定受益计划变动额结转留存收益										
5.其他综合收益结转留存收益										
6.其他										
四、本年年末余额										

2.主要内容。

在所有者权益变动表上，企业至少应当单独列示反映下列信息的项目：

（1）综合收益总额；

（2）会计政策变更和差错更正的累积影响金额；

（3）所有者投入资本和向所有者分配利润等；

（4）提取的盈余公积；

（5）实收资本或资本公积、盈余公积、未分配利润的期初和期末余额及其调节情况。

【例题·单选题】（2015）下列各项中，不在所有者权益变动表中列示的项目是（　　）。

A.综合收益总额　　B.所有者投入和减少资本

C.未分配利润　　D.每股收益

【答案】D

【解析】“每股收益”是利润表反映的项目，不属于所有者权益变动表列示的项目。

三、所有者权益变动表的填制

“本年金额”栏内各项数字一般应根据“实收资本（或股本）”“资本公积”“其他综合收益”“盈余公积”“利润分配”“库存股”等账户的发生额分析填列。

“上年金额”栏内各项数字，应根据上年度所有者权益变动表“本年金额”栏内所列数字填列。如果上年度所有者权益变动表规定的各个项目的名称和内容同本年度不一致，应对其进行调整，按调整后的金额填列“上年金额”栏。

四、附注的定义

附注是对在资产负债表、利润表、现金流量表和所有者权益变动表等报表中列示项目的文字描述或明细资料，以及对未能在这些报表中列示项目的说明等。

附注是财务报表的重要组成部分。

五、附注的作用

附注主要起到两方面的作用：

（1）附注的披露，是对资产负债表、利润表、现金流量表和所有者权益变动表列示项目的含义的补充说明，帮助使用者更准确地把握其含义。

（2）附注提供了对资产负债表、利润表、现金流量表和所有者权益变动表中未列示项目的详细或明细说明。

【例题·判断题】（2010）财务报表附注是对在资产负债表、利润表、现金流量表和所有者权益变动表等报表中列示项目的文字描述或明细资料，以及对未能在这些报表中列示项目的说明等。（　　）

【答案】正确。

【解析】附注提供了对资产负债表、利润表、现金流量表和所有者权益变动表中未列示项目的详细或明细说明。

六、附注应披露的主要内容

附注应当按照如下顺序披露有关内容：

1.企业的基本情况。

2.财务报表的编制基础。

3.遵循企业会计准则的声明。

4.重要会计政策和会计估计。

5.会计政策和会计估计变更以及差错更正的说明。

6.重要报表项目的说明。

7.或有和承诺事项、资产负债表日后非调整事项、关联方关系及其交易等需要说明的事项。

8.有助于财务报表使用者评价企业管理资本的目标、政策及程序的信息。

★【专家一对一】

企业应当披露采用的重要会计政策和会计估计，不重要的会计政策和会计估计可以不披露。

★【专家一点通】

报　　表	考　　点
资产负债表	账户式结构（流动性、清偿时间）、重要项目的填列方法
利润表	多步式结构、计算公式、重要项目的填列方法
所有者权益变动表	作用、单独列示的项目
附注	作用、主要内容

知识图谱

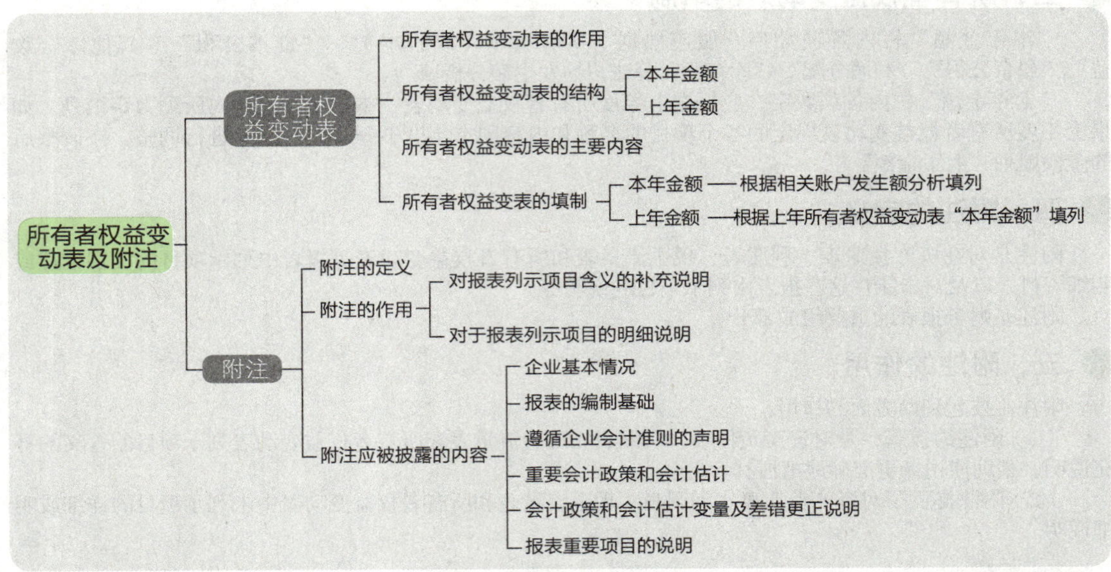

节节测

一、单项选择题

1.下列各项中，关于财务报表附注的表述不正确的是（　　）。

A.附注中包括财务报表重要项目的说明

B.对未能在财务报表中列示的项目在附注中说明

C.如果没有需要披露的重大事项，企业不必编制附注

D.附注中包括会计政策和会计估计变更以及差错更正的说明

【答案】C

【解析】附注是财务报表不可或缺的组成部分，所以选项C错误。

二、多项选择题

1.下列各项中，属于所有者权益变动表单独列示的项目的有（　　）。

A.提取盈余公积

B.综合收益总额

C.当年实现的净利润

D.资本公积转增资本

【答案】ABD

【解析】选项C不是所有者权益变动表单独列示的项目。

三、判断题

1.所有者权益变动表是反映构成所有者权益各组成部分当期增减变动情况的报表。（　　）

【答案】正确。

【解析】所有者权益变动表是反映构成所有者权益的各组成部分当期的增减变动情况的报表。

2.所有者权益变动表“未分配利润”栏目的本年年末余额应当与本年资产负债表“未分配利润”项目的年末余额相等。（　　）

【答案】正确。

【解析】所有者权益变动表“未分配利润”栏目的本年年末余额应与本年资产负债表“未分配利润”项目的年末余额相等。

章章练

一、单项选择题

1. 2017年12月31日，“无形资产”科目借方余额为200万元，“累计摊销”科目贷方余额为40万元，“无形资产减值准备”科目贷方金额20万元，不考虑其他因素，“无形资产”项目余额为（　　）万元。
A.200　B.140　C.160　D.180

2. 2017年12月31日，某企业“固定资产”科目借方余额为3 000万元，“累计折旧”科目贷方余额为1 400万元，“固定资产减值准备”科目贷方余额为200万元。2017年12月31日，该企业资产负债表中“固定资产”项目期末余额应列示的金额为（　　）万元。
A.3 000　B.1 600　C.1 400　D.2 800

3. 下列资产负债表项目中，根据有关科目余额减去其备抵科目余额后的净额填列的是（　　）。
A.无形资产　B.短期借款　C.预收账款　D.长期借款

4. 下列资产负债表项目中，应根据有关科目余额减去其备抵科目余额之后的净额填列的是（　　）。
A.固定资产　B.开发支出
C.长期待摊费用　D.货币资金

5. 下列各项中，不会引起利润总额发生增减变动的是（　　）。
A.计提存货跌价准备　B.确认劳务收入
C.确认所得税费用　D.取得持有国债的利息收入

6.（2017）下列各项中，不影响企业当期营业利润的是（　　）。
A.资产负债表日持有交易性金融资产的公允价值变动
B.销售原材料取得的收入
C.无法查明原因的现金溢余
D.资产负债表日计提的存货跌价准备

7. 2016年12月31日，某企业进行现金清查，发现库存现金短款300元。经批准，应由出纳员赔偿180元，其余120元无法查明原因，由企业承担损失。不考虑其他因素，该业务对企业当期营业利润的影响金额为（　　）元。
A.0　B.120　C.180　D.300

8. 下列各项中，不应列入利润表“营业收入”项目的是（　　）。
A.销售商品收入
B.处置固定资产净收入
C.提供劳务收入
D.让渡无形资产使用权收入

9. 2017年12月，甲公司的主营业务收入60万元，其他业务收入10万元，营业外收入5万元，则甲公司12月份应确认的营业收入金额为（　　）万元。
A.70　B.60　C.75　D.65

10. 下列各项中，不属于所有者权益变动表中单独列示的项目是（　　）。
A.所有者投入资本　B.综合收益总额
C.会计估计变更　D.会计政策变更

11. 下面属于资产负债项目的是（　　）。
A.预付账款　B.其他收益
C.递延收益　D.其他综合收益

12. 2017年1月5日，某公司转让一项专利技术的使用权，协议约定转让期为3年，每年年末收取不含税使用费10万元。该项专利成本为60万元，收益年限为10年。采用年限平均法进行摊销。不考虑其他因素，2017年转让专利技术使用权对该公司当年营业利润的影响金额为（　　）万元。
A.12　B.6　C.10　D.4

13. 2017年12月份，某公司发生相关税金及附加如下：城市维护建设税为3.5万元，教育费附加为1.5万元，房产税为20万元，车船税为3万元，不考虑其他因素，2017年12月份利润表“税金及附加”项目本期金额为（　　）万元。
A.25　B.23　C.28　D.5

14. 下列各项中应列入利润表“销售费用”项目的有（　　）。
A.随同商品出售不单独计价的包装物成本
B.商品流通企业销售外购商品的成本
C.随同商品出售单独计价的包装物成本
D.销售材料的成本

15. 下列各项中，应列入资产负债表“其他应付款”项目的是（　　）。
A.应付租入包装物租金
B.应付融资租入固定资产租金
C.结转到期无力支付的应付票据
D.应付由企业负担的职工社会保险费

16. 下列各项中，不应填入资产负债表“货币资金”项目的有（　　）
A.库存现金
B.银行存款
C.其他货币资金
D.以公允价值计量且其变动计入当期损益的金融资产

17. 下列属于所有者权益变动表的项目的有（　　）。
A.净利润　B.盈余公积
C.利润总额　D.所得税费用

18. 下列各项中，不会影响企业营业利润的有（　　）。
A.销售商品发生的展览费
B.出售包装物取得的净收入
C.出售固定资产的净损失
D.确认的资产减值损失

19. 下列各项中，不属于资产负债表“货币资金”项目的有（　　）。
A.交易性金融资产　B.银行结算户存款
C.信用卡存款　D.外埠存款

20. 资产负债表中，不根据总账科目减去备减备抵账户差额填列的是（　　）。
A.交易性金融资产　B.无形资产
C.工程物资　D.长期股权投资

21. 下列资产负债表项目，需要根据相关总账所属明细账户的期末余额分析填列的是（　　）。
A.应付票据　B.应收票据
C.应收账款　D.应付职工薪酬

22. 下列资产负债表项目中，应根据多个总账科目余额计算填列的是（　　）。

A.应付账款　　B.盈余公积
C.未分配利润　　D.长期借款

23. 下列项目中，属于资产负债表中“非流动负债”项目的有（　　）。
A.应付职工薪酬　　B.应付债券
C.应交税费　　D.一年内到期的长期借款

24. 2015年12月初某企业“应收账款”科目借方余额为300万元，相应的“坏账准备”科目贷方余额为20万元，本月实际发生坏账损失6万元。2015年12月31日经减值测试，该企业应补提坏账准备11万元。假定不考虑其他因素，2015年12月31日该企业资产负债表“应收账款”项目的金额为（　　）万元。
A.269　　B.274　　C.275　　D.280

二、多项选择题

1. 下列各项中，关于资产负债表项目填列正确的有（　　）。
A.“短期借款”项目根据“短期借款”总账科目期末余额直接填列
B.“实收资本”项目根据“实收资本”总账科目期末余额直接填列
C.“开发支出”项目根据“研发支出”科目所属“资本化支出”明细科目期末余额填列
D.“长期借款”项目根据“长期借款”总账科目及其明细账科目期末余额分析计算填列

2. 下列选项中，属于企业资产负债表“应付职工薪酬”项目列报内容的有（　　）。
A.因解除劳动关系而应给予职工的现金补偿
B.向职工提供的异地安家费
C.应提供给已故职工遗属的福利
D.应支付给临时员工的短期薪酬

3. 关于利润表的表述正确的有（　　）。
A.表中各项目是按照流动性排列的
B.可据以分析企业的获利能力和利润的未来发展趋势
C.是企业的主要财务报表之一
D.可据以分析、评价企业的盈利状况和工作业绩

4. 下列各项中，在所有者权益变动表中列示的项目是（　　）
A.综合收益总额　　B.利润分配
C.所有者投入和减少资本　D.每股收益

5. 下列各项中，不应列入一般企业利润表“营业收入”项目的是（　　）。
A.处置专利技术净收益　　B.经营租赁租金收入
C.接受捐赠利得　　D.债券投资利息收入

6. 下列各项中，属于利润表“利润总额”项目的内容的是（　　）。
A.确认的资产减值损失
B.无法查明原因的现金溢余
C.确认的所得税费用
D.收到政府补助确认的其他收益

7. 下列各项中，应列入利润表“营业成本”项目的有（　　）。
A.随同商品出售单独计价的包装物成本
B.销售材料的成本
C.商品流通企业销售外购商品的成本
D.随同商品出售不单独计价的包装物成本

8. 下列各项中，导致企业资产负债表“存货”项目期末余额发生变动的有（　　）。
A.计提存货跌价准备
B.用银行存款购入的修理用备件（备品备件）
C.已经发出但不符合收入确认条件的商品
D.收到受托代销的商品

9. 下列各项中，关于利润表项目本期金额填列方法表述正确的有（　　）。
A.“管理费用”项目应根据“管理费用”科目的本期发生额分析填列
B.“营业利润”项目应根据“本年利润”科目的本期发生额分析填列
C.“税金及附加”项目应根据“应交税费”科目的本期发生额分析填列
D.“营业收入”项目应根据“主营业务收入”和“其他业务收入”科目的本期发生额分析填列

10. 下列各项中，通过存货项目核算的有（　　）。
A.发出商品　　B.存货跌价准备
C.材料成本差异　　D.在途物资

11. 资产负债表中的“应收账款”项目应根据（　　）分析计算填列。
A.应收账款所属明细科目借方余额合计
B.预收账款所属明细科目借方余额合计
C.按应收账款余额一定比例的坏账准备科目的贷方余额
D.应收账款总账科目借方余额

12. 下列各项资产项目中，直接根据总账科目余额填列的有（　　）。
A.固定资产　　B.交易性金融资产
C.应收股利　　D.工程物资

三、判断题

1. 多步式利润表一次计算求得净利润（或净亏损），没有提供营业利润和利润总额指标。（　　）
2. “应付账款”科目的所属明细科目期末如果出现借方余额，应填入资产负债表的“预付账款”项目。
3. 企业对外提供的财务报告中，附注是不可或缺的重要组成部分。（　　）
4. 年末，企业应将于一年内（含一年）摊销的长期待摊费用，列入资产负债表“一年内到期的非流动资产”项目。（　　）
5. 企业一年内将到偿还期的长期借款，应列入资产负债表“长期借款”项目。（　　）
6. 企业日常核算中不设置“预付账款”账户，期末编制资产负债表时不需要填列“预付款项”项目。（　　）
7. 企业对外提供的财务报告中，附注是不可或缺的重要组成部分。（　　）
8. 资产负债表中“应付账款”项目，应按“预付账款”明细科目贷方余额和“应付账款”明细科目贷方余额之和填列。（　　）
9. 资产负债表日，应根据“库存现金”“银行存款”和“其他货币资金”三个总账科目的期末余额合计数填列资产负债表“货币资金”项目。（　　）
10. 所有者权益变动表是反映构成所有者权益各组成部分当期增减变动情况的报表。（　　）

四、不定项选择题

（一）（2015）【资料1】A公司为增值税一般纳税人，

适用的增值税税率为17%，所得税税率为25%，假定销售商品、原材料和提供劳务均符合收入确认条件，其成本在确认收入时逐笔结转，商品、原材料售价中不含增值税。2014年A公司发生如下交易或事项：

（1）3月2日，向B公司销售商品一批，按商品标价计算的金额为200万元，该批商品实际成本为150万元。由于是成批销售，A公司给予B公司10%的商业折扣并开具了增值税专用发票，并在销售合同中规定现金折扣条件为2/10，1/20，N/30，A公司已于当日发出商品，B公司于3月15日付款，假定计算现金折扣时不考虑增值税。

（2）5月5日，A公司由于产品质量原因对上年出售给C公司的一批商品按售价给予10%的销售折让，该批商品售价为300万元。增值税税额为51万元。货款已结清。经认定，A公司同意给予折让并以银行存款退还折让款，同时开具红字增值税专用发票。

（3）9月20日，销售一批材料，增值税专用发票上注明的售价为15万元。增值税税额为2.55万元。款项已由银行收妥。该批材料的实际成本为10万元。

（4）10月5日，承接一项设备安装劳务，合同期为6个月，合同总收入为120万元，已经预收80万元。余款在设备安装完成时收回。采用完工百分比法确认劳务收入，完工率按照已发生成本占估计总成本的比例确定。至2014年12月31日已发生的成本为50万，预计完成劳务还将发生成本30万元。（不考虑安装劳务增值税）

（5）11月10日，向本公司行政管理人员发放自产产品作为福利。该批产品的实际成本为8万元，市场售价为10万元。

（6）12月20日，收到国债利息收入59万元，以银行存款支付销售费用5.5万元，支付税收滞纳金2万元。

要求：根据上述资料，不考虑其他因素，分析回答下列小题。（答案中的金额单位用万元表示）

1.根据事项（1），下列各项中，会计处理结果正确的是（　　）。

A.3月2日，A公司应确认销售商品收入180万元

B.3月2日，A公司应确认销售商品收人176万元

C.3月15日，A公司应确认财务费用2万元

D.3月15日，A公司应确认财务费用1.8万元

2.根据事项（2）至（5），下列各项中，会计处理正确的是（　　）。

A.5月5日，A公司发生销售折让时的会计分录：

借：主营业务收入　30
　　应交税费——应交增值税（销项税额）　5.1
　　贷：银行存款　35.1

B.9月20日，A公司销售材料时的会计分录：

借：银行存款　17.55
　　贷：其他业务收入　15
　　　　应交税费——应交增值税（销项税额）　2.55
借：其他业务成本　10
　　贷：原材料　10

C.11月10日，A公司向本公司行政管理人员发放自产产品时的会计分录：

借：管理费用　11.7
　　贷：应付职工薪酬　11.7
借：应付职工薪酬　11.7
　　贷：主营业务收入　10
　　　　应交税费——应交增值税（销项税额）　1.7
借：主营业务成本　8
　　贷：库存商品　8

D.12月31日，A公司确认劳务收入，结转劳务成本的会计分录：

借：预收账款　75
　　贷：主营业务收入　75
借：主营业务成本　50
　　贷：劳务成本　50

3.根据事项（1）至（5），A公司2014年度利润表中“营业收入”的金额是（　　）万元。

A.225　　B.235　　C.250　　D.280

4.根据事项（1）至（5），A公司2014年度利润表中“营业成本”的金额是（　　）万元。

A.168　　B.200　　C.208　　D.218

5.根据事项（1）至（6），下列各项中，关于A公司2014年期间费用和营业利润计算结果正确的是（　　）。

A.期间费用为7.3万元　　B.期间费用为19万元

C.营业利润为13万元　　D.营业利润为72万元

（二）【资料2】某公司为增值税一般纳税人，采用备抵法确认应收账款减值损失，2017年11月30日，该公司预收账款和应收账款有关明细科目如表1所示：

表1：预收账款和应收账款明细科目余额表（单位：万元）

	借方余额	贷方余额
预收账款——甲		60
应收账款——乙	116	
应收账款——丙	10	
坏账准备——应收账款		14

2017年12月如下业务：

（1）15日，向甲公司发出一批产品，开具增值税专用发票上注明价款100万元，增值税税额17万元，符合收入条件。18日，甲公司以银行存款结清余额。

（2）17日，经确认应收乙公司账款发生坏账损失6万元，20日，收回上月已核销的丁公司坏账12万元，并存入银行。

（3）20日，采用托收承付方式向丙公司销售产品，开具增值税专票注明价款200万元，增值税34万元，办妥托收手续。协议规定现金折扣条件2/10，1/20，n/30。计算现金折扣不考虑增值税，截止12月31日尚未收到丙公司应付的款项。

（4）21日，与甲公司签订协议，向甲公司销售一批产品，3个月后交货，该批商品不含税价500万元，增值税税额85万元。在协议签订后1周内，收到甲公司按不含税价30%的预付定金，剩余的款项于交货后结清。

（5）31日，经减值测试，该公司期末“坏账准备—应收账款”科目应保留的贷方余额为34万元。

要求：根据上述资料，不考虑其他因素，分析回答下列小题。（答案中的金额单位用万元表示）

1.根据期初资料和事项（1），下列各项中，该公司销售产品会计处理正确的是（　　）。

A.收到补付的货款时

借：银行存款　57
　　贷：预付账款——甲公司　57

B.发出货物时

借：预收账款——甲公司　117

贷：主营业务收入 100

应交税费——应交增值税（销项税额）17

C.发出货物时

借：预付账款——甲公司 117

贷：主营业务收入 100

应交税费——应交增值税（销项税额）17

D.收到补付的货款

借：银行存款 57

贷：预收账款——甲公司 57

2.根据事项（2），下列各项中关于该公司坏账准备的会计处理结果表述正确的是（ ）。

A.收回已转销的丁公司账款时,坏账准备增加12万元

B.收回已转销的丁公司账款时，资产减值损失减少12万元

C.确认乙公司坏账损失时，坏账准备减少6万元

D.确认乙公司坏账损失时，资产减值损失增加6万元

3.根据事项（3）和（4），下列各项中，该公司关于预收账款和应收账款会计处理结果表述正确的是（ ）。

A.向丙公司销售商品时，借记“应收账款”科目234万元

B.与甲公司签订协议时，借记“应收账款”科目585万元

C.收到甲公司定金时，贷记“预收账款”科目150万元

D.向丙公司销售商品时，借记“应收账款”科目232万

4.根据期初资料和事项（2）至（5），2017年12月31日该公司应计提的坏账准备金额（ ）万元。

A.14 B.8 C.20 D.26

5.根据期初资料和事项（1）至（5），2017年12月31日该公司资产负债表“应收账款”项目期末余额应列示金额（ ）万元。

A.170 B.470 C.320 D.354

（三）【资料3】2017年1月1日，某股份有限公司资产负债表中股东权益各项目年初余额为股本3 000万元，资本公积4 000万元，盈余公积400万元，未分配利润2 000万元。2017年公司发生相关业务资料如下：

（1）经股东大会批准，宣告发放2016年度现金股利1 500万元。

（2）经股东大会批准已履行相应增资手续，将资本公积4 000万元转增股本。

（3）经批准增资扩股。委托证券公司发行普通股400万股，每股面值1元，每股发行价6元，按照发行价的3%向证券公司支付相关发行费用。（不考虑增值税）

（4）当年实现净利润3 000万元。提取法定盈余公积和任意盈余公积的比例分别为10%和5%。要求：根据上述资料，不考虑其他因素，分别回答下列小题。（答案中的金额单位用万元表示）

1.根据期初资料和事项（1），下列各项中，关于宣告发放现金股利对该公司股东权益和负债项目影响结果表述正确的是（ ）。

A.“负债合计”项目增加1 500万元

B.“未分配利润”项目减少1 500万元

C.“股东权益合计”项目减少1 500万元

D.“盈余公积”项目减少1 500万元

2.根据事项（2），下列各项中，关于该公司以资本公积转增资本的会计处理结果表述正确的是（ ）。

A.股东权益总额减少4 000万元

B.股东权益总额不变

C.留存收益减少4 000万元

D.股本增加4 000万元

3.根据事项（3），该公司增发股票计入资本公积的金额是（ ）万元。

A.2 000 B.2 324 C.1 928 D.1 940

4. 积余额为1 100万元

C.本年增加盈余公积300万元

D.期末盈余公积余额为850万元

5.根据期初资料，事项（1）至（4），下列各项中，关于2017年12月31日该公司资产负债表“股东权益”有关项目的期末余额计算结果正确的是（ ）。

A.“股本”项目为7 400万元

B.“股东权益合计”项目为17 626万元

C.“资本公积”项目为5 928万元

D.“未分配利润”项目为3 050万元

章章练参考答案及解析

一、单项选择题

1.【答案】B
【解析】“无形资产”项目余额=200-40-20=140万元。
2.【答案】C
【解析】固定资产账面价值=固定资产账面余额-累计折旧-固定资产减值准备=3000-1400-200=1400（万元）。
3.【答案】A
【解析】“无形资产”项目，应当根据“无形资产”科目的期末余额，减去“累计摊销”“无形资产减值准备”等备抵科目余额后的净额填列，选项A正确；“短期借款”项目直接根据有关总账科目的期末余额填列，选项B错误；“预收款项”项目，需要根据“应收账款”科目贷方余额和“预收账款”科目贷方余额计算填列，选项C错误；“长期借款”项目，根据“长期借款”总账科目余额扣除“长期借款”科目所属的明细科目中将在一年内到期且企业不能自主地将清偿义务展期的长期借款后的金额计算填列，选项D错误。
4.【答案】A
【解析】选项B，应根据“研发支出”科目中所属的“资本化支出”明细科目期末余额填列；选项C，应根据“长期待摊费用”科目的期末余额减去将于一年内（含一年）摊销的数额后的金额分析填列；选项D应根据“库存现金”“银行存款”“其他货币资金”科目期末余额的合计数填列。
5.【答案】C
【解析】所得税费影响净利润，不影响利润总额。
6.【答案】C
【解析】无法查明原因的现金溢余计入营业外收入，不影响营业利润。
7.【答案】B
【解析】企业发生现金短缺，在报经批准处理前：
借：待处理财产损溢　　300
　　贷：库存现金　　300
　　　　报经批准处理后：
借：管理费用　　120
　　其他应收款　　180
　　贷：待处理财产损溢　　300
无法查明原因的现金短缺120万元计入管理费用，减少企业的营业利润。
8.【答案】B
【解析】B选项应计入“营业外收入”。
9.【答案】A
【解析】营业收入包括主营业务收入和其他业务收入，则甲公司12月份应确认的营业收入金额=60+10=70万元。
10.【答案】C
【解析】在所有者权益变动表上，企业至少应当单独列示反映下列信息的项目：（1）综合收益总额；（2）会计政策变更和差错更正的累积影响金额；（3）所有者投入资本和向所有者分配利润等；（4）提取的盈余公积；（5）实收资本或资本公积、盈余公积、未分配利润的期初和期末余额及其调节情况。
11.【答案】A
【解析】选项BC属于损益类项目，选项D属于所有者权益项目。
12.【答案】D
【解析】取得的使用费收入计入其他业务收入的金额是10万元，该无形资产的摊销计入其他业务成本，金额为60÷10=6万元，因此转让该专利技术使用权对该公司当年营业利润的影响金额=10-6=4万元。
13.【答案】C
【解析】税金及附加包括消费税、城市维护建设税、教育费附加、资源税、房产税、车船税、城镇土地使用税、印花税等。2017年12月份利润表“税金及附加”项目本期金额=3.5+1.5+20+3=28万元。
14.【答案】A
【解析】营业成本包括主营业务成本和其他业务成本。选项A随同商品出售不单独计价的包装物，应按实际成本计入销售费用；选项B计入主营业务成本。选项CD计入其他业务成本。
15.【答案】A
【解析】选项A计入其他应付款；选项B计入长期应付款；选项C计入应付账款；选项D计入应付职工薪酬。
16.【答案】D
【解析】选项A选项B和选项C计入“货币资金”项目；选项D计入“以公允价值计量且其变动计入当期损益的金融资产”项目。
17.【答案】B
【解析】选项A、选项C和选项属于利润表项目。
18.【答案】C
【解析】选项C出售固定资产的净损失应计入营业外支出，不影响营业利润。
19.【答案】A
【解析】“货币资金”项目应根据“库存现金”“银行存款”“其他货币资金”科目期末余额的合计数填列。选项A交易性金融资产应反映在“以公允价值计量且其变动计入当期损益的金融资产”项目。
20.【答案】A
【解析】选项A，交易性金融资产应该直接根据总账科目余额填列。
21.【答案】C
【解析】选项A应付票据和选项D应付职工薪酬项目直接根据总账科目余额填列，选项B应收票据项目应根据应收票据总账科目余额减去其计提的坏账准备贷方余额填列。
22.【答案】C
【解析】选项A“应付账款”项目，应按“预付账款”明细科目贷方余额和“应付账款”明细科目贷方余额之和填列；选项B盈余公积应该直接根据总账科目余额填列；选项D“长期借款”项目应根据“长期借款”总账科目余额扣除“长期借款”科目所属的明细科目中将在一年内到期且企业不能自主地将清偿义务展期的长期借款后的余额计算填列。

23.【答案】B
【解析】选项A、选项C和选项D均属于资产负债表中“流动负债”项目。
24.【答案】A
【解析】 应收账款项目金额=（300-6）-（20-6+11）=269万元。

二、多项选择题

1.【答案】ABCD
【解析】四个选项的表述均正确。
2.【答案】ABCD
【解析】“应付职工薪酬”项目，反映企业为获得职工提供的服务或解除劳动关系而给予的各种形式的报酬或补偿。企业提供给职工配偶、子女、受赡养人、已故员工遗属及其他受益人等的福利，也属于职工薪酬。职工薪酬主要包括短期薪酬、离职后福利、辞退福利和其他长期职工福利。本项目应根据“应付职工薪酬”科目所属各明细科目的期末贷方余额分析填列。外商投资企业按规定从净利润中提取的职工奖励及福利基金，也在本项目列示。
3.【答案】BCD
【解析】资产负债表中，资产项目按流动性排列，所以选项A错误。
4.【答案】ABC
【解析】每股收益是利润表反映的项目，不属于所有者权益变动表列示的项目。
5.【答案】ACD
【解析】选项AC计入营业外收入；选项D计入投资收益。
6.【答案】ABD
【解析】净利润=利润总额-所得税费用，计算利润总额时不需要考虑所得税费用，计算净利润时需要考虑，故选项C不属于。
7.【答案】ABC
【解析】营业成本包括主营业务成本和其他业务成本。选项AB计入其他业务成本；选项C计入主营业务成本；选项D随同商品出售不单独计价的包装物，应按实际成本计入销售费用。
8.【答案】AB
【解析】“存货”项目，反映企业期末在库、在途和在加工中的各种存货的可变现净值或成本（成本与可变现净值孰低）。本项目应根据“材料采购”“原材料”“低值易耗品”“库存商品”“周转材料”“委托加工物资”“委托代销商品”“生产成本”“受托代销商品”等科目的期末余额合计数，减去“受托代销商品款”“存货跌价准备”科目期末余额后的净额填列。选项A，计提存货跌价准备，期末余额减少；选项B，购入修理用备件，期末余额增加；选项C，发出不符合收入确认条件的商品，借记“发出商品”科目，贷记“库存商品”科目，二者均属于“存货”项目，余额不变；选项D，收到受托代销商品，借记“受托代销商品”科目，贷记“受托代销商品款”科目，二者均属于“存货”项目，余额不变。
9.【答案】AD
【解析】“管理费用”项目应根据“管理费用”科目的发生额分析填列，选项A正确；本年利润不仅仅包含营业利润，还包含营业外收支和所得税费用，因此“营业利润”项目不是以本年利润的本期发生额填列的，选项B不正确；“税金及附加”项目应根据“税金及附加”科目的发生额分析填列，不是根据“应交税费”科目本期发生额分析填列的，选项C不正确；“营业收入”项目根据“主营业务收入”和“其他业务收入”的发生额分析填列，选项D正确。
10.【答案】ABCD
【解析】“存货”项目，反映企业期末在库、在途和在加工中的各种存货的可变现净值或成本（成本与可变现净值孰低）。本项目应根据“材料采购”“原材料”“低值易耗品”“库存商品”“周转材料”“委托加工物资”“委托代销商品”“生产成本”“受托代销商品”等科目的期末余额合计数，减去“受托代销商品款”“存货跌价准备”科目期末余额后的净额填列。材料采用计划成本核算，以及库存商品采用计划成本核算或售价核算的企业，还应按加或减材料成本差异、商品进销差价后的金额填列。
11.【答案】ABC
【解析】“应收账款”项目应根据“应收账款”和“预收账款”所属明细科目借方余额合计减去按应收账款余额一定比例的“坏账准备”科目的贷方余额。
12.【答案】BD
【解析】选项A“固定资产”项目应根据“固定资产”科目的期末余额减去“累计折旧”“固定资产减值准备”备抵科目余额后的净额填列，选项C“应收股利”项目应根据“应收股利”科目的期末余额，减去“坏账准备”科目中有关应收股利计提的坏账准备期末余额后的金额填列。

三、判断题

1.【答案】错误。
【解析】净利润是经过多次计算求得的，利润表中有营业利润和利润总额指标。
2.【答案】正确。
【解析】“应付账款”科目的所属明细科目期末若出现借方余额，则应填入资产负债表的“预付账款”项目。
3.【答案】正确。
【解析】附注是财务报表不可或缺的组成部分，是对在资产负债表、利润表、现金流量表和所有者权益变动表等报表中列示项目的文字描述或明细资料，以及对未能在这些报表中列示项目的说明等。
4.【答案】正确。
【解析】年末，企业应将于一年内（含一年）摊销的长期待摊费用，列入资产负债表“一年内到期的非流动资产”项目。
5.【答案】错误。
【解析】企业一年内将到偿还期的长期借款，应列入资产负债表“一年内到期的非流动资产”项目。
6.【答案】错误。
【解析】预付账款情况不多的企业，可以不设置“预付账款”账户，而将预付的款项通过“应付账款”科目核算，但在期末需要填列在“预付款项”项目。
7.【答案】正确。
【解析】附注是财务报表不可或缺的组成部分，是对在资产负债表、利润表、现金流量表和所有者权益变动表等报表中列示项目的文字描述或明细资料，以及对未能在这些报表中列示项目的说明等。

8.【答案】正确。
【解析】资产负债表中“应付账款”项目，应按“预付账款”明细科目贷方余额和“应付账款”明细科目贷方余额之和填列。
9.【答案】正确。
【解析】资产负债表“货币资金”项目应根据“库存现金”、“银行存款”和“其他货币资金”三个总账科目的期末余额合计数填列。
10.【答案】正确。
【解析】所有者权益变动表是反映构成所有者权益各组成部分当期增减变动情况的报表。

四、不定项选择题

（一）【答案】1.AD；2.ABCD；3.C；4.D；5.BD
【解析】
1.3月2日：
借：应收账款　　210.6
　贷：主营业务收入　　180
　　应交税费——应交增值税（销项税额）30.6
借：主营业务成本　　150
　贷：库存商品　　150
3月15日：
借：银行存款　　208.8
　财务费用　　1.8
　贷：应收账款　　210.6
2.选项D，完工百分比=50÷（50+30）×100%=62.5%，应确认劳务收入=120×62.5%=75万元，应结转已发生的劳务成本50万元。
3.营业收入=180−30+15+75+10=250万元。
4.营业成本=150+10+50+8=218万元。
5.期间费用=1.8（事项1）+11.7（事项5）+5.5（事项6）=19万元；营业利润=250−218−19+59（事项6）=72万元。
（二）【答案】1.BD；2.AC；3.AC；4.A；5.C
【解析】
1.根据期初资料和事项（1），相关会计处理如下：
借：银行存款　　60
　贷：预收账款——甲公司　　60
12月15日：
借：预收账款　　117
　贷：主营业务收入　　100
　　应交税费——应交增值税（销项税额）17
12月18日：
借：银行存款　　57
　贷：预收账款　　57
2.收回已转销丁公司账款时的处理如下：
借：应收账款　　12
　贷：坏账准备　　12
借：银行存款　　12
　贷：应收账款　　12
确认乙公司坏账损失时的处理如下：
借：坏账准备　　6
　贷：应收账款　　6
3.向丙公司销售商品的会计处理如下：
借：应收账款——丙公司　　234
　贷：主营业务收入　　200
　　应交税费——应交增值税（销项税额）34
与甲公司签订协议时因为没有实际的业务发生，所以无需进行账务处理。收到甲公司定金时的处理如下：
借：银行存款　　150（500×30%）
　贷：预收账款　　150
4.根据事项（2），确认应收乙公司坏账损失6万元，坏账准备减少6万元，收回上月已核销的丁公司坏账12万元，坏账准备增加12万元，所以在月末计提坏账准备前坏账准备的金额为14−6+12=20万元，根据资料（5），月末应保留的坏账准备的贷方余额为34万元，故当期应当计提的坏账准备金额为34−20=14万元。
5.根据期初资料，应收账款账面余额为116+10=126万元，所以期末应收账款账面余额为126−6（2）+234（3）=354万元，坏账准备期末贷方余额为34万元。故“应收账款”项目期末余额为354−34=320万元。
（三）【答案】1.ABC；2.BD；3.C；4.AD；5.AD
【解析】
1.根据事项（1），相关会计分录为：
借：利润分配——应付现金股利　　1 500
　贷：应付股利　　1500
期初未分配利润2000万元足够分配现金股利，因而不涉及盈余公积，选项D不正确。.
2.根据事项（2），相关会计分录为：
借：资本公积　　4 000
　贷：股本　　4 000
属于所有者权益内部项目之间的增减变动，所以股东权益总额不变；不影响留存收益。
3.根据事项（3），相关会计分录为：
借：银行存款　　2 328
　贷：股本　　400
　　资本公积——股本溢价　　1 928
4.根据事项（4），相关会计分录为：
借：利润分配——法定盈余公积　　300
　——任意盈余公积　　150
　贷：盈余公积——法定盈余公积　　300
　　——任意盈余公积　　150
盈余公积增加=300+150=450万元；期末盈余公积=400+450=850万元。
5.股本=3 000+4 000+400=7 400万元；资本公积=4 000−4 000+2 000−72=1 928万元；未分配利润=2 000−1 500+3 000−450=3 050万元；股东权益合计=7 400+1 928+850+3 050=13 228万元。

07

第七章 管理会计基础

精准考点　提前了解

管理会计概念和体系 P277

产品成本核算的要求 P285

考情早知道

【考情分析】

本章主要介绍管理会计的基本概念、产品成本费用的分配方法和产品成本计算方法。与2018年教材相比，第一节变化较大，新增了管理会计工具方法的相关概念，删掉了递延年金现值和终值的计算、年偿债基金的计算、年资本回收额的计算、名义利率与实际利率的内容。历年考试中，本章内容考查覆盖了各种题型，重点考查要素费用和生产费用的归集和分配、各类产品成本计算方法的基本理论等。

本章共分四节。

【考题形式及重要程度】

节次	考试题型	重要程度
第一节　管理会计概述	单选、多选、判断	★★
第二节　产品成本核算概述	单选、多选、判断	★
第三节　产品成本的归集和分配	单选、多选、判断、不定项	★★★
第四节　产品成本计算方法	单选、多选、判断	★★★

第一节　管理会计概述

一、管理会计概念和体系

（一）管理会计概念与目标

管理会计是会计的重要分支，主要服务于单位（包括企业和行政事业单位，下同）内部管理需要，是通过利用相关信息，有机整合财务与业务活动，在单位规划、决策、控制和评价等方面发挥重要作用的管理活动。

管理会计的目标是通过运用管理会计工具方法，参与单位规划、决策、控制、评价活动并为之提供有用信息，推动单位实现战略规划。

二、管理会计体系

1.管理会计基本指引。

管理会计基本指引在管理会计指引体系中起统领作用，是制定应用指引和建设案例库的基础。

★【专家一对一】

不同于企业会计准则基本准则，管理会计基本指引只是对管理会计普遍规律和基本认识的总结升华，并不对应用指引中未做出描述的新问题提供处理依据。

【例题·判断题】（2018）在管理会计指引体系中，基本指引发挥着统领作用，是制定应用指引和建设案例库的基础。（　　）

【答案】正确。

【解析】考查管理会计基本指引的定位。

2.管理会计应用指引。

在管理会计指引体系中，应用指引居于主体地位，是对单位管理会计工作的具体指导。

3.管理会计案例库。

案例库是对国内外管理会计经验的总结提炼，是对运用管理会计应用指引的实例示范。

三、管理会计要素及其具体内容

单位应用管理会计有四项管理会计要素，包括：应用环境、管理会计活动、工具方法、信息与报告。

（一）应用环境

管理会计应用环境是单位应用管理会计的基础，包括外部环境和内部环境。

外部环境主要包括国内外经济、社会、文化、法律、技术等因素；内部环境主要包括与管理会计建设和实施相关的价值创造模式、组织架构、管理模式、资源、信息系统等因素。

（二）管理会计活动

管理会计活动是单位管理会计工作的具体开展，是单位利用管理会计信息，运用管理会计工具方法，在规划、决策、控制、评价等方面服务于单位管理需要的相关活动。

（三）工具方法

管理会计工具方法是实现管理会计目标的具体手段，是单位应用管理会计时所采用的战略地图、滚动预算管理、作业成本管理、本量利分析、平衡计分卡等模型、技术、流程的统称。

管理会计工具方法主要应用于以下领域：战略管理、预算管理、成本管理、营运管理、投融资管理、绩效管理、风险管理等。

1.战略管理领域应用的工具方法。

战略管理是指企业全局的、长远的发展方向、目标、任务和政策，以及资源配置做出决策和管理的过程。

战略管理领域应用的管理会计工具方法一般包括战略地图、价值链管理等。

2.预算管理领域应用的工具方法。

预算管理是指企业以战略目标为导向，通过对未来一定期间内的经营活动和相应的财务结果进行全面预测和筹划，科学、合理配置企业各项财务资源和非财务资源，并对执行过程进行监督和分析，对执行结果进行评价和反馈，指导经营活动的改善和调整，进而推动实现企业战略规划的管理活动。

预算管理领域应用的管理会计工具方法一般包括滚动预算、零基预算、弹性预算、作业预算等。

3.成本管理领域应用的工具方法。

成本管理，是指企业的营运过程中实施成本预测、成本决策、成本计划、成本核算、成本分析和成本考核等一系列管理活动的总称。

成本管理领域应用的管理会计工具方法一般包括目标成本法、标准成本法、变动成本法、作业成本法等。

4.营运管理领域应用的工具方法。

营运管理是指为了实现企业战略和营运目标，各级管理者通过计划、组织、指挥、协调、控制、激励等活动，实现对企业生产经营过程中的物料供应、产品生产和销售等环节的价值增值管理。

营运管理领域应用的管理会计工具方法一般包括本量利分析、敏感性分析、边际分析和标杆管理等。

5.投融资管理领域应用的工具方法。

投融资管理包括投资管理和融资管理。投资管理是指企业根据自身战略发展规划，以企业价值最大化为目标，将资金投入到营运过程中的管理活动。融资管理是指企业为实现既定的战略目标，在风险匹配的原则下，对通过一定的融资方式和渠道筹集资金的管理活动。

投融资管理领域应用的管理会计工具方法一般包括贴现现金流法、项目管理、情景分析、约束资源优化等。

6.绩效管理领域应用的工具方法。

绩效管理是指企业与下级单位（部门）、员工之间就业绩目标及如何实现业绩目标达成共识，并帮助和激励员工取得优异成绩，从而实现企业目标的管理过程。

绩效管理领域应用的管理会计工具方法一般包括关键绩效指标法、经济增加值法、平衡记分卡、绩效棱柱模型等。

7.风险管理领域应用的工具方法。

风险管理是指企业为实现风险管理目标，对企业风险进行有效识别、评估、预警和应对等管理活动的过程。

风险管理领域应用的管理会计工具方法一般包括风险矩阵、风险清单等。

★【专家一对一】

本部分为新增内容，2019年很可能成为考点。

【例题 ·判断题】预算管理领域应用的管理会计工具方法一般包括（ ）。

A.滚动预算　　B.零基预算　　C.弹性预算　　D.作业预算

【答案】ABCD

【解析】预算管理领域应用的管理会计工具方法一般包括滚动预算、零基预算、弹性预算、作业预算等。

（四）信息与报告

管理会计信息包括管理会计应用过程中所使用和生成的财务信息和非财务信息，是管理会计报告的基本元素。

★【专家一对一】

管理会计报告按期间可以分为定期报告和不定期报告；按内容可以分为综合性报告和专项报告等类别。

单位可以根据管理需要和管理会计活动性质设定报告期间。一般应以公历期间作为报告期间，也可以根据特定需要设定报告期间。

【例题·多选题】（2018）下列各项中，属于管理会计要素的有（　　）。

A.工具方法　　B.应用环境　　C.管理会计活动　　D.信息与报告

【答案】ABCD

【解析】单位应用管理会计，应包括应用环境、管理会计活动、工具方法、信息与报告四项管理会计要素。

【例题·判断题】（2018）管理会计报告是管理会计活动成果的重要表现形式，单位可以根据管理需要和管理会计活动性质设定报告期间。（　　）

【答案】正确。

【解析】管理会计报告是管理会计活动成果的重要表现形式，旨在为报告使用者提供满足管理需要的信息，是管理会计活动开展情况和效果的具体呈现。管理会计报告按期间可以分为定期报告和不定期报告，按内容可以分为综合性报告和专项报告等类别。单位可以根据管理需要和管理会计活动性质设定报告期间。一般应以公历期间作为报告期间，也可以根据特定需要设定报告期间。

四、管理会计应用原则和应用主体

单位应用管理会计，应当遵循以下原则:

（1）战略导向原则。

（2）融合性原则。

（3）适应性原则。

（4）成本效益原则。

★【专家一对一】

管理会计应用主体视管理决策主体确定，可以是单位整体，也可以是单位内部的责任中心。

【例题·单选题】（2018）单位应结合自身管理特点和时间需要选择适用的管理会计工具方法，下列各项中，这种方法体现的管理会计应用原则是（　　）。

A.战略导向原则　　B.适用性原则　　C.融合性原则　　D.成本效益原则

【答案】B

【解析】管理会计的适应性原则是指管理会计的应用应与单位应用环境和自身特征相适应。选项B正确。

五、货币时间价值

（一）资金时间价值的含义

货币时间价值是指一定量货币在不同时点上的价值量差额。

（二）终值和现值

★【专家一对一】

1.利息的两种计算方式。

（1）单利计息方式：只对本金计算利息（各期的利息相同）。

（2）复利计息方式：复利计算方法是指每经过一个计息期，要将该期所派生的利息加入本金再计算利息，逐期滚动计算，俗称“利滚利”。（各期本金不同、利息也不同）。

除非特别说明，计息期一般为一年。

2.终值和现值的概念。

（1）终值又称将来值，是现在一定量的资金折算到未来某一时点所对应的金额，通常记作 F 。（本利和）

（2）现值是指未来某一时点上的一定量资金折算到现在所对应的金额，通常记作P。（本金）

现值+利息=终值
终值-利息=现值
终值-现值=利息

（3）利率（用 i 表示）可视为资金时间价值的一种具体表现。

（4）现值和终值对应的时点之间可以划分为 n 期（n≥1），相当于计息期。

1.复利终值和现值。

（1）复利终值。

复利终值指一定量的货币，按复利计算的若干期后的本利总和。复利终值的计算公式如下：

$F=P(1+i)^n$

公式中，$(1+i)^n$为复利终值系数，记作（F/P，i，n）；n为计算利息的期数。

（2）复利现值。

复利现值是指未来某期的一定量的货币，按复利计算的现在价值。复利现值的计算公式如下：

$P=F/(1+i)^n$

公式中，$1/(1+i)^n$为复利现值系数，记作（P/F，i，n）；n为计算利息的期数。

★【专家一对一】

复利终值和复利现值互为逆运算；复利终值系数和复利现值系数互为倒数。

【例题·单选题】（2018）向银行借款 1000 万元，借款期限 5 年，年利率 6%。已知（f/p，6%，5）=1.338。按复利计算，一次还本付息，5 年后本利折扣是（　　）万元。

A.1060　　B.1338　　C.1006　　D.1300

【答案】B

【解析】按复利计算，一次还本付息，5年后本利和=1000×（F/P，6%，5）=1000×1.338=1338万元。

2.年金终值和年金现值。

（1）年金概述。

①年金是指一定时期内每次等额收付的系列款项。

②等额、固定间隔期、系列的收付款项是年金的三个要点。

③年金收付间隔的时间可以是1年，也可以是半年、一个季度或者一个月等。

④年金包括普通年金（后付年金）、预付年金（先付年金）、递延年金、永续年金等形式。

（2）年金终值。

①普通年金终值的计算：

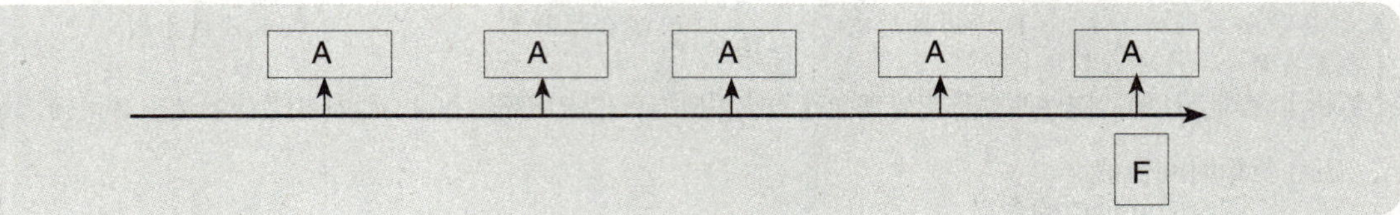

$F=A+A（1+i）+A(1+i)^2+A(1+i)^3+\cdots\cdots+A（1+i）^{n-1}$

$F=A\times(1+i)^n-1/i$

其中"$(1+i)^n-1/i$"称为年金终值系数，记作（F/A，i，n）。

②预付年金是指从第一期起，在一定时期内每期期初等额收付的系列款项，又称先付年金或即付年金。

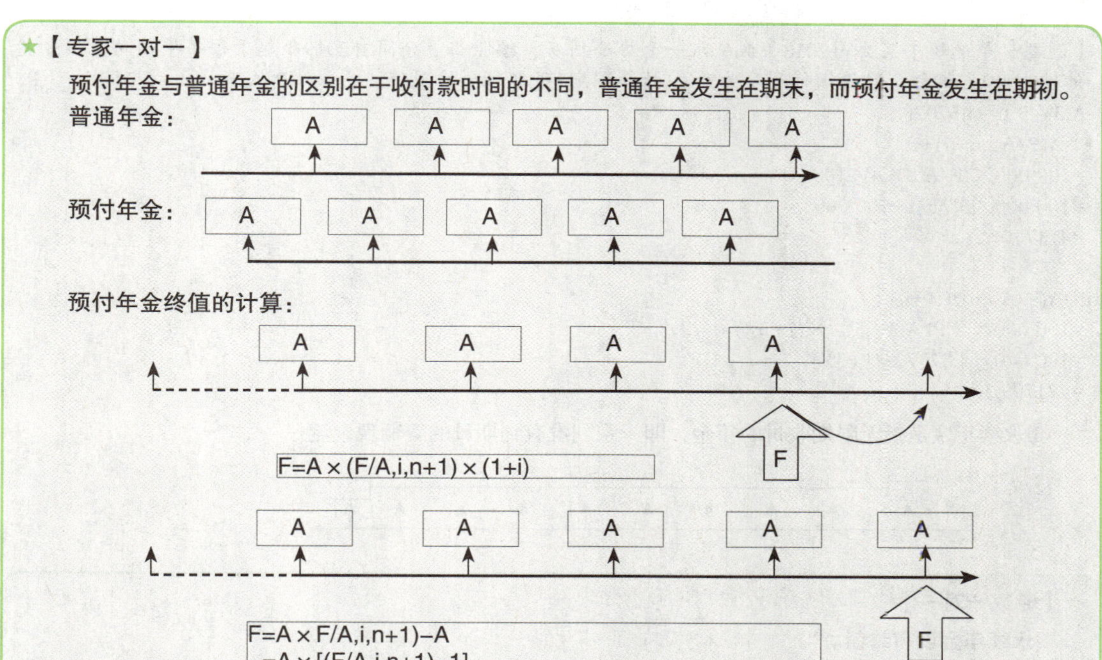

【例题·单选题】（2018）某企业拟建立一项基金计划，每年初投入 10 万元，若利率为 10%（（F/A,10%，5）=6.1051），5 年后该项基金本利和将为（　　）元。

A.671561　　B.564100　　C.871600　　D.610500

【答案】A

【解析】F=A（F/A,i，n）（1+i）=10×6.1051×（1+10%）=67.1561万元=671561元。

（3）年金现值。

①普通年金现值的计算。

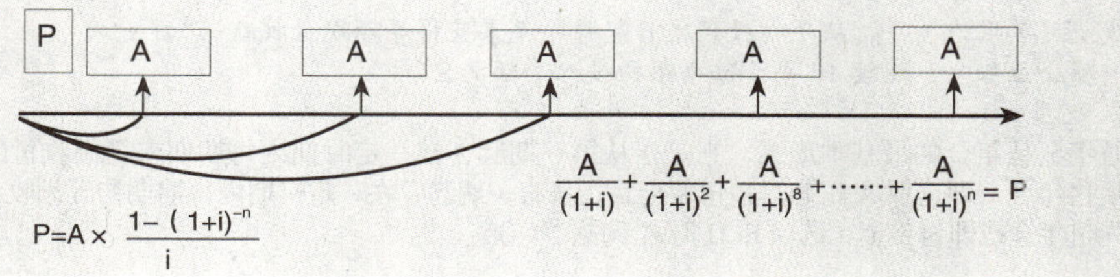

其中$\frac{1-(1+i)^{-n}}{i}$为年金现值系数，记为（P/A，i，n）。

【例题·单选题】（2018）2017 年 1 月 1 日，某企业的投资项目正式投入运营，从运营之日起，该企业每年年末可从该项目中获得收益 200000 元，预计收益期为 4 年。假设年利率 6%，已知（P/A，6%，4）=3.4651。不考虑其他因素，2017 年 1 月 1 日该项目预期 4 年总收益的现值为（　　）元。

A.693020　　B.200000　　C.2772080　　D.800000

【答案】A

【解析】P=200000×（P/A，6%，14）=200000×3.4651=693020元。

②预付年金现值的计算。

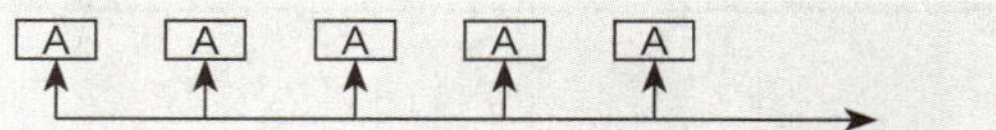

P=A×（P/A，i，n）×（1+i）

P=A×（P/A，i，n−1）+A

【例题·单选题】某公司2018年底租入一套办公用房，按照租赁合同自2019年起于每年年初向出租者支付100 000元租金。假设银行利率为3%，计算预期5年期租金的现值。已知（P/A,3%,4）=3.7171，（P/A,3%,5）=4.5797。

P=A(P/A,i,n−1)+A
=100 000×(P/A,3%,4)+100 000
=100 000×3.7171+100 000
=471710元

或

P=A(P/A,i,n)（1+i）
=100 000×（P/A,3%,5）×(1+3%)
=100 000×4.5797×(1+3%)
=471709.1元

③永续年金是指无限期收付的年金，即一系列没有到期日的等额现金流。

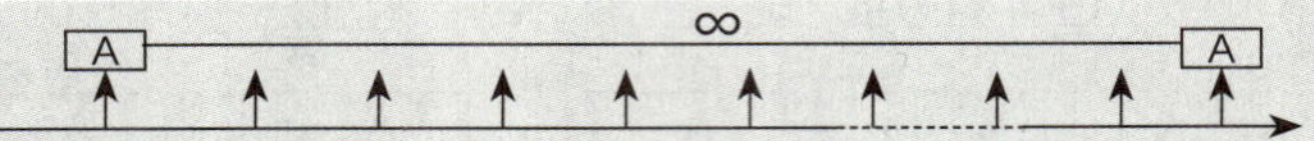

★【专家一对一】

永续年金没有终值。

永续年金现值的计算

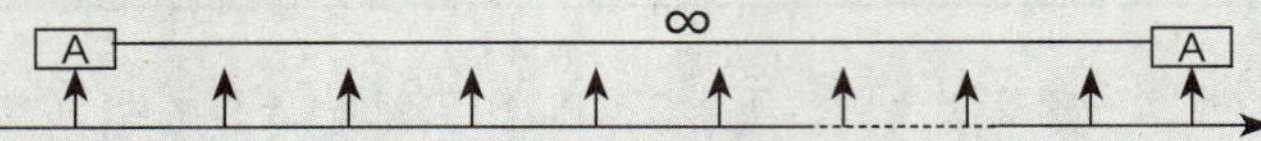

永续年金的现值可以看成是一个n无穷大后付年金的现值，则永续年金现值计算如下：

$P(n\to\infty)=A[1-(1+i)^{-n}]/i=A/I$

【例题·单选题】（2018）下列各项中，属于普通年金形式的是（　　）。

A.企业在某中学设立奖励基金，用于每年发放等额奖学金

B.企业租房2年，每个月初向出租方支付等额房租

C.企业生产线使用年限为5年，从年初投产之日起每年年末获得等额现金收益

D.企业设立一项公益基金，连续10年于每年年初投入等额奖金

【答案】A

【解析】普通年金是年金的最基本形式，它是指从第一期起，在一定时期内每期期末等额收付的系列款项，又称为后付年金，即选项A正确。预付年金是指从第一期起，在一定时期内每期期初等额收付的系列款项，又称先付年金或即付年金，选项BCD均属于预付年金。

★【专家一点通】

终值 vs 现值

	终　值	现　值
复利	F=P（1+i）^{n}	P=F/（1+i）^{n}=F（1+i）$^{-n}$
普通年金	F=A（F/A，i，n）	P=A（P/A，i，n）
预付年金	F=A（F/A，i，n）（1+i） F=A[（F/A，i，n+1）−1]	P=A×（P/A，i，n）（1+i） P=A×[（P/A，i，n−1）+1]
永续年金	无	P=A/i

知识图谱

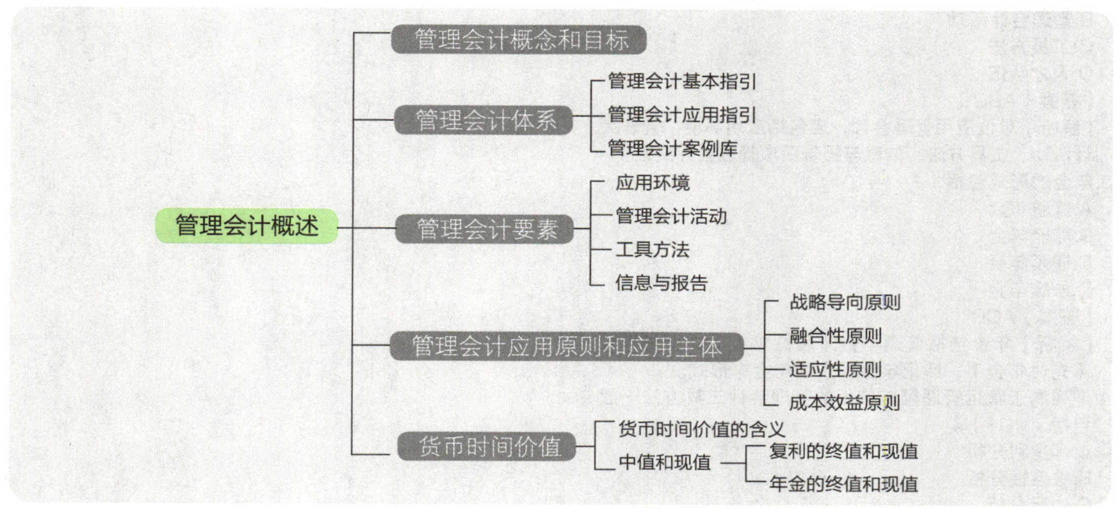

节节测

一、单项选择题

1.下列各项中，不属于管理会计目标的是（　　）。

A.参与单位规划、决策、控制、评价活动

B.为单位提供有用信息

C.通过确认、计量、记录和报告等程序提供并解释历史信息

D.推动单位实现战略规划

【答案】C

【解析】管理会计的目标是通过运用管理会计工具方法，参与单位规划、决策、控制、评价活动并为之提供有用信息，推动单位实现战略规划。

2.下列选项中，属于管理会计应用环境中内部环境的有（　　）。

A.国内外经济社会

B.技术

C.法律

D.组织架构和管理模式

【答案】D

【解析】管理会计外部环境主要包括国内外经济、社会、文化、法律、技术等因素，内部环境主要包括与管理会计建设和实施相关的价值创造模式、组织架构、管理模式、资源、信息系统等因素。

3.普通年金终值乘以（1+i）等于（　　）。

A.普通年金的现值

B.预付年金的现值

C.预付年金的终值

D.永续年金的现值

【答案】C

【解析】预付年金终值=普通年金终值乘以（1+i）。

4.某企业家在西部地区某贫困县设立一项助学基金，每年年末拿出10万元资助农村贫困学生，该基金拟保存在中国农业银行该县支行，银行一年期的定期存款利率为2%，则该富商目前需要投资（　　）万元。

A.10.2

B.500

C.100

D.5 000

【答案】B

【解析】永续年金现值的计算，10÷0.2%=500万元。

5.下列不属于成本管理领域应用的管理会计工具方法的是（　　）。

A.本量利分析

B.目标成本法

C.标准成本法

D.变动成本法

【答案】A

【解析】成本管理领域应用的管理会计工具方法一般包括目标成本法、标准成本法、变动成本法和作业成本法。

二、多项选择题

1.单位应用管理会计，应当遵循的原则有（　　）。

A.战略导向原则

B.融合性原则

C.适应性原则

D.成本效益原则

【答案】ABCD

【解析】单位应用管理会计应当遵循以下原则：战略导向原则、融合性原则、适应性原则和成本效益原则。

2.单位应用管理会计，应包括以下管理会计要素（　　）。

A.应用环境

B.管理会计活动

C.工具方法

D.人才队伍

【答案】ABC

【解析】单位应用管理会计，应包括应用环境、管理会计活动、工具方法、信息与报告四项管理会计要素。

3.年金的形式包括（　　）。

A.普通年金

B.养老年金

C.递延年金

D.永续年金

【答案】ACD

【解析】年金包括普通年金（后付年金）、预付年金（先付年金）、递延年金、永续年金等形式。

4.下列属于营运管理领域应用的管理会计工具方法一般包括（　　）。

A.本量利分析

B.敏感性分析

C.边际分析

D.标杆管理

【答案】ABCD

【解析】营运管理领域应用的管理会计工具方法一般包括本量利分析、敏感性分析、边际分析和标杆管理。

5.建设我国管理会计体系的主要任务和措施有（　　）。

A.推进管理会计理论体系建设

B.推进管理会计指引体系建设

C.推进管理会计人才队伍建设

D.推进面向管理会计的信息系统建设

【答案】ABCD

【解析】建设我国管理会计体系的主要任务和措施有推进管理会计理论体系建设、推进管理会计指引体系建设、推进管理会计人才队伍建设和推进面向管理会计的信息系统建设。

三、判断题

1.管理会计应用主体视管理决策主体确定，可以是单位整体，也可以是单位内部的责任中心。（　　）

【答案】正确。

【解析】考查知识点为管理会计应用主体。

2.管理会计必须以公历期间作为报告期间。（　　）

【答案】错误。

【解析】管理会计一般应以公历期间作为报告期间，也可以根据特定需要设定报告期间。

3.资本回收系数与普通年金终值系数互为倒数。（　　）

【答案】错误。

【解析】资本回收系数与普通年金现值系数互为倒数。

4.短期滚动预算通常以1年为预算编制周期。（　　）

【答案】正确。

【解析】短期滚动预算通常以1年为预算编制周期，以月度、季度作为预算滚动频率。

5.本量利分析中的，“本”是指成本，包括固定成本和变动成本；“量”是指业务量，一般指销售量；“利”一般指营业利润。（　　）

【答案】正确。

【解析】考查本量利分析的涵义。

第二节　产品成本核算概述

一、产品成本核算的要求

（一）产品成本核算的要求

1.做好各项基础工作。

2.正确划分各种费用支出的界限。

（1）正确划分收益性支出与资本性支出的界限；

（2）正确划分成本费用、期间费用和营业外支出的界限；

（3）正确划分本期费用和以后期间费用的界限；

（4）正确划分各种产品成本费用的界限；

（5）正确划分本期完工产品和期末在产品成本的界限。

3.根据生产特点和管理要求选择适当的成本计算方法。

常用的产品成本计算方法包括：品种法、分批法、分步法、分类法、定额法等。

4.遵守一致性原则。

在成本核算中，各种处理方法要前后一致，使前后各项的成本资料相互可比。

5.编制产品成本报表。

企业一般应当按月编制产品成本报表，全面反映企业生产成本、成本计划执行情况、产品成本及其变动情况等。

（二）成本与费用的关系

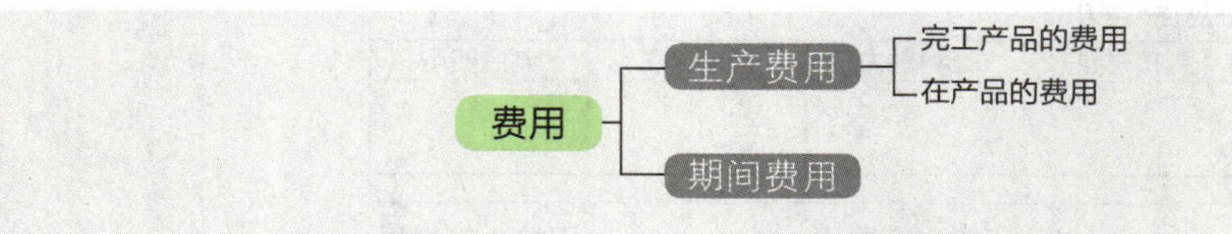

图7-1　费用的分类

★【专家一对一】

1.产品成本是对象化的费用。

2.产品成本是费用总额的一部分，只包括完工产品的费用，不包括期间费用和期末未完工产品的费用。

二、产品成本核算的一般程序

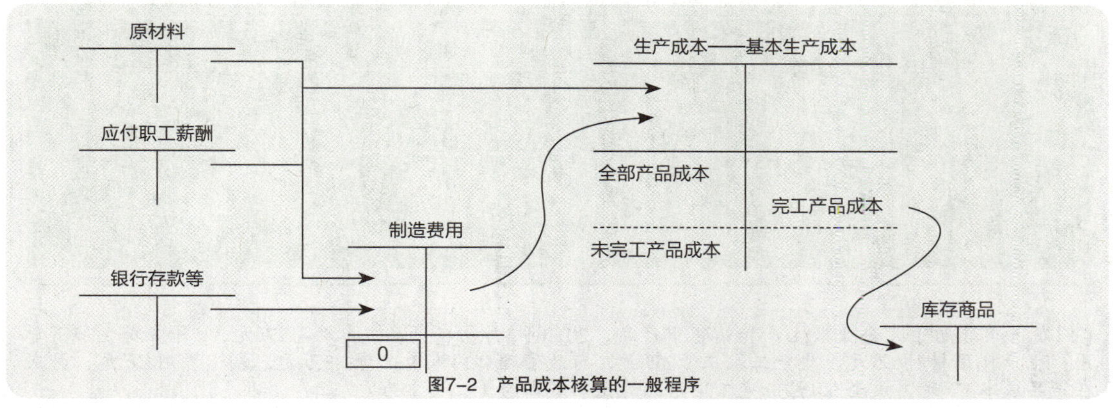

图7-2　产品成本核算的一般程序

三、产品成本核算对象

（一）产品成本核算对象的概念

产品成本核算对象，是指确定归集和分配生产要素的具体对象，即生产费用承担的客体。成本核算对象的确定，是设立成本明细分类账户、归集和分配生产费用以及正确计算产品成本的前提。

一般情况下，对制造企业而言：

表7-1　产品成本核算对象

1.大批大量单步骤生产产品或管理上不要求提供有关生产步骤成本信息	以产品品种为成本核算对象
2.小批单件生产产品	以每批或每件产品为成本核算对象
3.多步骤连续加工产品且管理上要求提供有关生产步骤成本信息	以每种产品及各生产步骤为成本核算对象
注意：产品规格繁多的，可将产品结构、耗用原材料和工艺过程基本相同的各种产品，适当合并作为成本核算对象	

（二）成本核算对象的确定

1.以产品品种为成本核算对象。

2.以每批或每件产品为成本核算对象。

3.以每种产品及各生产步骤为成本核算对象。

四、产品成本项目

产品成本明细账

产品种类：甲产品

直接材料	燃料动力	直接人工	制造费用

直接生产费用（直接材料、燃料动力、直接人工）　间接生产费用（制造费用）

图7-3　产品成本明细账

★【专家一对一】

企业可根据生产特点、各种费用支出的比重及成本管理和核算的要求不同增设或合并某些成本项目。

成本项目	含　义
直接材料	直接材料是指企业在生产产品和提供劳务过程中实际消耗的、直接用于产品生产、构成产品实体的原材料、辅助材料、备品配件、外购半成品、包装物、低值易耗品等费用
燃料及动力	燃料及动力是指直接用于产品生产的外购和自制的燃料和动力
直接人工	直接人工是指企业在生产产品和提供劳务过程中为获取直接从事产品生产人员提供的服务而给予各种形式的报酬以及其他相关支出
制造费用	制造费用是指企业为生产产品和提供劳务而发生的各项间接费用,包括车间管理人员的工资和福利费、车间房屋建筑物和机器设备的折旧费、租赁费、办公费、水电费、机物料消耗、劳动保护费、季节性和修理期间的停工损失、信息系统维护费等

【例题·单选题】某企业只生产和销售甲产品，2013年4月初在产品成本为3.5万元，4月份发生如下费用：生产耗用材料6万元，生产工人工资2万元，行政管理部门人员工资1.5万元，制造费用1万元，月末在产品成本3万元，该企业4月份完工甲产品的生产成本为（　　）万元。

A.11　　B.9.5　　C.9　　D.12.5

【答案】B

【解析】完工产品成本=3.5+6+2+1−3=9.5万元。

【例题·多选题】某企业为生产多种产品的制造企业，下列各项中，通过“制造费用”科目核算的有（　　）。

A.车间房屋和机器设备的折旧费

B.支付用于产品生产的材料费用

C.生产工人的工资和福利费
D.季节性停工损失
【答案】AD
【解析】支付用于产品生产的材料费用和生产工人的工资和福利费均计入“生产成本”。

【例题·多选题】下列各项中，应计入产品生产成本的有（ ）。
A.生产产品耗用的直接材料
B.生产产品耗用的燃料费
C.生产产品耗用的动力费
D.生产车间管理人员的职工薪酬
【答案】ABCD
【解析】生产产品耗用的直接材料、燃料费、动力费和生产车间管理人员的职工薪酬最终都要计入产品生产成本。

★【专家一点通】
产品成本核算的要求：
1.做好各项基础工作；
2.正确划分各种费用支出的界限；
3.根据生产特点和管理要求选择适当的成本计算方法；
4.遵守一致性原则；
5.编制产品成本报表。

（一）产品成本项目的概念
产品成本核算对象，是指确定归集和分配生产费用的具体对象，即生产费用承担的客体。
（二）产品成本项目的设置
对于制造企业而言，一般可设置“直接材料”“燃料及动力”“直接人工”和“制造费用”等项目。

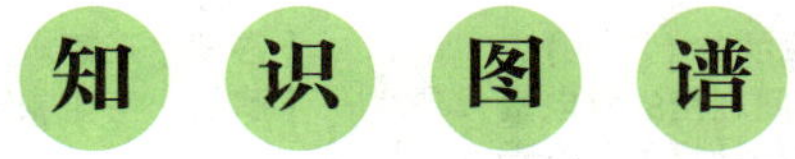

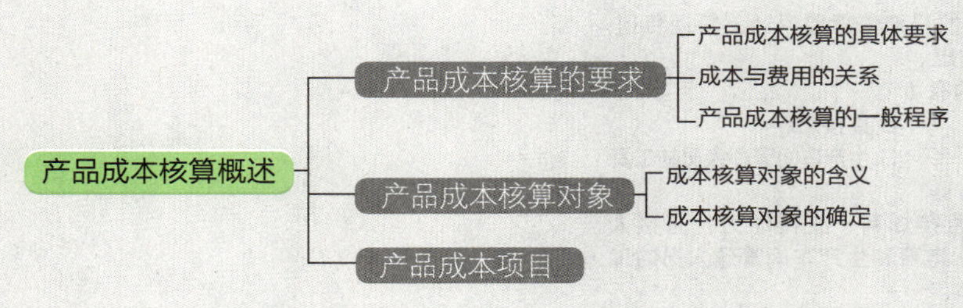

节节测

一、单项选择题

1.（2013）不应计入产品生产成本的是（ ）。
A.生产产品领用的原材料
B.车间照明的电费
C.预计产品质量保证损失
D.车间管理人员的工资
【答案】C
【解析】预计产品质量保证损失计入销售费用。

2.下列各项中，一般不属于成本项目的是（ ）。
A.直接材料　　B.直接人工
C.制造费用　　D.管理费用
【答案】D
【解析】管理费用属于期间费用。

3.下列关于成本和费用的说法中错误的是（ ）。
A.费用着重于按会计期间进行归集
B.费用一般以生产过程中取得的各种原始凭证为计算依据
C.产品成本着重于按产品进行归集

D.产品成本一般以成本计算单或成本汇总表及产品入库单为计算依据，包括期间费用。

【答案】D

【解析】产品成本一般以成本计算单或成本汇总表及产品入库单为计算依据，不包括期间费用。

二、多项选择题

1.（2015）下列关于确定成本核算对象的表述中正确的有（ ）。

A.成本核算对象确定后，通常不应中途变更

B.成本核算对象的确定是设立成本明细账，正确计算成本的前提

C.多步骤连续加工产品，且管理上要求提供生产步骤成本信息的，以每种产品及生产步骤为成本核算对象

D.小批或单件生产产品的，以每批或每件产品为成本核算对象

【答案】ABCD

【解析】一般情况下，对制造企业而言，大量大批单步骤生产产品或管理上不要求提供有关生产步骤成本信息的，以产品品种为成本核算对象；小批或单件生产产品的，以每批或每件产品为成本核算对象；多步骤连续加工产品，且管理上要求提供生产步骤成本信息的，以每种产品及生产步骤为成本核算对象；产品规格繁多的，可将产品结构、耗用原材料和工艺过程基本相同的各种产品，适当合并作为成本核算对象。成本核算对象确定后，各种会计、技术资料的归集应当与此一致，一般不应中途变更，以免造成成本核算不实、结算漏账和经济责任不清的弊端。成本核算对象的确定是设立成本明细账户、归集和分配生产费用以及正确计算产品成本的前提。

2.（2013）下列各项中，应计入产品成本的有（ ）。

A.厂房的日常修理费用　　B.生产车间耗用的水电费

C.生产设备报废净损失　　D.生产设备计提的折旧费

【答案】BD

【解析】选项A，厂房的日常修理费用计入管理费用；选项C，计入营业外支出。

3.下列应计入产品成本的有（ ）。

A.直接材料　　B.直接燃料

C.直接动力　　D.生产车间管理人员的工资

【答案】ABCD

【解析】直接材料、直接燃料、直接动力、直接人工、生产车间发生的水电费和生产车间管理人员的工资等都应计入产品成本。

4.下列各项中，应计入当期生产成本的有（ ）。

A.行政管理部门发生的固定资产修理费

B.财务部门发生的固定资产修理费

C.车间发生的固定资产修理费

D.车间管理人员的薪酬

【答案】CD

【解析】行政管理部门发生的固定资产修理费和财务部门发生的固定资产修理费应计入管理费用。

5.为正确计算产品成本，属于正确划分各种费用界限的有（ ）。

A.正确划分收益性支出和资本性支出的界限

B.正确划分成本费用、期间费用和营业外支出的界限

C.正确划分各种产品成本费用的界限

D.正确划分本期完工产品与期末在产品成本的界限

【答案】ABCD

【解析】为正确计算产品成本，必须正确划分以下五个方面的费用界限：正确划分收益性支出和资本性支出的界限；正确划分成本费用、期间费用和营业外支出的界限；正确划分本期费用与以后期间费用的界限；正确划分各种产品成本费用的界限；正确划分本期完工产品与期末在产品成本的界限。

三、判断题

1.（2013）企业产品成本核算对象主要根据企业生产特点加以确定，同时考虑成本管理要求。（ ）

【答案】正确。

【解析】企业应当根据生产经营特点和管理要求来确定成本核算对象。

2.成本着重于按会计期间进行归集，一般以生产过程中取得的各种原始凭证为计算依据。（ ）

【答案】错误。

【解析】费用着重于按会计期间进行归集，一般以生产过程中取得的各种原始凭证为计算依据。

3.企业产品成本核算采用的会计政策和会计估计一经确定，不得变更。（ ）

【答案】错误。

【解析】企业产品成本核算采用的会计政策和会计估计一经确定，不得随意变更。

4.直接材料包括原材料、辅助材料、外购半成品，但不包括包装物和低值易耗品。（ ）

【答案】错误。

【解析】直接材料包括原材料、辅助材料、外购半成品、备品配件、包装物和低值易耗品等。

5.制造费用是指企业为生产产品和提供劳务而发生的各项间接费用。（ ）

【答案】正确。

【解析】考查制造费用的概念。

第三节　产品成本的归集和分配

一、产品成本归集和分配的基本原则

1.受益性原则，即谁受益、谁负担。

2.及时性原则，即要及时将各成本费用分配给受益对象，不应将本应在上期或下期分配的成本费用分配给本期。

3.成本效益性原则，即成本分配的效益要大于分配成本。

4.基础性原则，即成本分配以完整、准确的原始记录为依据。

5.管理性原则，即成本分配要有助于企业加强成本管理。

★【专家一对一】

1.企业不得以计划成本、标准成本、定额成本等代替实际成本。

2.企业采用计划成本、标准成本、定额成本等类似成本进行直接材料日常核算的，期末应当将耗用直接材料的计划成本或定额成本等类似成本调整为实际成本。

二、要素费用的归集和分配的基本原则

（一）成本核算的科目设置

制造业企业的生产费用按照经济内容可划分为以下要素费用，即外购材料、外购燃料、外购动力、职工薪酬、折旧费、利息费用、税金和其他费用。

1.生产成本——基本生产成本——直接材料

——直接人工

——制造费用

——辅助生产成本

2.制造费用 。

制造费用是指工业制造业企业为生产产品（或提供劳务）而发生的，应计入产品成本但没有专设成本项目的各项间接费用。

（二）材料、燃料、动力的归集与分配

1.能够分产品领用的材料、燃料和动力。

直接计入相应产品成本的“直接材料”项目。

2.不能分产品领用的材料、燃料和动力。

分配计入各相关产品成本的“直接材料”成本项目。

3.分配方法。

在消耗定额比较准确的情况下，原材料、燃料也可按照产品的材料定额消耗量比例或材料定额费用比例进行分配。

【例题·单选题】某企业本月投产甲产品50件，乙产品100件，生产甲、乙两种产品共耗用材料4 500千克，每千克20元，每件甲、乙产品材料消耗定额分别为50千克、15千克，按材料定额消耗量比例分配材料费用，甲产品分配的材料费用为（　　）元。

A.50 000　　B.30 000　　C.33 750　　D.56 250

【答案】D

【解析】材料费用=4 500×20÷（50×50+100×15）×（50×50）元=56 250元。

（三）职工薪酬的归集与分配

1.直接进行产品生产的生产工人的职工薪酬。

直接计入产品成本的“直接人工”成本项目。

2.不能直接计入产品成本的职工薪酬。

分配计入产品成本的“直接人工”成本项目。

3.分配方法。

按工时、产品产量、产值比例等方式进行合理分配。

【例题·单选题】某企业生产甲、乙两种产品，2009年12月共发生生产工人工资70 000元，福利费10 000元。上述人工费按生产工时比例在甲、乙产品间分配，其中甲产品的生产工时为1 200小时，乙产品的生产工时为800小时。该企业生产甲产品应分配的人工费为（　　）元。

A.28 000　　B.32 000　　C.42 000　　D. 48 000

【答案】D

【解析】生产甲产品应分配的人工费

=1 200×80 000/（1 200+800）=48 000元。

（四）辅助生产成本的归集与分配

1.辅助生产的含义。

辅助生产是指为基本生产车间、企业行政管理部门等单位服务而进行的产品生产和劳务供应（如机修、供电、供水等）。

2.账户设置。

设有辅助生产部门的企业应设立“生产成本——辅助生产成本”账户，账下一般应设如下成本专栏：

原材料、动力、工资及福利费、制造费用等。

3.辅助生产部门的间接生产费用的核算。

对于辅助生产部门发生的诸如折旧费、办公费、保险费等（间接）要素费用，有两种核算形式：

第一种：先通过“制造费用”科目归集，再转入“辅助生产成本”科目；

第二种：不通过“制造费用”科目，直接记入“辅助生产成本”科目。

4.辅助生产费用的分配方法。

辅助生产费用的分配方法主要有：直接分配法、交互分配法、计划成本分配法、顺序分配法和代数分配法。

【例题·单选题】下列各项中，不属于辅助生产费用分配方法的是（　　）。

A.售价法　　B.交互分配法　　C.直接分配法　　D.计划成本分配法

【答案】A

【解析】辅助生产费用分配方法有直接分配法、交互分配法、计划成本分配法、顺序分配法和代数分配法等。

（1）直接分配法

①特点

各辅助生产车间发生的费用，直接分配给辅助生产车间以外的各受益产品、单位，不考虑各辅助生产车间之间相互提供产品或劳务的情况。

②优缺点

优点：一次分配；缺点：计算结果不准确。

③适用范围

各辅助生产车间之间相互提供产品或劳务不多，不进行费用的交互分配对辅助生产成本和产品制造成本影响不大的情况下采用。

【例题·单选题】直接分配法不考虑各辅助生产车间之间相互提供劳务或产品的情况，将各种辅助生产费用直接分配给辅助生产车间以外的各受益单位。（　　）

【答案】正确。

【解析】考查直接分配法的概念。

（2）交互分配法（两次分配法）

①特点

对各辅助生产车间的成本费用进行两次分配。

a.第一次分配（内部分配）

计算“第一次费用分配率”，在各辅助生产车间内部进行一次交互分配；第一次分配后，各辅助生产车间费用总额发生改变。

第一次分配后各辅助生产部门重新计算的费用总额

=交互分配前的费用+交互分配转入的费用-交互分配转出的费用

b.第二次分配（对外分配）

根据“第一次分配后各辅助生产部门重新计算的费用总额”，计算提供产品或劳务的数量和交互分配后的单位成本（第二次费用分配率），在辅助生产车间以外的各受益单位进行分配。

优点：提高了分配结果的正确性；缺点：增加了计算工作量。

【例题·单选题】辅助生产成本交互分配法的交互分配，是指将辅助生产成本首先在企业内部（　　）。

A.辅助生产车间之间分配　　B.辅助生产车间与销售部门之间分配

C.辅助生产车间与基本生产车间之间分配　　D.辅助生产车间与行政管理部门之间分配

【答案】A

【解析】辅助生产成本交互分配法的交互分配，是指将辅助生产成本首先在企业内部辅助生产车间之间进行交互分配。

【例题·单选题】某企业有甲乙两个辅助生产车间，采用交互分配法分配辅助生产费用。某月交互分配前，甲、乙车间归集的辅助生产费用分别为75 000元和90 000元。甲车间向乙车间交互分配辅助生产费用2 500元，乙车间向甲车间交互分配辅助生产费3 000元。当月，甲车间向辅助生产车间以外的受益部门分配的辅助生产费用为（　　）元。

A.75 000　　B.90 000　　C.77 500　　D.75 500

【答案】D

【解析】甲车间向辅助生产车间以外的受益部门分配的辅助生产费用=75 000-2 500+3 000=75 500元。

（3）计划成本分配法

①特点

a.辅助生产为各受益单位提供的劳务，都按劳务的计划单位成本进行分配转出；

b.辅助生产车间实际发生的费用与按计划单位成本分配转出的费用之间的差额全部计入管理费用。

②优缺点

优点：方便对内部各单位的成本考核；缺点：计算分配不够准确。

（4）顺序分配法（梯形分配法）

①特点

a.按照辅助生产车间之间受益多少的顺序分配费用，受益少的先分配，受益多的后分配；

b.先分配的部门不负担后分配的部门的费用。

②适用范围

适用于各辅助生产车间之间相互受益程度有明显顺序的企业。

【例题·判断题】顺序分配法是按照辅助生产车间受益多少的顺序分配生产费用，受益少的先分配，受益多的后分配，先分配的辅助生产车间不负担后分配的辅助生产车间的生产费用。（　　）

【答案】正确。

【解析】考查顺序分配法的概念。

【例题·判断题】企业采用顺序分配法分配辅助生产费用时，受益多的辅助生产车间先分配，受益少的辅助生产车间后分配。（　　）

【答案】错误。

【解析】顺序分配法是按照辅助生产车间受益多少的顺序分配生产费用，受益少的先分配，受益多的后分配，先分配的辅助生产车间不负担后分配的辅助生产车间的生产费用。

（5）代数分配法

①特点

a.首先，根据解联立方程的原理，计算辅助生产劳务或产品的单位成本；

b.然后，根据各受益单位耗用的数量和单位成本分配辅助生产费用。

②优缺点

优点：分配结果最正确；缺点：计算工作比较复杂。

【例题·单选题】下列关于企业辅助生产费用分配方法的表述中，正确的是（　　）。

A.采用直接分配法，辅助生产费用需要进行对外和对内分配

B.采用计划成本分配法，辅助生产车间实际发生的费用与分配转出的计划费用之间的差额计入制造费用

C.采用顺序分配法，辅助生产车间受益多的先分配，受益少的后分配
D.采用交互分配法，辅助生产费用需要经过两次分配完成
【答案】D
【解析】采用直接分配法，辅助生产费用不需要进行对内分配；采用计划成本分配法，辅助生产车间实际发生的费用与分配转出的计划费用之间的差额计入管理费用，采用顺序分配法，辅助生产车间受益少的先分配，受益多的后分配。

（五）制造费用的归集与分配

1.制造费用的含义和内容。

制造费用是指企业为生产产品和提供劳务而发生的各项间接费用。

★【专家一对一】

1.属于生产费用（能够对象化）

2.属于间接费用（不能直接计入成本）

主要包括企业生产部门(如生产车间) 发生的水电费、固定资产折旧、无形资产摊销、管理人员的职工薪酬、劳动保护费、国家规定的有关环保费用、季节性和修理期间的停工损失等。

2.制造费用的归集与分配。

①制造费用应通过“制造费用”账户进行归集，月末按照一定的方法从贷方分配转入有关成本计算对象。

②企业应当根据制造费用的性质，合理选择制造费用分配方法。

通常采用的方法有：生产工人工时比例法、生产工人工资比例法、机器工时比例法、按年度计划分配率分配法等。

★【专家一对一】

1.企业应当根据制造费用的性质，合理选择分配方法。

2. 分配方法一经确认，不得随意变更。如需变更，应当在财务报表附注中予以说明。

【例题·单选题】某企业本月生产甲、乙产品分别耗用机器工时50 000小时、70 000小时，当月车间设备维修费96 000元（不考虑增值税），车间管理人员工资24 000元，该企业按照机器工时分配制造费用。不考虑其他因素，当月甲产品应分担的制造费用为（　　）元。

A.14 000　　B.10 000　　C.40 000　　D.50 000

【答案】D
【解析】（96 000+24 000）÷（50 000+70 000）×50 000=50 000元。

3.制造费用的账务处理。

借：生产成本

　贷：制造费用

（六）废品损失和停工损失的核算

1.废品损失的核算。

（1）废品损失的含义

废品损失是在生产过程中发生的和入库后发现的不可修复废品的生产成本，以及可修复废品的修复费用，扣除回收的废品残料价值和应收赔款以后的损失。

★【专家一对一】

1.以下不属于废品损失：

不需要返修、可降价出售的不合格品；

入库后保管不善而损坏变质的损失；

实行“三包”企业在产品出售后发现的废品。

2.废品损失不单独核算的，直接计入“生产成本——基本生产成本”“原材料”等科目。

3.辅助生产一般不单独核算废品损失。

（2）不可修复废品损失的核算

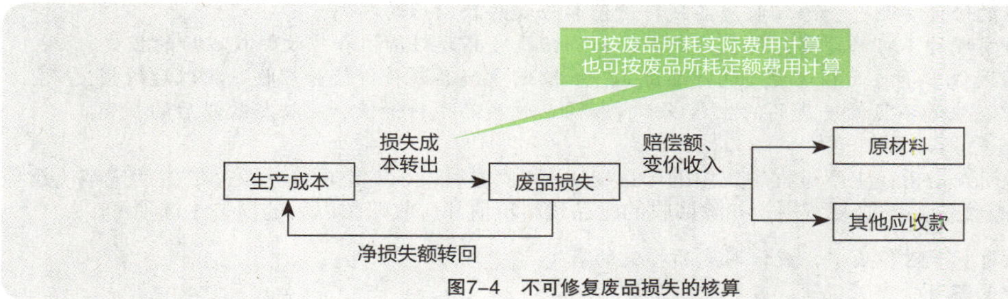

图7-4　不可修复废品损失的核算

（3）可修复废品损失的核算

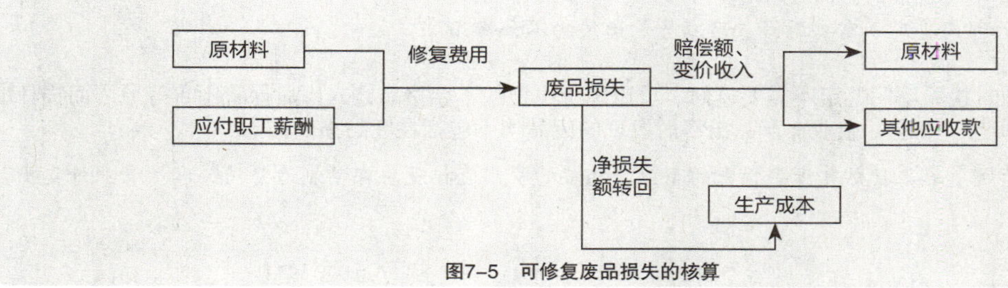

图7-5　可修复废品损失的核算

【例题·单选题】（2018）某企业产品入库后发现可修复废品一批，生产成本为20 万元，返修过程中发生直接材料2 万元、直接人工 3 万元、制造费用 4 万元，废品残料作价 1 万元已回收入库。不考虑其他因素，该企业可修复废品的净损失为（　　）万元。

A.28　　B.20　　C.29　　D.8

【答案】D

【解析】结转可修复废品成本：

借：废品损失　9

　　贷：原材料　2

　　　　应付职工薪酬　3

　　　　制造费用　4

残料入库：

借：原材料　1

　　贷：废品损失　1

结转废品净损失：

借：生产成本　8

　　贷：废品损失　8

【例题·单选题】某工业企业甲产品在生产过程中发现不可修复废品一批，该批废品的成本构成为：直接材料3 200元，直接人工4 000元，制造费用2 000元。废品残料计价500元已回收入库，应收过失人赔偿款1 000元。假定不考虑其他因素，该批废品的净损失为（　　）元。

A.7 700　　B.8 700　　C.9 200　　D. 10 700

【答案】A

【解析】废品的净损失=3 200+4 000+2 000−500−1 000=7 700元。

【例题·单选题】某企业生产甲产品完工后发现10件废品，其中4件为不可修复废品，6件为可修复废品，不可修复废品按定额成本计价，每件250元；回收残料价值300元。修复6件可修复废品，共发生直接材料100元，直接人工120元，制造费用50元，假定不可修复废品净损失由同种产品负担，则应转入"基本生产成本——甲产品"废品净损失为（　　）元。

A.700　　B.1 000　　C.970　　D.270

【答案】C

【解析】废品净损失=250×4−300+100+120+50=970元。

【例题·多选题】（2018）下列各项中，应计入废品损失的有（　　）。
A.可修复废品的修复费用，扣除回收废品残料价值和应收赔款以后的损失
B.产品入库后发现的不可修复废品的生产成本，扣除回收废品残料价值和应收赔款以后的损失
C.产品入库后因保管不善而损坏变质的产品成本，扣除回收废品残料价值和应收赔款以后的损失
D.生产过程中发生的不可修复废品的生产成本，扣除回收废品残料价值和应收赔款以后的损失
【答案】ABD
【解析】废品损失是指在生产过程中发生的（选项D）和入库后发现的不可修复废品的生产成本（选项B），以及可修复废品的修复费用，扣除回收的废品残料价值和应收赔款以后的损失（选项A）。

【例题·多选题】下列各项中，应计入废品损失的有（　　）。
A.生产过程中的不可修复产品
B.产品入库后发现的不可修复废品的生产成本
C.入库后保管不善造成的产品毁坏
D.经质量检验部门鉴定不需要返修、可以降价出售的不合格品
【答案】AB
【解析】经质量检验部门鉴定不需要返修、可以降价出售的不合格品，入库后保管不善等原因而损坏变质的产品和实行“三包”企业在产品出售后发现的废品均不包括在废品损失内。

【例题·判断题】不单独核算废品损失的企业，相应的费用直接反映在“制造费用”和“营业外支出”科目中。（　　）
【答案】错误。

2.停工损失的核算。
（1）停工损失的含义
停工损失是指生产车间或车间内某个班组在停工期间发生的各项原材料费用、人工费用和制造费用。

★【专家一对一】
1.应由过失单位或保险公司负担的赔款，从停工损失中扣除。
2.不满一个工作日的停工，一般不计算停工损失。

（2）停工损失的分类
①正常停工（可预见的）
包括：季节性停工、正常生产周期内的修理期间的停工、计划内减产停工等。
正常停工在产品成本核算范围内，正常停工损失应计入产品成本。
②非正常停工（不可预见的）
包括：包括原材料或工具等短缺停工、设备故障停工、电力中断停工、自然灾害停工等。
非正常停工应计入企业当期损益（营业外支出）。
（3）停工损失的核算
①单独核算停工损失的企业

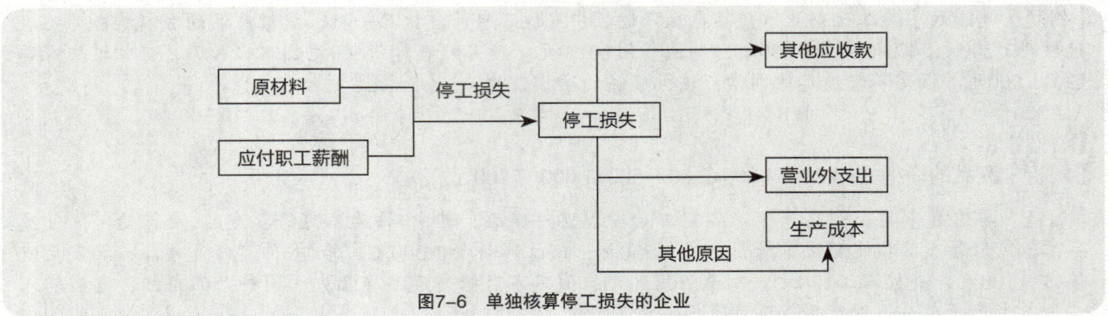

图7-6　单独核算停工损失的企业

②不单独核算停工损失的企业
a.不设立“停工损失”科目，直接反映在“制造费用”和“营业外支出”等科目中。
b.辅助生产一般不单独核算停工损失。

【例题·判断题】在不单独核算停工损失的企业中，属于自然灾害造成的停工损失直接反映在“营业外支出”科目中。（　　）
【答案】正确。
【解析】考查停工损失的核算。

三、生产费用在完工产品和在产品之间的归集和分配

（一）在产品数量的核算

1.在产品是指没有完成全部生产过程、不能作为商品销售的产品，包括：正在车间加工中的在产品、需要继续加工的半成品、等待验收入库的产品、正在返修和等待返修的废品等。

2.（准备）对外销售的自制半成品，属于完工产品，验收入库后不应列入在产品之内。

【例题·判断题】工业企业在产品生产过程中通常会存在一定数量的在产品，在产品应包括对外销售的自制半成品。（　　）
【答案】错误。
【解析】在产品不包括对外销售的自制半成品。

（二）生产费用在完工产品与在产品之间的分配

1.完工产品、在产品费用之间的关系。

月初在产品成本+本月发生生产费用=本月完工产品成本+月末在产品成本

2.分配方法。

（1）不计算在产品成本法。
（2）在产品按固定成本计价法。
（3）在产品按所耗直接材料成本计价法。
（4）约当产量比例法。
（5）在产品按定额成本计价法。
（6）定额比例法。
（7）在产品按完工产品成本计价法。

【例题·多选题】（2018）下列各项中，属于企业生产费用在完工产品和在产品之间的分配方法有（　　）。
A.约当产量比例法　　B.交互分配法
C.不计算在产品成本法　　D.在产品按定额成本计价法
【答案】ACD
【解析】选项B 属于辅助生产费用的分配方法。

【例题·多选题】下列各项中，可用于将生产费用在完工产品和在产品之间进行分配的方法有（　　）。
A.定额比例法　　B.不计算在产品成本法
C.约当产量比例法　　D.在产品按固定成本计算法
【答案】ABCD
【解析】将企业生产费用在完工与在产品之间进行分配的方法有不计算在产品成本法、在产品按固定成本计价法、在产品按所耗直接材料成本计价法、约当产量比例法、在产品按定额成本计价法、定额比例法、在产品按完工成本计价法等。

3.不计算在产品成本法。

在产品成本＝0

本月完工产品成本＝本月发生的产品生产费用

适用于：月末在产品数量很小的情况。

4.在产品按固定成本计价法。

月末在产品成本＝固定成本

本月完工产品成本＝本月发生的产品生产费用

年终时，根据实地盘点的在产品数量，重新调整计算在产品成本。

适用于：月末在产品数量较多但各月之间在产品数量变动不大或月末在产品数量很小的情况。

（5）在产品按所耗直接材料计价法

原材料费用按照完工产品和在产品分配，其他费用全部由完工产品负担。

适用于：月末在产品数量较多，各月之间在产品数量变动较大，直接材料成本中所占比重较大且材料在生产开始时一次性投入的情况。

（6）约当产量比例法

（1）计算约当产量

首先，将月末在产品数量按照完工程度折算为相当于完工产品的产量，即约当产量。

月末在产品约当产量=月末在产品数量×完工程度

（2）按照约当产量比例分配计算

按照完工产品产量与在产品的约当产量的比例分配计算完工产品费用和月末在产品费用。

分配率（单位成本）

=（月初在产品成本+本月发生生产成本）÷（完工产品数量+在产品约当数量）

完工产品成本=分配率×完工产品产量

月末在产品成本=分配率×月末在产品约当产量

（3）适用于月末在产品数量变动较大，原材料费用在产品成本中所占比重不大的情况。

★【专家一对一】

材料费用的分配要区分生产开始时一次性投入和陆续投入两种情况：

①材料在生产开始时一次性投入时，材料费用按照完全产量分配；

②材料在生产中陆续投入时，材料费用按照约当产量分配。

【例题·多选题】（2018）下列关于约当产量比例法的说法中，正确的有（　　）。

A.这种方法适用于各月月末在产品数量较多，各月在产品数量变化也较大，直接材料成本在生产成本中所占比重较大且材料在生产开始时一次就全部投入的产品

B.各工序产品的完工程度可事先制定，产品工时定额不变时可长期使用

C.如果材料是在生产开始时一次投入的，无论在产品的完工程度如何，都应与完工产品负担同样材料成本

D.如果材料是随着生产过程陆续投入的，则应按照各工序投入的材料成本在全部材料成本中所占的比例计算在产品的约当产量

【答案】BCD

【解析】选项A适用在产品按所耗直接材料计价法。

【例题·多选题】某企业生产费用在完工产品和在产品之间采用约当产量比例法进行分配。该企业甲产品月初在产品和本月生产费用共计900 000元。本月甲产品完工400台，在产品100台且其平均完工程度为50%。不考虑其他因素，下列各项中计算结果正确的有（　　）。

A.甲产品的完工产品成本为800 000元

B.甲产品的单位成本为2 250元

C.甲产品在产品的约当产量为50台

D.甲产品的在产品成本为112 500元

【答案】AC

【解析】在产品的约当产量=100×50%，单位成本=900 000÷（400+50）=2 000（元/台），完工产品成本=2 000×400=800 000元，在产品成本=2 000×50=100 000元。

【例题·单选题】某企业只生产一种产品，采用约当产量比例法将生产费用在完工产品与在产品之间进行分配，材料在产品投产时一次投入，月初在产品直接材料成本为10万元，当月生产耗用材料的成本为50万元，当月完工产品30件，月末在产品30件，完工程度60%，本月完工产品成本中直接材料成本为（　　）万元。

A.30　　B.22.5　　C.37.5　　D.25

【答案】A

【解析】（10+50）÷（30+30）×30=30万元。

7.在产品按定额成本计价法。

月末在产品成本=月末在产品数量×在产品定额单位成本

本月完工产品成本=（月初在产品成本+本月发生的产品生产费用）−月末在产品成本

适用于月末在产品数量变动较小，有比较准确的定额资料的情况。

8.定额比例法。

（1）计算定额比例（分配率）

$$分配率=\frac{月初在产品成本+本月发生生产费用}{完工产品定额+月末在产品定额}$$

★【专家一对一】

1.材料费、人工费、制造费用的定额分配率可以“分开计算”，也可以“混合计算”。

2.直接材料成本定额一般选用定额消耗量或定额成本；其他成本项目的成本定额一般选用定额工时。

（2）按照定额比例分配计算

按照生产成本占完工产品和月末在产品的定额消耗量或定额成本比例分配计算完工产品和月末在产品的成本。

完工产品应分配的成本（单项、混合）=完工产品定额成本（单项、混合）×分配率

月末在产品应分配的成本（单项、混合）=月末在产品定额（单项、混合）×分配率

③适用于各项消耗定额或成本定额比较准确、稳定，但各月末在产品数量变动较大的情况。

【例题·多选题】采用定额比例法分配完工产品和月末在产品费用，应具备的条件有（　　）。

A.各月末在产品数量变化较大　　B.各月末在产品数量变化不大

C.消耗定额或成本定额比较稳定　　D.消耗定额或成本定额波动较大

【答案】AC

【解析】定额比例法适用于各项消耗定额或成本定额比较准确、稳定，但各月末在产品数量变动较大的产品。

9.在产品按完工产品成本计价法。

将在产品视同完工产品计算分配生产费用。

适用于月末在产品已经接近完工，或产品已经加工完毕但尚未验收或包装入库。

（三）联产品和副产品的成本分配

1.联产品和副产品成本的含义。

（1）联产品是指使用同一或几种原料，经过同一生产过程同时生产出来的两种或两种以上的主要产品。

（2）副产品是指在同一生产过程中，使用同种原料，在生产主要产品的同时附带生产出来的非主要产品。

2.联产品成本分配。

（1）第一阶段（分离前）：联合产品明细账

将联产品作为成本核算对象设置成本明细账，计算联合成本。

★【专家一对一】

此时一般不计算在产品成本，本期发生的生产成本=联产品的完工产品成本。

（2）第二阶段（分离后）：分产品分设明细账

计算各种产品应分配的联合成本，归集联产品分离后的进一步加工成本。

3.联产品成本分配方法。

联产品成本分配方法有：相对销售价格分配法、可变现净值法、实物数量法、系数分配法等。

（1）相对销售价格分配法

联合成本按照分离点上每种产品的销售价格比例进行分配。

适用于：每种产品在分离点时的销售价格能够可靠计量的情况。

（2）实物数量法

联合成本以产品的实物数量或重量为基础分配。

适用于所生产的产品的价格很不稳定或无法直接确定的情况。

【例题·单选题】甲公司生产A、B两种产品，A、B产品为联产品。2018年3月发生加工成本900万元，A产品可变现净值800万元，B产品可变现净值1 200万元。甲公司采用可变现净值法分配联合成本，则A产品应当分配的联合成本为（　　）万元。

A.800　　B.450　　C.360　　D.540

【答案】C

【解析】A产品应当分配的联合成本=900÷（800+1 200）×800=360万元。

4.副产品成本分配。

（1）通常先确定副产品的成本，再确定主产品的成本。

主产品成本=总成本-副产品成本

（2）副产品成本计算方法包括：

①不计算副产品扣除成本法；

②副产品成本按固定价格或计划价格计算法；

③副产品只负担继续加工成本法；

④联合成本在主副产品之间分配法；

5. 副产品作价扣除法等；

（四）副产品作价扣除法

副产品作价扣除法需要从产品售价中扣除继续加工成本、销售费用、销售税金及相应的利润。

副产品扣除单价=单位售价-（继续加工单位成本+单位销售费用+单位销售税金+合理的单位利润）

4.完工产品成本的结转

企业完工产品经产成品仓库验收入库后，其成本应从“生产成本——基本生产成本”科目及所属产品成本明细账的贷方转出，转入“库存商品”科目的借方。

“生产成本——基本生产成本”科目的月末余额，就是在产品的成本。

★【专家一点通】

辅助生产费用的分配方法

辅助生产费用的分配方法	重难点
直接分配法	只进行对外分配、计算
交互分配法	先交互分配，再对外分配、计算
计划成本分配法	成本差异计入管理费用
顺序分配法	受益少的先分配、受益多的后分配。
代数分配法	分配结果正确

制造费用的分配方法

分配方法	分配标准	适用范围
生产工人工时比例法	生产工人工时	是分配间接费用的常用标准之一，较为常用
生产工人工资比例法	生产工人工资	各种产品生产机械化程度相差不多
机器工时比例法	机器工时	产品生产的机械化程度较高的车间
按年度计划分配率分配法	年度计划分配率	季节性生产企业

生产费用在完工与在产品之间进行分配的方法

分配方法	适用情况
不计算在产品成本法	各月末在产品数量很小的产品
在产品按固定成本计价法	月末在产品数量较多，但各月变化不大的产品或月末在产品数量很小的产品
在产品按所耗直接材料成本计价法	各月月末在产品数量较多，各月在产品数量变化也较大，直接材料成本在生产成本中所占比重较大且材料在生产开始时一次就全部投入的产品
约当产量比例法	产品数量较多，各月在产品数量变化也较大，且生产成本中直接材料成本和直接人工等加工成本的比重相差不大的产品
在产品按定额成本计价法	各项消耗定额或成本定额比较准确、稳定，而且各月末在产品数量变化不是很大的产品
定额比例法	各项消耗定额或成本定额比较准确、稳定，但各月末在产品数量变动较大的产品
在产品按完工产品成本计价法	月末在产品已接近完工，或产品已经加工完毕但尚未验收或包装入库的产品

谱

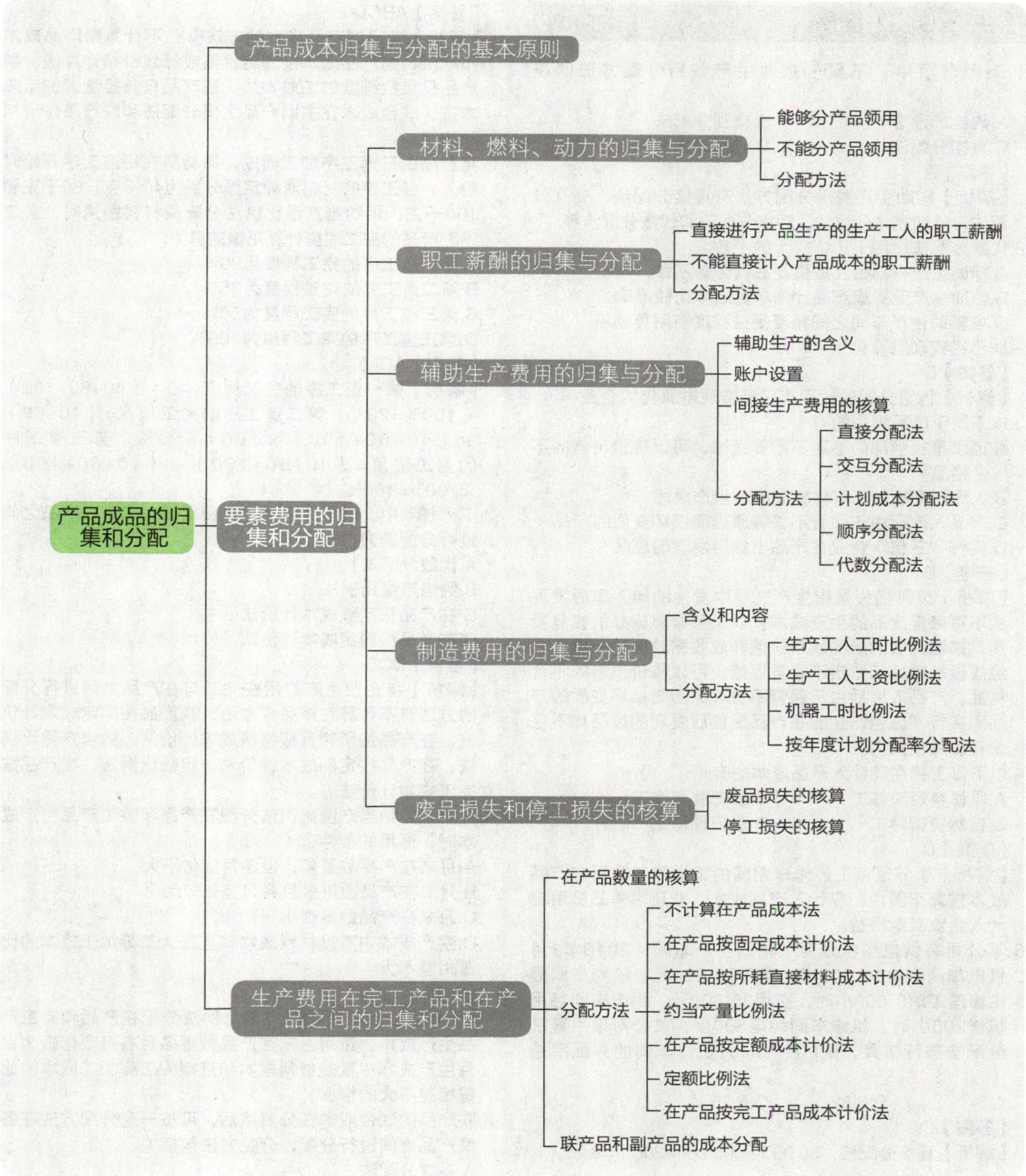

- 产品成品的归集和分配
  - 产品成本归集与分配的基本原则
  - 要素费用的归集和分配
    - 材料、燃料、动力的归集与分配
      - 能够分产品领用
      - 不能分产品领用
      - 分配方法
    - 职工薪酬的归集与分配
      - 直接进行产品生产的生产工人的职工薪酬
      - 不能直接计入产品成本的职工薪酬
      - 分配方法
    - 辅助生产费用的归集与分配
      - 辅助生产的含义
      - 账户设置
      - 间接生产费用的核算
      - 分配方法
        - 直接分配法
        - 交互分配法
        - 计划成本分配法
        - 顺序分配法
        - 代数分配法
    - 制造费用的归集与分配
      - 含义和内容
      - 分配方法
        - 生产工人工时比例法
        - 生产工人工资比例法
        - 机器工时比例法
        - 按年度计划分配率分配法
    - 废品损失和停工损失的核算
      - 废品损失的核算
      - 停工损失的核算
  - 生产费用在完工产品和在产品之间的归集和分配
    - 在产品数量的核算
    - 分配方法
      - 不计算在产品成本法
      - 在产品按固定成本计价法
      - 在产品按所耗直接材料成本计价法
      - 约当产量比例法
      - 在产品按定额成本计价法
      - 定额比例法
      - 在产品按完工产品成本计价法
    - 联产品和副产品的成本分配

节节测

一、单项选择题

1.下列各项中，不属于辅助生产费用分配方法的是（　　）。

A.约当产量法　　B.交互分配法

C.直接分配法　　D.计划成本分配法

【答案】A

【解析】辅助生产费用分配方法有直接分配法、交互分配法、计划成本分配法、顺序分配法和代数分配法等。

2.代数分配法适用于（　　）的企业。

A.辅助生产内部相互提供产品和劳务不多

B.辅助生产劳务或产品计划单位成本比较准确

C.各辅助生产车间之间相互受益程度有明显顺序

D.已经实现电算化

【答案】D

【解析】代数分配法适用于已经实现电算化的企业

3.以下属于废品损失的有（　　）。

A.经质量检验部门鉴定不需要返修、可以降价出售的不合格品

B.入库后发现的不可修复废品的生产成本

C.产品入库后由于保管不善等原因而损坏变质的产品

D.实行“三包”企业在产品出售后发现的废品

【答案】B

【解析】废品损失是指生产过程中发生的和入库后发现的不可修复废品的生产成本，以及可修复废品的修复费用，扣除回收的废品残料价值和应收赔款以后的损失。经质量检验部门鉴定不需要返修、可以降价出售的不合格品，产品入库后由于保管不善等原因而损坏变质的产品和实行“三包”企业在产品出售后发现的废品均不包含在废品损失内。

4.以下停工费用应计入产品成本的有（　　）。

A.原材料短缺停工　　B.设备故障停工

C.自然灾害停工　　D.季节性停工

【答案】D

【解析】季节性停工、修理期间的正常停工费用在产品成本核算范围内，应计入产品成本。非正常停工费用应计入企业当期损益。

5.某公司有供电和机修两个辅助生产车间，2018年1月供电车间供电10 000度，费用70 000元，机修车间提供修理工时5 000小时，费用30 000元，供电车间耗用机修200小时，机修车间耗电600度，该公司采用直接分配法进行核算，则2018年1月机修车间的分配率是（　　）。

A.3　　B.6.82　　C.6.25　　D.6

【答案】C

【解析】直接分配法，30 000÷（5 000-200）=6.25。

二、多项选择题

1.确定副产品成本的方法有（　　）。

A.不计算副产品成本扣除法

B.副产品成本按固定价格或计划价格计算法

C.副产品只负担继续加工成本法

D.联合成本在主副产品之间分配法

【答案】ABCD

【解析】确定副产品成本的方法有：不计算副产品成本扣除法、副产品成本按固定价格或计划价格计算法、副产品只负担继续加工成本法、副产品只负担继续加工成本法、联合成本在主副产品之间分配法和副产品作价扣除法等。

2.某产品由三道工序加工而成，原材料在每道工序开始时投入，各工序的材料消耗定额分别为40千克、60千克和100千克，用约当产量比例法分配原材料费用时，各工序在产品的完工程度计算正确的有（　　）。

A.第一道工序的完工程度为20%

B.第二道工序的完工程度为35%

C.第三道工序的完工程度为50%

D.第三道工序的完工程度为100%

【答案】ACD

【解析】第一道工序的完工程度=40÷（40+60+100）×100%=20%，第二道工序的完工程度=（40+60）÷（40+60+100）×100%=50%，第三道工序的完工程度=（40+60+100）÷（40+60+100）×100%=100%。

3.下列各项中，属于将企业生产费用在完工与在产品之间进行分配的方法有（　　）。

A.代数分配法

B.约当产量比例法

C.在产品按定额成本计价法

D.在产品按固定成本计价法

【答案】BCD

【解析】将企业生产费用在完工与在产品之间进行分配的方法有不计算在产品成本法、在产品按固定成本计价法、在产品按所耗直接材料成本计价法、约当产量比例法、在产品按定额成本计价法、定额比例法、在产品按完工成本计价法等。

4.企业采用约当产量比例法分配在产品和完工产品生产成本时，适用的条件有（　　）。

A.月末在产品数量多，但各月变化不大

B.月末在产品数量多且各月变化较大

C.月末在产品数量很小

D.生产成本中直接材料成本和直接人工等加工成本的比重相差不大

【答案】BD

【解析】企业采用约当产量比例法分配在产品和完工产品生产成本，适用月末在产品数量多且各月变化较大，且生产成本中直接材料成本和直接人工等加工成本的比重相差不大的情况。

5.联产品的联合成本在分离点后，可按一定分配方法在各联产品之间进行分配，分配方法包括（　　）。

A.系数分配法

B.实物数量法

C.相对销售价格分配法

D.约当产量比例法

【答案】ABC

【解析】企业应当根据生产经营特点和联产品的工艺要求，选择系数分配法、实物量分配法、相对销售价格分配法等合理的方法分配联合生产成本。

三、判断题

1.企业采用顺序分配法分配辅助生产费用时，受益多的辅助生产车间先分配，受益少的辅助生产车间后分配。（　　）

【答案】错误。

【解析】企业采用顺序分配法分配辅助生产费用时，受益少的辅助生产车间先分配，受益多的辅助生产车间后分配。

2.在产品按固定成本计价法适用于月末在产品数量很小的产品。（　　）

【答案】错误。

【解析】在产品按固定成本计价法适用于月末在产品数量较多，但各月变化不大的产品或月末在产品数量很小的产品。

3.在分配主产品和副产品的生产成本时，通常先确定主产品的生产成本，然后再确定副产品的生产成本。（　　）

【答案】错误。

【解析】在分配主产品和副产品的生产成本时，通常先确定副产品的生产成本，然后再确定主产品的生产成本。

4.辅助生产费用的分配方法中，分配结果最准确的是交互分配法。（　　）

【答案】错误。

【解析】辅助生产费用的分配方法中，分配结果最准确的是代数分配法。

5.可修复废品返修以前发生的生产费用，不是废品损失，不需要计算其生产成本，而应留在“生产成本——基本生产成本”科目和所属有关产品成本明细账中，不需要转出。（　　）

【答案】正确。

【解析】考查可修复废品的生产成本。

第四节　产品成本计算方法

一、产品成本计算方法概述

表7-2　产品成本计算方式

产品成本计算方法	成本计算对象	生产类型		
		生产组织特点	生产工艺特点	成本管理
品种法	产品品种	大量大批	单步骤 多步骤	不要求分步
分批法	产品批种	单件小批	单步骤 多步骤	不要求分步
分步法	生产步骤	大量大批	多步骤	要求分步

★【专家一对一】

在产品的品种、规格繁多的工业企业中，为简化成本计算，可采用分类法；在定额管理工作有一定基础的工业企业中，为配合和加强生产费用和产品成本的定额管理，也可采用定额法。

【例题·判断题】发电、供水、采掘等单步骤大量生产的企业宜采用品种法计算产品成本。（　　）

【答案】正确。

【解析】品种法适合单步骤、大量生产的企业，如发电、供水、采掘等企业。

二、品种法

（一）品种法的特点

1.成本核算对象是产品品种。

2.品种法下一般定期（每月月末）计算产品成本。

3.如果企业月末有在产品，要将生产成本在完工产品和在产品之间进行分配。

（二）品种法成本核算的一般程序

1.按产品品种设立成本明细账，根据各项费用的原始凭证及相关资料编制有关记账凭证并登记有关明细账，并编制各种费用分配表分配各种要素费用。

2.根据上述各种费用分配表和其他有关资料，登记辅助生产明细账、基本生产明细账、制造费用明细账等。

3.根据辅助生产明细账编制辅助生产成本分配表，分配辅助生产成本。

4.根据制造费用明细账编制制造费用分配表，在各种产品之间分配制造费用，并据以登记基本生产成本明细账。

5.根据各产品基本生产明细账编制产品成本计算单，分配完工产品成本和在产品成本。

6.编制产成品的成本汇总表，结转产成品成本。

【例题·单选题】下列各项中，关于产品成本计算品种法的表述正确的是（　　）。

A.成本计算期与财务报告期不一致　　B.以产品品种作为成本计算对象

C.以产品批别作为成本计算对象　　D.广泛适用于小批或单件生产的企业

【答案】B

【解析】品种法成本计算对象是产品品种，定期计算产品成本，适合单步骤、大量生产的企业。

三、分批法

（一）分批法的特点

1.成本核算核算对象是产品的批次。

2.产品成本计算是不定期的，成本计算期与产品生产周期基本一致，但与财务报告期不一致。

3.一般不需要在完工产品与在产品之间分配成本。

（二）分批法核算的一般程序

1.按产品批别设立产品的成本明细账。

2.分批法条件下，月末完工产品与在产品之间的费用分配有以下几种情况：

（1）单件生产——产品完工前，都是生产成本，产品完工后，都是完工产品成本；

（2）小批生产——在月末计算产品成本时，或是全部已经完工，或是全部没有完工；

（3）批内产品跨月陆续完工——要在完工产品和在产品之间分配费用。

【例题·单选题】（2018）下列各项中，适用于单件、小批生产企业的产品成本计算方法是（　　）。
A.逐步结转分步法　B.品种法　C.分批法　D.平行结转分步法

【答案】C

【解析】分批法是指以产品的批别作为产品成本核算对象，归集和分配生产成本，计算产品成本的一种方法。这种方法主要适用于单件、小批生产的企业，如造船、重型机器制造、精密仪器制造等，也可用于一般企业中的新产品试制或试验的生产、在建工程以及设备修理作业等，选项C正确。

【例题·多选题】（2017）下列各项中，关于产品成本计算分批法的表述正确的有（　　）。
A.需要计算和结转各步骤产品的生产成本
B.一般不需在完工产品和在产品之间分配成本
C.成本计算期与产品生产周期基本一致
D.以产品的批次作为成本核算对象

【答案】BCD

【解析】分批法计算成本的主要特点有：一是成本核算对象是产品的批别。二是成本计算期与产品生产周期基本一致，但与财务报告期不一致。三是一般不存在在完工产品和在产品之间分配成本的问题。

【例题·多选题】下列选项中，属于分批法核算特点的有（　　）。
A.成本核算对象是购买者事先订货或企业规定的产品批别。
B.成本计算期与产品生产周期基本一致，但与财务报告期不一致。
C.由于成本计算期与产品的生产周期基本一致，因此在计算月末在产品成本时，一般不存在完工产品和在产品之间分配成本的问题。
D.成本计算期与产品生产周期基本一致，与财务报告期也一致。

【答案】ABC

【解析】分批法成本核算对象是购买者事先订货或企业规定的产品批别；成本计算期与产品生产周期基本一致，但与财务报告期不一致；在计算月末在产品成本时，一般不存在完工产品和在产品之间分配成本的问题。

【例题·判断题】分批法适用于单件、小批生产的企业，如造船、重型机器制造、精密仪器制造等。（　　）

【答案】正确。

【解析】考查分批法的适用范围。

【例题·判断题】分批法的成本计算期是固定的，与产品生产周期不一致。（　　）

【答案】错误。

【解析】分批法的成本计算期是不定期的，与产品生产周期基本一致，但与财务报告期不一致。

四、分步法

（一）分步法的特点

1.成本核算对象是各种产品的生产步骤。

2.月末为计算完工产品成本，还需要将归集在生产成本明细账中的生产成本在完工产品和在产品之间进行分配。

3.除了按品种计算和结转产品成本外，还需要计算和结转产品的各步骤成本。

4.其成本计算期是固定的，与产品的生产周期不一致。

（二）分步法的分类

按照是否计算和结转半成品成本，分步法可以分为：

1.逐步结转分步法，又分为：（1）综合结转分步法（需要进行成本还原）；（2）分项结转分步法（不需要进行成本还原）。

2.平行结转分步法（不需要进行成本还原）。

（三）逐步结转分步法

1.含义。

逐步结转分步法也称计算半成品成本分步法。它是按照产品加工的顺序，逐步计算并结转半成品成本，直到最后加工步骤完成才能计算产成品成本的一种方法。

2.逐步结转分步法的优缺点。

（1）优点

能提供各步骤半成品的成本资料，便于进行在产品的实物管理和资金管理。

（2）缺点

成本结转工作量大，采用综合结转法还要进行成本还原。

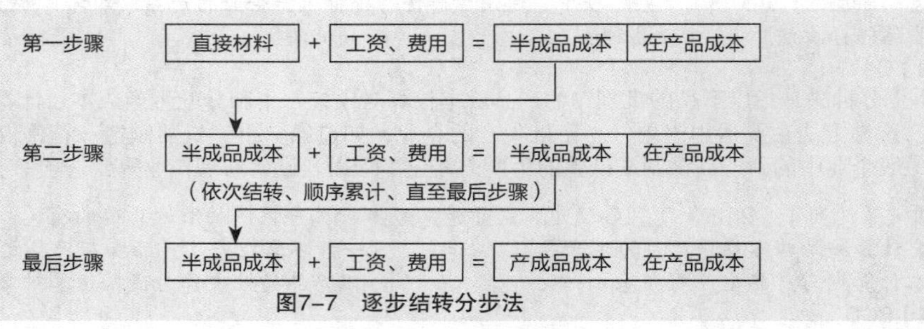

图7–7　逐步结转分步法

【例题·单选题】（2017）下列各项中，关于逐步结转分步法特点的表述不正确的是（　　）。

A.适用于大量大批连续式复杂性生产的企业

B.成本计算期与产品的生产周期一致

C.月末生产费用要在各步骤完工产品和在产品之间进行分配

D.成本核算对象是各种产品的生产步骤

【答案】B

【解析】分步法计算成本的主要特点有：一是成本核算对象是各种产品的生产步骤，选项 D 正确。二是月末为计算完工产品成本，还需要将归集在生产成本明细账中的生产成本在完工产品和在产品之间进行分配，选项 C 正确。三是除了按品种计算和结转产品成本外，还需要计算和结转产品的各步骤成本。其成本计算期是固定的，与产品的生产周期不一致，选项 B 错误。

（四）平行结转分步法

1.含义。

平行结转分步法，也称不计算半成品成本分步法，是指在计算各步骤成本时，不计算各步骤所产半成品的成本，也不计算各步骤所耗上一步骤的半成品成本，而只计算本步骤发生的各项其他成本，以及这些成本中应计入最终产成品的份额。

2.平行结转分步法的优缺点。

（1）优点

简化加速成本计算工作，不需进行成本还原。

（2）缺点

不能提供各步骤半成品的成本资料，不便于进行在产品的实物管理和资金管理。

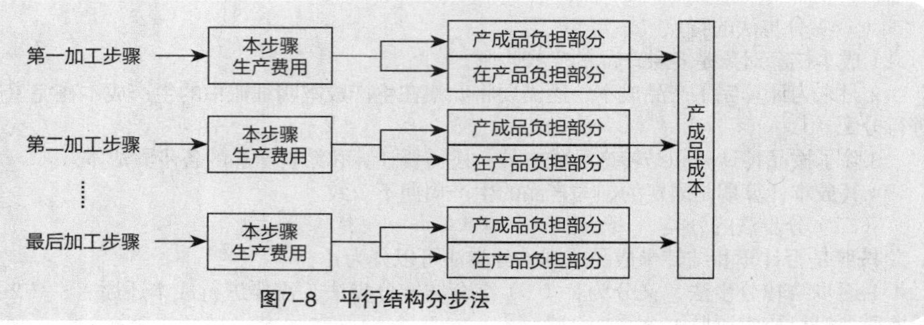

图7–8　平行结构分步法

【例题·单选题】（2018）适用于大量大批单步骤生产的企业的产品成本计算方法是（　　）。

A.分类法　　B.品种法　　C.分步法　　D.分批法

【答案】B

【解析】产品成本计算的方法包括品种法、分批法和分步法。品种法适用于单步骤、大量生产的企业；分批法适用于单件、小批生产的企业；分步法适用于大量大批多步骤生产的企业。

【例题·单选题】下列各项中，需要进行成本还原的成本计算方法是（　　）。

A.逐步结转分步法的综合结转法
B.逐步结转分步法的分项结转法
C.平行结转分步法
D.简化的分批法

【答案】A

【解析】逐步结转分步法的综合结转法需要进行成本还原。

【例题·多选题】下列关于成本计算平行结转分步法的表述中，正确的有（　　）。

A.不必逐步结转半成品成本
B.各步骤可以同时计算产品成本
C.能提供各个步骤半成品的成本资料
D.能直接提供按原始成本项目反映的产成品成本资料

【答案】ABD

【解析】平行结转分步法不能提供各个步骤半成品的成本资料。

【例题·多选题】下列各项中，关于产品成本计算方法表述正确的有（　　）。

A.平行结转分步法不计算各步骤所产半成品的成本
B.逐步结转分步法需要计算各步骤完工产品成本和在产品成本
C.品种法下，月末存在在产品的，应将生产费用在完工产品和在产品之间进行分配
D.分批法下，批内产品同时完工的，月末不需将生产费用在完工产品与在产品之间分配

【答案】ABCD

【解析】考查产品成本计算方法的特点。

【例题·判断题】平行结转分步法的成本核算对象是各种产成品及其经过的各个生产步骤中的成本份额。（　　）

【答案】正确。

【解析】考查平行结转分步法的成本核算对象。

★【专家一点通】

产品成本计算的基本方法产品成本计算方法	成本计算对象	生产类型		
		生产组织特点	生产工艺特点	成本管理
品种法	产品品种	大量大批生产	单步骤生产	
			多步骤生产	不要求分步计算成本
分批法	产品批别	单件小批生产	单步骤生产	
			多步骤生产	不要求分步计算成本
分步法	生产步骤	大量大批生产	多步骤生产	要求分步计算成本

知识图谱

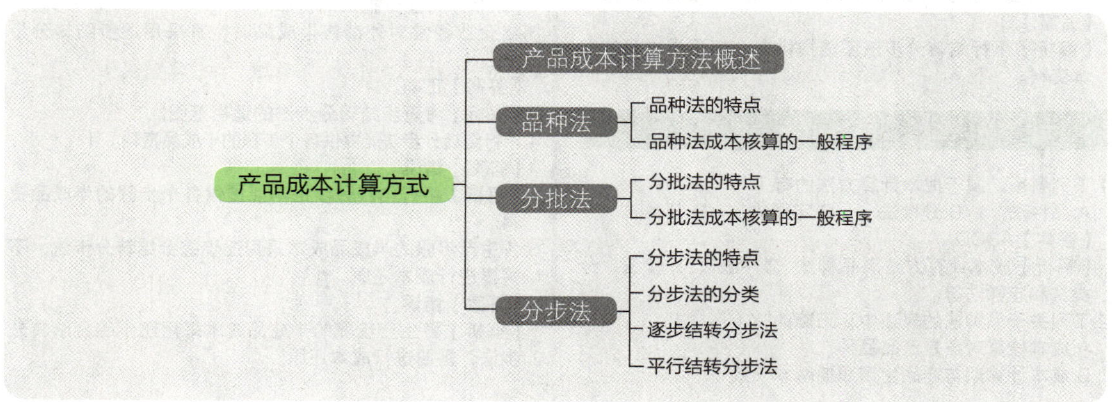

节节测

一、单项选择题

1.适合采掘企业采用的成本计算方法是（　　）。
A.品种法
B.分批法
C.逐步结转分步法
D.平行结转分步法
【答案】A
【解析】品种法适用于单步骤、大量生产的企业，如发电、供水、采掘等企业。

2.分批法适用于生产类型有如下特点（　　）的企业。
A.大量大批单步骤　　B.大量大批多步骤
C.单件小批　　D.单件大批
【答案】C
【解析】分批法适用于生产类型单件小批的企业。

3.下列关于分批法的表述中，不正确的是（　　）。
A.成本核算对象是产品的批别
B.产品成本计算期与产品生产周期基本一致
C.计算在产品成本是，要在完工产品和在产品之间分配成本
D.适用于单件、小批生产企业
【答案】C
【解析】分批法由于成本计算期与产品的生产周期基本一致，因此，在计算月末在产品成本时，一般不存在在完工产品和在产品之间分配成本的问题。

4.下列关于逐步结转分步法的表述，不正确的是（　　）。
A.能提供各个生产步骤的半成品成本资料
B.为各生产步骤的在产品实物管理及资金管理提供资料
C.能够全面地反映各生产步骤的生产耗费水平
D.不需要进行成本还原
【答案】D
【解析】各生产步骤的半成品成本如果采用逐步综合结转方法，还要进行成本还原。

5.下列关于成本计算平行结转分步法的表述中，不正确的有（　　）。
A.不必逐步结转半成品成本
B.各步骤可以同时计算产品成本
C.能提供各个步骤半成品的成本资料
D.能直接提供按原始成本项目反映的产成品成本资料
【答案】C
【解析】平行结转分步法不能提供各个步骤半成品的成本资料。

二、多项选择题

1.下列各项，属于成本计算方法的有（　　）。
A.品种法　　B.分批法　　C.定额法　　D.分类法
【答案】ABCD
【解析】成本计算方法有品种法、分批法、分步法、分类法和定额法等。

2.下列关于品种法的表述中，正确的有（　　）。
A.成本核算对象是产品品种
B.成本计算期与产品生产周期基本一致
C.单步骤大量生产的企业适宜采用品种法核算产品成本
D.按产品品种设立成本明细账
【答案】ACD
【解析】品种法下一般定期（每月月末）计算产品成本。

3.下列各项中，能够采用分批法计算产品成本的有（　　）。
A.造船
B.重型机器制造
C.精密仪器制造
D.发电
【答案】ABC
【解析】发电企业采用品种法。

4.以下属于平行结转分步法优点的有（　　）
A.各步骤可以同时计算产品成本
B.不必逐步结转半成品成本
C.能够直接提供按原始成本项目反映的产成品成本资料
D.能提供各个步骤的半成品成本资料
【答案】ABC
【解析】平行结转分步法不能提供各个步骤的半成品成本资料。

5.分步法的主要特点有（　　）
A.成本核算对象是各种产品的生产步骤
B.其成本计算期是固定的，与产品的生产周期不一致
C.将归集在生产成本明细账中的生产成本在完工产品和在产品之间进行分配
D.需要计算和结转产品的各步骤成本
【答案】ABCD
【解析】分步法下成本核算对象是各种产品的生产步骤，将归集在生产成本明细账中的生产成本在完工产品和在产品之间进行分配，需要计算和结转产品的各步骤成本，其成本计算期是固定的，与产品的生产周期不一致。

三、判断题

1.纺织企业适宜采用分批法核算产品成本。（　　）
【答案】错误。
【解析】纺织企业适宜采用分步法核算产品成本。

2.分批法下，成本计算期与产品的生产周期基本一致。（　　）
【答案】正确。
【解析】考查分批法的特点。

3.当企业经常对外销售半成品时，宜采用逐步结转分步法。（　　）
【答案】正确。
【解析】考查步结转分步法的适用范围。

4.平行结转分步法能提供各个步骤的半成品资料。（　　）
【答案】错误。
【解析】平行结转分步法不能提供各个步骤的半成品资料。

5.各生产步骤的半成品成本采用逐步综合结转分步法，不需要进行成本还原。（　　）
【答案】错误。
【解析】各生产步骤的半成品成本采用逐步综合结转分步法，需要进行成本还原。

章 章 练

一、单项选择题

1.（2018）2017年1月1日，某企业的投资项目正式投入运营，从运营之日起，该企业每年年末可从该项目中获得收益200 000元，预计收益期为4年。假设年利率6%，已知（P/A，6%，4）=3.4651。不考虑其他因素，2017年1月1日该项目预期4年总收益的现值为（　　）元。

A.693 020　B.200 000　C.2 772 080　D.800 000

2.（2018）某企业拟建立一项基金计划，每年初投入10万元，若利率为10%，5年后该项基金本利和将为（　　）元。

A.671 561　B.564 100　C.871 600　D.610 500

3. 已知（P/A，7%，5）=4.1002，（P/A，7%，6）=4.7665，（P/A，7%，7）=5.3893，则6年期、折现率为7%的预付年金现值系数是（　　）。

A.3.7665　B.5.1002　C.5.7665　D.6.3893

4. 4.下列不属于绩效管理领域应用的管理会计工具方法的是（　　）

A.关键绩效指标法

B.经济增加值法

C.平衡计分卡

D.敏感性分析

5. 某人为了5年后能从银行取出10 000元，在年利率为3%的情况下，当前应存入的金额为（　　）元。已知：（P/F，3%，5）=0.8626

A.7 626　B.8 626　C.8 426　D.11 593

6. 下列不属于投融资管理领域应用的管理会计工具方法是（　　）。

A.贴现现金流法

B.边际分析

C.项目管理

D.约束资源优化

7. 为给儿子上大学准备资金，王先生连续8年于每年年初存入银行10 000元。若银行存款年利率为3%，则王先生在第8年年末能一次取出本利和多少钱（　　）。已知（F/A，3%，8）=8.8923。

A.88 923　B.82 400

C.91 590.69　D.80 000

8.（2018）单位将管理会计嵌入相关领域、层次、环节，这种方法体现的管理会计应用原则是（　　）。

A.战略导向原则　B.适用性原则

C.融合性原则　D.成本效益原则

9. 下列各项中，属于普通年金形式的是（　　）。

A.甲公司租入一套办公用房，每年年初向出租方支付等额房租，租期5年。

B.企业家杨某某在某大学设立奖励基金，用于每年发放等额奖学金。

C.企业一项新的投资项目，从年初投产之日起每年年末获得等额现金收益。

D.李某为支付孩子学费，连续10年于每年年初在银行存入等额资金。

10. 某企业产品入库后发现可修复废品一批，生产成本为5万元，返修过程中发生直接材料1万元、直接人工2万元、制造费用1.5万元，废品残料作价0.5万元已回收入库。不考虑其他因素，该企业可修复废品的净损失为（　　）万元。

A.9　B.4.5　C.8.5　D.4

11. 根据科目内容计入成本类账户的是（　　）。

A.营业外支出　B.主营业务成本

C.制造费用　D.其他业务成本

12.（2018）下列各项中，企业生产产品耗用的外购半成品费用应归类的成本项目是（　　）。

A.直接材料　B.制造材料

C.燃料及动力　D.直接人工

13.（2018）某企业期初无在产品，本月完工甲产品600件，乙产品400件，共耗用直接人工费用12万元，采用定额工时比例法分配甲产品和乙产品直接人工费用。甲产品每件定额工时6小时，乙产品每件定额工时3小时。甲产品负担的直接工人费用是（　　）万元。

A.7.2　B.7.3　C.4.8　D.9

14（2018）下列各项中，适用于单件、小批生产企业的产品成本计算方法是（　　）。

A.逐步结转分步法　B.品种法

C.分批法　D.平行结转分步法

15.（2017）下列各项中，关于逐步结转分步法特点的表述不正确的是（　　）。

A.适用于大量大批连续式复杂性生产的企业

B.成本计算期与产品的生产周期一致

C.月末生产费用要在各步骤完工产品和在产品之间进行分配

D.成本核算对象是各种产品的生产步骤

16. 适用于大量大批单步骤生产的企业的产品成本计算方法是（　　）。

A.分步法　B.分批法

C.品种法　D.约当产量比例法

17. 下列各项中，不能够采用分步法计算产品成本的是（　　）。

A.纺织　B.冶金

C.机械制造　D.造船

18. 下列各项中，关于品种法的表述不正确的是（　　）。

A.广泛适用于单步骤、大量大批生产的企业

B.广泛适用于单件小批生产的企业

C.定期计算产品成本

D.成本核算对象是产品品种

19. 关于分批法计算成本的说法不正确的是（　　）。

A.产品成本计算期与产品生产周期基本一致

B.月末一般无须进行在产品与完工产品之间的费用分配

C.适用于精密仪器制造

D.不适用于重型机器制造业

20. 甲公司在生产主产品的同时，还生产出了某种副产品。该种副产品可直接对外出售，公司规定的售价为50元/千克。2018年10月份主要产品和副产品发生的生产成本总额为20 000元，副产品的产量为100千克。甲公司按预先规定的副产品售价确定副产品成本，则该公司2018年10月份主产品成本为（　　）元。

A.5 000　B.10 000　C.15 000　D.7 500

21. 某企业本月生产甲产品耗用机器工时80小时，生产乙产品耗用机器工时120小时。本月发生车间机器设备折旧费20 000元，车间管理人员工资30 000元，产品生产人员工资10 000元。该企业按机器工时比例分配制造费用。假设不考虑其他因素。本月甲产品应分配的制造费用为（　）元。

A.24 000　B.36 000　C.30 000　D.20 000

22. 某工业企业甲产品的原材料在生产开始时一次投入，产品成本中的原材料费用所占比重很大，月末在产品按其所耗原材料费用计价，其2018年8月初在产品费用为10 000元，该月生产费用为：直接材料为20 000元，直接人工为2 000元，制造费用为3 000元，该月完工产品300件，月末在产品200件。完工产品成本为（　）元。

A.23 000　B.18 000　C.17 000　D.15 000

23. 某企业只生产和销售乙产品，2018年11月1日期初在产品成本2万元。11月份发生如下费用：领用材料5万元，生产工人工资3万元，制造费用1.5万元，行政管理部门消耗材料0.8万元，专设销售机构发生销售费用1万元。月末在产品成本2.5万元，则该企业11月份完工乙产品的生产成本为（　）万元。

A.11　B.9　C.9.8　D.10.8

24. 在分配主产品和副产品的加工成本时，下列说法错误的是（　）。

A.通常先确定主产品的加工成本，然后再确定副产品的加工成本

B.通常先确定副产品的加工成本，然后再确定主产品的加工成本

C.副产品作价扣除法需要从产品售价中扣除继续加工成本、销售费用、销售税金及相应的利润

D.确定副产品成本的方法有不计算副产品成本扣除法、副产品成本按固定价格或计划价格计算法等

二、多项选择题

1. 下列各项中，关于产品成本计算分批法的表述错误的有（　）。

A.需要计算和结转各步骤产品的生产成本

B.一般不需在完工产品和在产品之间分配成本

C.成本计算期与产品生产周期不一致

D.以产品的批次作为成本核算对象

2. 下列各项中，属于副产品成本的分配方法的有（　）。

A.不计算副产品扣除成本法

B.副产品成本按固定价格或计划价格计算法

C.副产品只负担继续加工成本法

D.联合成本在主副产品之间分配法

3. （2018）下列各项中，属于制造业企业设置的成本项目有（　）。

A.制造费用　B.废品损失

C.直接材料　D.直接人工

4. （2018）下列各项中，企业应通过“制造费用”科目核算的有（　）。

A.生产车间管理用耗电费

B.生产车间生产工人工资

C.生产车间管理用具摊销额

D.生产车间管理用房屋折旧费

5. 下列各项中，属于企业生产费用在完工产品和在产品之间的分配方法有（　）。

A.约当产量比例法

B.交互分配法

C.直接分配法

D.在产品按定额成本计价法

6. 下列关于约当产量比例法的说法中，正确的有（　）。

A.这种方法适用于在产品数量较多，各月在产品数量变化不大。

B.如果材料是在生产开始时一次投入的，无论在产品的完工程度如何，都应与完工产品负担同样材料成本。

C.这种方法适用于各月月末在产品数量较多，各月在产品数量变化也较大，直接材料成本在生产成本中所占比重较大且材料在生产开始时一次就全部投入的产品。

D.如果材料是随着生产过程陆续投入的，则应按照各工序投入的材料成本在全部材料成本中所占的比例计算在产品的约当产量。

7. 下列各项中，应计入废品损失的有（　）。

A.产品入库后发现的不可修复废品的生产成本，扣除回收废品残料价值和应收赔款以后的损失

B.可修复废品返修前发生的生产费用

C.产品入库后因保管不善而损坏变质的产品成本，扣除回收废品残料价值和应收赔款以后的损失

D.生产过程中发生的不可修复废品的生产成本，扣除回收废品残料价值和应收赔款以后的损失

8. 联产品的联合成本在分离点后，可按一定分配方法在各联产品之间进行分配，分配方法包括（　）。

A.约当产量比例法

B.实物数量法

C.联合成本在主副产品之间分配法

D.相对销售价格分配法

9. 逐步结转分步法的特点有（　）。

A. 可以计算出半成品成本

B. 半成品成本随着实物的转移而结转

C. 期末在产品是指广义在产品

D. 期末在产品是指狭义在产品

10. 下列各项中，属于将工业企业生产费用在完工产品与在产品之间进行分配的方法有（　）。

A. 交互分配法

B. 约当产量比例法

C. 在产品按定额成本计价法

D. 定额比例法

三、判断题

1. （2017）企业为保持成本核算的一致性，不同生产车间不同产品应采用相同的成本计算方法。（　）

2. （2018）直接分配法不考虑各辅助生产车间之间相互提供劳务或产品的情况，将各种辅助生产费用直接分配给辅助生产车间以外的各受益单位。（　）

3. 在管理会计指引体系中，应用指引发挥着统领作用，是制定应用指引和建设案例库的基础。

4. 管理会计信息包括管理会计应用过程中所使用和生成的财务信息和非财务信息。（　）

5. （2018）顺序分配法，是按照辅助生产车间受益多少的顺序分配生产费用，受益少的先分配，受益多的后分配，先分配的辅助生产车间不负担后分配的辅助生

产车间的生产费用。（　　）

6. 货币时间价值是指没有风险也没有通货膨胀情况下的社会平均利润率。

7. 平行结转分步法的成本核算对象是各种产成品及其经过的各个生产步骤中的成本份额。（　　）

8. 不单独核算废品损失的企业，相应的费用直接反映在“制造费用”和“营业外支出”科目中。（　　）

9. 采用平行结转分步法，每一生产步骤的生产成本要在最终完工产品与各步骤尚未加工完成的在产品和各步骤已完工但尚未最终完成的产品之间进行分配。（　　）

10. 可修复废品返修以前发生的生产费用转出计入废品损失，加上返修发生的各种费用，扣除回收的残料价值和应收的赔款，转入生产成本的借方。（　　）

四、不定项选择题

（一）【资料1】（2018）某企业设有一个基本生产车间，连续大量生产M、N两种产品，采用品种法计算产品成本。材料成本按照定额消耗量比例在M、N产品之间进行分配。M产品定额消耗量为1 800千克。N产品定额消耗量1 000千克。直接人工成本和制造费用按工时比例在M、N产品之间进行分配，生产M产品耗用定额工时6 000小时，生产N产品耗用定额工时9 000小时，M产品月初无在产品，N产品月初在产品成本如下，直接材料63 200元，直接人工22 000元，制造费用10 000元。2017年10月该企业发生与产品生产相关的经济业务如下：

（1）从仓库领用生产M、N两种产品共同耗用的原材料3 000千克，成本总额为560 000元。原材料在开始生产时一次投入。

（2）本月共发生职工薪酬285 000元，其中车间生产人员薪酬270 000元，车间管理人员薪酬15 000元。

（3）本月车间发生费用60 000元，其中计提固定资产折旧45 000元，支付车间用房日常维修费15 000元。

（4）N产品采用约当产量法计算完工产品与月末在产品成本。月末N产品完工180件，在产品100件，在产品完工率按50%计算。

要求：

根据上述资料，不考虑其他因素，分析回答下列小题。

1.根据期初资料和业务（1），下列各项中关于该企业本月分配直接材料成本的计算，结果正确的是（　　）。

A.N产品应分担的材料成本为224 000元

B.M产品应分担的材料成本为360 000元

C.N产品应分担的材料成本为200 000元

D.M产品应分担的材料成本为336 000元

2.根据期初资料和业务（2），下列各项中关于该企业本月分配直接人工成本的计算，结果正确的是（　　）。

A.M产品应分配的直接人工成本为114 000元

B.N产品应分担的直接人工成本为171 000元

C.N产品应分担的直接人工成本为162 000元

D.M产品应分担的直接人工成本为108 000元

3.根据业务（3），下列各项中，关于该企业固定资产折旧费和维修费相关科目的会计处理表述正确的是（　　）。

A.支付车间用房的日常维修费，借记“管理费用”科目

B.计提车间固定资产的折旧费，借记“生产成本”科目

C.支付车间用房的日常维修费，借记“制造费用”科目

D.计提车间固定资产的折旧费，借记“制造费用”科目

4.根据期初资料和业务（2）至（3），下列各项中，关于该企业本月分配制造费用的结果正确的是（　　）。

A.M产品分担的制造费用为24 000元

B.N产品分担的制造费用为45 000元

C.M产品分担的制造费用为30 000元

D.N产品分担的制造费用为36 000元

章章练参考答案及解析

一、单项选择题

1.【答案】A
【解析】该项目现值=200 000×（P/A，6%，14）=200 000×3.4651=693 020元。

2.【答案】A
【解析】5年后该项基金本利和=A×（F/A,i，n）（1+i）=10×6.1051×（1+10%）=67.1561（万元）=671 561元。

3.【答案】B
【解析】6年期、折现率为7%的预付年金现值系数=（P/A，7%，5）+1=5.1002。

4.【答案】D
【解析】绩效管理领域应用的管理会计工具方法一般包括关键绩效指标法、经济增加值法、平衡计分卡、绩效棱柱模型等。

5.【答案】B
【解析】P=F÷(1+i)=10 000×0.8626=8 626元。

6.【答案】B
【解析】投融资管理领域应用的管理会计工具方法一般有贴现现金流法、项目管理、情景分析、约束资源优化等。

7.【答案】C
【解析】王先生在第8年年末能一次取出本利和F=A×（F/A，i,n）×（1+i）=10 000×8.8923×（1+3%）=91 590.69元。

8.【答案】C
【解析】管理会计的融合性原则是指管理会计嵌入相关领域、层次、环节，以业务流程为基础，利用管理会计工具方法，将财务和业务等有机融合。

9.【答案】B
【解析】选项B属于普通年金。选项ACD属于预付年金。

10.【答案】D
【解析】考查可修复废品的废品损失的计算。可修复废品的净损失=1+2+1.5−0.5=4万元。

11.【答案】C
【解析】成本类科目主要有“生产成本”“制造费用”“劳务成本”“研发支出”等科目。“主营业务成本”“管理费用”和“其他业务成本”属于损益类科目。

12.【答案】A
【解析】直接材料指构成产品实体的原材料以及有助于产品形成的主要材料和辅助材料。包括原材料、辅助材料、备品配件、外购半成品、包装物、低值易耗品等费用。

13.【答案】D
【解析】甲产品负担的直接人工费用=12÷（6×600+3×400）×600×6=9万元。

14.【答案】C
【解析】分批法，是指以产品的批别作为产品成本核算对象，归集和分配生产成本，计算产品成本的一种方法。这种方法主要适用于单件、小批生产的企业，如造船、重型机器制造、精密仪器制造等，也可用于一般企业中的新产品试制或试验的生产、在建工程以及设备修理作业等。

15.【答案】B
【解析】分步法计算成本的计算期是固定的，与产品的生产周期不一致。

16.【答案】C
【解析】产品成本计算的方法包括品种法、分批法和分步法。品种法适用于单步骤、大量生产的企业；分批法适用于单件、小批生产的企业；分步法适用于大量大批多步骤生产的企业。

17.【答案】D
【解析】造船适用分批法。

18.【答案】B
【解析】品种法适用于单步骤、大量大批生产的企业。

19.【答案】D
【解析】分批法适用于重型机器制造业。

20.【答案】C
【解析】副产品的成本=50×100=5 000元，主产品的成本=20 000−5 000=15 000元。

21.【答案】D
【解析】制造费用的分配率=（20 000+30 000）÷（80+120）=250（元/小时），甲产品应分配的制造费用=250×80=20 000元。

22.【答案】A
【解析】本题考查在产品按所耗直接材料成本计价法的核算。甲产品原材料费用分配率＝（10 000+20 000）÷（300+200）＝60（元/件）；甲产品完工产品原材料费用＝300×60＝18 000元；甲产品月末在产品原材料费用（即月末在产品成本）＝200×60＝12 000元；甲产品完工产品成本＝18 000+2 000+3 000＝23 000元。

23.【答案】B
【解析】乙产品的生产成本=5+3+1.5+2−2.5=9万元。

24.【答案】A
【解析】在分配主产品和副产品的加工成本时，通常先确定副产品的加工成本，然后再确定主产品的加工成本。

二、多项选择题

1.【答案】AC
【解析】分批法计算成本的主要特点有：一是成本核算对象是产品的批别。二是成本计算期与产品生产周期基本一致，但与财务报告期不一致。三是一般不存在在完工产品和在产品之间分配成本的问题。

2.【答案】ABCD
【解析】副产品成本的分配方法的有不计算副产品扣除成本法、副产品成本按固定价格或计划价格计算法、副产品只负担继续加工成本法、联合成本在主副产品之间分配法和副产品作价扣除法等。

3.【答案】ABCD
【解析】制造企业一般可设置直接材料、燃料及动力、直接人工和制造费用等项目，由于生产的特点等原因，企业和根据具体的情况设置废品损失等项目。

4.【答案】ACD
【解析】生产车间生产工人工资应通过“生产成本”

科目进行核算。

5.【答案】AD
【解析】交互分配法、直接分配法是辅助生产费用的分配方法。

6.【答案】BD
【解析】在产品按所耗直接材料计价法适用于各月月末在产品数量较多，各月在产品数量变化也较大，直接材料成本在生产成本中所占比重较大且材料在生产开始时一次就全部投入的产品。在产品按固定成本计价法在产品数量较多，各月在产品数量变化不大或月末在产品数量很小的产品。

7.【答案】AD
【解析】废品损失是指在生产过程中发生的和入库后发现的不可修复废品的生产成本，以及可修复废品的修复费用，扣除回收的废品残料价值和应收赔款以后的损失。可修复废品返修前发生的生产费用、产品入库后因保管不善而损坏变质的产品成本不属于废品损失。

8.【答案】BD
【解析】联产品的联合成本在分离点后，可按一定分配方法在各联产品之间进行分配，分配方法比如相对销售价格分配法、实物数量法等。

9.【答案】ABD
【解析】逐步结转分步法中的在产品是指的狭义在产品，逐步结转分步法需要在完工产品和在产品之间分配生产成本，即在各步骤（狭义）完工产品和在产品之间分配。平行结转分步法的在产品是指广义的在产品。

10.【答案】BCD
【解析】交互分配法是辅助生产费用的分配方法。

三、判断题

1.【答案】错误。
【解析】同一企业不同车间可以采用不同的成本计算方法。

2.【答案】正确。
【解析】考查直接分配法的概念。

3.【答案】错误。
【解析】在管理会计指引体系中，基本指引发挥着统领作用，是制定应用指引和建设案例库的基础。

4.【答案】正确。
【解析】考查管理会计要素中管理会计信息的概念。

5.【答案】正确。
【解析】考查顺序分配法的概念。

6.【答案】正确。
【解析】考查货币时间价值的概念。

7.【答案】正确。
【解析】考查平行结转分步法的成本核算对象的知识点。

8.【答案】错误。
【解析】废品损失也可不单独核算，相关费用等体现在“生产成本——基本生产成本”“原材料”等科目中。

9.【答案】正确。
【解析】考查平行结转分步法的特点。

10.【答案】错误。
【解析】可修复废品返修以前发生的生产费用，不是废品损失，不需要计算其生产成本，不需要转出。

四、不定项选择题

（一）【答案】1.BC；2.CD；3.AD；4.AD

【解析】

1.M产品分配负担的材料成本=18 00×3 000÷（1 800+1 000）×（560 000÷3 000）=360 000元

N产品分配负担的材料成本=1 000×3 000÷（1 800+1 000）×（560 000÷3 000）=200 000元。

2.M产品应负担的直接人工成本=270 000÷（6 000+9 000）×6 000=108 000元。

N产品应负担的直接人工成本=270 000÷（6 000+9 000）×9 000=16 2 000元。

3.车间固定资产的折旧费，计入“制造费用”，车间用房的日常维修费，计入“管理费用”。

4.M产品应分担的制造费用=（15 000+45 000）÷（6 000+9 000）×6 000=24 000元；

N产品应分担的制造费用=（15 000+45 000）÷（6 000+9 000）×9 000=36 000元。

08

第八章 政府会计基础

精准考点　提前了解

政府会计概述
P315

考情早知道

【考情分析】

本章往年都属于非重点内容，所考题型均为单选题、多选题和判断题。但今年本章变化较大，可能会涉及不定项选择题，学习时应该列为较为重要的内容。考生在备考时注意掌握相关基本概念及常见的账务处理，需注意政府单位会计与企业会计在核算上的不同点，特别注意今年本章第二节以《政府会计制度》来介绍行政事业单位会计的核算，这跟2018年以《事业单位会计制度》介绍事业单位会计核算相比有很大的不同，所以要重点掌握。近三年的考试分值在6分左右，预计今年分数会有所上升，估计分值在10–12分之间。

本章共分两节。

【考题形式及重要程度】

节　次	考试题型	重要程度
第一节　政府会计概述	单选、多选、判断	★
第二节　政府单位会计核算	单选、多选、判断	★★

【考纲新动态】

本章今年变动较大。第一节名称由2018年的“政府会计基本准则”改为“政府会计概述”，删除了政府会计改革的原则、任务，政府会计核算的一般要求，《基本准则》的重大制度理论创新。由原来侧重于政府会计基本准则改为对政府会计标准体系的全面关注。

第一节　政府会计概述

一、政府会计改革的背景和目标

政府会计是会计体系的重要分支，它是运用会计专门方法对政府及其组成主体（包括政府所属的行政事业单位等）的财务状况、运行情况（含运行成本）、现金流量、预算执行等情况进行全面核算、监督和报告。

我国目前的政府财政报告制度实行以收付实现制政府会计核算为基础的决算报告制度，包括财政总决算和部门决算。但随着经济发展，必须推进政府会计改革，建立权责发生制政府综合财务报告制度。

二、政府会计基本准则

政府会计标准体系由政府会计基本准则、具体准则及应用指南和政府会计制度等组成。

（一）政府会计基本准则（★）

基本准则是基础，指导具体准则和制度的制定，并为实务问题提供处理原则。

（二）政府会计具体准则及应用指南（★）

具体准则是规范政府会计主体发生的经济业务的会计处理原则，应用指南是对具体准则的实际应用作出的操作性规定。

（三）政府会计制度（★）

政府会计制度主要规定政府会计科目及账务处理、报表体系及编制说明等。按照政府会计主体不同，主要包括了政府财政会计制度和政府单位会计制度。

关于政府会计主体（适用范围）注意以下几点：

1.政府会计主体包括各级政府、各部门、各单位。

★【专家一对一】

军队、已纳入企业财务管理体系的单位和执行《民间非营利组织会计制度》的社会团体，不适用政府会计准则制度。

2. 纳入企业财务管理体系的事业单位，应执行企业会计准则或小企业会计准则。

3. 符合《民间非营利组织会计制度》所规定的“民间非营利组织特征”的社会团体应执行《民间非营利组织会计制度》。

三、政府会计核算模式

政府会计核算应当实现预算会计和财务会计适度分离并相互衔接。

（一）预算会计和财务会计适度分离（★★）

1. “双功能”：政府会计由预算会计和财务会计构成。

【例题·单选题】政府会计核算体系的“双功能”是指政府会计由管理会计和财务会计构成。（　　）

【答案】错误。

【解析】政府会计核算体系的“双功能”指政府会计由预算会计和财务会计构成。

2. “双基础”：预算会计实行收付实现制，国务院另有规定的，遵从其规定；财务会计实行权责发生制。

3. “双报告”：政府会计主体应当编制决算报告和财务报告。

政府决算报告的编制主要以收付实现制为基础，以预算会计核算生成的数据为准。

政府财务报告的编制主要以权责发生制为基础，以财务会计核算生成的数据为准。

【例题·单选题】（2018）《政府会计准则——基本准则》确立了“双功能”、“双基础”、“双报告”的政府会计核算体系，其中“双报告”指的是（　　）。

A.预算报告和财务报告　B.决算报告和财务报告　C.绩效报告和预算报告　D.预算报告和决算报告

【答案】B

【解析】“双报告”指政府会计主体应当编制决算报告和财务报告。

（二）预算会计和财务会计相互衔接（★）

行政事业单位对于纳入部门预算管理的现金收支业务，在采用财务会计核算的同时应当进行预算会计核算；其他业务，仅需要进行财务会计核算。

【例题·判断题】行政事业单位对于其所有经济业务，在采用财务会计核算的同时均应当进行预算会计核算。（　　）

【答案】错误。

【解析】只有纳入部门预算管理的现金收支业务，在采用财务会计核算的同时需要进行预算会计核算。

四、政府会计信息质量要求（★）

《基本准则》规定，政府会计信息质量要求包括：可靠性、全面性、相关性、及时性、可比性、可理解性、实质重于形式。

★【专家一对一】

相对于企业会计信息质量要求而言，政府会计信息质量要求多了全面性，少了重要性和谨慎性。

五、政府会计要素及其确认和计量

（一）政府预算会计要素（★）

包括预算收入、预算支出与预算结余。预算收入一般在实际收到时予以确认，以实际收到的金额计量；预算支出一般在实际支付时予以确认，以实际支付的金额计量；预算结余包括结余资金和结转资金。

（二）政府财务会计要素（★★）

1.资产。

（1）资产的定义

资产是指政府会计主体过去的经济业务或者事项形成的，由政府会计主体控制的，预期能够产生服务潜力或者带来经济利益流入的经济资源。

（2）资产的分类

政府会计主体的资产按照流动性，分为流动资产和非流动资产。流动资产是指预计在1年内（含1年）耗用或者可以变现的资产，包括货币资金、短期投资、应收及预付款项、存货等。非流动资产是指流动资产以外的资产，包括固定资产、在建工程、无形资产、长期投资、公共基础设施、政府储备资产、文物文化资产、保障性住房和自然资源资产等。

【例题·多选题】下列各项中，属于政府会计主体的非流动资产是（　　）。
A.存货　　B.无形资产　　C.长期投资　　D.文物文化资产
【答案】BCD
【解析】与企业会计要素一样，A选项存货为流动资产，B选项无形资产和C选项长期投资均为非流动资产，这里需要注意D选项文物文化资产也属于非流动资产。

★【专家一对一】
考试中注意多选题，特别关注政府会计主体的资产与企业的资产区别之处，其包括了公共基础设施、政府储备资产、文物文化资产、保障性住房和自然资源资产等。

（3）资产的确认条件

参考企业资产的确认条件即可。

（4）资产的计量属性

政府资产的计量属性主要包括：历史成本、重置成本、现值、公允价值和名义金额。

【例题·多选题】下列各项中，属于政府资产的计量属性的是（　　）。
A.重置成本　　B.名义金额　　C.公允价值　　D.可变现净值
【答案】ABC
【解析】政府资产的计量属性主要包括：历史成本、重置成本、现值、公允价值和名义金额，故ABC选项正确。注意没有D选项的可变现净值。

★【专家一对一】
考试中注意多选题，特别关注政府资产的计量属性与企业会计要素的计量属性区别之处，政府资产的计量属性多了名义金额，少了可变现净值。

2.负债。

（1）负债的定义

负债是指政府会计主体过去的经济业务或者事项形成的，预期会导致经济资源流出政府会计主体的现时义务。

（2）负债的分类

政府会计主体的负债按照流动性，分为流动负债和非流动负债。流动负债是指预计在1年内（含1年）偿还的负债，包括应付及预收款项、应付职工薪酬、应缴款项等。非流动负债是指流动负债以外的负债，包括长期应付款、应付政府债券和政府依法担保形成的债务等。

【例题·判断题】政府会计主体的非流动负债包括应缴款项、长期应付款、应付政府债券和政府依法担保形成的债务等。（　　）
【答案】错误。
【解析】应缴款项属于政府会计主体的流动负债内容，长期应付款、应付政府债券和政府依法担保形成的债务属于非流动负债。

（3）负债的确认条件

参考企业负债确认条件即可。

（4）负债的计量属性

负债的计量属性主要包括：历史成本、现值和公允价值。

【例题·单选题】下列各项中，不属于政府主体的负债计量属性的是（　　）。
A.历史成本　　B.名义金额　　C.公允价值　　D.现值
【答案】B
【解析】政府主体的负债计量属性主要包括：历史成本、现值和公允价值，故ACD选项正确。B选项名义金额政府资产的计量属性。

★【专家一对一】

考试中注意多选题，特别关注政府负债的计量属性与企业会计要素的计量属性区别之处，政府资产的计量属性少了重置成本和可变现净值。

3.净资产。

净资产是指政府会计主体资产扣除负债后的净额，其金额取决于资产和负债的计量。

4.收入。

（1）收入的定义

收入是指报告期内导致政府会计主体净资产增加的、含有服务潜力或者经济利益的经济资源的流入。

（2）收入的确认条件

参考企业收入确认条件即可。

5.费用。

（1）费用的定义

费用是指报告期内导致政府会计主体净资产减少的、含有服务潜力或者经济利益的经济资源的流出。

（2）费用的确认条件

参考企业费用确认条件即可。

六、政府财务报告和决算报告

（一）政府财务报告（★）

1.政府财务报告的构成和内容。

政府财务报告是反映政府会计主体某一特定日期的财务状况和某一会计期间的运行情况和现金流量等信息的文件。

财务报表是对政府会计主体财务状况、运行情况和现金流量等信息的结构性表述。财务报表包括会计报表和附注。会计报表至少应当包括：资产负债表、收入费用表和净资产变动表，单位自行选择是否编制现金流量表。政府财务报告包括政府部门财务报告和政府综合财务报告。

【例题·判断题】政府会计主体的会计报表一般包括资产负债表、收入费用表和现金流量表。（　　）

【答案】错误。

【解析】2019年强调政府会计主体的会计报表至少应当包括资产负债表、收入费用表和净资产变动表，而单位可以选择是否编制现金流量表，本题是2019年相比2018年变化很大的一个地方，如果是2018年本题的叙述就是正确的。故考生一定要注意知识的更新。

2.政府财务报告编报。

（1）政府部门财务报告编报

①清查核实资产负债。

②编制政府部门财务报告。

③开展政府部门财务报告审计。

④报送并公开政府部门财务报告。

⑤加强部门财务分析。

（2）政府综合财务报告编报

①清查核实财政直接管理的资产负债。

②编制政府综合财务报告。

③开展政府综合财务报告审计。

④报送并公开政府综合财务报告。

⑤应用政府综合财务报告信息。

（二）政府决算报告（★）

表8–1　政府决算报告与政府综合财务报告的主要区别

	政府决算报告	政府综合财务报告
编制主体	各级政府财政部门、各部门、各单位	各级政府财政部门、各部门、各单位
反映的对象	一级政府年度预算收支执行情况的结果	一级政府整体财务状况、运行情况和财政中长期可持续性
编制基础	收付实现制	权责发生制
数据来源	以预算会计核算生成的数据为准	以财务会计核算生成的数据为准
编制方法	汇总	合并
报送要求	本级人民代表大会常务委员会审查和批准	本级人民代表大会常务委员会备案

【例题·单选题】下列各项中，关于政府决算报告的表述不正确的是（　　）。

A.主要以收付实现制为编制基础　　B.以预算会计核算生成的数据为准

C.是政府综合财务报告的重要组成内容　　D.综合反映政府会计主体预算收支的年度执行结果

【答案】C

【解析】选项C中，政府决算报告与政府综合财务报告是并列关系，而非从属关系。

★【专家一点通】

政府单位财务报表包括会计报表和附注，简称“四表一注”。

财务报表	资产负债表	反映政府会计主体某一特定日期的财务状况。
	收入费用表	反映政府会计主体某一会计期间的运行情况。
	净资产变动表	反映政府会计主体在某一年度内净资产项目变动情况的报表。
	现金流量表（单位自选）	反映政府会计主体在一定会计期间现金和现金等价物流入和流出的情况。
	附注	是财务报表不可或缺的组成部分，是对报表中列示项目所作的进一步说明，以及对未能在报表中列示项目的说明等。

知识图谱

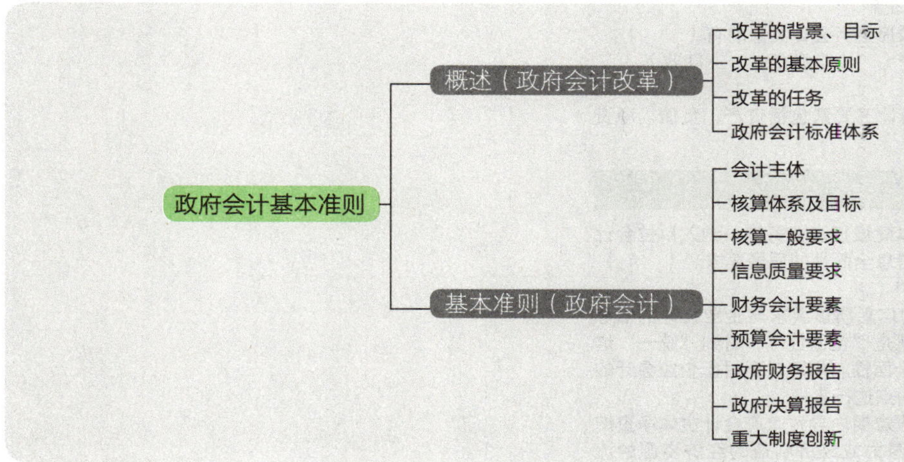

节节测

一、单项选择题

1.《政府会计准则——基本准则》确立了“双功能”“双基础”“双报告”的政府会计核算体系，其中“双功能”指的是（　　）。

A.管理会计和财务会计　B.决算报告和财务报告
C.管理会计和预算会计　D.预算会计和财务会计

【答案】D

【解析】“双功能”：政府会计由预算会计和财务会计构成。

2.（2018）下列各项中，属于政府财务会计要素的是（　　）。

A.预算结余　B.预算收入　C.净资产　D.预算支出

【答案】C

【解析】政府财务会计五要素包括资产、负债、净资产、收入和费用。其中选项C净资产属于政府财务会计要素。

3.《政府会计准则——基本准则》确立了“双功能”“双基础”“双报告”的政府会计核算体系，其中“双基础”指的是（　　）。

A.预算会计实行收付实现制，财务会计实行权责发生制
B.预算会计和财务会计均实行权责发生制
C.预算会计和财务会计均实行收付实现制
D.财务会计实行收付实现制，预算会计实行权责发生制

【答案】A

【解析】“双基础”：预算会计实行收付实现制，财务会计实行权责发生制。故选项A正确。

二、多项选择题

1.下列务项中关于政府会计核算体系的表述正确的有（　　）。

A.政府会计主体应当编制决算报告和财务报告
B.政府会计由预算会计和财务会计构成
C.政府预算会计实行收付实现制，国务院另有规定的，从其规定
D.政府财务会计实行权责发生制

【答案】ABCD

【解析】四个选项均正确。

2.下列各项中，属于政府财务会计要素的有（　　）。

A.结余　B.资产　C.负债　D.收入

【答案】BCD

【解析】政府财务会计五要素包括资产、负债、净资产、收入和费用。

三、判断题

1.政府会计主体将基本建设投资业务统一纳入单位会计核算，体现了会计信息全面性的质量要求。（　　）

【答案】正确。

【解析】政府会计的信息质量要求与企业会计的信息质量要求多了一条就是“全面性”，看到“统一”这类字眼，可关注到全面性。学习时要对比企业会计的信息质量要求的不同点进行掌握。

2.政府预算收入是指报告期内导致政府会计主体净资产增加的，含有服务潜力或经济利益的经济资源的流入。（　　）

【答案】错误。

【解析】这是政府财务会计要素中收入的概念，即指报告期内导致政府会计主体净资产增加的、含有服务潜力或者经济利益的经济资源的流入，而不是政府预算会计要素中预算收入的概念。

3.在公允价值下，政府负债应按照市场参与者在计量日发生的有序交易中，转移负债所需支付的价格计量。（　　）。

【答案】正确。

【解析】政府负债的计量属性包括了历史成本、现值和公允价值。这里谈的是公允价值，其含义与企业会计要素计量属性一致，都是指市场参与者在计量日发生的有序交易中，转移一项负债所需支付的价格。

第二节　政府单位会计核算

一、行政事业单位会计核算概述

行政事业单位是政府会计主体的重要组成部分，以下将行政事业单位简称单位。

（一）单位财务会计

反映单位财务状况的等式：资产－负债＝净资产。

反映单位运行情况的等式：收入－费用＝本期盈余。

（二）单位预算会计

1.单位预算会计要素及恒等式。

单位预算会计要素包括预算收入、预算支出与预算结余。预算会计恒等式：预算收入－预算支出＝预算结余。

2.设置“资金结存”科目。

该科目是为了预算会计要素的单独循环而设置的，核算纳入部门预算管理的资金流入、流出、调整和滚存情况。该科目应设置三个明细科目，分别是零余额账户用款额度、货币资金、财政应返还额度。

【例题·单选题】下列各项中，行政事业单位主体为了预算会计要素的单独循环应当设置“资金结余”科目，核算纳入部门预算管理的资金流入、流出、调整和滚存等情况。（　　）

【答案】错误。

【解析】政府会计主体应当设置“资金结存”科目，核算纳入部门预算管理的资金流入、流出、调整和滚存等情况。

3.纳入部门预算的现金收支业务。

单位对于这类现金收支业务应同时进行财务会计核算和预算会计核算。现金是广义的现金，包括了库存现金、银行存款、其他货币资金、零余额账户用款额度、财政应返还额度、财政直接支付方式支付

【例题·单选题】行政事业单位纳入部门预算的现金收支业务中的现金包括（　　）。

A.其他货币资金　　B.零余额账户用款额度　C.财政应返还额度　　D.财政直接支付的款项

【答案】ABCD

【解析】这里的现金是广义的现金，包括了库存现金、银行存款、其他货币资金、零余额账户用款额度、财政应返还额度、财政直接支付的款项。

二、资产业务

（一）零余额账户用款额度

单位的货币资金包括库存现金、银行存款、零余额账户用款额度等，所以“零余额账户用款额度”科目是用来反映单位货币资金情况的。该科目具体核算实行国库集中支付的单位在财政授权支付方式下，根据财政部门批复的用款计划收到的零余额账户用款额度。

年度终了，单位应当依据代理银行提供的对账单作注销额度的相关账务处理，所以“零余额账户用款额度”科目年末应无余额。

【例题·单选题】年末，行政事业单位的“零余额账户用款额度”科目应无余额。

【答案】正确。

【解析】年末，单位应当依据代理银行提供的对账单作注销额度的账务处理，所以“零余额账户用款额度”科目余额为零。

实行国库集中支付的单位，财政资金的支付方式包括：财政直接支付和财政授权支付。财政直接支付的流程图如下图所示。

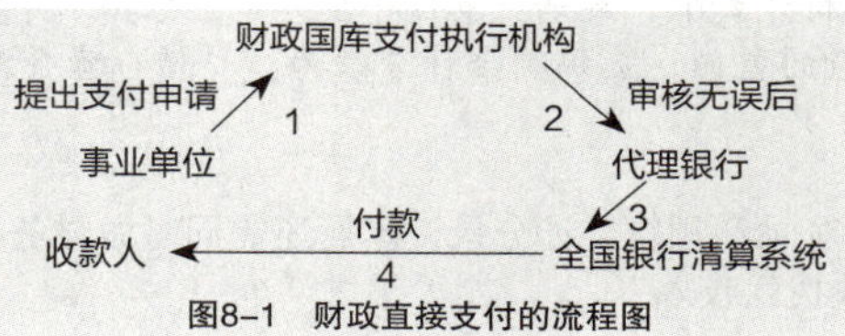

图8-1　财政直接支付的流程图

财政授权支付方式下的账务处理如下表。

表8-2 财政授权支付方式下的账务处理

经济业务	财务会计账务处理	预算会计账务处理
收到代理银行盖章的"授权支付到账通知书"时，根据通知书所列数额	借：零余额账户用款额度 贷：财政拨款收入	借：资金结存—零余额账户用款额度 贷：财政拨款预算收入
按规定支用额度时	借：业务活动费用、单位管理费用、库存物品等 贷：零余额账户用款额度	借：行政支出、事业支出 贷：资金结存—零余额账户用款额度

★【专家一对一】

在财政授权支付方式下需要设置"零余额账户用款额度"科目，其借方登记收到授权支付到账额度，贷方登记支用的零余额用款额度。期末借方余额反映事业单位尚未支用的零余额用款额度。

【例题·单选题】在财政授权支付方式下需要设置"零余额账户用款额度"科目，财政直接支付方式下不需设置该科目。（ ）

【答案】正确。

【解析】"零余额账户用款额度"科目具体核算实行国库集中支付的单位在财政授权支付方式下，根据财政部门批复的用款计划收到的零余额账户用款额度。财政直接支付方式下不需设置该科目。

【例题·判断题】某单位收到代理银行盖章的"财政授权支付到账通知书"，应根据凭证编制会计分录为，借：零余额账户用款额度，贷：财政拨款收入。（ ）

【答案】错误。

【解析】应同时编制财务会计分录和预算会计分录，即还需同时做预算会计分录，借：资金结存—零余额账户用款额度，贷：财政拨款预算收入。

（二）财政应返还额度

单位的应收款项包括了财政应返还额度、应收票据、应收账款、其他应收款等，所以财政应返还额度是用来反映单位的应收款项情况的。

财政应返还额度是指实行国库集中支付的单位，年度终了应收财政下年度返还的资金额度，即反映结转下年使用的用款额度。

1.财政应返还额度科目设置。

为核算财政应返还额度而设置该科目，分"财政授权支付"和"财政直接支付"两个明细科目。

财政直接支付方式下的账务处理。

表8-3 财政直接支付方式下的账务处理

经济业务	财务会计账务处理	预算会计账务处理
年度终了，根据本年度财政直接支付预算指标数与当年财政直接支付实际支出数的差额	借：财政应返还额度—财政直接支付 贷：财政拨款收入	借：资金结存—财政应返还额度 贷：财政拨款预算收入
下年度恢复财政直接支付额度后，事业单位以财政直接支付方式发生实际支出时	借：业务活动费用、单位管理费用、库存物品等 贷：财政应返还额度—财政直接支付	借：行政支出、事业支出 贷：资金结存—财政应返还额度

【例题·单选题】财政直接支付方式下，某事业单位年度终了，根据本年度财政直接支付预算指标数与当年财政直接支付实际支出数的差额，应编制会计分录为："借：资金结存—财政应返还额度，贷：财政拨款预算收入"。（ ）

【答案】错误。

【解析】应同时编制财务会计分录和预算会计分录，本题还需同时做财务会计分录"借：财政应返还额度—财政直接支付，贷：财政拨款收入"。

表8-4　财政授权支付方式下的账务处理

经济业务	财务会计账务处理	预算会计账务处理
年度终了，依据代理银行提供的对账单作注销额度的相关账务处理	借：财政应返还额度—财政授权支付 贷：零余额账户用款额度	借：资金结存—财政应返还额度 贷：资金结存—零余额账户用款额度
下年初恢复额度时	借：零余额账户用款额度 贷：财政应返还额度—财政授权支付	借：资金结存—零余额账户用款额度 贷：资金结存—财政应返还额度

【注意】这里再次强调，在财政授权支付方式下需要设置“零余额账户用款额度”科目，财政直接支付方式下不需设置该科目。

（三）固定资产

固定资产是指单位为满足自身开展业务活动或其他活动需要而控制的，使用期限超过1年（不含1年）、单位价值在规定标准以上，并在使用过程中基本保持原物质形态的资产。

表8-5　有关固定资产的账务处理

经济业务		财务会计账务处理	预算会计账务处理
取得时	单位购入（固定资产不需要安装）	借：固定资产 贷：财政拨款收入、零余额账户用款额度、应付账款、银行存款	借：行政支出、事业支出、经营支出 贷：财政拨款收入、资金结存等
	单位自行建造	借：固定资产 贷：在建工程	
	单位接受捐赠	借：固定资产（不需安装）或在建工程（需安装） 贷：零余额账户用款额度、银行存款 捐赠收入（差额）	借：其他支出 贷：资金结存
	单位无偿调入	借：固定资产（不需安装）或在建工程（需安装） 贷：零余额账户用款额度、银行存款 无偿调拨净资产（差额）	借：其他支出 贷：资金结存
计提折旧		借：业务活动费用、单位管理费用、经营费用、加工物品、在建工程等 贷：固定资产累计折旧	
后续支出		借：在建工程（按账面价值计入） 固定资产累计折旧 贷：固定资产（按账户余额计入）	
处置	报经批准出售、转让时	借：资产处置费用 固定资产累计折旧 贷：固定资产 借：银行存款 贷：应缴财政款	
	报经批准对外捐赠时	借：资产处置费用（差额） 固定资产累计折旧 贷：固定资产 银行存款（捐出方的费用）	借：其他支出 贷：资金结存
	报经批准无偿调出时	借：无偿调拨净资产（差额） 固定资产累计折旧 贷：固定资产 借：资产处置费用（调出方的费用） 贷：银行存款	借：其他支出 贷：资金结存

单位发现盘盈、盘亏、毁损或报废的，应当按照规定报经批准及时处理，通过“待处理财产损溢”科目核算。

★【专家一对一】
这里一定要注意财务会计和预算会计同时进行账务处理的情况。

【例题·单选题】事业单位购入不需要安装固定资产时，不考虑增值税情况下，以银行存款支付款项，其应做账务处理为，“借：固定资产，贷：银行存款；同时，借：经营支出，贷：资金结存—货币资金”。（　　）
【答案】错误。
【解析】其应做账务处理为，“借：固定资产，贷：银行存款；同时，借：事业支出，贷：资金结存—货币资金”。

三、负债业务

（一）应缴财政款

应缴财政款是指单位取得或应收的按照规定应当上缴财政的款项，包括应缴国库和应缴财政专户的款项。应缴国库款是指单位按规定应缴入国库的款项（应缴税费除外）。应缴财政专户款是指单位按规定应缴入财政专户的款项。

【例题·判断题】事业单位购入不需要安装固定资产时，不考虑增值税情况下，以银行存款支付款项，其应做账务处理为，“借：固定资产，贷：银行存款；同时，借：经营支出，贷：资金结存—货币资金”。（　　）
【答案】错误。
【解析】其应做账务处理为，“借：固定资产，贷：银行存款；同时，借：事业支出，贷：资金结存—货币资金”。

单位应设置“应缴财政款”科目，因其属于负债类科目，故而贷方表示增加，借方表示减少，期末余额在贷方，反映尚未上缴财政的金额。

表8-6　应缴财政款的账务处理

经济业务	账务处理
实际取得应缴财政款项时（或应收时）	借：银行存款、应收账款等 贷：应缴财政款
处置资产取得处置净收入时	借：待处理财产损溢 贷：应缴财政款
上缴款项时	借：应缴财政款 贷：银行存款等

表8-7　应付职工薪酬的账务处理

经济活动	财务会计账务处理	预算会计账务处理
计算当期应付职工薪酬时	借：业务活动费用、单位管理费用、经营费用、在建工程等 贷：应付职工薪酬	
实际支付工资、津贴补贴等薪酬时	借：应付职工薪酬 贷：财政拨款收入 零余额用款额度 银行存款等	借：行政支出、事业支出、经营支出等 贷：财政拨款预算收入、资金结存
按税法规定代扣代缴个人所得税时	借：应付职工薪酬—基本工资 贷：其他应交税费—应交个人所得税	

经济活动	财务会计账务处理	预算会计账务处理
单位代扣社保、公积金及代扣为职工垫付的水电费等时	借：应付职工薪酬—基本工资 贷：应付职工薪酬—社保、公积金 或其他应收款	
按照国家有关规定缴纳职工社会保险费和住房公积金时	借：应付职工薪酬—社保、公积金 贷：财政拨款收入 零余额用款额度 银行存款	借：行政支出、事业支出、经营支出等 贷：财政拨款预算收入、资金结存
单位从应付职工薪酬中支付其他款项时	借：应付职工薪酬 贷：零余额用款额度 银行存款	借：行政支出、事业支出、经营支出等 贷：资金结存

（二）应付职工薪酬

应付职工薪酬包括基本工资、规范津贴补贴（绩效工资）、国家统一规定的津贴补贴、改革性补贴、社会保险费、住房公积金等。

【例题·判断题】事业单位为开展专业业务活动发放基本工资，当计算当期应付职工薪酬时，应该作账务处理“借：业务活动费用，贷：应付职工薪酬——基本工资”。（　　）

【答案】正确。

【解析】计算当期应付职工薪酬时，只需做财务会计账务处理，即“借：业务活动费用，贷：应付职工薪酬——基本工资”。

【例题·判断题】事业单位为开展专业业务活动发放基本工资，当实际支付职工基本工资时，应该作账务处理“借：应付职工薪酬——基本工资，贷：银行存款”。（　　）

【答案】错误。

【解析】当实际支付职工基本工资时，除了做以上财务会计账务处理之外，还应作预算会计账务处理，即“借：事业支出，贷：资金结存”。

【例题·判断题】事业单位为开展专业业务活动发放基本工资，当单位代扣个人所得税时，应该作账务处理“借：应付职工薪酬——基本工资，贷：其他应交税费——应交个人说得税”。（　　）

【答案】正确。

【解析】当事业单位代扣个人所得税时，只用做财务会计账务处理“借：应付职工薪酬——基本工资，贷：其他应交税费——应交个人说得税”。

【例题·判断题】事业单位为开展专业业务活动发放基本工资，当单位上缴代扣的个人所得税时，应该作账务处理：“借：其他应交税费——应交个人说得税，贷：银行存款”。（　　）

【答案】错误。

【解析】上缴代扣的个人所得税时，除了做以上财务会计账务处理之外，还应作预算会计账务处理，即同时作分录“借：事业支出，贷：资金结存”。

四、收支业务

（一）收入和预算收入

这里收入是针对财务会计而言的，其采用权责发生制核算，单位的收入包括财政拨款收入、事业收入、上级补助收入、附属单位上缴收入、经营收入、非同级财政拨款收入、投资收益、捐赠收入、利息收入、租金收入、其他收入等。

【例题·多选题】下列各项中，属于事业单位收入的是（　　）。

A.非同级财政拨款预算收入　　B.附属单位上缴的收入

C.上级补助收入　　D.接受捐赠获得的收入

【答案】BCD

【解析】收入是针对财务会计而言的，单位的收入包括财政拨款收入等，涵括的内容非常多，考试时注意跟下文所讲的预算收入做区分，只要该收入名称中带了“预算收入”字眼，则为预算收入，而非这里的收入。
预算收入针对预算会计，采用收付实现制核算，单位预算收入包括财政拨款预算收入、事业预算收入、上级补助预算收入、附属单位上缴预算收入、经营预算收入、债务预算收入、非同级财政拨款预算收入、投资预算收益、其他预算收入等。

★【专家一对一】
注意比较收入和预算收入二者包括内容的区别，直接从名称中关键字判断。

1.财政拨款（预算）收入。

财政拨款（预算）收入是指单位从同级财政部门取得的各类财政拨款。应当分别设置“财政拨款收入”和“财政拨款预算收入”。

表8-8　财政直接支付方式

业务情况		财务会计账务处理	预算会计账务处理
财政直接支付方式	单位根据财政国库支付执行机构委托代理银行转来的“财政直接支付入账通知书”及原始凭证	借：有关科目 贷：财政拨款收入	借：行政支出、事业支出等 贷：财政拨款预算收入
财政授权支付方式	单位收到代理银行盖章的“授权支付到账通知书”时	借：零余额账户用款额度 贷：财政拨款收入	借：资金结存——零余额账户用款额度 贷：财政拨款预算收入
其他方式下	实际收到财政补助收入时	借：银行存款等 贷：财政拨款收入	借：资金结存——货币资金 贷：财政拨款预算收入
期末		借：财政拨款收入 贷：本期盈余	借：财政拨款预算收入 贷：财政拨款结转——本年收支结转

【例题·判断题】事业单位以财政直接支付方式向电力公司支付电费，正确账务处理为，“借：业务活动费用，贷：财政拨款收入”。（　　）
【答案】错误。
【解析】本题除了作以上财务会计账务处理之外，还应作预算会计账务处理，即同时作分录“借：事业支出，贷：财政拨款预算收入”。

2.事业（预算）收入。

单位的事业（预算）收入是指事业单位开展专业业务活动及其辅助活动取得的收入，不包括财政拨款收入。应当分别设置“事业收入”和“事业预算收入”。

表8-9　事业（预算）收入的账务处理

经济业务		财务会计账务处理	预算会计账务处理
采用财政专户返还方式管理的事业（预算）收入	实现应上缴财政专户的事业收入时	借：银行存款或应收账款 贷：应缴财政专户款	
	向财政专户上缴款项时	借：应缴财政款 贷：银行存款	
	收到从财政专户返还的事业收入时	借：银行存款 贷：事业收入	借：资金结存—货币资金 贷：事业预算收入

经济业务		财务会计账务处理	预算会计账务处理
采用预收款方式确认收入	实际收到预收款项时	借：银行存款 贷：预收账款	借：资金结存—货币资金 贷：事业预算收入
	以合同进度确认事业收入	借：预收账款 贷：事业收入	
采用应收款方式确认收入	以合同进度确认事业收入	借：应收账款 贷：事业收入	
	实际收到款项时	借：银行存款 贷：应收账款	借：资金结存—货币资金 贷：事业预算收入
其他方式下确认事业预算收入，收到款项时		借：银行存款 贷：事业收入	借：资金结存—货币资金 贷：事业预算收入
期末	事业单位应当将“事业收入”本期发生额转入本期盈余	借：事业收入 贷：本期盈余	借：事业预算收入 贷：非财政拨款结转—本年收支结转 借：事业预算收入 贷：其他结余

【例题·判断题】某事业单位采用财政专户返还方式管理的事业收入，收到从财政专户返还的事业收入时，其正确账务处理为，“借：银行存款，贷：事业收入”。（ ）
【答案】错误。
【解析】本题除了作以上财务会计账务处理之外，还应作预算会计账务处理，即同时作分录“借：资金结存—货币资金，贷：事业预算收入”。

3.非同级财政拨款（预算）收入。

单位从非同级政府财政部门取得的经费拨款，包括从同级政府其他部门取得横向转拨财政款、从上级或下级政府财政部门取得的经费拨款等。单位应当分别设置非同级财政拨款收入和非同级财政拨款预算收入。

表8-10 非同级财政拨款（预算）收入

经济业务		财务会计账务处理	预算会计账务处理
收到非同级财政拨款收入时		借：银行存款等 贷：非同级财政拨款收入	借：资金结存—货币资金 贷：非同级财政拨款预算收入
期末	将“上级补助收入”本期发生额中的专项资金收入结转至非财政补助结转	借：非同级财政拨款收入 贷：本期盈余	借：非同级财政拨款收入（专项资金收入金额） 贷：非财政拨款结转—本年收支结转 或： 借：非同级财政拨款收入（非专项资金收入金额） 贷：其他结余

★【专家一对一】

单位因开展科研及辅助活动从非同级财政部门取得的经费拨款，应通过“事业（预算）收入—非同级财政拨款”科目核算，而不通过这里所讲的“非同级财政拨款收入”科目核算。

【例题·判断题】某事业单位因开展科研及辅助活动从非同级财政部门取得的经费拨款时，应通过“非同级财政拨款收入”科目核算。（ ）
【答案】错误。
【解析】单位因开展科研及辅助活动从非同级财政部门取得的经费拨款，应通过“事业收入—非同级财政拨款”科目核算。

（二）费用和支出

表8-11 财务会计费用和预算会计支出的内容比较

财务会计费用（权责发生制）	预算会计支出（收付实现制）	对应点
业务活动费用	行政支出	业务活动费用对应行政支出和事业支出
单位管理费用	事业支出	单位管理费用对应事业支出
经营费用	经营支出	各自费用对应各自支出
对附属单位补助费用	对附属单位补助支出	
上缴上级费用	上缴上级支出	
其他费用	其他支出	
资产处置费用、所得税费用	债务还本支出、投资支出	需记忆，无法完全一一对应。

★【专家一对一】

今年新增了财务会计费用的内容，所以考生需特别关注单位财务会计费用的内容。

【例题·多选题】下列各项中，属于行政事业单位的财务会计费用的是（　　）。

A.业务活动费用　　B.事业支出　　C.单位管理费用　　D.资产处置费用

【答案】ACD

【解析】这里涉及财务会计费用和预算会计支出的内容比较，比较直观的办法就是看名称，名称中涵括费用的一般就是单位的财务会计费用，涉及支出的一般就是单位的预算会计支出。

1.业务活动费用和相关支出。

因业务活动费用，单位设置业务活动费用科目；因业务活动相关支出，单位设置行政支出、事业支出科目。

表8-12 业务活动费用和相关支出的账务处理

经济业务	财务会计账务处理	预算会计账务处理
因履职或开展专业业务活动及其辅助活动发生支出时	借：业务活动费用 贷：财政拨款收入、零余额用款额度等	借：行政支出或事业支出 贷：财政拨款预算收入、资金结存
因履职或开展专业业务活动及其辅助活动发生各种税费，以及代扣代缴个税时	借：业务活动费用 贷：其他应缴税费——应交城市维护建设税等	借：行政支出或事业支出 贷：财政拨款预算收入、资金结存
因履职或开展专业业务活动所使用的固定资产计提折旧、无形资产摊销时	借：业务活动费用 贷：固定资产累计折旧、无形资产累计摊销	借：业务活动费用 贷：专用基金
发生当年购货退回	做第1点的相反会计分录， 借：财政拨款收入、零余额用款额度等 贷：业务活动费用	做第1点的相反会计分录， 借：财政拨款预算收入、资金结存 贷：行政支出或事业支出
期末，将“业务活动费用”本期发生额转入“本期盈余”	借：本期盈余 贷：业务活动费用	借：财政拨款结转——本年收支结转、非财政拨款结转——本年收支结转、其他结余 贷：行政支出或事业支出

【例题·判断题】事业单位因开展专业业务活动及其辅助活动发生支出时，会计处理为“借：业务活动费用，贷：财政拨款收入”。（　　）

【答案】错误。

【解析】本题除了作以上财务会计账务处理之外，还应作预算会计账务处理，即同时作分录“借：事业支出，贷：财政拨款预算收入”。

2.单位管理费用和相关支出。

事业单位本级及后勤管理部门开展管理活动发生的各项费用。为核算单位管理费用化，单位应当设置单位管理费用科目；为核算单位管理活动相关支出，单位应设置事业支出科目。

表8–13 单位管理费用和相关支出的账务处理

经济业务		财务会计账务处理	预算会计账务处理
为管理人员支付薪酬	单位为管理人员计提薪酬	借：单位管理费用 贷：应付职工薪酬	
	实际支付	借：应付职工薪酬 贷：财政拨款收入、零余额用款额度等（扣税后实际支付给个人的金额） 其他应交税费——应交个人所得税（代扣个人所得税）	借：事业支出 贷：财政拨款预算收入资金结存
为外部人员支付劳务费		借：单位管理费用 贷：其他应交税费——应交个人所得税 其他应付款、财政拨款收入等	借：事业支出 贷：财政拨款预算收入资金结存
内部领用库存物品		借：单位管理费用 贷：库存物品	
为管理活动使用固定资产计提折旧、无形资产摊销		借：单位管理费用 贷：固定资产累计折旧、无形资产累计摊销	
发生城市维护建设税等		借：单位管理费用 贷：其他应缴税费	
发生其他费用		借：单位管理费用 贷：财政拨款收入、零余额用款额度等	借：事业支出 贷：财政拨款预算收入资金结存
已计入单位管理费用又发生当年购货退回		借：财政拨款收入、零余额用款额度等 贷：单位管理费用	借：财政拨款预算收入、资金结存 贷：事业支出
期末，将“单位管理费用”本期发生额转入“本期盈余”		借：本期盈余 贷：单位管理费用	借：财政拨款结转——本年收支结转、非财政拨款结转——本年收支结转、其他结余 贷：事业支出

【专家一对一】

以上经济业务均为单位为开展管理活动而发生的单位管理费用和相关支出。

五、预算结转结余及分配业务

单位须区分财政拨款结转结余和非财政拨款结转结余。财政结转结余不参与单位的结余分配，应单独设置财政拨款结转和非财政拨款结余科目核算。

【例题·判断题】财政结转结余参与单位的结余分配，应单独设置财政拨款结转和非财政拨款结余科目核算。（ ）

【答案】错误。

【解析】财政结转结余不参与单位的结余分配。

（一）财政拨款结转结余

1.财政拨款结转。

财政拨款结转资金是指单位取得同级财政拨款结转资金的调整、结转和滚存的情况。为核算滚存的财政拨款结转资金，单位预算会计须设置财政拨款结转科目。

财政拨款结转包括基本支出结转和项目支出结转，所以财政拨款结转科目下应该设置基本支出结转和项目支出结转两个明细科目。

事业单位设置“财政拨款结转”科目，核算滚存的财政拨款结转资金。

表8-14 财政拨款结转结余

年末，将财政拨款预算收入及财政拨款支出结转转入“财政拨款结转”	借：财政拨款预算收入 贷：财政拨款结转——本年收支结转（类似于企业会计本年利润） 同时，借：财政拨款结转——本年收支结转 贷：财政拨款支出
从其他单位调入时	预算会计中，借：资金结存——财政应返还额度 零余额用款额度 贷：财政拨款结转——归集调入 财务会计中，借：财政应返还额度、零余额用款额度 贷：累计盈余
按规定上缴或注销、向其他单位调出时	基本与从其他单位调入时做相反会计处理。 预算会计中，借：财政拨款结转——归集上缴、归集调出 贷：资金结存——财政应返还额度 零余额用款额度 财务会计中，借：累计盈余 贷：财政应返还额度、零余额用款额度
对财政拨款结余资金改变用途	借：财政拨款结余——单位内部调剂 贷：财政拨款结转——单位内部调剂
调整以前年度财政拨款结转资金	预算会计中，做以下分录或做相反分录： 借：资金结存——财政应返还额度 零余额用款额度 贷：财政拨款结转——年初余额调整 财务会计中，做以下分录或做相反分录： 借：以前年度盈余调整 贷：零余额账户用款额度等
年末，冲销有关明细科目余额	将财政拨款结转的明细科目余额转入“财政拨款结转——累计结转”
完成上述结转，将符合财政拨款结余的项目转入财政拨款结余	借：财政拨款结转——累计结转 贷：财政拨款结余——结转转入

★【专家一对一】

以上经济业务均指财政拨款结转资金的使用。

2.财政拨款结余。

财政拨款结余资金是指单位取得同级财政拨款项目支出结余资金的调整、结转和滚存的情况。

表8-15 财政拨款结余账务处理

年末，将符合财政拨款结余的项目转入财政拨款结余	借：财政拨款结转——累计结转 贷：财政拨款结余——结转转入

<table>
<tr><td>对财政拨款结余资金改变用途</td><td>借：财政拨款结余——单位内部调剂
　　贷：财政拨款结转——单位内部调剂</td></tr>
<tr><td>按规定上缴或注销时</td><td>基本与从其他单位调入时做相反会计处理。
预算会计中，借：财政拨款结余——归集上缴
　　　　　　　　贷：资金结存——财政应返还额度
　　　　　　　　　　　零余额用款额度
财务会计中，借：累计盈余
　　　　　　　　贷：财政应返还额度、零余额用款额度</td></tr>
<tr><td>年末，将财政拨款预算收入及财政拨款支出结转转入“财政拨款结转”</td><td>借：财政拨款预算收入
　　贷：财政拨款结转——本年收支结转（类似于企业会计本年利润）
同时，借：财政拨款结转——本年收支结转
　　　　贷：财政拨款支出</td></tr>
<tr><td>从其他单位调入时</td><td>预算会计中，借：资金结存——财政应返还额度
　　　　　　　　　　零余额用款额度
　　　　　　　　贷：财政拨款结转——归集调入
财务会计中，借：财政应返还额度、零余额用款额度
　　　　　　　　贷：累计盈余</td></tr>
<tr><td>调整以前年度财政拨款结余资金</td><td>预算会计中，做以下分录或做相反分录：
借：资金结存——财政应返还额度
　　零余额用款额度
　　贷：财政拨款结余——年初余额调整
财务会计中，做以下分录或做相反分录：
借：以前年度盈余调整
　　贷：零余额账户用款额度等</td></tr>
<tr><td>年末，冲销有关明细科目余额</td><td>将财政拨款结转的明细科目余额转入“财政拨款结余——累计结余”</td></tr>
</table>

（二）非财政拨款结转结余

1.非财政拨款结转。

非财政拨款结转资金是指单位除财政拨款收支、经营支出以外的各非同级财政拨款专项资金收入与其相关支出相抵后剩余滚存的、须按规定用途使用的结转资金。

单位预算会计应通过设置“非财政拨款结转”科目核算，以满足专项资金专款专用的管理要求。

表8-16　非财政拨款结转账务处理

<table>
<tr><td rowspan="3">年末</td><td>1.根据事业预算收入、上级补助预算收入、附属单位上缴预算收入、非同级财政拨款预算收入、债务预算收入、其他预算收入本期发生额中的专项资金收入：
借：事业预算收入、上级补助预算收入、附属单位上缴预算收入、非同级财政拨款预算收入、
　　债务预算收入、其他预算收入
　　贷：非财政拨款结转——本年收支结转</td></tr>
<tr><td>2.根据行政支出、事业支出、其他支出本年发生额中的非财政拨款专项资金支出：
借：非财政补助结转——本年收支结转
　　贷：行政支出、事业支出、其他支出</td></tr>
<tr><td>3.从科研项目预算收入中提取项目管理费或间接费用：
预算会计中，借：非财政拨款结转
　　　　　　　　贷：非财政拨款结余
财务会计中，借：单位管理费用
　　　　　　　　贷：预提费用</td></tr>
</table>

年末	4.缴回非财政拨款结转资金的： 预算会计中，借：非财政拨款结转 贷：资金结存 财务会计中，借：累计盈余 贷：银行存款等
	5.调整非财政拨款结转资金的： 预算会计中，借：资金结存 贷：非财政拨款结转 财务会计中，借：以前年度盈余调整 贷：银行存款等
	6.冲销有关明细科目余额： 将其他明细科目转入"非财政拨款结转——累计结转"科目。 注意：以上结转后，除"非财政拨款结转——累计结转"科目外，非财政拨款结转科目的其他明细科目无余额。
	7.留归本单位使用的剩余资金转入非财政拨款结余： 借：非财政拨款结转——累计结转 贷：非财政拨款结余——结转转入

2.非财政拨款结余。

非财政拨款结余是指单位历年滚存的非限定用途的非同级财政拨款结余资金，主要为非财政拨款结余扣除结余分配后滚存的金额。

单位应在预算会计中设置非财政拨款结余科目，核算单位历年滚存的非限定用途的非同级财政拨款结余资金。

表8-17　非财政拨款结余账务处理

经济业务		账务处理
期末	留归本单位使用的非财政拨款专项剩余资金转入非财政拨款结余（同上表"非财政拨款结转"的第7点）	借：非财政拨款结转——累计结转 贷：非财政拨款结余——结转转入
	从科研项目预算收入中提取项目管理费或间接费用	预算会计中，借：非财政拨款结转 贷：非财政拨款结余 财务会计中，借：单位管理费用 贷：预提费用
	实际缴纳企业所得税时	预算会计中，借：非财政拨款结余——累计结余 贷：资金结存 财务会计中，借：其他应交税费 贷：银行存款等
	调整非财政拨款结余资金	预算会计中，借：资金结存 贷：非财政拨款结余（或作相反分录） 财务会计中，借：以前年度盈余调整 贷：银行存款等（或作相反分录）
	冲销有关明细科目	将非财政拨款结余其他明细科目转入"非财政拨款结余——累计结余"科目 注意：以上结转后，除"非财政拨款结余——累计结余"科目外，非财政拨款结余科目的其他明细科目无余额。

经济业务		账务处理
期末	事业单位将“非财政拨款结余分配”转入“非财政拨款结余”	借：非财政拨款结余——累计结余 　　贷：非财政拨款结余分配（该账户为借方余额时） 如“非财政拨款结余分配”为贷方余额，则作相反分录。
年末	行政单位将“其他结余”余额结转至“非财政拨款结余”	借：非财政拨款结余——累计结余 　　贷：其他结余（该账户为借方余额时） 如“其他结余”为贷方余额，则作相反分录。

3.专用结余。

专用结余是指事业单位按照规定从非财政拨款结余中提取的具有专门用途的资金。单位应在预算会计中设置“专用结余”科目。

表8–18　专用结余的账务处理

经济业务	账务处理
从本年度非财政拨款结余或经营结余中提取基金时	借：非财政拨款结余分配 　　贷：专用结余
使用专业基金时	借：专用结余 　　贷：资金结存——货币资金

注意：“专用结余”年末贷方余额，反映单位提取专用基金的累计滚存数。

4.经营结余。

经营结余是指事业单位本年度经营活动收支相抵后余额弥补以前年度经营亏损后的余额。单位应在预算会计中设置“经营结余”科目。

表8–19　经营结余的账务处理

经济业务		账务处理
期末	根据经营收入本期发生额	借：经营预算收入 　　贷：经营结余
	根据经营支出本期发生额	借：经营结余 　　贷：经营支出
年末	如果“经营结余”科目为贷方余额	借：经营结余 　　贷：非财政补助结余分配
	如果“经营结余”科目为借方余额	不予结转

★【专家一对一】

年末，如果“经营结余”科目为借方余额，则为经营亏损，不予结转到非财政补助结余分配。这里要注意，一般很容易理解为“经营结余”科目为借方余额时应该与贷方余额相反的账务处理。

【例题·判断题】事业单位当年经营收入扣除经营支出后的余额弥补以前年度经营亏损后的余额。无论是正数还是负数，均直接计入非财政补助结余分配。（　　）

【答案】错误。

【解析】如果经营结余是负数的话，说明经营结余有借方余额，则为经营亏损，经营结余的借方余额不进行结转。

5.其他结余。

其他结余是指单位本年度除财政拨款收支、非同级财政专项资金收支和经营收支以外的各项收支相抵后的余额。单位应当设置“其他结余”科目，年末结账后，该科目无余额。

表8–20　其他结余的账务处理

1.年末，将事业预算收入、上级补助预算收入、附属单位上缴预算收入、非同级财政拨款预算收入、债务预算收入、其他预算收入本期发生额中的非专项资金收入加上投资预算收益转入其他结余：

借：事业预算收入、上级补助预算收入、附属单位上缴预算收入、非同级财政拨款预算收入、债务预算收入、其他预算收入、投资预算收益（该账户可能在贷方） 贷：其他结余
2.根据行政支出、事业支出、其他支出本年发生额中的非同级财政、非专项资金支出、上缴上级支出、对附属单位补助支出、投资支出、债务还本支出： 借：其他结余 贷：行政支出、事业支出、其他支出
3.行政单位将其他结余转入"非财政拨款结余——累计结余" 借：其他结余 贷：非财政拨款结余——累计结余 事业单位将将其他结余转入"非财政拨款结余分配" 借：其他结余 贷：非财政拨款结余分配

6.非财政拨款结余分配。

事业单位应当设置"非财政拨款结余分配"科目，核算事业单位本年度非财政拨款结余分配的情况和结果。

年末，将"其他结余"科目余额和"经营结余"科目贷方余额结转至"非财政拨款结余分配"科目后，要按照规定进行结余分配。

表8-21 非财政拨款结余分配

经济业务	账务处理
有企业所得税缴纳义务的事业单位计算出应缴纳的企业所得税	借：非财政补助结余分配 贷：应缴税费
按照有关规定提取专用基金的，按提取的金额	预算会计中，借：非财政拨款结余分配 贷：专用结余 财务会计中，借：本年盈余分配 贷：专用基金
将"非财政拨款结余分配"科目余额结转至"非财政拨款结余"	借：非财政拨款结余分配 贷：非财政拨款结余

六、净资产业务

净资产指事业单位资产扣除负债后的净额。单位净资产包括累计盈余、专用基金、本期盈余、无偿调拨净资产、权益法调整、本年盈余分配、以前年度盈余调整等。

（一）累计盈余

是指单位历年实现的盈余扣除结余分配后滚存的金额，以及无偿调入调出资产产生的净资产变动额。

（二）专用基金

专用基金是指事业单位按照规定提取或设置的具有专门用途的净资产，包括职工福利基金、科技成果转化基金等。单位应设置"专业基金"科目。

（三）本期盈余

单位本期各项收入、费用相抵后的余额。年末结账后，该科目无余额。

（四）无偿调拨净资产

单位无偿调入或调出非现金资产所引起的净资产变动金额。年末科目余额全部转入累计盈余，结转后，本科目无余额。

表8-22 无偿调拨净资产的账务处理

经济业务	账务处理
取得无偿调入资产时	借：库存物品、长期股权投资、固定资产、无形资产、公共基础设施、政府储备物资、文物文化资产、保障性住房等

经济业务	账务处理
取得无偿调入资产时	贷：零余额用款额度、银行存款等 无偿调拨净资产（差额） 同时预算会计中，借：其他支出（调入方费用） 贷：资金结存
按规定经批准无偿调出资产时	借：无偿调拨净资产（差额） 固定资产累计折旧、无形资产累计摊销等 贷：库存物品、长期股权投资、固定资产、无形资产、公共基础设施，政府储备物资、文物文化资产、保障性住房等 借：资产处置费用 贷：零余额用款额度、银行存款等 同时预算会计中，借：其他支出（调出方费用） 贷：资金结存

七、财务报表和预算会计报表的编制要求

单位应按照下列规定编制财务报表和预算会计报表：

（一）财务报表的编制以权责发生制为基础，预算会计报表的编制以收付实现制为基础。

（二）财务报表的构成：会计报表及其附注。会计报表至少应当包括资产负债表、收入费用表和净资产变动表。

（三）预算会计报表至少包括预算收入支出表、预算结转结余变动表和财政拨款预算收入支出表。

（四）至少按照年度编制。

（五）根据《政府会计制度》规定编制。

（六）做到数字真实、计算准确、内容完整、编报及时。

（七）应由单位负责人和主管会计工作的负责人、会计机构负责人签名并盖章。

★【专家一点通】

考题中常出现直接考核政府会计要素具体包括哪些会计科目的情况，所以对于与企业会计科目名称的不同的事业单位易考会计科目进行了归纳，如下表。

事业单位高频考点会计科目表

会计要素	易考会计科目
资产类	零余额账户用款额度、财政应返还额度等
负债类	应付职工薪酬、应缴财政款等
净资产类	累计盈余、专用基金、本期盈余、无偿调拨净资产等
收入类（含收入和预算收入）	收入主要涉及财政拨款收入、事业收入、上级补助收入、附属单位上缴收入、经营收入、非同级财政拨款收入等科目， 预算收入主要涉及财政拨款预算收入、事业预算收入、上级补助预算收入、附属单位上缴预算收入、经营预算收入、非同级财政拨款预算收入等
支出类（含费用和支出）	费用主要涉及业务活动费用、单位管理费用、经营费用、对附属单位补助费用、上缴上级费用等科目，支出主要涉及行政支出、事业支出、经营支出、上缴上级支出、对附属单位补助支出等科目

知识图谱

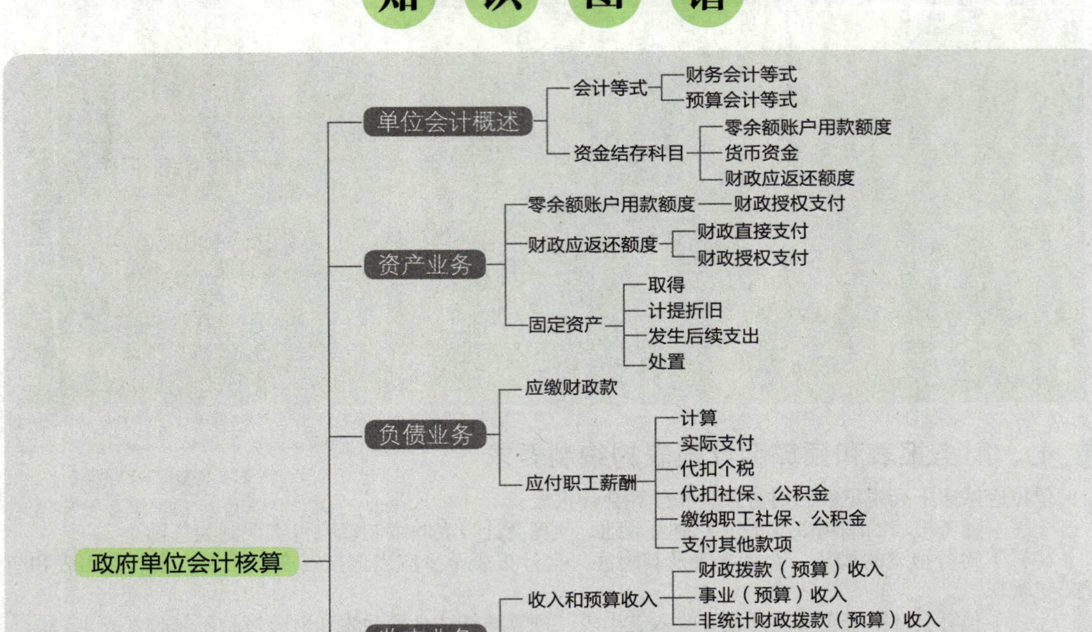
政府单位会计核算
单位会计概述
会计等式
财务会计等式
预算会计等式
资金结存科目
零余额账户用款额度
货币资金
财政应返还额度
资产业务
零余额账户用款额度
财政授权支付
财政应返还额度
财政直接支付
财政授权支付
固定资产
取得
计提折旧
发生后续支出
处置
负债业务
应缴财政款
应付职工薪酬
计算
实际支付
代扣个税
代扣社保、公积金
缴纳职工社保、公积金
支付其他款项
收支业务
收入和预算收入
财政拨款（预算）收入
事业（预算）收入
非统计财政拨款（预算）收入
费用和支出
费用和支出内容比较
业务活动费用和相关支出
单位管理费用和相关支出
预算结转结余及分配业务
财政拨款结转结余
财政拨款结转
财政拨款结余
非财政拨款结转结余
非财政拨款结转
非财政拨款结余
专用结余
经营结余
其他结余
非财政拨款结余分配
净资产业务
累计盈余
专用基金
本期盈余
无偿调拨净资产
报表编制要求

节节测

一、单项选择题

1.下列事业单位会计科目中，年末结账后应无余额的有（　　）。
A.事业收入 B.事业结余　C.事业基金　D.事业支出
【答案】ABD
【解析】收入和支出要素年末结账后应无余额，A选项属于收入，D选项属于支出，B选项“事业结余”科目年末无余额，这是因为年末要将“事业结余”科目余额结转至“非财政补助结余分配”科目。C选项事业基金属于净资产的一项内容。

2.下列选项中，属于资产类的科目有（　　）。
A.财政应返还额度　B.应缴财政专户款
C.专用基金　D.非财政拨款结转
【答案】A
【解析】选项A属于资产类应收及预付款项中的会计科目，选项B属于负债类的应缴款项中的会计科目，C、D选项属于净资产内容中的会计科目。考生可对照

3.下列选项中，属于负债类的科目有（　　）。
A.财政应返还额度　B.应缴财政专户款
C.零余额账户用款额度　D.非财政补助结余分配
【答案】B
【解析】选项A属于资产类的应收及预付款项，选项B属于负债类的应缴款项，C选项属于资产类货币资金项目的一个科目，D选项属于净资产类中的一个会计科目。

4.下列选项中，属于事业单位净资产类的科目有（　　）。
A.零余额账户用款额度　B.应缴国库款
C.事业收入 D.事业结余
【答案】D
【解析】选项A属于资产的货币资金项目的一个科目，选项B属于负债中的应缴款项项目的一个科目，C选项属于收入类的科目，D选项属于净资产内容中的会计科目。

二、多项选择题

1.（2017）下列各项中，不影响事业单位事业结余的有（　　）
A.财政补助收入
B.经营收入
C.事业支出——其他资金支出
D.事业支出——财政补助支出
【答案】ABD
【解析】事业结余是指事业单位一定期间除财政补助收支、非财政专项资金收支和经营收支以外各项收支相抵后的余额，选项 C 结转到事业结余核算，影响事业结余的金额。选项 A、D 计入财政补助结转，选项 B 计入经营结余。

2.（2017）下列各项中，事业单位应当确认为事业支出的有（　　）。
A.开展专业业务活动及其辅助活动发生的项目支出
B.按规定上缴上级单位的支出
C.对附属单位的补助支出
D.开展专业业务活动及其辅助活动发生的基本支出
【答案】AD
【解析】选项B计入上缴上级支出；选项C计入对附属单位补助支出

3.下列各项中，属于事业单位净资产的有（　　）。
A.非流动资产基金　B.专用基金
C.事业收入　D.非财政补助结转结余
【答案】ABD
【解析】净资产的内容包括“三金两余”，AB属于“三金”中的两个基金，C选项收入这个要素，D选项非财政补助结转结余属于“两余”的一个内容。

4.下列选项中，属于事业单位净资产类的科目有（　　）。
A.财政应返还额度　B.应缴财政专户款
C.专用基金　D.非财政补助结余
【答案】CD
【解析】净资产的内容包括“三金两余”，选项A属于资产的应收及预付款项，选项B属于负债中的应缴款项，C、D选项属于“三金两余”的内容。

三、判断题

1.年末要将“事业结余”科目余额结转至“非财政补助结余分配”科目，所以“事业结余”科目年末无余额。（　　）
【答案】正确。
【解析】“事业结余”科目年末无余额。

2.“事业结余”属于净资产中的非财政补助结余的一项内容，所以“事业结余”科目年末一般余额在贷方。（　　）
【答案】错误。
【解析】“事业结余”科目年末无余额，这是因为年末要将“事业结余”科目余额结转至“非财政补助结余分配”科目。

3. 财政补助结余包括事业结余和经营结余两个组成部分。（　　）
【答案】错误。
【解析】非财政补助结余包括事业结余和经营结余两个组成部分。

4.年末，事业单位应将“经营结余”科目余额结转至“非财政补助结余分配”科目。
【答案】错误。
【解析】年末，“经营结余”科目余额的结转要视其余额方向而定，具体如下表：

如果“经营结余”科目为贷方余额	结转，分录是， 借：经营结余 贷：非财政补助结余分配
如果“经营结余”科目为借方余额	不予结转

章章练

一、单项选择题

1. 下列各项中，不属于政府会计主体的非流动资产是（　　）。
A.存货　　B.无形资产
C.长期投资　　D.公共基础设施
2. 下列各项中，属于政府会计主体的非流动资产是（　　）。
A.短期投资　　B.应收及预付款项
C.政府储备资产　　D.存货
3. 下列各项中，不属于政府资产的计量属性的是（　　）。
A.重置成本　　B.名义金额
C.公允价值　　D.可变现净值
4. 下列各项中，属于政府主体的负债计量属性的是（　　）。
A.重置成本　　B.名义金额
C.可变现净值　　D.现值
5. 下列各项中，关于政府决算报告的表述正确的是（　　）。
A.主要以权责发生制为编制基础
B.以预算会计核算生成的数据为准
C.是政府综合财务报告的重要组成内容
D.本级人民代表大会常务委员会备案
6.《基本准则》的重大制度理论创新之一是确立了“3+5要素”的会计核算模式，其中政府预算会计要素不包括（　　）。
A.预算收入　　B.预算支出
C.预算结余　　D.收入
7.《基本准则》的重大制度理论创新之一是构建了（　　）适度分离并相互衔接的政府会计核算体系。
A.预算会计和财务会计　　B.管理会计和预算会计
C. 管理会计和财务会计　　D. 决算报告和财务报告
8. 下列各项中，不属于政府财务会计要素的是（　　）。
A.负债　　B.收入
C.净资产　　D.所有者权益
9. 下列务项中关于政府会计核算体系的表述不正确的有（　　）。
A.政府会计主体应当编制决算报告和财务报告
B.政府会计由管理会计和财务会计构成
C.政府预算会计实行收付实现制，国务院另有规定的，从其规定
D.政府财务会计实行权责发生制
10. 下列各项中，不属于政府财务会计要素的有（　　）。
A.结余　　B.资产　　C.负债　　D.收入
11. 下列各项中，影响事业单位事业结余的有（　　）。
A.财政补助收入
B.事业支出——其他资金支出
C.经营收入
D.事业支出——财政补助支出
12. 下列各项中，属于事业单位事业基金的是（　　）。
A.专用基金
B.财政补助结余扣除结余分配后滚存的金额
C.非财政补助结余扣除结余分配后滚存的金额
D.非流动资产基金
13. 下列各项中，属于事业单位其他收入的是（　　）。
A.非独立结算经营活动取得的收入
B.附属单位上缴的收入
C.上级补助收入
D. 租金收入
14. 下列各项中，事业单位应通过“经营收入”科目核算的是（　　）。
A.开展非独立核算经营活动取得的收入
B.从主管部门取得的非财政补助收入
C.附属独立核算单位按照有关规定上缴的收入
D.按照规定对外投资取得的投资收益
15. 下列事业单位会计科目中，年末结账后一般有余额的是（　　）。
A.事业收入　　B.事业结余
C.事业基金　　D.事业支出
16. 下列各项中，影响事业单位事业结余的有（　　）。
A.财政补助收入
B.经营收入
C.事业支出——其他资金支出
D.事业支出——财政补助支出
17. 下列各项中，事业单位应当确认为事业支出的有（　　）。
A.在专业业务活动及其辅助活动之外开展非独立核算经营活动发生的支出
B.按规定上缴上级单位的支出
C.对附属单位的补助支出
D.开展专业业务活动及其辅助活动发生的基本支出
18. 下列各项中，不属于事业单位净资产的有（　　）。
A.非流动资产基金　　B.专用基金
C.事业收入　　D.非财政补助结转结余
19. 下列选项中，属于事业单位净资产类的科目有（　　）。
A.财政应返还额度　　B.应缴财政专户款
C.专用基金　　D.应缴国库款
20. “事业结余”科目年末余额一般为（　　）。
A.借方　　B.贷方
C.借方或者贷方均有可能 D.零
21. 下列各项中，事业单位应当确认为事业支出的有（　　）。
A.对附属单位的补助支出
B.按规定上缴上级单位的支出
C.开展专业业务活动及其辅助活动发生的项目支出
D.非独立核算经营活动发生的支出
22. 下列各项中，不属于事业单位的收入的有（　　）。
A.财政补助收入　　B.事业收入
C.预算收入　　D.经营收入
23. 下列各项中，事业单位应通过“经营收入”科目核算的是（　　）。
A.开展非独立核算经营活动取得的收入
B.从主管部门取得的非财政补助收入
C.附属独立核算单位按照有关规定上缴的收入
D.按照规定对外投资取得的投资收益
24. 下列各项中，事业单位应通过“事业收入”科目核算的是（　　）。

A.开展非独立核算经营活动取得的收入
B.开展专业业务活动取得的收入
C.附属独立核算单位按照有关规定上缴的收入
D.按照规定对外投资取得的投资收益

二、多项选择题

1.《政府会计准则——基本准则》确立了“双功能”“双基础”“双报告”的政府会计核算体系，其中“双报告”包括（　　）。
A.预算报告　　B.财务报告
C.绩效报告　　D.决算报告

2.下列各项中，事业单位不应当确认为事业支出的有（　　）。
A.对附属单位的补助支出
B.按规定上缴上级单位的支出
C.开展专业业务活动及其辅助活动发生的项目支出
D.开展专业业务活动及其辅助活动发生的基本支出

3.下列各项中，不属于事业单位经营支出的是（　　）。
A.开展专业业务活动发生的工资支出
B.非独立核算经营活动发生的工资支出
C.对附属单位补助支出
D.上缴上级支出

4.非财政补助结余包括（　　）。
A.财政补助结转　　B.事业结余
C.非财政补助结转　　D.经营结余

5.下列选项中，不属于事业单位净资产类的科目有（　　）。
A.零余额账户用款额度　　B.应缴国库款
C.事业收入　　D.事业结余

6.下列选项中，不属于资产类的科目有（　　）。
A.财政应返还额度　　B.应缴财政专户款
C.专用基金　　D.非财政补助结转

7.下列选项中，不属于负债类的科目有（　　）。
A.财政应返还额度　　B.应缴财政专户款
C.零余额账户用款额度　　D.非财政补助结余分配

8.下列各项中，属于事业单位的收入的有（　　）。
A.财政补助收入　　B.事业收入
C.预算收入　　D.经营收入

9.下列各项中，不属于事业单位事业基金的是（　　）。
A.财政补助结余
B.非财政补助结余扣除结余分配后滚存的金额
C.财政补助结余扣除结余分配后滚存的金额
D.非财政补助结余

10.下列各项中，属于事业单位专用基金的是（　　）。
A.修购基金　　B.职工福利基金
C.事业基金　　D.非流动资产基金

11.政府会计信息质量要求包括（　　）。
A. 可靠性　　B.全面性
C.实质重于形式　　D.谨慎性

12.下列务项中关于政府会计核算体系的表述正确的有（　　）。
A.政府会计主体应当编制预算报告和财务报告
B.政府会计由预算会计和财务会计构成
C.政府预算会计实行收付实现制，国务院另有规定的，从其规定
D.政府财务会计实行权责发生制

三、判断题

1.事业单位在期末应将财政补助收入和对应的财政补助支出进行结转到非财政补助结转会计科目。（　　）

2.政府会计主体的非流动负债包括长期应付款、应付政府债券和政府依法担保形成的债务等。（　　）

3.政府会计主体将基本建设投资业务统一纳入单位会计核算，体现了会计信息相关性的质量要求。（　　）

4.政府财务会计要素中的收入是指报告期内导致政府会计主体净资产增加的，含有服务潜力或经济利益的经济资源的流入。（　　）

5.在现值下，政府负债应按照市场参与者在计量日发生的有序交易中，转移负债所需支付的价格计量。（　　）。

6.事业单位现金溢余属于无法查明原因的，应计入营业外收入（　　）。

7.下列各项中，事业单位经批准对现金短缺属于无法查明原因的部分，经批准后，借记“经营支出”科目，贷记“库存现金”科目。（　　）

8.年末，事业单位的“零余额账户用款额度”科目余额一般在借方。（　　）

9.在财政授权支付方式下事业单位需要设置“零余额账户用款额度”科目。（　　）

10.年末，事业单位经营结余的贷方余额才进行结转，余额结转至“非财政补助结余分配”科目。（　　）

章章练参考答案及解析

一、单项选择题

1.【答案】A
【解析】与企业会计要素一样，A选项存货为流动资产，B选项无形资产和C选项长期投资与企业会计要素相同均为非流动资产，这里需要注意D公共基础设施也属于非流动资产。

2.【答案】C
【解析】与企业会计要素一样，ABD选项均为流动资产，C选项政府储备资产属于非流动资产。

3.【答案】D
【解析】政府资产的计量属性主要包括：历史成本、重置成本、现值、公允价值和名义金额，故ABC选项都是政府资产的计量属性，而没有D选项的可变现净值。

4.【答案】B
【解析】政府主体的负债计量属性主要包括：历史成本、现值和公允价值，故D选项现值正确，B选项名义金额政府资产的计量属性。

5.【答案】B
【解析】AD选项都是政府综合财务报告的特点；C选项政府决算报告与政府综合财务报告是并列关系，而非从属关系，故不正确；只有B以预算会计核算生成的数据为准是政府决算报告的特点。

6.【答案】D
【解析】政府预算会计三要素包括了A选项预算收入、B选项预算支出和C选项预算结余。D选项收入属于政府财务会计要素之一。

7.【答案】A
【解析】选项A正确，其实也就是政府会计核算体系的“双功能”，即政府预算会计和财务会计适度分离并相互衔接。

8.【答案】D
【解析】政府财务会计五要素包括资产、负债、净资产、收入和费用。D选项所有者权益属于企业会计的要素之一。

9.【答案】B
【解析】A选项指政府会计核算体系的”双报告”，C选项和D选项构成了”双基础”，B选项政府会计应该由预算会计和财务会计构成了“双功能”。

10.【答案】A
【解析】政府财务会计五要素包括资产、负债、净资产、收入和费用，A选项结余不是政府财务会计五要素之一。

11.【答案】B
【解析】事业结余是指事业单位一定期间除财政补助收支、非财政专项资金收支和经营收支以外各项收支相抵后的余额，选项 B结转到事业结余核算，影响事业结余的金额。选项 AD 计入财政补助结转，选项 C 计入经营结余。

12.【答案】C
【解析】事业单位的事业基金是指事业单位拥有的非限定用途的净资产，主要为非财政补助结余扣除结余分配后滚存的金额，故C选项正确。AD选项与事业基金是并列关系，都属于事业单位净资产的内容。

13.【答案】D
【解析】选项A属于经营收入，选项B属于附属单位上缴收入，选项C属于上级补助收入，只有选项 D属于其他收入。

14.【答案】A
【解析】开展非独立核算经营活动取得的收入，在“经营收入”中核算，选项 A正确；从主管部门取得的非财政补助收入，属于“上级补助收入”，选项 B错误；附属独立核算单位按照有关规定上缴的收入属于“附属单位上缴收入”，选项 C 错误；按照规定对外投资取得的投资收益属于“其他收入”，选项D错误。

15.【答案】C
【解析】收入和支出要素年末结账后应无余额，A选项属于收入；D选项属于支出；B选项“事业结余”科目年末无余额，这是因为年末要将“事业结余”科目余额结转至“非财政补助结余分配”科目；C选项事业基金属于净资产，年末结账后一般有余额。

16.【答案】C
【解析】事业结余是指事业单位一定期间除财政补助收支、非财政专项资金收支和经营收支以外各项收支相抵后的余额，选项 C 结转到事业结余核算，影响事业结余的金额。选项 A、D 计入财政补助结转，选项 B 计入经营结余，均不影响事业单位事业结余。

17.【答案】D
【解析】A选项计入经营支出，选项B计入上缴上级支出；选项C计入对附属单位补助支出；D选项为事业支出。

18.【答案】C
【解析】净资产的内容包括“三金两余”，AB属于“三金”中的两个基金；C选项属于收入这个要素，故选择C选项；D选项非财政补助结转结余属于“两余”的一个内容。

19.【答案】C
【解析】选项A属于资产的应收及预付款项；选项B属于负债中的应缴款项；C选项属于净资产“三金两余”的内容，故正确；D选项应缴国库款属于负债类的应缴款项。

20.【答案】D
【解析】“事业结余”科目年末无余额，这是因为年末要将“事业结余”科目余额结转至“非财政补助结余分配”科目。

21.【答案】C
【解析】事业支出包括开展专业业务活动及其辅助活动发生的项目支出和基本支出，选项C正确；选项A计入对附属单位补助支出；选项B计入上缴上级支出，选项D计入经营支出。

22.【答案】C
【解析】C选项预算收入属于政府预算会计要素的内容，ABD选项均属于事业单位财务会计要素收入的范畴。

23.【答案】A
【解析】开展非独立核算经营活动取得的收入，在“经营收入”中核算，选项 A 正确；从主管部门取得的非财政补助收入，属于“上级补助收入”，选项B错误；附属独立核算单位按照有关规定上缴的收入属于“附属单位上缴收入”，选项C错误；按照规定对外投资取得的投资收益属于“其他收入”，选项D错误。

24.【答案】B
【解析】开展专业业务活动取得的收入，属于“事业收入”，选项B正确；开展非独立核算经营活动取得的收入，在“经营收入”中核算，选项 A 错误；附属独立核算单位按照有关规定上缴的收入属于“附属单位上缴收入”，选项 C 错误；按照规定对外投资取得的投资收益属于“其他收入”，选项D错误。

二、多项选择题

1.【答案】BD
【解析】“双报告”指政府会计主体应当编制决算报告和财务报告。

2.【答案】AB
【解析】选项A计入对附属单位补助支出；选项B计入上缴上级支出。

3.【答案】ACD
【解析】选项 A 属于事业支出；选项B非独立核算经营活动发生的工资支出属于经营支出；选项 C属于对附属单位补助支出；选项D属于上缴上级支出。

4.【答案】BD
【解析】非财政补助结余包括事业结余和经营结余，故BD选项正确；A选项财政补助结转、C选项非财政补助结转均为结转资金，不属于非财政补助结余。

5.【答案】ABC
【解析】选项A属于资产的货币资金项目的一个科目；选项B属于负债中的应缴款项项目的一个科目；C选项属于收入类的科目；D选项属于净资产“三金两余”内容中的会计科目。

6.【答案】BCD
【解析】选项A属于资产类应收及预付款项中的会计科目；选项B属于负债类的应缴款项中的会计科目；CD选项属于净资产“三金两余”内容中的会计科目。

7.【答案】ACD
【解析】选项A属于资产类的应收及预付款项；选项B属于负债类的应缴款项；C选项属于资产类货币资金项目的科目；D选项属于净资产类的会计科目，故选择ACD选项。

8.【答案】ABD
【解析】ABD选项均属于事业单位财务会计要素收入的范畴，C选项预算收入属于政府预算会计要素的内容。

9.【答案】ACD
【解析】事业单位的事业基金是非财政补助结余扣除结余分配后滚存的金额。故ACD均不正确。

10.【答案】AB
【解析】事业单位的专用基金是指事业单位按规定提取或者设置的具有专门用途的净资产，主要包括修购基金、职工福利基金等，所以AB选项正确；C事业基金和D非流动资产基金与专用基金是并列关系，均属于事业单位净资产的内容。

11.【答案】ABC
【解析】相对于企业会计信息质量要求而言，政府会计信息质量要求多了全面性，故ABC选项均正确；政府会计信息质量要求少了重要性和谨慎性，故D选项错误。

12.【答案】BCD
【解析】政府会计主体应当编制决算报告和财务报告，而不是预算报告，A选项错误，BCD选项均正确。

三、判断题

1.【答案】错误。
【解析】事业单位在期末应将财政补助收入和对应的财政补助支出结转到财政补助结转科目核算。

2.【答案】正确。
【解析】注意区别政府会计主体的流动负债和非流动负债内容，这里关注与企业会计非流动负债不一样的内容，应付政府债券和政府依法担保形成的债务属于政府会计主体的非流动负债。

3.【答案】错误。
【解析】政府会计主体将基本建设投资业务统一纳入单位会计核算属于全面性的体现，看到“统一”这类字眼，可联想到全面性。政府会计的信息质量要求与企业会计的信息质量要求相比多了一条 “全面性”。

4.【答案】正确。
【解析】这是政府财务会计要素中收入的概念，需要将此概念和政府预算会计要素中的“预算收入”概念区别开来。

5.【答案】错误。
【解析】政府负债的计量属性包括了历史成本、现值和公允价值。市场参与者在计量日发生的有序交易中，转移负债所需支付的价格计量指的是公允价值计量而不是现值。

6.【答案】错误。
【解析】事业单位现金溢余属于无法查明原因的，应计入“其他收入”，故错误。

7.【答案】错误。
【解析】事业单位发现现金短缺，属于无法查明原因的部分，经批准后，会计处理为借记“其他支出”科目，贷记“库存现金”科目。

8.【答案】错误。
【解析】年末，事业单位应当依据代理银行提供的对账单做注销额度的账务处理，“零余额账户用款额度”科目余额为零。

9.【答案】正确。
【解析】“零余额账户用款额度”科目在财政授权支付方式下事业单位需要设置。注意财政直接支付方式下不需要设置该科目。

10.【答案】正确。
【解析】年末如果经营结余有借方余额，则不进行结转；经营结余有贷方余额才进行结转。